文成天縱

绥远地区垦务档案选编 3

SUIYUAN DIQU KENWU DANG'AN XUANBIAN

鄂尔多斯市达拉特旗民族文化研究学会 主编

孟克吉雅
斡亦古歹·满来 编
訾铁柱

广西师范大学出版社
GUANGXI NORMAL UNIVERSITY PRESS
·桂林·

目录

绥远垦务总局资料（伊克昭盟·杭锦旗）……八九七
杭锦旗垦务资料……八九九
附表……九九七
绥远垦务总局资料（伊克昭盟·准噶尔旗）……一〇三五
凡例……一〇三九
准噶尔旗垦务资料解说……一〇四一
准噶尔旗垦务资料……一一〇三
绥远垦务总局资料（伊克昭盟·王爱召）……一二七五
凡例……一二七九
王爱召垦务资料解说……一二八一
王爱召垦务资料……一三〇一

绥远垦务总局资料（伊克昭盟·杭锦旗）

乙字 三四 號

包頭墾務局、爲詳請立案事、案蒙
憲台札開、照得杭錦旗界內各召廟地、本定每廟每面撥給二里半、此次本大臣將軍親臨後套、經衆喇嘛再三籲求、多給地畝本大臣將軍、體察情形、從寬定擬、巴彥托羅蓋廟、拉普占巴廟、剛珠爾廟、章嘉廟、大廟四處、每廟每面丈給五里、新廟察漢淖爾廟、中廟二處、每廟每面丈給地四里、塔爾灣廟、鄂托齊廟、噶哈圖廟、多剛廟、小廟四處、每廟每面丈給二里以示體恤、着派該旗梅楞棍布、帶同色登前往、會同各段委員、按照所定里數、分別上中下三項、妥爲丈給、丈時須速廟中心統算、以昭公允、各廟地丈竣、責由該局詳報立案、除札飭該梅楞遵照外、合行札飭、札到該局轉飭各該員、並轉行該旗、轉飭各該廟一體遵照、等因、當經卑局照會杭旗各段放地委員、並移知該旗轉飭各召廟一體遵照去後、玆據杭旗第四段放地委員張府經嘉穀函稱、該段各召廟地、均已會同蒙員遵章劃撥、另挖界限、惟查各召廟劃撥界內、現種之地甚多、其餘尚可開闢之地、亦復不少、商民垂涎已久、此次劃撥之後、即有人向喇嘛承租招佃情事、卑職聞信之下、當同梅楞棍布、向各召廟商議、地歸召廟、租由局放、自明年爲始、每租地一頃、由局給各召廟租銀五兩、各喇嘛亦皆樂從、又各召廟自種之地照章呈交渠租、竊查局章所定渠租、係指升科之地而言、此項撥地、係各召廟遊牧之地、與升科者有異、如各召廟自種或與人作種、應請酌加渠租、不得照升科之地一律辦理、又劃撥界內渠道如有改修之處、或另挖枝渠、應在何處開濬、由局勘驗渠道、各召廟不准阻撓、所有界內民戶、祇准自己遷移、亦不許各召廟驅逐、又距各召廟較近之地、多無渠道、將來必須開濬、遇有召廟地、一體挖修、各召廟不得違抗攔阻、以上各節、是否有當伏乞批示等語、查此項劃撥地畝、本係留作各召廟牧放牲畜之用、自不得租給商民墾種、以致混淆不清、玆張府經所擬、自明年爲始、地歸召廟、租由局放、每年每租地一頃、給各召廟租銀五兩之處、極爲允協、自應准其照辦、如各召廟抗違不遵、仍行租給商民墾種、除將商民懲處外、此後召廟界內之地、再不准澆灌官渠之水、以示懲儆、倘各召廟自行耕種、或與人伴種、其每年渠租、亦應酌加、不得與升科之地一律辦理、擬自本年起、每澆地一頃、征收渠租銀六兩、用昭公允、至張府經所擬劃撥地內、添修渠道、不准各召廟阻撓、暨界內民戶、祇自己遷移、亦不許各召廟違抗攔阻各節、均屬妥當之至、亦應准其照辦、惟查此項召廟地畝、杭旗各段皆有、第四段既如此辦理、其餘各段、亦應照辦、以歸一律、除照會頭二三段一體照辦、竝俟各段將各召廟地劃撥清楚、繪具圖說、另行詳報外、理合具文詳請

憲台查核立案、除分詳墾務總局外、爲此備由具申、伏乞照詳施行、須至詳者

光緒三十一年八月初二日　總辦　姚學鏡

會辦　元　愷

杭錦資料　整理番號　八六

乙字　三四　號

敬稟者、頃據卑局會辦元令愷、杭旗頭段委員范令纖先、會同函稱、竊查杭旗戶口地、數本無多、春間租放有該蒙人自行承領者、有由局撥放者、伴種租地參雜不一、刻將青苗芟竣、其伴種之地、收割禾稼、自應按股劃分、乃昨於初四日、與花戶分禾、業經裝車、突有蒙古數十人前來阻撓、聲稱戶口地、應歸本人收租、墾局不能與聞、將車裝之禾翻卸地內、卑職纖先當遣馬兵三人、往傳該蒙古來局理論、乃該蒙古聚有二三十人、在陳駝蓋家居住、其餘尚有蒙衆百餘人、麕集於蒙員馬格爾四臺吉家、氣勢汹汹、聲稱非要回戶口地不可、如墾局收租、伊等即行搶局等語、去兵令其到局、該蒙肆意詆諆、該兵見勢不諧、未敢與較而回、推原其故、蓋因公部梅楞、劃留召界時、將蒙人爾居巴兎察喇嘛等三人原地撥留、其餘均劃河畔之地、以致忿激衆怒、遂有聚衆之謠、而其中鼓舞煽惑者、則係都管加布、梅令默力更、梅令馬格土、台吉爾居巴兎、梅令察漢博羅、達令太、章盖巴兎白彥等七人、皆上年與公部爲難之人、若不派兵彈壓、於收租大有妨碍、當於初五日早馳抵隆興長會商、卑職愷、先請胡旗官太才前往彈壓解散、總當相機辦理、勿使滋蔓、等情據此、查胡旗官太才、現正在

賚否卡、除飛請彈壓、並咨杭錦嚴拏首要、解散蒙衆外、理合稟報
憲台查核、俯賜迅速札飭、杭錦貝子、約束蒙衆、嚴懲首要、並飭公部、回包商辦、肅此恭叩
鈞安、伏乞
慈鑒、卑府姚學鏡謹稟

杭錦資料 整理番號 八七　　乙字 三四 號

督辦蒙旗墾務大臣、理藩院尚書銜、綏遠城將軍貽、

札飭包局暨西路公司、由包籌付餘欠杭錦押荒銀五萬四千兩、並札飭該局等暨收支處查照由、

為札飭事、照得杭旗梅楞貢布、深明大義、為蒙旗中特出之員、前年該旗報墾、係該梅楞首先來城就議、俾該貝子得被
嘉獎之榮、及該貝子誤聽人言、意圖反覆、不以貢布為功、而以為罪、當時疾視貢布者、幾欲置貢布於死地、而貢布一意効忠於該貝子、開去盟長之後、向本大臣將軍、涕泣陳情、立誓該貝子必能改悔、冀以復其故物、其誠懇之意、可矜可憐、猶幸該貝子始迷將悟、遂深諒該貝子之忠忱、知報墾之有益、、悔過輸誠、力圖報効、不惟墾地之利、所獲不貲、即盟長之復、亦有可望、該貝子當必異常欣幸、然非有貢布始終維持、何能遽有今日、今者該貝子坐享豐厚、而貢布為茲事勤勞、心力俱瘁、家室凋零、一死其愛子、再死其重孫、因公而累私、縱貢布不自憂傷、為之上者、亦應優加憫恤以賞其勞、在該旗應得墾地一半押荒、計銀一十一萬二千兩、除報効練兵處綏遠城學堂、城工置械、及在城歸還商欠各項、共計銀五萬二千兩、業經由城代為分交外、茲再提銀六千兩、就近賞給梅楞貢布、以勵忠貞、而資激勸、本大臣將軍、所奬許、想亦該貝子所欣諾也、除飭 西盟墾務局、將餘欠該旗銀五萬四千兩、由包籌付外、
杭錦旗貝子遵照辦理外、
該貝子遵照辦理、及飭包局籌付餘欠杭旗銀五萬四千兩外、

八九

合亟札飭、札到該（貝子／局／公司處）、即便查照、此札、即便遵照辦理可也、此札、即便查照、將餘欠杭旗銀五萬四千兩、由包籌付、並將賞給梅楞棍布銀六千兩、可也、此札

轉飭該員遵照收領可也、此札、

杭錦旗貝子阿爾濟巴雅爾、
西盟墾務局、
右札仰 西路墾務公司、准此
收支處、

九〇

光緒三十一年八月十二日

杭錦資料 整理番號 八八 乙字 三四 號

督辦蒙旗墾務大臣、理藩院尚書銜、綏遠城將軍貽

札飭杭錦旗貝子、約束與後套墾局爲難蒙衆、並査拏造謠惑衆各首要由、

爲札飭事、案據包頭墾務局稟稱、杭錦旗戶口地、業經査明由局租放、其伴種之田、自應分收禾稼、乃據杭旗頭段委員函報、正與花戶分糧之時、突有蒙古數十人、前來阻撓、聲稱戶口地應歸本人收租、墾局不能與聞、將已經車載之糧、翻卸地上、又有蒙衆百餘人、聚集蒙員馬格爾四臺吉家、氣勢洶洶、造言惑衆、專與墾局爲難、委員派兵往傳、均抗拒不到等情前來、査該旗戶口地、數本無多、本大臣將軍允照梅楞貢布所請、寬留河畔之地、撥給該蒙戶、以爲永遠牧廠、即與戶口地無異、乃蒙衆膽敢不遵官辦、聚衆阻撓、非仍還其戶口地不可、實屬行同叛逆、大干咎戾、該貝子有管轄全旗之責、著即約束蒙衆、聽候官局辦理、並査拏造謠煽惑各首要、從嚴懲治、以儆其餘、該貝子報墾有功、盟長之復、現已有機可圖

若任聽蒙衆肆意抗拒、與墾爲難、即於該貝子之開復有礙、愼毋自悞、合亟札飭、札到該貝子即便遵照、一面解散蒙衆、一面査拏首要、不得延遲、切切此札

右札仰　杭錦旗貝子阿爾賓巴雅爾　准此

光緒三十一年八月十四日

杭錦資料　整理番號　八九　　戊字　一九　號

伊克昭盟、札薩克貝斯、阿爾賓巴雅爾移咨

西盟墾務總辦姚衙門、爲咨行事、現今開墾地四千頃、押荒銀二十八萬兩、本旗所得銀子十一萬二千兩、梅楞章京貢布、由

欽差大臣將軍衙門承領銀五萬八千兩、西盟墾務總辦衙門交銀五萬四千兩、共銀十一萬二千兩、如數接收、爲此咨行

光緒三十一年八月十九日

杭錦資料　整理番號　九〇　　乙字　三四　號

督辦蒙旗墾務大臣、理藩院尚書銜、綏遠城將軍貽

奏、爲杭錦旗地改徵押荒、於按年報効歲租一半外、又復報效鉅款、籲懇

恩施、以昭激勸、仰祈

聖鑒事、竊奴才前因杭錦旗貝子、阿爾賓巴雅爾、於開去盟長後悔悟效順、將該旗東中兩巴噶地報墾、並將西界王文祥地積行呈報、統願改徵押荒、以常年歲租一半歸公等情、於本年二月間奏明、並聲明俟地界收齊、再籲請

恩旨、仰蒙

俞允在案、嗣經飭由西盟墾務局、將所報地分段漸次招放、本年四五月間、奴才往後套察看渠地、已將該地履勘一週、近渠
之地、半已開墾、其未墾者、則彌望平原、土性沃衍、枳芨紅柳、翁鬱繁茂之處、地質尤佳、但得渠水灌輸、榛莽一除
便堪播種、各段均設分局、陸續放墾、將來放地之多寡、必視渠之所及爲衡、此奴才前奏所以有大治渠工之請也、上年
十月、復據該貝子呈稱、世受
國恩、無以爲報、今本旗放地開渠、分收租項、皆由
聖主所賜、敬念時事艱難、何忍自私自利、謹報效練兵處經費銀二萬兩、又綏遠城城工經費銀五千兩、綏遠城學堂經費銀五
千兩、現在該貝子請由該旗招墾、應得押荒項內、扣留三萬兩、轉解呈交前來、伏念
朝廷賞罰、一秉大公、而撫輯藩封、尤以罰從寬、而賞從厚者、示懷遠招攜之意、該貝子阿爾賓巴雅爾、於報墾一事、中忽
反覆、本屬悞聽人言、奴才以
國體所關、不能不奏請示懲、冀其愧悔、迨暫開盟長後、該貝子卽幡然頓悟、盡改前非、自重報墾地以來、一則請改微荒價、
再則請報效歲租、增美釋回、深知大體、非特較之烏盟四子王等旗始終梗阻、延不遵辦者不可同日而語、卽伊盟中烏審
郡王札薩克三旗、議收押荒、報效常年歲租二成、亦賴該貝子導之先路、況復慨輸鉅款、分濟要公、或爲明耻教戰之
需、或爲衆志成城之助、至以育才爲急務、尤識時政所當先、既堪贖已往之過愆、更足勵諸藩之忠義、奴才承宣
德意、尤宜秉公行罰、則請擊帶之褫、宥過則乞
溫綸之賁、俾凛
天威震叠、益昭
聖度含宏、該貝子前以報墾食言、奏撤盟長、今既先迷後順、自應籲請開復、以示激揚、合無仰懇
天恩、將杭錦旗貝子阿爾賓巴雅爾、先以盟長記名、將來遇該盟更換盟長時、由理藩院奏請仍行簡放、出自逾格

鴻施、至此項報效銀兩、既請由押荒項內扣解、應俟入多徵齊後、除分留綏遠城各項外、即趕緊呈解練兵處、以應要需、所有杭錦旗地改徵押荒、歲輸租賦、並另行報效鉅款、懇

恩獎勵緣由、理合恭摺具陳、伏乞

皇太后

皇上聖鑒訓示、謹

奏

光緒三十一年九月初八日

再據杭錦旗貝子、阿爾賓巴雅爾之子二等台吉阿勒坦鄂齊爾呈稱、臺吉有養贍地畝、近年多得租項、不忍自私、謹報效綏遠城購買槍銀五千兩、如數呈交前來、查奴才上年因綏遠當備軍改練新操、急需利器、奏明訂購外、洋馬步快槍、惟槍價需款甚多、旗庫久形支絀、現雖竭力挹注、仍苦不敷、正在續籌措集間、適該台吉以前項銀兩報效、洵屬深明大義、裨益要公、近年官民人等、報效銀兩、購買槍械、歷經奉

旨獎勵有案、今該臺吉阿勒坦鄂齊爾報效綏遠槍費至五千兩之多、奉上急公、在蒙部尤爲難得、應如何量予

恩施之處、出自

聖裁、除將銀兩飭令旗庫兌收、歸入購槍項下存儲備用外、謹附片具陳、伏乞

聖鑒訓示、謹

奏

光緒三十一年九月初八日

九三

杭錦資料 整理番號 九一 乙字 三四 號

九四

包頭墾務局、爲詳請立案事、案查前蒙
憲台札飭、以杭錦旗界內、各召廟地、本定每廟每面撥給二里半、旋經衆喇嘛再三籲求、從寬定擬、大廟每廟每面丈給五里
中廟每廟每面丈給四里、小廟每廟每面丈給二里、飭令轉行各段委員、會同該旗梅楞棍布、按照所定里數、分別上中下三
項、妥爲丈給、並蒙
發給各召廟執照十張、各等因、當經轉飭各段委員、並杭錦旗報墾界內各召廟、一體遵照去後、旋據四段委員張府經嘉穀
稟稱、擬將劃撥各召廟界內之地、自明年爲始、地歸召廟、租由局放、每年租地一頃、給各召廟租銀五兩、倘各召廟自行
耕種、或與人伴種、其每年渠租、亦應酌加、不得與升科之地一律辦理、擬自本年起、每澆地一頃、征收渠租銀六兩、以
後劃撥地內、以及附近之處、如添修渠道、不准各召廟阻攔、界內舊有民戶、祗准自己遷移、亦不許各召廟驅逐等情、稟
由卑局詳蒙
憲台批准、並轉行各段知照在案、卑府查張府經所稟、各召廟劃撥界內之地、准其與人伴種一條、尙不盡善、第恐狡黠喇
嘛、仍行招商承辦、而以伴種影射、稽查難周、弊端百出、卑府現擬祗許各召廟自行耕種、不准租給商人、或與人伴種、
如有前項情弊、仍以自種影射者、一經查出、除將喇嘛嚴懲外、歲租仍歸卑局追收、並擬嗣後各召廟自種之地、無論澆灌秋
伏各水、均須由卑局監放、即澆灌青苗、亦須稟明卑局、各召廟不得私自用水、以及私自挖渠築壩攔水、至劃撥界內、非止
居住地戶、尙有已葬墳墓、張府經前未議及、卑府現擬祗准葬主自行遷移、不許各召廟刨挖、如違嚴行究懲、以上各條、
雖經詳明
憲台、但各召廟未能週知、現在各召廟來局請領執照、擬將張府經所稟、並卑府改擬各條、用蒙漢合璧之文、粘於執照之尾、

以期各召廟週知、而免日後狡展、除將執照發給各召廟收執外、所有改擬召地章程、補粘照尾緣由、理合開具清摺、詳請

憲台査核立案、爲此備由具申、伏乞

照詳施行、須至詳者

計詳送 清摺一扣

光緒三十一年九月十三日 總辦 姚學鏡 會辦 元 愷

西盟墾務局、謹將補粘杭旗各召廟、劃撥地畝執照章程、開具清摺、呈請

査核、須至摺者

計 開

一、各召廟劃撥界內之地、不准招商承辦、自光緒三十二年爲始、應由本局租放、每租地一頃每年由局給各召廟包市平租銀五兩、如各召廟抗違不遵、仍行租給商人墾種、除將商民懲處外、此後召廟界內之地、再不准澆灌官渠之水、以示懲儆

二、劃撥界內地畝、與升科之地不同、如各召廟自行耕種、每澆地一頃、每年應繳本局渠租庫平銀六兩、如租給花戶、或與人伴種、仍以自種影射者、經局査出、除嚴懲外、歲租仍歸本局追收、

一、各召廟劃撥地畝界內、如須添修渠道、或另挖支渠、均由本局勘驗興修。不准各召廟出頭阻撓、

一、距各召廟較近之地、多無渠道、將來本局必須開濬、遇有各召廟地、一體由局挖修、各召廟不得違抗攔阻、亦不得私自挖渠、

一、各召廟劃撥地畝界內、向來居住之地戶、以及已葬之墳墓、祗准自己遷移、不許各召廟驅逐刨挖、如違究懲、

一、各召廟劃撥界內、無論澆灌秋伏各水、均須由局放水、即灌溉青苗、亦須禀明本局、各召廟不得私自用水、以及築壩攔水

九六

文案處擬

批、詳及清摺俱悉、杭旗界內報墾各召廟地畝、前據該局詳、據張府經嘉穀所擬、以後租種等項章程、呈請立案等情、業經
批飭一律遵辦在案、茲該等復詳加改擬、並將酌定章程各條、補粘照尾辦理、尤爲周密、應准照辦、仰仍轉行遵辦可也、
此繳摺存、

光緒三十一年九月十九日

杭錦資料 整理番號 九二　　乙字 三四 號

伊克昭盟、鄂爾多斯札薩克、貝子、濟農、阿爾賓巴雅爾呈

欽差大臣將軍爲斷辨呈覆事、蒙
欽差大臣將軍札飭來文內開、查杭錦旗梅楞棍布深明大義、遵
旨報地、乃該旗長吏鄂勒哲補楞札齊魯克齊納遜綽克梅楞都格爾札布札藍察汗布羅特等、膽敢因其報地、將梅楞棍布困辱、實
屬行同叛逆、罪無可逃、本大臣將軍、此次入套、過希尼昭時、面飭該貝子將鄂勒哲依布楞等四人交出、治以叛逆之罪、
經該貝子再三懇乞
恩施、並面求許以自行懲辦、本大臣將軍、業經俯允、現在該貝子早已回旗、究竟將此四人如何辦理、或革斥、或責罰、
或飭其匍匐奔走、親向梅楞棍布認過賠罪、着即定明辦法、不得空言塞責、再鄂勒哲依布楞納遜綽克都格札布察汗布羅特
照叛逆論、應行除籍、勿庸分給戶口地、以示懲儆、合行札飭、札到該貝子、即便遵照、等因前來、遵飭懲辦、該長史鄂
勒哲依布楞與梅楞章京棍布怨本屬輕勿庸議論、札奇魯克齊達格沁納遜綽克梅楞達格沁都格爾札布等將達格沁之職革去、
札藍畢齊格齊書識乘使、革斥辦理、梅楞章京棍布怨消、出具甘結二份收存、爲此斷辦之處、所具甘結一分、存札薩克處

一分、合併呈報

欽憲將軍鑒照施行

光緒三十一年十月初八日

欽憲將軍轅下、爲具甘結事、前經我在杭錦牧處因公行走、屢次達格沁札奇魯克齊納遜綽克達格沁梅楞部格爾札布長史鄂勒哲依布楞札藍畢齊克齊察汗布雜特等、任性困辱一事、呈訴、現今該札薩克貝子、分別擬辦、再無被怨事故、畫押呈報

杭錦旗梅楞棍布

光緒三十一年十月初五日

杭錦資料	整理番號	九三

乙字　九　號

包頭墾務局爲詳報事、案查杭旗所報後套東中兩巴噶地畝、定於春間招戶租種、俟青苗出土、分別夏苗秋苗按畝勘丈、以定租銀、去春因匪徒不靖、麥田失時、迨至五月間、地方始經肅清、當即諭令各地戶補種秋禾、並將該兩巴噶地、自東至西、劃分四段、照會元令愷、張令文楷、范令繼先、張府經嘉穀、帶同員司書手人等、馳赴該處勘丈青苗、酌將辦理情形、詳報

憲鑒在案、嗣據元令等、將各段青苗地畝、先後勘丈明確、造具細數清冊、呈送到局、並據稟稱、該逋遭兵燹、民情異常困苦又復收成歉薄、因雨水過多、黃流漫溢之所至也、懇將勘丈地畝、區分中下兩等收租、每中地一頃、徵收歲租庫平銀、二十六兩、下地每頃二十兩、並將召廟戶口地畝、呈請一體辦理、等情據此、卑府復查所稟、係屬實情、自應准照中下兩等徵收、以全民力、隨據冊報中下兩等地畝、共應徵庫平銀、三萬六千一十五兩、四錢八分四厘、召廟戶口、一併在內、後套現銀短少、此項歲租、於徵收現銀之外、兼以糧石茶布等物、作價抵交、非如此變通、難期有濟、綜計三十年分、結至

年底、共收過庫平現銀、二萬六千兩、下餘之一萬一十五兩、四錢八分四厘、除召廟戶口地、每頃按五兩付過蒙古銀、七百九十三兩、六錢三分五厘、收過房院一所、抵銀三千兩、糧石茶布等物、抵銀三千二百六兩、三錢六分五厘、尙短銀、三千一十五兩、四錢八分四厘、實欠在民者、二千二百六十四兩、七錢八分四厘、召廟戶口欠銀、七百五十兩七錢能否收齊、尙難逆料、所有房院糧石作抵之項、將來變價、以及民欠徵齊之後、是否歸於正款、抑別在開雜款項之內、伏候

鈞裁示遵、再於所收現銀、二萬六千兩內、以一萬三千兩、付該旗貝子承領、取有印文在案、合併聲明、除將歲租花名清冊、另行其詳呈送外、所有三十年分、勘丈東中兩巴噶地畝、並徵收歲租各緣由、理合具文詳報

憲台査核、爲此備由具申、伏乞

照詳施行、須至詳者、

光緒三十一年十月二十二日　　總辦姚學鏡　會辦元愷

文案處擬

批、據詳已悉、仰仍造具清冊、送候査核、所有房院糧石作抵之項、即速設法變價、另款存儲、其民蒙欠繳銀兩、亦著上緊徵齊、統候提撥、並候札飭行轅收支處査照可也、此繳

光緒三十一年十月二十四日

杭錦資料	整理番號	九四

乙字　三四　號

伊克昭盟杭錦旗貝子、阿爾賓巴雅爾、爲呈報事、適據本旗梅令賁佈呈稱、奴才竊査本旗黃河迤北之地、業經奉

旨開墾辦理、所有河邊沙塄、東西寬十里、計長二百里有奇之地、懇請

恩賜、留與衆蒙古作爲牧廠緣由、前經雖奴才懇請

欽憲、未蒙分晰辦理、相應懇請轉呈、將黃河沿沙塄之地、留與二十餘屬目衆台吉人等、以作牧地等情、祈請轉呈前來、查由
該旂開墾之地內、將二巴格中間、撥給衆蒙古人等作爲住居牧廠之處、前經屢次懇請
憲台在案、理合再將此情由照抄、轉詳
欽憲鑒核、俯賜指辦施行
光緒三十一年十一月二十四日

杭錦資料　整理番號　九五　乙字　三四　號

杭錦旂梅楞貢布謹呈
欽憲將軍、爲呈報事、現由墾務局二起委員、管理吞毛都地方、租領地三十頃、耕種度日緣由、呈報
欽憲將軍鑒察辦理由
光緒三十一年十二月十三日

杭錦資料　整理番號　九六　乙字　三四　號

請示可否再交欠繳地價由
杭錦旂色登、謹呈
欽憲將軍、爲呈報事、現由墾務局二起委員、管理吞毛都地方、租地二十頃、言定每頃地價銀一百兩承領外、前交此地價庫、
平銀一千二百兩、所剩八百兩、可否再交、爲此祈請
欽憲將軍鑒察辦理由、

光緒三十一年十二月十三日

申報認領杭錦旗地段、已將應繳押荒銀兩、解交西盟墾局由

杭錦資料 整理番號 九七　　丙字 一七 號

後套西路墾務公司認墾處、爲申報事、案查職公司前奉
憲台札開、此次續辦西路公司、應照東路公司辦法、認領地段、先繳押荒、等因、當經職公司稟請先領杭錦旗地四千頃、招集認墾官商股本貳拾捌萬兩、專備領地之需、三十一年十二月間、已向包頭墾局籌商妥切、認領杭錦旗地四千頃、應交押荒按中則每頃庫平銀七十兩、共庫平銀二十八萬兩、茲已如數備齊、除備文移解西盟墾務總局照數兌收外、理合申報
憲台査核、須至申者

右　　申

督辦墾務大臣、理藩院尚書銜、遠城將軍貽

光緒三十二年二月初一日

杭錦資料 整理番號 九八　　丙字 二二 號

督辦蒙旗墾務大臣、理藩院尚書銜、綏遠城將軍貽

札飭西盟墾局派員會同胡管帶太才、籌辦杭旗蒙古戶口地畝、並札胡太才暨杭旗貝子遵照由

爲札飭事、照得後套西槐木等處墾地、前因該杭錦旗屬蒙古籲懇賞給戶口地、以資養贍、由該旗代呈前來、當經諭令聽候酌度核辦在案、現屆春融耕種、亟須早日劃給、以示本大臣將軍體恤蒙衆、不令失業之意、仰該旗貝子、於接到此文後、迅

一〇〇

即派員、將報墾地內、各蒙古原有戶口地畝若干、逐一按名核實開單、移交西盟墾務總局查照、即由墾局派員會同胡旂
官太才、前往該處詳加查核、如原有戶口地百頃者、准給地二十頃、五十頃者准給地十五頃、二三十頃者准給地八頃十頃、
共在十頃以內者、均按四成給領、仍將領過各戶、取具甘結、按名造冊呈送查核、除分行外、合行札飭札到該旂官、仰即遵照會 局仰即派員會同胡 旂仰即遵照辦理、
旂官遵札妥籌辦理、勿得延違、切切此札、
同墾務局員、妥籌辦理、隨時稟知勿違、此札、
此札、

西盟墾務總局

右札仰　管帶口外續備二旂胡副將太才　准此

杭錦旂貝子阿爾賓巴雅爾

光緒三十二年二月初八日

杭錦資料	整理番號	九九	丙字	一七	號

督辦蒙旗墾務大臣、理藩院尚書銜、綏遠城將軍貽

札飭胡令懋鉞、赴杭旂經理地事、並札西盟墾局、轉飭各段委員、相助胡令經理放地由、

爲札飭委事、照得西路公司、認領杭錦之地、現屆春融、亟需丈放、前經提委胡令懋鉞、爲西盟總該局幫辦、該公司認墾放地、事宜、分行在案、查公司與墾局本係同辦一事、必相濟乃能相成、所有墾局派赴杭錦四段經理地事各員、皆宜與公司心協力、畛域不分、公司放到某段之地、即著某段委員相助爲理、以應呼應、而利推行、仰該總局轉行飭知一體遵照、至該幫辦向來辦事認眞、不辭勞怨、此次放墾一切責任綦重、尤宜實事求是、迅速竣功、不得遷就因循、敷衍塞責、除分行外、合行札飭、到該員局即便遵照可也、此札

一〇二

右札仰山西候補知縣胡令懋錢

西盟墾務總局 准此

光緒三十一年三月初四日

杭錦資料 整理番號 一〇〇 內字 一七 號

督辦蒙旗墾務大臣、理藩院尚書銜、綏遠城將軍貽

示諭民戶人等、如有願領杭錦旗報墾中東兩巴噶之地、速赴西路公司掛號認領由

爲出示曉諭事、照得杭錦旗前報墾中東兩巴噶之地、經本大臣將軍、於上年奏請改徵押荒、飭歸西路墾務公司備價承領轉放、兹擬定地價渠租歲課章程各在案、查此項地價、原定分爲五等、每上地一頃、價銀一百兩、上次地每頃價銀九十五兩、中地每頃價銀九十兩、中次地每頃價銀八十五兩、下地每頃價銀八十兩、渠租則不分上中下地一律每頃歲徵銀四兩五錢、此外歲課、亦分列三等、每上地一頃歲徵銀二兩二錢、上次中地每頃歲徵銀一兩八錢中次下地每頃歲徵銀一兩四錢、以上三項、均應按照庫平徵收、每百兩另再加徵銀一兩五錢、以補庫平色之不足、設遇渠水淺小、有未澆及之地、歲課仍應照章完納、渠租准其豁免、以示體恤、當此東作將興、凡已澆過之地、皆爲可種之肥田、除飭西路公司派員前往後套設局招放外、誠恐民戶未能週知、合亟出示曉諭、爲此仰爾民戶人等一體知悉、自示之後、如有情願領地者、速赴西路公司掛號認領、聽候丈放、發給執照、先交地價六成、下餘四成、限於秋收九月內掃數全清、另將渠租歲課、照章完納、不准絲毫拖缺、一俟地價交清、再由該公司換給部照、爲永遠之恒產、收無窮之厚利、惟此項地畝、招放需時、不得不先行暫租、免誤春耕、如認領在四月內者、則應得租資、悉歸領戶經收、倘認領逾期、租即歸公、來年始歸領戶自行收租、俾有限制、而期迅速、爾民戶等、各宜踴躍認墾、毋稍觀望延誤、切切特

右仰通知

示、

光緒三十二年三月初五日

杭錦資料　整理番號　一〇一　　丙字　二二　號

伊克昭盟記名盟長、札薩克固山貝子、阿爾賓巴雅爾、協理台吉等呈稱、適奉
欽差大臣將軍札飭、以該旗杭哈游牧之衆蒙戶口糧地、酌量賞辦、一體派員、等因、遵飭當由本處派委副管旗章京衡、札蘭彝
布沁台吉桑秦札布等去後、玆據呈覆、卑職等遵飭於三月十八日、行抵訂地、與和合永隆盛昌等處住之收租官員等、及委辦
辦事官員孟青寬等、互相商議公事據伊等聲稱、我們遵照將軍大臣五原廳等處、札到公文、指賞隣居戶口糧地、除此之外、不
能另行指出牧廠游牧等語、該旗所聚衆台吉官員人等聲稱、若將我們一游牧衆蒙古游牧草廠、耕種無地、以權逼借、心荒
失意之處、現今叩望
欽差大臣將軍恩施、既蒙賞賜戶口糧地、只有數十戶賴倚草廠為生計、但數百戶隣居、惟願頂感尊崇、將衆台吉蒙古世僕等、
住居游牧地方、草廠接隨烏拉干哈吞北邊、何處寬廣、略倫恩施、體恤賞賜、再三叩頭籲懇具奏等語、如此前邊自達拉特溝
起、至花托羅蓋溝止、游牧草廠東中兩巴噶、戶口房間數目查出五百有餘、專司委員等商議所定者、此項事件、自應再行
即速一體各轉報各衙門、一面接閱公文飭覆公信到來、可容易摠候遵辦等語、當將此情曉諭他們衆人散去、他們再四呈報、
原呈仰懇恩照辦理等情、呈報前來、又據該杭哈游牧之中東兩巴噶、各台吉人等呈稱、復請賞辦牧廠游牧事、現今我們一游牧
數百戶人命、自古原賴牧廠津液為生計當差、尊重法紀、日今忽然開墾、未定賞給屬下游牧、蒙僕等游牧草廠、被逼心荒
失意、雖經禀報、仰懇　將軍大臣、該札薩克五原廳、竝未定擬賞發辦法、而風影有獨請賞辦戶口糧地、業已擬定、惟愚等未

一〇三

識獨請賞發戶地畝者、僅有數十戶、而賞發鄰居牧廠游牧者、萬衆之事、惟願再行呈懇尊崇、復行分賞牧廠游牧、體恤屬衆、
轉呈賞辦牧廠游牧、等情、呈報前來、相應據情抄錄、轉報
欽差大臣將軍、俯賜鑒查、恩施體恤施行、
光緒三十二年四月二十六日呈

杭錦資料 整理番號 一〇二　　丙字 五 號

督辦蒙旗墾務大臣、理藩院尚書銜、綏遠城將軍貽
西盟墾務總局詳杭旂各召廟撥留地畝、現據喇嘛稟懇歸召內自行經理、分別批示咨綏遠將軍查照由
爲咨行事、案據西盟墾務總局詳稱、爲詳請立案事、竊查杭旂報墾界內各召廟、前蒙憲台撥留地畝、卑府因恐該喇嘛等照舊招商承租、致滋流弊、議歸各段墾局、代爲放租、每年每頃給該召租銀五兩、詳蒙憲台批准、於發給執照內載明在案、茲據各召廟喇嘛、請將此項撥留地畝、歸召內自種、或放租花戶、倘查有招商轉租情事、情愿將地畝撤還歸公等情、投具甘結、聯名稟懇前來、卑府查各該召地畝、原議歸官代租、係爲預杜流弊起見、然墾局不能常設、歸官招租、亦難持久、旣據各喇嘛具結稟懇、自應准如所請、惟渠租一項、仍由局中照章經徵、除將甘結存卷備查、並發給執據、于原照後粘連、及照會各段外、所有杭旂界內召廟撥留地畝、歸召內自行經理緣由、理合詳請
憲台查核立案、爲此備由具呈、伏乞　照詳施行、等情據此、除批據詳已悉、各召廟撥留地畝、由官代放收租、原爲預防流弊、茲據該局慮及將來墾局告竣以後、事難經久、請照該喇嘛等所求、准由各召廟自行經理、旣經該總辦籌畫再三、應准照辦、惟渠租一項、仍由局按章征收、其所請發給執據粘連照後之處、亦卽照准、仰卽由該局辦理、並轉飭各分段委員、一體遵照外、相應咨行

綏遠城將軍請煩查照施行、須至咨者

右　咨

綏遠城將軍

光緒三十二年六月初三日

杭錦資料　整理番號　一〇三　　丙字　二二一　號

督辦蒙旗墾務大臣、理藩院尚書銜、綏遠城將軍貽

札飭西盟總局派員前往杭旂勘撥戶口地、並派胡旂官太才帮同辦理、暨札該旂聽候分撥由

爲札飭事、照得杭錦旗屬蒙古、籲懇賞給戶口地、以資養贍一案、前經札飭西盟墾務總局、會同胡旂官太才詳查劃給、業已飭知在案、嗣據該旂貝子阿爾賓巴雅爾及協理臺吉等呈稱、接奉札飭、當由本處派委副管旂章京銜札蘭嚕布沁、臺吉桑寨札布等、遵飭辦理去後、茲據呈覆、并東中巴噶、各臺吉人等、呈稱該處游牧數百戶、全賴牧廠爲生、其中原有戶口地者、僅只數十戶、經此次賞撥牧地、固屬沾恩、其原無戶口地、蒙古數百家、同爲旂屬奴僕、未免向隅、理合再行呈懇、一律分賞牧廠、以資游牧、等情、由該旂貝子轉行呈報前來、本大臣將軍查前飭劃給該蒙丁戶口地畝、原爲體恤蒙衆、不令失業起見、茲據呈請各情、自應一律施恩、俾得同霑實惠、惟所撥地段及一切辦法、仍須嚴定限制、仰西盟墾務總局迅派委員、前往勘撥、並著胡旂官太才帮同辦理、所有東中巴噶、沿河一帶、除姚家河頭、布袋口子兩處可耕之地、仍留墾局勿撥外、其餘沿河地段、卽爲該旂蒙衆分別撥留、寬處不得過十里、狹處不得過二里、仍揀離於上水之地給與、俾於墾政不相妨碍、仍不准該蒙古等、自行開挖渠道、倘該地實有必須用水之處、卽照前議召廟地畝、用水章程辦理、除分札飭該旂

貝子遵照行外、合行札飭、札到該局貝子仰即遵照、曉諭蒙衆、一面派員隨同墾局委員、胡旗官周歷沿河一帶、聽候分別撥留旗官仰即遵照、會同妥商辦理、仍將撥地若干、造具清摺、幷取具該旗領到牧廠文結、呈送查

仍將領到牧廠地畝、出具文結、呈送備案、勿得違悞、切切特札

核、勿違、此札、

右札仰　杭錦旗貝子阿爾賓巴雅爾

　　　　西盟墾務總局　准此

　　　　管帶口外續備軍二旗步隊胡副將太才

光緒三十二年七月十二日

杭錦資料	整理番號	一〇四

丙字　二三一　號

西盟墾務總局、爲詳報事、案查前蒙

憲台札開、照得後套西槐木等處墾地、前因杭錦旗屬蒙古籲懇賞給戶口地、以資養贍、由該旗代呈前來、當經諭令聽候酌度核辦在案、現屆春融耕種、亟須早日劃給、以示本大臣將軍體恤蒙衆、不令失業之意、仰該旗貝子、於接到此文後、迅即派員將報墾地內、各蒙古原有戶口地畝若干、逐一按名核實開單、移交西盟墾務總局查照、即由墾局派員、會同胡旗官太才、前往該處詳加查核、如原有戶口地百頃者、准給地二十頃、五十頃者、准給地十五頃、二三十頃者、准給地八頃、十頃、其在十頃以內者、均按四成給領、仍將領過各戶、取具甘結、按名造冊呈送查核、除分行外、合行札飭、札到該局、仰即派員會同胡旗官、遵札妥籌辦理、勿得延違切切、又蒙

憲台札開、照得杭錦旗屬蒙古、籲懇賞給戶口地、以資養贍一案、前經札飭、西盟墾務總局、會同胡旗官太才、詳查劃給、業

已飭知在案、嗣據該旗貝子、阿爾賓巴雅爾、及協理台吉等呈稱、接奉札飭、當由本處派委副管旗章京銜札蘭魯布沁、台吉桑寨札布等、遵飭辦理去後、玆據呈覆幷東中巴噶、台吉人等呈稱、該處游牧數百戶、全賴牧廠爲生、其中原有戶口地者、僅只數十戶、經此次賞撥牧地、固屬沾恩、其原無戶口地蒙古數百家、同爲旗屬奴僕、未免向隅、理合再行呈懇、一律分賞牧廠、以資游牧等情、由該旗貝子轉行呈報前來、本大臣將軍、查前飭劃給該蒙丁戶口地畝、原爲體恤蒙衆、不令失業起見、玆據呈請各情、自應一律施恩、俾得同沾實惠、惟所撥地段、及一切辦法、仍須嚴定限制、仰西盟墾務總局、迅派委員前往勘撥、並着胡旗官太才幫同辦理、所有東中巴噶沿河一帶、除姚家河頭、布袋口子兩處、可耕之地、仍留墾局勿撥外、其餘沿河地段、即爲該旗蒙衆分別撥留、寬處不得過十里、狹處不得過二里、仍揀離於上水之地給與、俾於墾政不相妨碍、仍不准該蒙古等、自行開挖渠道、倘該地實有必須用水之處、即照前議召佃地畝用水章程辦理、除札飭該旗貝子遵照外、合行札飭、札到該局、仰即遵照、會同妥商辦理、仍將撥地若干、造具淸摺、並取具該旗領到牧廠文結、呈送查核勿違、各等因、當經卑府飭令王府經良、前赴杭旗東中兩巴噶、商同各段委員、並胡旗官太才、所派蒙哨官安吞及蒙員那木領藏保等遵照

憲札勘撥去後、嗣據王府經、會同頭段放地委員魯從九鴻恩函稱、姚家河頭、布袋口子二處、指定不撥牧廠、原爲留膏腴、以便租放起見、惟查頭段界內、除姚布二處、沿河並無牧所、該段內之蒙衆、嘵嘵不休、群以偏枯爲詞、力懇酌留、當經卑職等、履勘姚家河頭境內、祗有梅領圪墻與三福店前等地、尚稱膏腴、王同春謀買之地、即在此內、其餘自姚家寨子迤西、沙梁以南、塔布河口以東、雖延長十餘里、寬數里、均係柳林堿灘、不堪耕種、且頻年患水、花戶皆視若弁髦、與其留地、於無用、何如劃牧以息爭、況此次撥留牧廠、計在收回戶口原地、若他段均有牧地、獨此闕如、恐該蒙衆藉口無牧、將來頭段戶口地、辦理亦費周章、以卑職等愚見所及、莫若將勘過不堪耕種之地、量爲撥給、以恤蒙艱等語、卑府查姚布兩處界內之膏腴地畝、固不得劃作牧廠、而柳林堿灘不堪耕種之地、不妨量爲劃留、當即函覆王府經等、一再查勘、如果姚家

寨子迤西、沙梁以南、塔布市河口以東地畝、盡係柳林城灘、不堪耕種、准予劃留、以便蒙衆就近游牧、茲據王府經勘撥完竣、會同杭旗頭段放地委員魯徙九鴻恩、二段放地委員張令濟貞、三段放地委員袁府經寅、四段放地委員張府經其楹、稟稱、竊卑職玉良接奉照會、遵於八月十七日、束裝起程、二十一日行抵頭段、始因該段不留牧廠、當與卑職鴻恩稟覆在案、二十二日、約同蒙員那木領藏保、並二旗步隊哀哨官安春等、趨赴和合源、晤卑職濟貞後、移駐賈方驢店、嗣以蒙員聚衆呈懇、卑職玉良復折回頭段、商同卑職鴻恩、先後稟留牧廠各在案、二十七日、仍回二段、二十八九兩日、同孫委員將該段、牧廠撥竣、九月初一日、到阿善與卑職寅會商、初二日、同景委員灝、馳赴沿河處所、至初九日、將三段牧廠撥竣、初十日到強油坊、十一日同卑職其楹、出局勘撥、至十七日、將四段牧廠撥竣、適接憲局來函、准於姚家河頭酌留牧廠等因、卑職玉良、遂於十九日、同蒙員等、由西而東、二十一日、到西槐木、二十二三兩日、與卑職鴻恩、將姚家河頭牧廠配撥完竣、東自姚家寨子起、西至黃托鑼亥河止、計沿河牧廠一律劃撥蔵事、通長約二百一十五里、狹處不過二里、寬處不過十里、核與文內指定里數相符、其間二三四五里者、最居多數、經過之處、遇有已種之熟田、可開之生地、俱設法繞越、留放押荒之地步、其在二里以內者、限於明文、祇得圈入、綜沿河牧廠全地計之、爲數固多、若覈其生熟可墾之地、約不過三四十頃之譜、以此收回戶口原地、尙屬得精遺物、足資抵制、惟依附各渠上游之熟地、星羅棊布、所在皆有、凡劃撥到此、卽費周章、蒙古日隨七八十人衆口異詞、爭多論少、寔有舌敝唇焦之勢、操之急立形決裂、徇其請實碍墾政、該蒙衆膠執成見、動以十里爲辭、幾於無處不爭、無地不爭、甚至相持終日、而無一就議者、卑職等持定不與蒙人決裂、不於墾務有妨之主意、反復磋商務期、蒙人首肯、方爲定界、決不稍用壓力、致失蒙心、猶幸那木領藏保、並色登等深明事理、遇有爭執、兩相排解、儼同中處之人、以致卑職等、得所藉手、於事有濟、當於劃撥竣後、經卑職等面飭該蒙衆等、凡牧廠界內各項渠口、不准任意作踐、亦不得自行開渠、招商租地、如實有必須用水之處、卽遵照召廟章程辦理、並取具該旗領到牧廠文據、與東中兩巴噶台吉人等甘結各二紙、至牧廠劃過交界、均已挖立封堆、以後卽由各段會同該地蒙古、夥做鄂博、以清界限、所有劃撥杭錦沿河牧廠緣由、謹開具清摺、合詞肅覆、稟呈憲台查核、附呈清摺一扣、蒙古文結四紙等情、具稟前來、卑府查所劃杭旗東中兩巴噶、蒙衆牧廠、東自姚家寨子、西迄黄托羅孩河、計長二百一十五里、狹處不過二里、寬處不過十里、核與

憲定里數相符、所留牧地、均係柳林沙梁、石田鹹灘、凡有可耕之地、俱已設法劃留、所謂得其精華、遺其斥鹵、至玉府經等、劃撥此項牧廠既未稍用壓力、辦理亦極迅速、而蒙員那木領臧保等、會辦此事、遇有蒙衆爭執、力爲排解、以致辦理裕如、均堪嘉尚、惟此項牧廠原爲牧放牲畜之用、不得自行開渠、及有招商轉租情事、如遇必須用水之處、即照召廟章程辦理、倘敢故違、一經查出、即行撤地歸公、以示懲儆、除飭蒙員那木領臧保等、傳諭蒙衆遵照外、所有派委劃撥杭旗東中兩巴噶、蒙衆牧廠緣由、理合具文詳報

憲台查核、爲此備由具申、伏乞

照詳施行、須至詳者

計　詳　送

清摺一扣、蒙古文結二紙、圖說一紙

光緒三十二年十月十九日　總辦　姚學鏡、
　　　　　　　　　　　　會辦　元　愷、

西盟墾務總局、謹將劃撥杭旗東中兩巴噶、蒙衆沿河牧廠、寬長里數、開具清摺、呈送

查核、須至摺者、

計　開

頭段

一、東自姚家寨子起、經過李三達仁渠、西至塔布河渠背、蒙古渡口處止、計長一十九里、東寬三里、中寬四五里不等、

西寛六里

二段

一、東自塔布河蒙古渡口起、經過長濟新口、老郭渠義合渠、西至爛大渠背止、計長一十八里、東寛六里、中寛三四里不等、西寛二里

三段

一、東自爛大渠背起、經過呂皮河頭、西至沙河渠背止、計長一十九里、東寛二里、中寛四五里不等、西寛三里

一、東自沙河渠背起、經過十大股渠阿善東渠、西至哈拉烏素渠背大樹止、計長一十七里、東寛三里、中寛二三里不等、西寛四里

一、東自哈拉烏素渠背大樹起、經過鄔家地渠、西至哈拉嗚爾渠背止、計長十五里、東寛四里、中寛二三里不等、西寛四里

一、東自哈拉嗚爾渠背起、經過西家舊渠常興堂渠、西至乜火河東渠背止、計長十二里、東寛四里、中寛二里、西寛三里

一、東自乜火河東渠西背達拉界起、經過乜火河西口、屈家渠毛家渠俄托氣渠、西至塔灣達拉界止、計長十二里、東寛七里、中寛四五六里不等、西寛二里

一、東自塔灣達拉界起、經過三合元沙梁慶得茂沙梁並何八油坊、西至劉三地官渠背止、計長十八里、東寛二里、中寛二三四里不等、西寛二里

一、東自劉三地官渠背起、經過劉閏兩家渠並剛目河東渠、西至剛目河西渠背止、計長九里、東寛二里、中寛二三四里不等、西寛五里

四段

一、東自剛目河西渠背起、經過巴圖博羅地北界並納素胡戶口渠、順渠直達奥斗牛犋由牛犋前、西至奥祥舊渠背止、計長

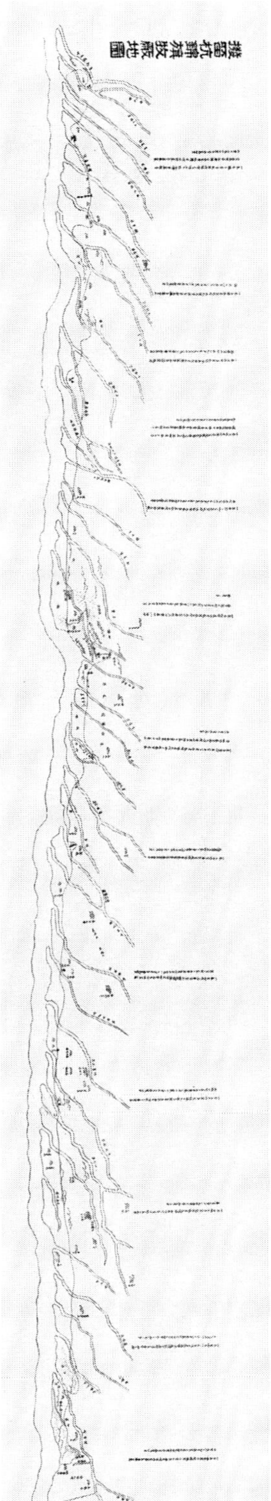

④
③
②
①

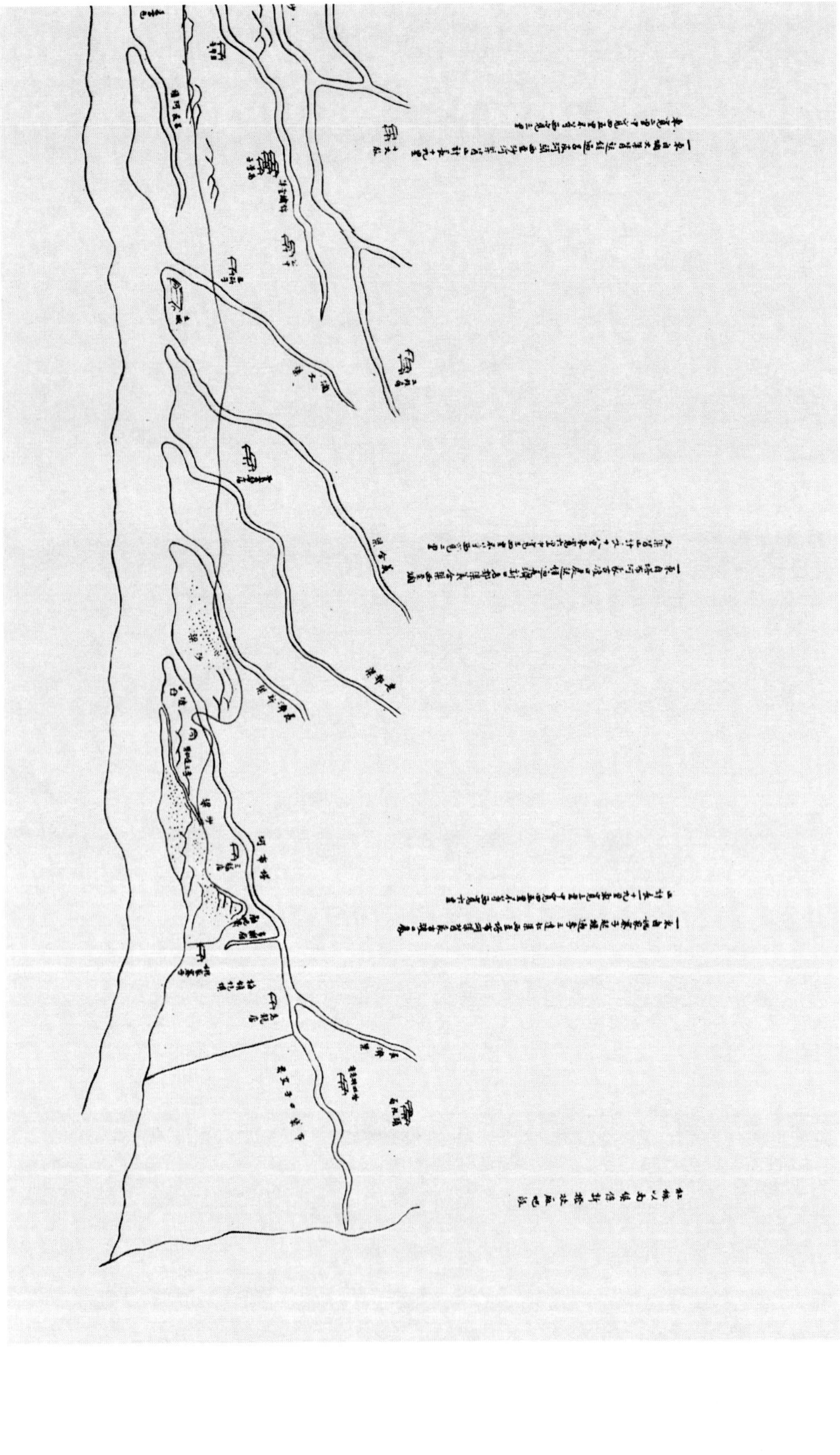

局部图①

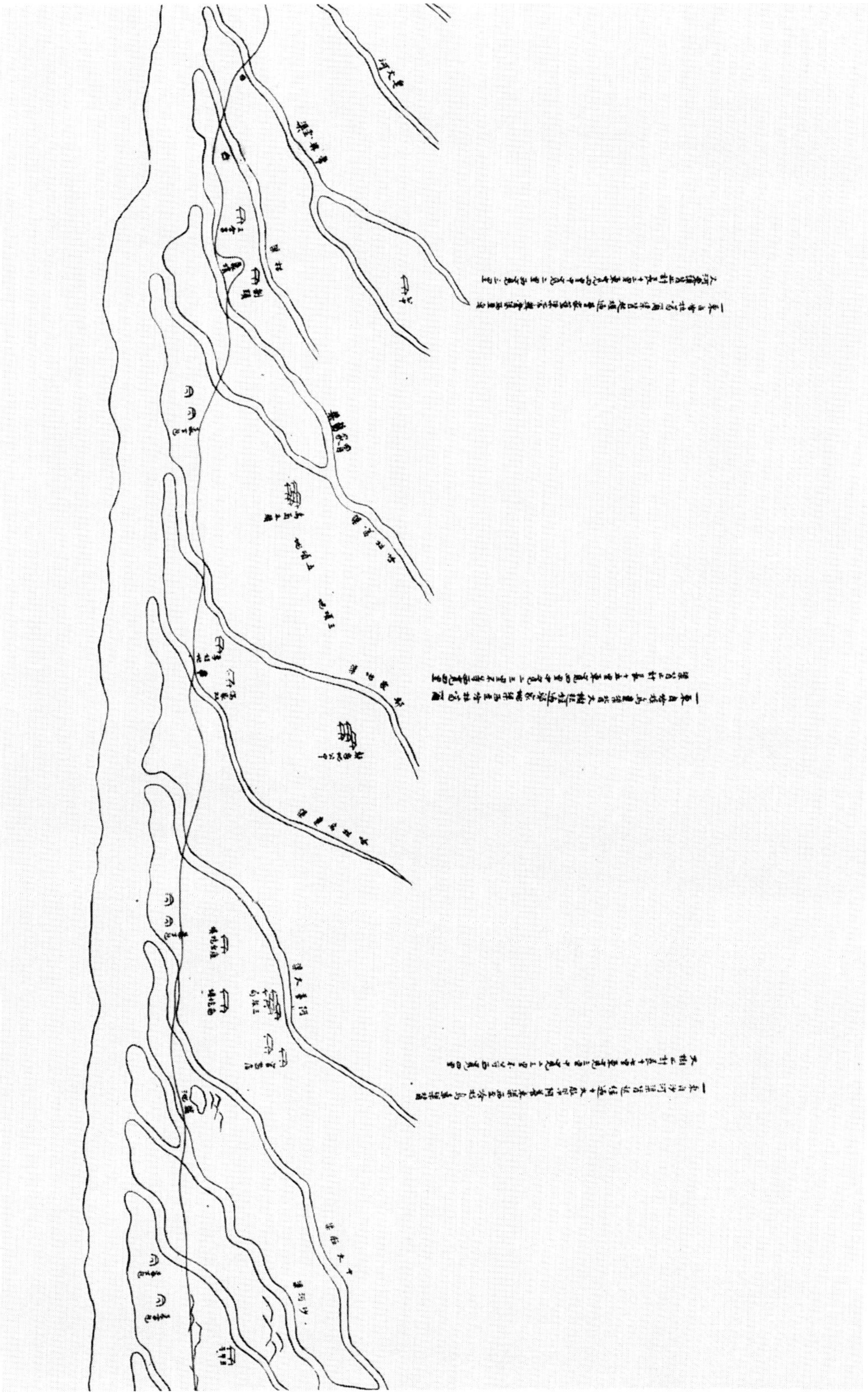

局部图②

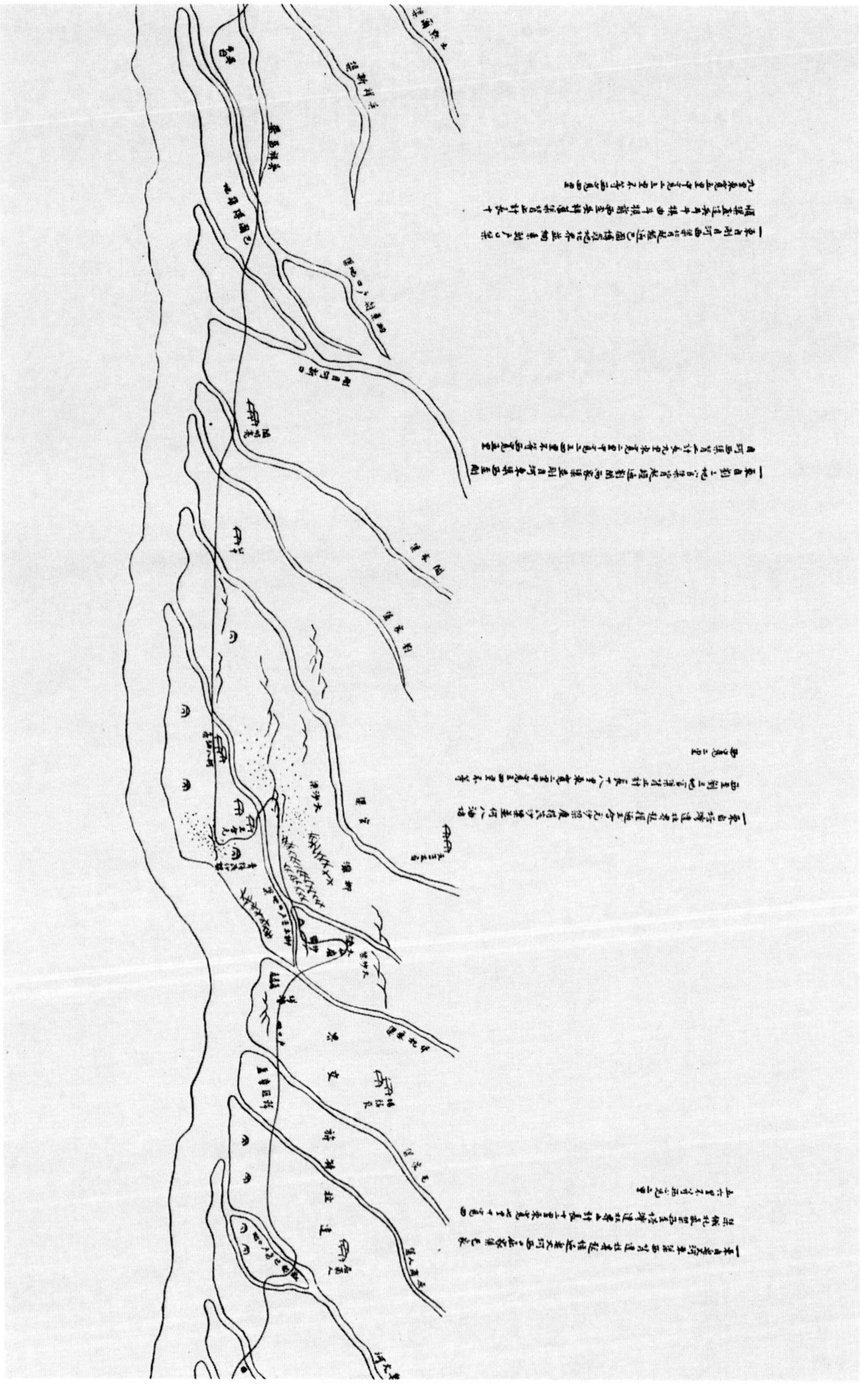

局部图③

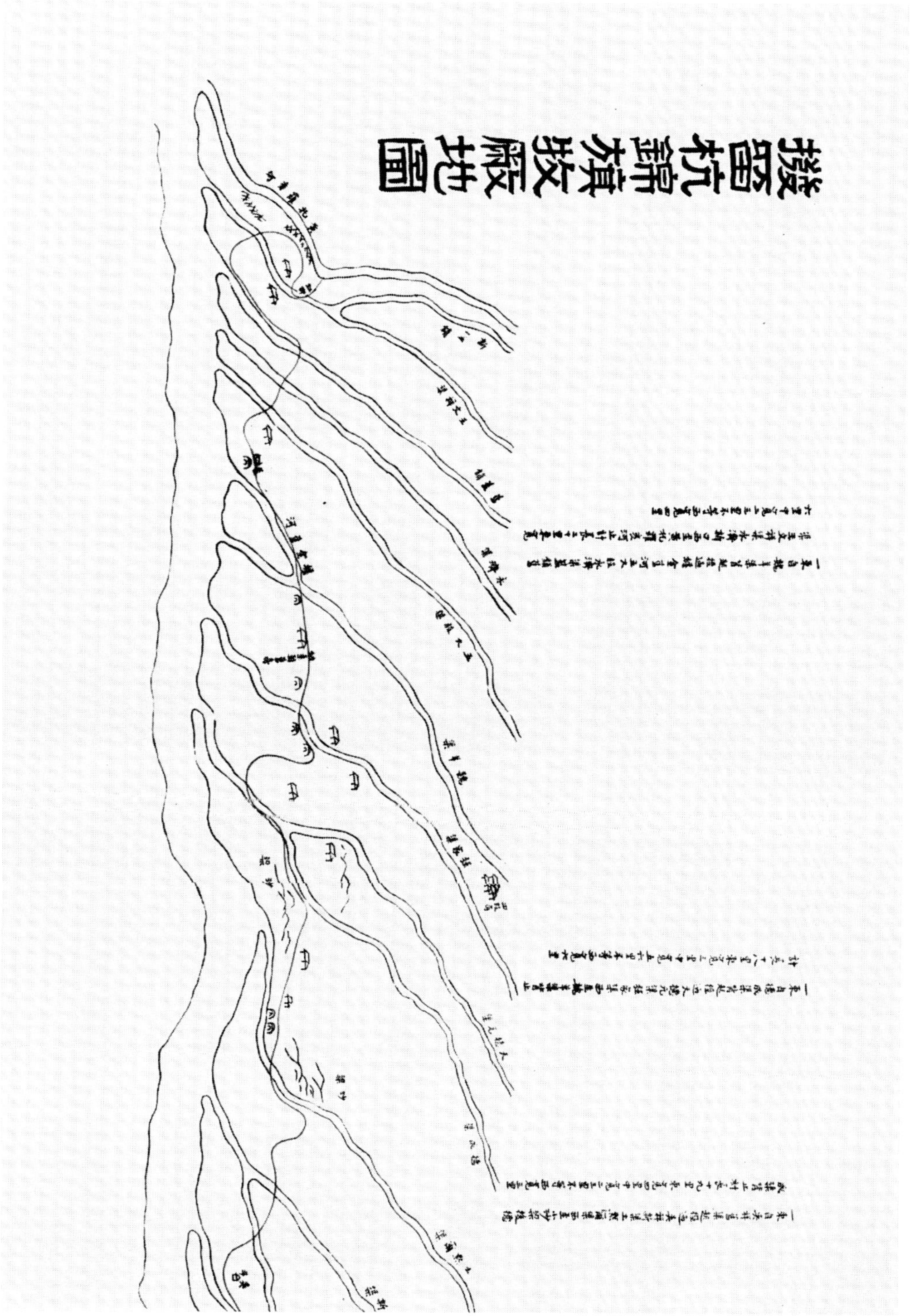

局部图④

十九里、東寬五里、中寬二三里不等、西寬四里

一、東自興祥舊渠起、經過興祥新渠土默渠、西至小沙梁後、德成渠背止、計長十九里、東寬四里、中寬二三里不等、西寬三里

一、東自德成渠背起、經過天德元渠、強家渠、西至魏羊渠背止、計長十八里、東寬三里、中寬五六里不等、西寬六里

一、東自魏羊渠背起、經過繩金舊河、五大股永濟渠、藍鎖舊渠、王文祥渠、永濟新口、西至黄托羅亥河止、計長二十里、東寬六里、中寬二三里不等、西寬四里

欽差大臣將軍幰下、爲出具甘結呈報事、現蒙

欽憲仁慈、差派委員、會同該牧處東公中兩巴嘎、衆官兵等分别指給度日牧地辦理、准奉切實定意、此後並無怨累、出具甘結呈報、

杭錦旗杭蓋東公中兩巴格官兵等共同齊集具結、

光緒三十二年九月二十四日

杭錦資料 鑒理番號 一〇五　　丙字 二二 號

杭錦旗花翎札奇嚕克齊、納木楞贊布、梅楞衔、甲拉章京嚕布津、長史、額勒哲依袖楞等呈

欽差大臣將軍、爲呈報事、現在卑職等、謹遵

上憲諭令、本年八月二十二日、在多拉斷等處、派來委員玉良袁品泉等、會同酌量、將該杭錦旗杭蓋東公中兩巴嘎、各官兵丁等、游牧居住度日之烏拉罕河北邊相連、寬不過十里之地、不過窄狹兩處、由東邊姚家寨生起、西面華托力蓋、至黄河沿以下界址、堆設鄂博爲記、鄉村官員兵丁驗交、以備守護分駐、該兩巴格内、原設鄉村、以九成内共七百餘户口蒙古等、恩准撥給棲止、住處尚不敷棲止、由開墾地内酌量有不堪耕種灘石等處居住定辦呈報外、鄂托齊鄂爾布斯等處、週圍地方窄狹、尚無可種地畝、作爲游牧界址、此週圍幾處地方、作爲達拉特交界之處、合併呈報外、梅楞衔、額勒哲依巴圖、喇

嘛催蘇隆等戶口之地、前已給開墾地內仍照辦理、札奇嚕克齊、納遜楚克、祈請呈報內、週圍蘇亥地方、原爲戶口耕種常久一段之地、呈請仍然恩施、査核納遜楚克、意欲帮辦墾務、呈請指示他等戶口地畝、另無別議作爲撥給之地、倘有用水之處、照召廟用水例章、不得任意寬竪自渠、並不得阻滯公田用水、等因定辦、衆蒙古等、准奉出具甘結、收存分報外、査此項游牧地畝分給之處、原起

欽憲將軍、該札薩克貝子、墾務局洞鑒、凡事赶急辦理之間、本處大衆着急、甚屬非是、惟

上憲仁慈、推廣深厚之恩、嚴飭懸案亂爲論禁呈報外數萬之人差傳幾名、該札薩克處呈送、以定守分遵行等情核辦之處、合併

抄錄呈報

欽憲鑒察定辦施行、

文案處擬

批據詳已悉、杭錦旗蒙衆牧廠經玉委員良等、遵照累次札飭、會同蒙員前往勘撥挖立封堆、繪具圖說、取具蒙古文結呈送、而蒙員那木領藏保、亦復相與維持辦理、尙屬妥協、仰卽由局飭令該蒙員轉諭蒙衆、一體遵照、嗣後凡牧廠界內、各項渠口不准蒙民任意作践、仍永遵定章、不准私自開渠招商租地、致碍牧政、餘均照所擬辦理、檄淸摺一扣、蒙文結二紙、圖說一紙備存

抗錦資料 整理番號 一〇六

丙字 一七 號

奴才貽穀跪

奏爲杭錦旗報墾地畝、現已陸續丈放、亟應將歲租啓徵年限、卽行酌定、以恤蒙艱、恭摺仰祈

聖鑒事、竊查杭錦旗報墾地段、附依黄河、凡渠水所能澆、卽爲墾勘所可及、前與該旗議定、仍照達拉特旗辦法、永遠招租、嗣於上年二月間、該貝子呈請改收押荒、發給領戶部照、以歸簡易、仍願將所得押荒銀兩、遵照奴才前奏、除提二成渠費外、以一半歸公、一半歸旗、並願報効當年歲租一半等情、當經奴才核准照辦、其押荒歲租數目、亦經奴才兩次查勘、分別釐定、均奏明辦理在案、查此項押荒章程、每上地一畝、徵銀八錢、中地七錢、下地六錢、歲租則上地每畝每年徵銀二分二釐、中地徵銀一分八釐、下地徵銀一分四釐、詳加考察、尚不至窒碍難行、惟由何年啓徵、其期限未經奏定、蒙情急於見利、但能早償其願望、乃可固結其心思、現查該旗地畝、由西路墾務公司、先繳押荒、承領大段、陸續招戶認墾、自應酌定啓徵年限、免有藉延、擬卽飭照察哈爾右翼熟地章程、於交納押荒之次年、卽行升科、仍由墾局、每屆年底將次年應升科之地冊、送該地方官照章辦理、一面詳由奴才隨時奏明、其墳發部照存根、仍隨押荒升科各冊、彙總咨部查核、除飭墾務局遵辦暨分咨外、所有酌定杭錦旗地、啓徵歲租年限緣由、理合恭摺具陳、伏乞

皇太后、

皇上聖鑒訓示、謹

奏、

光緒三十二年十一月二十一日

杭錦資料	整理番號	一〇七

丙字 一七 號

申送新放杭旗報墾地段圖册由

奏、辦蒙旗西路墾務公司、爲申送事、竊查杭錦旗報墾中東兩巴嘎之地、春間派員前往會同各分局、自西徂東、分按元亨利貞四段編號、招戶認領、共放過地、壹千肆拾壹頃柒拾陸畝貳分、其餘未放之地、當因青苗已開繩丈費、暫仍收租、稷至

來年再放、所有應報分號圖冊、並冊造就一套計四本、又全圖一分、理合具文申送

欽憲將軍鑒核、爲此備由具申、伏乞

照驗施行、須至申者

計申送圖冊四本全圖一分

右　申

欽命督辦蒙旗墾務大臣、理藩院尚書銜、綏遠城將軍貽

光緒三十二年十二月十八日

督辦蒙旗墾務大臣、理藩部尚書銜、綏遠城將軍貽、

札飭西盟總局、轉飭分局委員、撥給杭旗喇嘛二居把圖納遜朝等戶口地、並札該旗遵照由、

爲札飭事、照得杭錦旗才生喇嘛、二居把圖、自開墾以來、恭順效命、爲墾出力居多、納遜朝始則有心違抗、兩經曉以利害、卽悔悟前非、改過從善、前經梅楞公布、懇請鼓勵前來、自應酌賞地畝、以策有功、而資觀感、才生喇嘛、二居把圖納遜朝、著各撥給戶口地二十頃、除札飭西盟墾務總局、轉飭分局委員、遵照丈給該喇嘛等收領、仍取具領賞蒙文、具報

該旗遵照外、合行札飭、札到該總局、卽便遵照、轉飭分局委員遵照丈給該喇嘛

存案外、合行札飭、札到該旗卽便遵照　此札

等收領、賞蒙文具報存案、

右札仰　杭錦旗貝子阿爾賓巴雅爾　准此

西盟墾務總局

光緒三十三年六月初四日

杭錦資料 整理番號 一〇九

丁字 五一 號

督辦蒙旗墾務大臣、理藩部尙書銜、綏遠城將軍貽、

西路公司詳、溥利堂地畝、業已撥換、呈送圖說、請立案等情、札飭西盟總局査照由、爲札飭事、案據西路墾務公司詳請立案事、案査杭錦旗亨字段地戶溥利堂、前以所領之小廟灘地畝、形勢高阜、渠水引灌不到、懇請與二段未放之柴生地更換、以資耕作等情一案、當經卑府詳蒙憲臺批准、一面移照監放杭地委員胡令懋鉞、一段委員張令濟貞、三段委員袁府經寅、分別勘換收回接管去後、玆據該委員等稟稱、竊卑職懋鉞、正在杭錦二段、與卑職濟貞、會同放地間、適奉憲檄、以據杭錦亨字段地戶、溥利堂稟稱、上年認領三段小廟灘、亨字第五十五號、淨中地、一十五頃、九十八畝四分、形勢高阜、渠水引灌不到、懇蒙准與二段未放之柴生地更換、飭令會勘辦理、繪圖呈覆、以憑詳請立案、等因奉此、遵卽商請廉委員淸、司事忠泰、玉林、前往柴生地、傳令該地戶溥利堂、指明更換界址、按照勘丈撥交承領、計利字第八十號、正地六段、共二十七頃、二十七畝八分、內除不堪耕種地、一十一頃、三十九畝四分外、淨中地、一十五頃、九十八畝四分、與原領之數、兩相符合、塡發地票收執、果此項更換之地歲租、應自光緒三十三年起徵、由卑職濟貞經收解繳、以符奏案、共原領三段亨字第五十五號之地、當經卑職懋鉞知會該段分局、仍舊收回經理、惟該地戶前曾交過地價庫平銀、六百兩、隨亦撥收更換利字段號簿內、俾淸款目、所有勘明丈撥溥利堂更換地畝緣由、理合繪圖稟覆査考轉詳、計附呈地圖二分、等情准此、卑府覆核無異、除批覆並將圖說留存一份備案外、理合檢同圖說、詳請査核立案、等情據此、除批據詳已悉、仰候札飭西盟墾務總局査照外、合行粘抄圖說札飭、札到該總局、卽便査照、此札、

計粘抄圖說一張、

右札仰西盟墾務總局准此、

光緒三十三年八月初二

杭錦資料 整理番號 一一〇　　丁字 一五 號

督辦蒙旗墾務大臣、理藩部尚書銜、綏遠城將軍貽，

札飭胡管帶太才、帶兵查拏聚衆綑辱杭旗棍布等、杭旗奸蒙甲浪察汗補拉克等，毋使漏網由、爲札飭事、頃據西盟墾務總局詳稱、爲據情詳報事、光緒三十三年八月十七日、據杭錦旗加克爾格齊棍布之孀居兒媳禀稱、爲呈明奇寃祈恩查拏事、玆於本七月二十四日、有本旗加克爾格齊補音德力格爾、因會親將婦翁請去、在席詭留到二十八日、突有本旗奸惡甲浪察汗補拉克、臺吉三計、加克爾格齊、恩克納遜、吉力格爾、僕力察汗等五人、率領三百餘到補音德力格爾家中、將婦之翁棍布、並婦養子仁慶生片爾、祖孫二人擒去、到鹽湖迤東巴格補拉克地方、闖入房內、用非刑拷打、命在垂危、孫急爲查聞、伊等實因辦理臺吉並開墾地畝等情、聲稱搶我之家財、謀殺翁子之命、婦聞知急往貝爺處呈告、而該惡等不遵禁令、致婦含寃莫伸、因而無奈、具情懇祈恩准、立派幹員帶領兵役、前往巴格補拉克等處速救小命、倘有微遲、則婦之祖孫不得解救矣、施行等情據此、卑府查此次巴格補拉克地方、聚衆係甲浪察汗補拉克等揚言、棍布現捐臺吉、將來必做貝子、襲爵以後、本旗未放之地、以及鹽湖鹼湖甘草等、一切利權、必須一一出賣、蒙衆無可養生等詞、聳動愚蒙無知、受其感情、遂致有此衝突、棍布爲墾務有功之人、似應爲之設法、應如何派員解散之處、理合據情詳報憲台核示、等情前來、除批詳悉、本大臣已札調棍布來綏、並札飭該旗貝子、及加格齊那莫林藏寶妥爲彈壓保護矣、該奸蒙甲浪察汗補拉克等、竟敢困辱有功國家之人、卽係與墾爲難、況復聳詞聚衆、尤屬膽大妄爲、仰候派員前往緝拿、從嚴懲辦外、查上年色登不知下落、其家屬卽控係該奸蒙甲浪察汗補拉克等所誘害、本大臣春間赴套、訪查屬實、曾經面飭該管帶、嚴密查拏、勿或宜洩漏網、乃該奸蒙誘害色登、尚未緝獲到案、現又膽敢聚衆綑辱棍布、殊堪痛恨、色登爲墾出力、棍布更有莫大之功、該

奸蒙等殘害善良、反對墾務、且公然聚衆叛逆昭著、人心所共憤、國法所不容、合亟札飭、札到該管帶、仰即酌帶兵役設法嚴密查拿、毋使漏網、切切此札、

右札仰　口外巡防步隊第二隊兼帶馬隊第四隊胡副將太才　准此、

光緒三十三年九月初三日

杭錦資料　整理番號　一一一　　丁字　一五　號

統領口外巡防隊、兼帶馬步第一隊、節制大同步隊第四隊、副將銜、兩江補用遊擊譚湧發、爲申覆事、光緒三十三年九月初五日、蒙

憲台札開、頃據西盟墾務總局詳稱、爲據情詳報事、光緒三十三年八月十七日、據杭錦旗加克爾格齊棍布之媳居兒媳稟稱、爲呈明奇冤祈恩査拏事、玆本年七月二十四日、有本旗加克爾格齊補音德力格爾、因命親將婦翁請去在席、詭留到二十八日、突有本旗奸惡甲浪察汗補拉克台吉三計加克爾格齊、恩克納遜、吉力格爾、僕力察汗等五人、率領三百餘衆、到補音德力格爾家中、將婦之翁棍布、並婦養子仁慶生片爾、祖孫二人擒去、到鹽湖迤東巴格補拉克地方、闖入房內、用非刑拷打、命在垂危、婦急爲査問、伊等實因辦理臺吉、並開墾地畝等情、聲稱搶我之家財、謀殺翁子之命、婦聞知急往貝爺處呈告、而該惡等不遵禁令、致婦含冤莫伸、因而無奈、具情懇祈恩准、立派幹員帶領兵役、前往巴格補拉克等處、速救小命、倘有微遲、則婦之祖孫、不得解救矣、施行等情據此、卑府査此次巴格補拉克地方聚衆、係甲浪察汗補拉克等揚言棍布現捐台吉、將來必做貝子、襲爵以後本旗未放之地、以及鹽湖鹼湖甘草等、一切利權、必須一一出賣、蒙衆無可養生等詞、聳動愚蒙無知、受其感情、遂致有此衝突、惟棍布爲墾務有功之人、似應爲之設法、應如何派員解散之處、理合據情詳報憲台核示、等情前來、除批詳悉、本大臣已札調棍布來綏、並札飭該旗貝子、及前加格齊那莫林藏賓、妥爲彈壓保護矣、該奸蒙甲浪

察汗補拉克等、竟敢困辱有功國家之人、卽係與墾爲難、況復聳詞聚衆、尤屬膽大妄爲、仰候派員前往緝拏、從嚴懲辦外、合行札飭、札到該統領卽便遵照、酌派幹員帶領兵役前往彈壓蒙衆、並飭所統兵隊嚴密查拏首惡之甲浪察汗補拉克等、務獲究辦、以儆刁蒙、仰卽遵照、等因蒙此、遵卽飛飭卑部步隊第二隊兼馬隊第四隊胡管帶太才、馬隊第五隊張管帶傳華、選派弁兵親率前往、鹽湖迤東、巴格補拉克地方、妥爲彈壓蒙衆、並通飭卑部各隊、嚴密查拏首惡之甲浪察汗補拉克等、務獲究辦、毋任漏網、一俟胡管帶太才等將彈壓情形具報到日、再行申報外、所有遵飭派兵彈壓蒙衆查拏首惡各緣由、理合先行備文申報

憲台查核、爲此具申、伏乞

照驗施行須至申者、

右　　　　　　申

欽命督辦蒙旗墾務大臣、綏遠城將軍貽、

光緒三十三年九月初十日

杭錦資料	整理番號	一一二	丁字	一五	號

管帶口外巡防步隊第二隊、兼帶馬隊第四隊、儘先補用副將胡太才、爲申覆事、光緒三十三年九月初九日、蒙憲台札開、西盟墾務總局詳報、光緒三十三年八月十七日、據杭錦旗加克爾格齊棍布之孀居兒媳、呈墾派兵查拏、綑辱棍布之兇惡僕力察汗等五人緣由、除原文有案邀免全錄外、尾開、飭卽酌帶兵役、設法嚴密查拏、毋使漏網、等因蒙此、遵應迅速辦理、惟於奉文之日、卽與西盟墾局總辦姚守學鏡會商、據稱該守於詳報此案之時、已一面飭德委員彭哨官王商人等前往查辦、應俟該委員等查覆後、再請定奪辦理等語、管帶因此未遽帶兵起程、昨據該委員等查明回包聲稱、該蒙衆畏

發兵拏辦、現已解散、祇有二百餘蒙衆、將棍布圍住、逼令止住發兵、方肯釋放、業將棍布之孫放回、該委員等允許懇求

止兵拏辦、等情前來、似無須施其壓力、免得激生變端等語、伏思

憲諭諄諄、何敢稍違功令、惟總局委員査覈、既已如此、又不得不相機行事、上慰

憲廑、近聞後套蒙衆甚多、各段均有盜賊、誠恐民情蠢動、不保結黨爲非、管帶有巡緝地面彈壓墾務之責、應不能不思患

預防、現擬帶步隊中哨赴套察看機宜、除飛札調集卑馬四隊三哨兵丁、駐紮杭錦旗二三四各段墾局並移知馬五隊調集一哨

駐紮頭段墾局、以資保護外、所有管帶奉飭從綏商辦、暨聞風預爲防衛情節、是否有當、理合申覆

憲台査考、爲此具申、伏乞

核示遵行、須至申者、

右　　　　　　　　　　申

欽命督辦蒙旗墾務大臣、綏遠將軍貽、

光緒三十三年九月二十二日

杭錦資料	整理番號	一一三

丁字　五一　號

監放杭錦旗地西盟墾務總局幫辦、候補知縣胡懋鉞、謹稟

大人閣下敬稟者、竊卑職昨由河套旋包、伏見

憲台五月二十四日行知墾務總局札文、以公司行將收結、所有承領之杭地四千頃、除卑職放過外、尚短之數、即由該局接續

招放認領、總以補足四千頃爲斷等因、査前項地畝、業經卑職先後放出二千三百餘頃、下賸一千六百餘頃、生熟參半、以

待來年、賡續接放、本無不可、惟地畝愈放愈少、愈少愈難、現當結束之際、亟應設法招放、以藏厥事、多方招致、冀得

鋪商大成公一家、願將下臁之地一千六百餘頃、儘數包領、惟聲稱四段管腴、均已放出、所餘熟地、皆係零星、不成片段、且耕種多年、地力已盡、擬懇將此地六七百頃、減爲每頃價銀七十兩、今年租銀、歸伊承收、遵章先交地六成、其餘八九百頃、請在三段之常興堂、四段之沙爾袞亥、藍鎖爾各新渠傍之地補足、擬懇將正地每頃、作價銀九十兩、中地八十五兩、下地八十兩、應交地價、俟丈放後、即遵章交納、如蒙俯允即行措銀認領等語、是否可行、理合稟請

大人查核示遵、以便定議、肅此具稟、恭請

勛安、伏乞

垂鑒、卑職懋鉞謹稟

光緒三十三年九月二十四日

杭錦資料	整理番號	一一四

丁字 五一 號

督辦蒙旗墾務大臣、理藩院尚書銜、綏遠城將軍貽

批監放杭地委員胡令懋鉞稟、杭旗未放地畝、現據鋪商大成公稟請減價包領是否可行請示遵等情分別批示由

文案處擬

批、據稟公司承領之杭地四千頃、除已放出二千三百餘頃、下臁一千六百餘頃、覓得鋪商大成公一家、願儘數包領等情、查公司放地、本以便商便民、有此包領之商家、可免零星招放、輾轉需時、杭地既儘數放完、公司亦早日歸結、自應准如所請、以期迅速、據該商稱在四段餘地承領六七百頃、皆零星不成片段、擬請減爲每頃七十兩、按此核計、公司兩年墊本、每届年終、先按股本付利、而此次地利毫無所獲、日久徒墊、與虧何異、本難照准因係成總搭放、姑准減價招領、惟今年租銀歸伊承收、殊於章程未合、查上年放地、限五月內先交六成、始准領戶收租、本年又展限兩月、現在早已逾期、該鋪

商承領太遲、礙難允准、致違定章、至其餘八九百頃、除四段之沙爾宿亥、係在藍鎖上游、既屬在綏遠、現畢次奉

旨裁撤旗兵

飭購田畝、安插生計、此地亦經該城備價認領、歸成一氣、既爲此地專渠、不便再招他戶、免致日後轇轕、此外凡有膏腴之地

聽其自行擇領、仰即飭知該商及早定議、慎勿觀望失時、此繳

光緒三十三年九月二十七日

杭錦資料 整理番號 一一五　丁字 一五 號

西盟墾務總局、爲詳請事、案據杭旗第四段墾務分局委員仝府經貴等申稱、竊以後套杭旂蒙民聚衆、與局爲難、前於八月末旬、卑局即聞此風、然以事屬謠傳、不爲介意、於九月初一日、蒙台吉納素朝遣人到局送信稱、蒙民於初六日、在章嘉廟聚衆會議、意期與局理論、俟後詢得眞情、再向局送信等語、嗣後卑局暗訪旁探、終未得的實、是以未敢瀆陳、茲於二十四日、蒙官得爾吉加浪們肯、梅令十餘人到局稱、二十二日、蒙民在章嘉廟前、聚集六七百人、意期來局抗論、所起見者、爲戶口地不納水租、瞻召地不足數、所重尤在馬場墳地、

欽憲曾許給河沿寬十里、留作牧場、今所留者、尚不足五里、墳地亦歸烏有、蒙民之生計無所依賴、如墾局能令戶口地不納水租、馬場瞻召均能足數、墳塋有地、蒙民衣食有出、即安居無事矣、不然六七百人即到局理論等語、卑職以提調尚赴包未回、容三日之限、俟提調回局、再行商辦、蒙官又有三日、無准辦法、不能阻止衆民向草場十里內地戶討食之語、揣其情形、蒙民聚衆滋事爲難、此次納素朝未來、亦別有肺腸、恐難以言解散、卑職等不敢臆斷擅主、伏乞鴻裁示一如何辦法、以便遵照、並速派兵前來、以防不測、而資保衛、爲此備由具申、伏乞批示遵照施行、等情據此、伏査杭旂蒙民戶口、及瞻召地畝之在後套者、爲數本屬無多、去歲

一三二

憲台以地經該旂貝子一併報墾、蒙民游牧無所、喇嘛養贍無資、飭蒙
施恩於沿河一帶、撥給收廠、並於每廟每面劃留地畝、俾得遊牧、以資養贍、如有用水之處、按照定章辦理、取有領文附
卷、體恤蒙艱、不謂不至、該蒙民等當激發天良、亟圖報稱、乃竟以地不足數、不納水租爲詞、聚集多人、聲言與局爲難、
希冀乘間要挾、即其中之起意爲首者、即後套蒙民廠漢卜羅、及不知性名數人、查廠漢卜羅、前因地事曾兩次聚衆、經卑
府飭令局員設法解散、以事已寢息、均從寬不究、今該蒙民又敢起意爲首、煽惑愚蒙、聚衆滋事、實屬恐不畏法、若再姑
息、將來人人效尤、後患無所底止、已由卑府移請後套防營管帶胡副將太才、張守備傳華、遣派辦兵前往彈壓解散、被惑
愚蒙、並查拿廠漢卜羅、及此外爲首之人、解送卑局訊明從嚴懲辦、用昭烱戒、應請
憲台札飭譚統領湧發、馳赴後套、督飭胡張兩管帶、分路嚴拏、以期弋獲、而免漏網、玉提調良因事來包、於本月十八日啓
程回套以時計之、已抵四段、除批飭全委員等轉致玉提調會同胡張兩管帶、妥爲辦理外、所有後套蒙民廠漢卜羅等、聚衆
要挾、並移請防營查拏首犯解散愚蒙緣由、理合具文詳請
憲台查核俯賜
札飭譚統領馳赴後套、督同辦理、實爲公便、爲此備由具由、伏乞
照詳施行、須至詳者、

光緒三十三年十月初一日　總辦姚學鏡
會辦元愷

文案處擬

批、據詳已悉、廠漢卜羅屢次滋事、前據該局詳報、該劣蒙聚集多人、將公布綑辱一案、業經札飭譚統領湧發轉飭所屬防營、
馳往嚴密查拏、此次復敢於後套聚衆要挾、尤屬不法已極、仰候札飭譚統領併入前案、一併嚴拏、以昭烱戒、此繳、

光緒三十三年十月二十四日

杭錦資料　整理番號　一一六

丁字一八號

西盟墾務總局、爲請示事、竊照前據杭旗第四段、墾務委員保令謙、全府經貴等申報、杭蒙聚衆、藉詞要挾、並經卑府訪聞其中之爲首者、係杭旗蒙人、廠漢卜雞、當經移請口外防營管帶、胡副將太才、張守備傅葉、率領隊兵、前往查拏、一面詳請

憲台、札飭譚統領湧發、馳赴後套、督飭嚴拏送局懲辦、暨批令保令等、轉致玉提調良、會同辦理在案、茲據玉提調良申稱爲申報蒙衆解散、並議定四事、請示遵行事、竊查杭旗中巴噶蒙古、於九月初間、聚集六七百人、往來三四兩段地面、始言赴河西與梅領公部爲難、繼言與墾局滋事、多方要索、勢甚洶洶、並有約期搶掠墾局之謠、道路宣傳、人心亦因之浮動卑職先期赴包公幹、曾經保令謙、袁府經寅、先後將聚衆情形、馳報在案、卑職旋途聞警、趕即西來、探聞蒙衆在章加廟聚議、當即順道迴赴該廟、適蒙人聚廟前、擁納素朝於中、蒙衆圈之於外、是日又值該廟佛圈之期、蒙人尤衆、卑職到廟、即進蒙人重圍之內、問其聚衆因由、並以順逆利害之說、返覆開導、正談判間、譚幫帶建雲、全委員貴、亦率兵到廟有聲威以懾其心、則言論亦易入耳、該蒙人要索多端、俱都據理駁斥、其有與墾務權利無礙者、允予議定章程、詳請施行當令蒙衆先行解散、擇留年老蒙古數人、於十月初一日到局議事、該蒙人當即認可、次日遂將蒙衆一律遣散、初一日老蒙八人、來局將懇求應辦之件商議妥帖、並擬定章程四條、以便暫且施行、一係牧場地內之水租、分別蠲免、一係牧場地內之紅柳柴、砍伐以時、並照舊酌收柴錢、一係舊有蒙古墳墓諭禁澆種、一係會查賊匪、以免偷竊牲畜、以上四項、再四磋商、始行就議、其於從前所要求者、如爲貝子求還盟長、爲牧場展足十里、爲另留蒙古墳地、爲牧場地普免水租、以及贍召戶口各項、無厭之求、一概作爲罷論、卑職俯查此次蒙人聚衆、初念係赴河西、與梅領公部爲難、及聞公部有奉文調綏之信、不獲爲難於公部、轉思爲難於公部所爲之事、遂憑藉群蒙勢力、向墾局藉詞要挾、並適有蒙通事白音什拉、與蒙戶

納木加以天吉太牧場水租之故、從中慫慂、以便私圖、此蒙人聚衆之始末因由也、卑職偵知其隱、故剴切陳說、復稍徇其
請、以冀蒙團早解、免致釀成事端、不然稍形操切、恐因小失大、牽動全局、卑職不揣冒昧、與蒙人擬就暫行章程四則、
是否有當、仍候
憲台批示遵行、所有解散蒙衆、暨擬辦四項章程緣由、理合開摺申請
憲台查核、爲此備由具申、伏乞照驗施行、計送章程清摺一扣、等情據此、卑府查杭蒙墳地之在後套者、本無多區、放墾之
初、雖未聲明劃留、然早示禁、已不准地戶耕種、應請如玉提調所擬、此後再由三四兩段出示禁種、並查明如再有確係蒙衆墳
地一併劃留、以安該蒙衆之先靈、又蒙民耕種牧場地畝、如經官渠水澆過者、須照章出納水租銀兩、前經詳定有案、茲據
玉提調擬定、嗣後牧場地畝、如澆天吉太納木加之私渠、與祥地納素胡之私渠、兩渠渠水、並河水漫溢所澆之地、免其完
納水租、以及報墾之地、有與蒙人私渠附近者、亦准藉澆此水各節、與墾務無所損失、應請照准、至所擬沿河牧場地內、
按時伐取紅柳、照舊收取柴錢、暨會查賊匪、以免偷盜牲畜兩事、無礙於墾政、有益於地方、均請如擬辦理、以安蒙衆之
心、惟查該蒙古聚衆之始、本欲赴河西與梅楞公部爲難、及聞公部有蒙
憲台調赴綏遠之信、遂憑群蒙勢力、又向卑局藉詞要挾、並有蒙古通事白音什拉與蒙民納木加從中慫慂、均屬恣不畏法、本
應逐名查拏徵辦、姑念愚蒙無知、一經玉提調開導、即行解散、尚非始終怙惡不悛、應請從寬免究、以予自新之路、厥漢
卜羅一犯、前經兩次聚衆、均寬而未究、此次又復煽惑愚蒙、聚衆要挾、並聞蒙人色登之杳無下落、實係該犯挾仇暗爲謀
害、若不從嚴懲辦、何以儆效尤而懲兇頑、應請
憲台再行札飭譚統領、督同胡張兩管帶、務將該犯拏獲、送由卑局訊明懲辦、用昭烱戒、除飭玉提調候示外、所有玉提調良
與杭蒙擬定四事、是否可行、理合照抄章程、具文詳請
憲台核示、爲此備由具申、伏乞

照詳施行、須至詳者

計詳送

章程清摺一扣

光緒三十三年十月二十二日　總辦姚學鏡　會辦元愷

杭旗四段、謹將與蒙人議定暫行章程四條、開呈

鑒核

計開

一、牧場種地之水租分別蠲免也、官渠經過所澆之地、仍照章出納水租、此外如天吉太納木加之專渠、與蒜地納素朝之專渠、皆係蒙人舊有之渠、未經報墾者、此後牧場地、有經此渠澆灌者、准其免繳水租、並河水漫溢所澆之地、亦准免繳水租、以示體恤、而昭公允、惟報墾地有與蒙人專渠附近者、亦准藉澆此水、以均利益、亦不爲蒙人出納水租、修洗此渠之費、歸蒙人自出、墾局仍不與聞、牧場所澆之地、蒙人自種、不准招商轉租、有違定章

一、牧場界內之紅柳、定期砍伐並酌收柴價也、杭地未報墾之先、沿河紅柳、春夏資其長養、不准任意伐取、迨秋冬之季始准人一律樵採、並有按戶與按車酌收柴錢之辦法、自地歸墾後、各處紅柳破伐殆盡、花戶亦不出納柴錢、現擬牧場以內之樹株、仍照從前春閉秋開之法、並准仿照舊章、向取柴花戶收取柴錢、以資生計、其柴價亦須通融辦理、不得任意高抬、至墾局渠工有用材木之處、許隨時伐取、以備公用

一、舊有蒙墳論禁澆種也、如當興堂之大唐子、土默地之西沙梁等處、凡係蒙古舊墳之所、早經示禁耕種、此後當再由三四兩段出示禁種、以安蒙衆之先靈、並此查有確係蒙墳之地、亦一併劃留、大約蒙墳半係沙梁區處、其中尚無租地課地

之關係、至向非舊墳處所、原不准冒指、可耕之地、致於墾政有碍

一、會查賊匪以免偷盜牲畜也、後套客盜充斥、近年以來、偷牛盜馬之事、屢獲難數、地廣兵單、防卡以不敷爲慮、而墾局駐兵一棚、僅供辦墾司捕之事、無暇兼顧、當本年冬防之際、准蒙古出人十名、駐局防卡出兵二名、以備會查賊匪、惟捕盜之事、專隸防營、與墾局無涉、今旣據懇求前來、自應知會卡辦、以便會同辦理、藉安地面

督辦蒙旗墾務大臣、理藩部尚書銜、綏遠城將軍貽

批西盟總局詳、玉提調良與杭蒙擬定章程四條、仰卽轉飭各段委員切實辦理由

文案處擬

批、詳悉、玉提調良、與蒙人所議暫行章程四條、甚屬公允、足以安蒙衆而息事端、應准照擬辦理、惟訪聞現在蒙心疑懼尚未盡釋、若徒議而未實行、難免又生枝節、仰卽轉飭各段委員、務須查照所擬四條、切實辦理、不得稍形操切、是爲至要

此繳、清摺存

光緒三十三年十一月初二日

杭錦資料	整理番號	一一七

丁字 一五 號

督辦蒙旗墾務大臣、理藩部尚書銜、綏遠城將軍貽

西盟總局詳、後套蒙民廠漢卜維等聚衆要挾等情、札飭譚統領轉飭防營查拏由、

爲札飭事、案據西盟墾務總局詳稱、爲詳請事、案據杭錦旗第四段墾務分局委員全府經貴等申稱、竊以後套杭旗蒙民聚衆與局爲難、前於八月末旬、卑局卽聞此風、然以事屬謠傳、不爲介意、於九月初一日、蒙台吉納素朝遣人到局送信稱、蒙民於初六日、在章嘉廟聚衆會議、意明與局理論、俟後詢得眞情、再向局送信等語、嗣後卑局暗訪旁探、終未得的實、是

以未敢瀆陳、玆於二十四日、蒙官得爾吉加浪門肯梅令十餘人到局稱、二十二日、蒙民在章嘉廟前聚集六七百人、意期來局抗論、所起見者、爲戶口地不納水租、贍召地不足數、所重尤在馬場墳地、欽憲曾許給河沿寬十里、留作牧場、令所留者、尚不足五里、墳地亦歸烏有、蒙民之生計無所依賴、如墾局能令戶口地不納水租、馬場贍召均能足數、墳塋有地、蒙民衣食有出、即安居無事矣、不然六七百人即到局理論等語、卑職以提調尚赴包未回、容三日之限、俟提調回局、再行商辦、蒙官又有三日無准辦法、不能阻止衆民向草場十里內地戶討食之語、揣其情形、蒙民聚衆滋事爲難、此次納素朝未來、亦別有歸賜、恐難以言解散、卑職等不敢臆斷擅主、伏乞鴻裁示一如何辦法、以便遵照、並速派兵前來、以防不測、而資保衛、爲此備由具申、伏乞批示遵照施行、等情據此、伏查杭旗蒙民戶口、及贍召地畝之在後套者、爲數本屬無多、去歲憲台以地經該旗貝子一併報墾、蒙民游牧無所、喇嘛養贍無資、曾蒙施恩於沿河一帶、撥給牧廠、並於每廟每面劃留地畝、俾得遊牧、以資養贍、如有用水之處、查照定章辦理、取有領文附卷、體恤蒙艱不謂不至、該蒙民等當激發天良、亟圖報稱、乃竟以地不足數、不納水租爲詞、聚集多人、聲言與局爲難、希冀乘間要挾、即其中之起意爲首者、即後套蒙民廠漢卜羅及不知姓名數人、查廠漢卜羅前因地事曾兩次聚衆、經卑府飭令局員設法解散、以事已寢息、均從寬不究、今該蒙民又敢起意爲首、煽惑愚蒙、聚衆滋事、實屬愍不畏法、若再姑息、將來人人效尤、後患無所底止、已由卑府移請後套防營管帶胡副將太才、張守備傅華、遣派弁兵前往、彈壓解散、被惑愚蒙、並查拏廠漢卜羅、及此外爲首之人、解送卑局訊明、從嚴懲辦、用昭炯戒、應請憲台札飭譚統領湧發、馳赴後套、督飭胡張兩管帶、分路嚴拏、以期弋獲、而免漏網、王提調良因事來包、於本月十八日啓程回套以時計之、已抵四段、除批飭仝委員等、轉致王提調會同胡張兩管帶、妥爲辦理外、所有後套蒙民廠漢卜羅等、聚衆要挾、並移請防營查拏首犯、解散愚蒙緣由、理合具文詳請憲台查核、俯賜札飭譚統領、馳赴後套督同辦理、實爲公便、爲此備由具申、伏乞照詳施行、等情據此、除批據詳已悉、廠漢卜羅、屢次滋事、前據該局詳報、該劣蒙聚集多人、將公布細每一案、業經札飭譚統領湧發、轉飭所屬防營、馳往嚴密查拏、此次復敢於後套聚衆要挾、尤屬不法已極、仰候札飭譚統領併入前案、一並嚴拏、以昭炯戒外、合行札飭、札到該統領即便遵照、併入前案、一併嚴拏、以昭炯戒、切切此札、

右札仰 譚 統 領 湧 發 准 此、

一二八

督辦蒙旗墾務大臣、理藩部尚書銜、綏遠城將軍貽

西盟總局詳、玉提調與杭蒙擬定章程四條、札飭轉飭各段委員、切實辦理、札飭收支處查照由

光緒三十三年十月二十七日

杭錦資料	整理番號	一一八

丁字 一八 號

爲札飭事、案據西盟墾務總局詳稱、爲詳示事、竊照前據杭旗第四段墾務委員、保命謙、仝府經貴等申報、杭蒙聚衆、藉詞要挾、並經卑府訪聞其中之爲首者、係杭旗蒙人廠漢卜雜、當經移請口外防營管帶胡副將太才、張守備傳華、率領隊兵前往查拏、一面詳請憲台札飭譚統領湧發、馳赴後套、督飭嚴拏送局懲辦、暨批令保命等轉致玉提調良、會同辦理在案、茲據玉提調良申稱、爲申報蒙衆解散、並議定四事、請示遵行事、竊查杭旗中巴噶蒙古、於九月初間、聚集六七百人、往來三四兩段地面、始言赴河西與梅領公部爲難、繼言與墾局滋事、多方要索、勢甚洶洶、並有約期搶掠墾局之謠、道路宣傳、人心亦因之浮動、卑職先期赴包公幹、曾經保命謙、袁府經寅、先後將聚衆情形馳報在案、卑職旋途聞警、趕即西來探聞蒙衆在章加廟聚議、當即順道逕赴該廟、適蒙人麕聚廟前、擁納素胡於中、蒙衆圈之於外、是日又値該廟佻蘭之期、蒙人尤衆、卑職到廟、即進蒙人重圍之內、問其聚衆因由、並以順逆利害之説、返覆開導、正談判間、譚統帶建勳、仝委員貴、亦率兵到廟、有聲威以懾其心、則言論亦易入耳、該蒙人要索多端、俱都據理駁斥、其有與墾務權利無礙者、允予議定章程、詳請施行、當令蒙衆先行解散、擇留年老蒙古數人、於十月初一日到局議事、該蒙人當即認可、次日遂將蒙衆

一律遣散、初一日老蒙八人來局、將懇求應辦之件商議妥諧、竝擬定章程四條、以便暫且施行、一係牧場地內之水租、分別蠲免、一係牧場地內之紅柳柴、砍伐以時、竝照舊酌收柴錢、一係舊有蒙古墳墓、論禁澆種、一係會查賊匪、以免偷竊牲畜、以上四項、再四磋商、始行就議、其於從前所要求者、如爲貝子求還盟長、爲牧場展足十里、爲另留蒙古墳地、爲牧場地普免水租、以及贍召戶口各項、無厭之求、一概作爲罷論、卑職俯查此次蒙人聚衆、初念係赴河西、與梅領公部爲難及聞公部有奉文調綏之信、不獲爲難於公部、轉思爲難於公部所爲之事、遂憑藉群蒙勢力、向墾局藉詞要挾、竝適有蒙通事白音什拉與蒙戶納木加以天吉太牧場水租之故、從中慫恿、以便私圖、此蒙人聚衆之始末因由也、卑職偵知其隱、故剴切陳說、復稍徇其請、以冀蒙團早解、免致釀成事端、不然稍形操切、恐因小失大、牽動全局、卑職不揣冒昧、與蒙人擬就暫行章程四則、是否有當、仍候憲台批示遵行、所有解散蒙衆、暨擬辦四項章程緣由、理合開摺申請憲台查核、爲此備由具申、伏乞照驗施行、計送章程清摺一扣、等情據此、卑府查杭蒙墳地之在後套者、本無多區、放墾之初、雖未聲明劃留、然早示禁、已不准地戶耕種、應請如玉提調所擬、此後再由三四兩段出示禁種、竝查明如再有確係蒙衆墳地、一併劃留、以安該蒙衆之先靈、又蒙民耕種牧場地畝、如經官渠水澆過者、須照章出納水租銀兩、前經詳定有案、玆據玉提調擬定嗣後牧場地畝、如澆天吉太納木加之私渠、奥祥地納素朝之私渠、兩渠渠水、竝河水漫溢所澆之地、免其完納水租、以及報墾之地、有與蒙人私渠附近者、亦准藉澆此水各節、與墾務無所損失、應請照准、至所擬沿河牧場地內、按時伐取紅柳照舊收取柴錢、既會查賊匪、以免偷盜畜兩事、無礙於墾政、有益於地方、均請如擬辦理、以安蒙衆之心、惟查該蒙古聚衆之始、本欲赴河西與梅楞公部爲難、及聞公部有蒙憲台調赴綏遠之信、遂憑群蒙勢力、又向卑局藉詞要挾、竝有蒙古通事白音什拉、與蒙民納木加從中慫恿、均屬愍不畏法、本應逐名查拏懲辦、姑念愚蒙無知、一經玉提調開導、卽行解散、倘非始終怙惡不悛、應請從寬免究、以予自新之路、廠漢卜羅一犯、前經兩次聚衆、均寬而未究、此次又復煽惑愚蒙、聚衆要挾、竝聞蒙人色登之杳無下落、實係該犯挾仇暗爲謀害、若不從嚴懲辦、何以儆效尤而懲兇頑、應請憲台再行札飭譚

一三〇

統領、督同胡張兩管帶、務將該犯拏獲、送由卑局訊明懲辦、用昭炯戒、除飭玉提調候示外、所有玉提調良與杭蒙擬定四事是否可行、理合照抄章程、具文詳請核示、爲此備由具申、伏乞照詳施行、等情據此、除批詳悉、玉提調良、與蒙人所議暫行章程四條、甚屬公允、足以安蒙衆而息事端、應准照擬辦理、惟訪聞現在蒙心疑懼、尚未盡釋、若徒議而未實行、難免又生枝節、仰卽轉飭各段委員、務須查照所擬四條、切實辦理、不得稍形操切、是爲至要、合行粘抄原呈淸摺札飭、札到該處卽便査照、此札

計粘抄原呈淸摺一紙

右札仰行轅收支處准此

光緒三十三年十一月十五日

杭錦資料	整理番號	一一九

丁字 一五 號

統領口外巡防隊、兼帶馬步第一隊、節制大同巡防步隊第四隊、副將銜、兩江補用遊擊譚濬發、爲申報事、竊遊擊前以時屆冬令、卑部馬步各隊、於十月初一日一律設卡擇要佈分、旋卽出營周歷査防、業經申報在案、嗣於是月初三日、自歸化啓程、取道薩拉齊包頭、會晤署五原廳姚丞學鏡、面商後套劣蒙、甲浪察漢補拉克等、聚衆滋事情形、卽由前山一帶進套、據卑部步隊第二隊兼馬隊第四隊管帶胡副將太才、馬隊第五隊管帶張千總傳華、面禀奉札後、卽帶隊馳往鹽湖一帶彈壓、首惡甲浪察漢補拉克等、俱已逃逸、蒙衆一律解散、另有奸蒙廠漢卜雞等、煽惑愚蒙、在章嘉廟聚衆滋事、亦經馬隊第四隊幫帶譚千總建雲、帶領兵丁、會同四段墾局玉提調良、仝委員貴、前往彈壓、廠漢卜雞等俱各遠颺、撫諭蒙衆均已解散、遊擊隨卽前往章嘉廟强油房、一帶察看情形、地方安靖、飭令各管帶幫帶嚴緝廠漢卜雞等務獲、以安蒙部、嗣於十一月初五日、在隆興長防次、接奉

憲札、以據西盟墾務總局詳稱、據杭錦旗四段墾局委員申稱、蒙民廠漢卜羅、及不知姓名數人、藉口曠召各項地畝、蒙民生計無所依賴、在章嘉廟聚集六七百人、意在與墾局爲難、冀圖要挾、飭卽遵照、併入甲浪察漢補拉克困壕榿布一案、一併嚴拏、以昭炯戒等因、遊擊詳加察度、杭錦旗聚衆之蒙民、先後解散、爲首之廠漢卜羅等、均已遠颺、地方安謐、諄飭胡副將太才、張千總傳華、譚千總建雲、隨時會商墾局委員、彈壓撫輯、仍一面嚴拏奸蒙廠漢卜羅、甲浪察漢補拉克等、務獲解究、卽於本月初六日、自套起身、接抵大小佘太、由後口後山逵可可以力更察看沿途各卡設防地勢、均尚扼要、弁兵會哨巡緝、俱各認眞、馬匹强壯、槍械精銳、計自入冬以來、口外地方、一律敉平、遊擊行抵可防、本擬接查東路、適因在途感受風寒、遂於十四日折回歸化防次、延醫診治、値此冬防喫緊之時、查防事宜未敢耽延、已遴派卑部馬隊第一隊幫帶孟千總纘成、酌帶馬隊兵丁、赴陶林興和豐鎮寧遠處等周歷各防卡、稽查弁兵勤惰、兼點驗兵馬槍械子約、並派步隊第一隊中哨哨官王千總懷德、酌帶騎兵赴和林格爾清水河托克托城等處巡緝地面、兼查防卡、切於十七日起程、刻下將屆臘初、行旅商賈、絡繹於途、無論衝衢小道、伏莽竊發、在在堪虞、已嚴飭卑部馬步隊各管帶幫帶哨弁人等、加意巡緝、總期消患未萌、防境乂安、仰副憲台綏靖邊塞之至意、除俟孟千總等查竣回防、另文申報外、所有遊擊查竣西路回防、派弁分赴東路、並後套蒙衆業已解散、仍嚴緝廠漢卜羅等務獲懲辦緣由、理合備文申報

憲台查考、爲此具申、伏乞

照驗施行、須至申者、

右　　　　申

欽命督辦蒙旗墾務大臣、理藩部尚書銜、綏遠城將軍貽、

光緒三十三年十一月二十三日

一三一

杭錦資料 整理番號 一二〇

丁字五一號

一三二

奏辦蒙旗西路墾務公司、為詳請示遵事、光緒三十三年十二月初四日、蒙
憲台札開、案據西盟墾務總局詳稱、為據情轉詳事、案據杭錦旗地戶戴祥稟稱、為地質較次、價列上等、懇請代稟核減等則、以免遺累、而昭公允事、竊地戶前立存厚堂堂名、承領西路公司所放杭旗亨字二十一號地、四頃七分、又二十二號地、一十九頃、三十一畝五分、又三十三號地、一十八頃、四十八畝七分、又二十四號地、八頃二畝七分、共計地、四十九頃、七十八畝六分、以上各地、均坐落後套郞家地、當蒙西路公司查看地質、列入上等、玆地戶細察該地、或高低不平、或得水較難、均非上等地質、若不稟請核減、非但目下吃虧甚鉅、而且將來完納歲課、亦須按照上則、遺累無窮、伏乞代稟欽
憲核減等則、以免遺累、而昭公允、為此叩乞恩准施行、等情據此、卑府查該地戶所稟、係屬實情、理合據情轉詳核辦、為此備由具申、伏乞照詳施行、等情據此、除批據詳已悉、仰候札飭西路墾務公司、勘明核減、此札、等因奉此、查前項地畝、現已勘明、應請減為下地、所有荒價歲租、均按下地等則征收、是否有當、理合詳請
憲台查核、批示祇遵、為此備由具呈、伏乞
照詳施行、須至詳者、

光緒三十三年十二月十七日、總辦姚學鏡

文案處擬

批、據詳已悉、存厚堂地畝、減為下地、荒價歲租、自應照下地定章核算、以昭公允、此繳、

光緒三十三年十二月二十一日

杭錦資料 整理番號 一一三　戌字 四〇 號

督辦蒙旗墾務大臣、理藩部尚書銜、綏遠城將軍貽

札委西盟總局玉提調良等、將杭旗放墾以足四千頃爲限、餘均留爲牧廠、並飭該局查照由

爲札委飭事、照得西盟墾務、前已預籌收束、疊經札飭該局清理款目、並籌將放墾各地、移交晋省地方官經理各在案、兹查杭錦旗地、前由西路公司認領四千頃、該公司已將此項押荒銀二十八萬兩全數交淸、由該旗將應領之銀收領在案、而該公司轉放之地、至今尚未足數、現既爲收束之計、自應將此項四千頃之地、如數丈放、則此外之地、仍屬之蒙、牧放有資、不致蹙其生計、惟從前奸劣蒙徒從中播弄、往往滋生事端、現當墾務將竣之時、尤宜妥爲辦理、著即派該局提調山西試用知縣玉令良、就近將該旗放墾以足四千頃爲限、餘均留爲牧廠各情、妥爲開導、並派綏遠城擬派佐領防禦德防禦耆詩巴前往該處、將以上各節、一併曲爲開導、毋得造謠生事、以安墾務、而靖地方、除分札外、合行札委飭 札到該員局即便遵照此札

西盟墾務總局委員玉府經良

右札仰　綏遠城防禦德耆詩巴　准此

西盟墾務總局

光緒三十四年二月十七日

杭錦資料 整理番號 一一二　戌字 四〇 號

督辦蒙旗墾務大臣、理藩部尚書銜、綏遠城將軍貽

西盟總局會辦元令愷等、稟杭旗劣蒙廠漢卜羅等、聚衆蠢動請飭查辦等情、札譚統領查拏解散由、

一三三

爲札飭事、案據西盟墾務總局會辦試用知縣元愷、幫辦試用通判常瑔、試用布經歷沈可象、提調補用知縣玉良稟稱、竊卑職等于光緒三十四年二月初六日、接准杭旗四段墾務分局委員道齊都恩、奎慶、陶稱、敬稟者、竊查本段蒙古納素朝、去年聚集蒙古多人、與墾局爲難、當經施恩撫慰、就我範圍、數月以來、相安無事、不意本年正月間、突有通緝在逃之蒙匪廠漢卜羅、率領蒙人數十、並帶有槍械、來至達拉地板禪召盤踞、揚言擬將各局所一齊搶掠殺害、局人聞者莫不驚駭、並勾結納素朝率衆舉事、現在納素朝爲其煽惑、令其牛犋執事人四喇嘛、及鐵門昆都白音什拉等、傳集蒙衆、前赴板禪召與廠漢卜羅會合一處、恩等於正月二十日、親往該召探視、實有其事、是日同局、一路探聽各民衆一樣口氣、並言新縫大纛竿已在鄂博前焚香祭禱、恩等以此事關係重大、不敢緘口不言、探得細情、爲首者係局廠漢卜羅、納素朝等、又言串通達旗蒙古、達蒙現時思疑未定、如能趁此際、將廠漢卜羅納素朝等從速拿辦、餘蒙自解耳、再納素朝逐日差人在外巡拿盜賊、拿同唆咬有錢花戶逼勒銀錢、並不遵照前議定章、會同卡兵協緝、所拿之賊、亦不交給防卡辦理、擅作威福、爲害良民、今又與廠漢卜羅勾連、形同叛逆、兼嗾使達旗蒙衆幫舉亂端、思欲搖動墾務全局、其情事尤爲可惡、若不早爲設法剷除、日後必爲巨患、恩等臨筆不勝惶悚之至等語、查劣蒙廠漢卜羅納素朝等、上年煽惑愚蒙聚衆要挾、經卑職玉良設法開導、和平了結、稟蒙姚守、以該蒙尚非始終怙惡不悛、從寬免究、予以自新、其廠漢卜羅一犯、屢次聚衆滋事、法無可寬、應飭防營拿送訊辦、以儆效尤等情、詳奉憲台批准在案、該蒙古廠漢卜羅等、具有天良、宜如何改過遷善、力贖前非、乃竟怙惡不悛、復思蠢動、雖道委員等所稱、半係道聽塗說、但衆口一詞、究非無因、似此冥頑不靈、若不嚴拿究辦、何以保治安而儆效尤況墾務現擬結束、更不容若輩再行滋擾、致碍全局、謹合詞稟請查核、俯迅飭防營管帶、傅游擊德生、張守備傳華、皮千總振東、督率所部、前往彈壓、一面分投嚴拿首要解散脅從、卑職玉良亦即馳赴四段、相機拿辦、肅此具稟、等情據此、除批稟悉、廠漢卜羅納素朝、均係阻墾蒙匪、屢次滋事、本大臣通飭緝拿有案、該匪等現復暗相勾結、希圖擾亂、害群之馬、法無可寬、仰候札飭口外巡防隊統領譚游擊湧發、分飭該處防營、迅速查拿首要、解散脅從、以靖地方、而安墾務外

合行札飭、札到該統領即便遵照、迅即分飭該處防營、剋速查拿首要、解散脅從、以靖地方、而安墾務、切切此札、

右札仰　口外巡防隊統領譚游擊湧發、准此、

光緒三十四年二月十八日

杭錦資料　整理番號　一一三

戊字　二五　號

西盟墾務總局、為詳明事、案據達旗長濟渠工兼辦杭旗頭段分局、杭旗第二段兼辦第三段分局、杭旗第四段分局會申竊查杭錦旗報墾地段、除收價已放外、所餘地段均經花戶租種、向章於青苗丈後、按三等徵租、上地每頃庫平租銀三十三兩、中地每頃庫平租銀二十七兩、下地每頃庫平租銀二十兩、如有新開生地、視上地酌加數金、曩年糧價較昂、花戶輸租、尚易為力、自去秋糧價陡賤、而花戶繳租、遂形拮据、今春前總辦姚、偵知民隱、因將達拉地租、詳改徵糧租視往歲大減、而杭錦地、意在本年放竣、無租可徵、故未議及、現在墾務更始、放地尚需時日、花戶認租之地、刻已開丈青苗、轉瞬即須徵租、達地既減租價、杭地亦未便偏枯、況春旱水遲、秋收必歉、若不核減租章、民力實有未逮、委員等、和衷商榷、所見皆同、應懇憲台、垂念邊氓疾苦、恩施格外、將杭地上等租價、每頃減至二十八兩、中等租價、每頃減至二十二兩、下等租價、每頃減至十八兩、生地租價、每頃以三十三兩核收、如此分別遞減、則民困可紓、而輸將亦踴躍矣、再杭地係徵一時之租、與達地永租不同、將來徵租、仍須照舊收銀、以歸簡易、倘秋後銀根過緊、再隨時按照市價搭收糧石、藉資周轉、委員等、承乏後套、查看地質民情、有應行變通之處、自不敢壅於上聞、愚昧之見、是否可行、伏候鈞裁、批示祗遵實為公便、所有請減收杭地租價緣由、理合聯銜、申請憲台查核、為此備由具申、伏乞照詳施行、等情、據此查杭錦旗報地四千頃、前經西路公司備價承領轉放、截至去年年底止、除已放外、尚有澆水未放之地、七八百頃、本年春間、經杭旗頭二三四段委員、招戶租種、業已勘丈青苗、轉瞬即須征收地租、惟本年杭地得水較遲、秋收必歉、且達旗所報永租之地、

前經姚革守學鏡、改徵稞粮、現在粮價陡落、合而計之、較往歲減去十之二三、若杭地仍照舊章征收租銀、民力實有未逮、應請如各該段所擬、酌量核減、每生地一頃、徵收庫平銀三十三兩、上地二十八兩、中地二十二兩、下地一十八兩、如秋後徵銀不易、再行隨時察度情形、搭收糧石、以示體恤、除批飭各該段照辦外、所有酌減杭地地租緣由、理合具文詳請憲台查核、爲此備由具申、伏乞

照詳施行、須至詳者

光緒三十四年七月初八日　總辦　焦連成

戶房　擬　批

據詳減收地租、以紓民力、事尚可行、應准照辦、仰即遵照、並轉飭各委員知照繳、

本墾務大臣胡

七月　日

杭錦資料　整理番號　一二四　　戌字　二五　號

西盟墾務總局、爲詳請示遵事、竊照後套杭達兩旗民欠地租、前據各局段、懇請折收粮石、業經卑府擬定粮價開表具詳請示在案、玆據杭旗第三段、兼辦第二段墾務分局、第四段墾務分局、先後申稱杭旗報而未放之地、均已招戶租種、每生地一頃、擬收銀三十三兩、上地二十八兩、中地二十二兩、下地一十八兩、中蒙轉詳

欽憲批准在案、秋成之後、嚴行催徵、無如後套草萊初闢、泉刀尚未流通、加之穀賤傷農、有粮難售、是以催征多日、迄無起色、再四籌思、實無善法、惟有懇請、按照民欠辦法、折收粮石、以期地戶易於交納、催徵不致爲難、理合申請核示等情、據此、卑府查核各該分局、所稱各節、係屬實在情形、似應准其援照杭達兩旗民欠辦法、一律折收粮石、以期踴躍輸

將、惟事關更定章程、卑府不敢擅專、除批飭該分局等、候示外、理合開具糧價表式、具文詳請

憲台核示、再杭旗頭段渠地事宜、於本年春間歸併達旗長濟渠工局經理、該段報而未放之地、亦經招戶租種、折收糧石一事、

如蒙

允准、該段應收地租、亦應援照辦理、以免兩岐、合併聲明、爲此備由具申、伏乞

照詳施行、須至詳者

計詳送

表式一紙

光緒三十四年十一月十一日 總辦 劉尚倫
會辦 焦連城

擬定杭旗短租仿照達旗永租地折收糧石章程表

糧石名目	每石價值
麥籽	銀一兩四錢
糜籽	銀八錢
穀籽	銀六錢
豌豆	銀一兩三錢五分
淨胡蔴	銀一兩九錢

欽差督辦墾務大臣節制沿邊道廳兼署綏遠城將軍 信

據詳及表式均悉、杭達兩旗民欠地租、業經改徵糧石、則杭旗頭二三段新租、礙於泉刀未通、不得不暫時援辦、但既收糧石、必須預籌出路、應如何招商收買、仰即妥議核奪、表內所列糧價、准如議辦理、此繳、表式存

二十一日

杭錦資料	整理番號	一二五

戊字 二四 號

西盟墾務總局、為詳明事、案准伊克昭盟、杭錦旗移開、頃據本旗烏、巴音桃拉亥拉不雅木巴喇召托楞等、四召之執事喇嘛等稟稱、本召內、全恃水地求食、各自少為耕種、以備誦讀經卷之資、近來數年、有局中管水委員作主、將敝召之地、不能入水、如少有入水者、每頃收水租六兩、又種無水旱地、亦按六兩收銀、外如種水地一頃、以獲數頃之利、因此種種情形將敝喇嘛徒弟等、逼迫難為、誠如此則將誦經起會之事實有絕滅矣、因而具情懇請、將召地所用之水租、開恩辦理、寬免施行、等因前來、本旗只得備具原由、理合轉移、為此合移貴局、查照辦理、請與該召大施仁德、以助善事、當將核辦情由飭行局員外、一面移復來旗、以便轉飭該召遵行可也、等情准此、查後套杭旗召廟地畝、於光緒三十一年間、蒙前憲台貽、飭令查明召之大小、分別劃撥、竝經議定章程、不准招商包租、如有自行耕種、灌澆官渠之水者、每年每頃呈水租庫平銀六兩、不得水者免繳、取有各該召甘結在案、多年定章、本不容稍有更易、惟查各該召、困苦異常、全賴該地以養生、且每年種地無多、自應酌量核減、以示體恤、所有劃撥各該召地畝、卑府現擬援照花戶領地章程、自本年起、如有自行耕種、灌澆官渠之水者、每年每頃、飭令呈繳渠租、庫平銀四兩五錢、不得水者免繳、所有杭旗召廟自種之地、改徵渠租緣由、是否有當、理合具文詳請

憲台核示、再杭達兩旗戶口自種之地、如澆官渠之水者、每年每頃、由後套各局段徵收水租銀、五兩至六兩不等、如召廟地

畝、仰蒙

允准、按照花戶領地章程、改徵渠租銀四兩五錢、則此項戶口自種之地、亦請援照辦理、以昭公允、而免兩歧、合併聲明、

爲此備由具申、伏乞

照詳施行、須至詳者、

光緒三十四年十一月十四日　總辦 劉雨倫　會辦 焦連城

據詳已悉、查杭旗召廟地畝、劃撥無多、所徵水租、改減爲每頃四兩五錢、不得水者免繳、自可照准、至杭達兩旗戶口地

果係蒙民自種、應准援照召廟地辦理、以示體恤、惟戶口地內、間多舊墾員詭寄地畝、按照查辦奏案尙須撤地另放、以儆

貪墨、該守務須詳查辦理、勿任朦混爲要、此繳

二十一日

杭錦資料　整理新號　一二一六　戊字　二五　號

西盟墾務總局、爲詳請示遵事、竊卑局案蒙

憲台札開、伊克昭盟總局、係經放杭錦等六旗地畝、而達拉特旗、與杭旗皆沿河沃壤、廣袤千里、凡渠水所至之處、均當設

法擴充開放、又案蒙

憲札內開、該局爲伊盟七旗辦墾之總滙、不特杭達三公等旗放地租地、當營辦法、即至西路公司、旣有撤去之奏、則未放地

畝、亦應併爲該局經辦、歸結一切、各等因、奉此、當經前兼理總辦、彙令遵札爭議、詳復在案、卑府接辦之始、事極紛

繁、必先考究詳明而入手、始得要領、竊以墾務至今、勢成弩末、各旗報墾之地、歷經放竣、其達拉特杭錦兩旗、皆係沿河

沃壤、達旗爲永租之地、渠水能至何處、地卽放至何處、本年改徵糧石、徵收折色本色情形、歷經稟報鼓札飭各局員、照章

一四〇

遵辦在案、惟杭錦報墾之押荒地四千頃、前係爲該革公司承領轉放之地、卷查該革公司、原認領地四千頃、每頃以七十兩作價、共合庫平銀、二十八萬兩、除照章提二成渠費、五萬六千兩、以十一萬二千兩歸公、以十一萬二千兩歸蒙、再由歸公項下提一成銀、一萬一千二百兩、作爲經費、此公司領地交銀、分別歸公歸蒙之情形也、查已革公司轉放地價、分爲五等、（押荒在地價之內）上地每頃押荒價銀一百兩、上次每頃押荒價銀、九十五兩、中地每頃荒價銀九十兩、中次地每頃荒價銀八十五兩、下地每頃八十兩、共放地二千三百五十七頃二十五畝五分、共收過荒價銀一十萬二千九百七十五兩一錢八分九釐四毫九絲二忽、實未收銀一十一萬七千四百九十六兩六錢三分五釐五毫八忽、實未放地一千六百四十二頃七十四畝五分、竊查復奏案內有革去公司名目、一切放地收款事宜、全歸墾局辦理、其已放未收之地價、竝入正款報部等語、似未收之地價、仍宜照章徵收、未放地畝、即應由局接續丈放、查杭錦旗未放地一千六百餘頃、自應革去地價名目、改定押荒、卑府悉心考核、若與原定押荒、每頃概以七十兩核定、減則太鉅、恐已放之地、民間繳價、籍口觀望、且恐價已繳足之戶、更生枝節、實不能不妥籌兼顧、擬請以已革公司轉放之荒價、即定爲押荒之等次、勘放時、從寬核定等次、自較地價稍輕、庶民間無所藉口、而地畝亦易招放、至已革公司未收荒價銀一十一萬七千四百九十六兩六錢三分五釐五毫八忽、自應接續催徵、以清民欠、惟公司認領杭錦旗四千頃、已繳地價銀、二十八萬兩、是歸公歸蒙之正款、已經公家如數核收、其所餘未放之一千六百餘頃、改放押荒銀兩、及已革公司未收杭錦民欠銀兩、應如何辦理歸結、應請

憲台札飭調查局、妥籌核議、所有卑府等、籌議杭錦未放地畝、改價爲荒緣由、是否有當、伏乞

憲台查核、爲此備由具申、伏乞

照詳施行、須至詳者、

光緒三十四年十一月二十日　總辦　劉尚倫　會辦　焦連城

杭錦資料 整理番號 一二七　　戊字 二五 號

欽差督辦墾務大臣節制沿邊道廳兼署綏遠城將軍　信

前山公司認領杭旗地畝四千頃、雖每頃定價、自百兩至八十兩、分爲五等轉售、其實墾員輾轉領賣、價均在于百兩以外、五等之則、半屬官樣文章、藉掩耳目而已、公司爲間接取財之地、不獨査辦案內、謂其巧立名目、現在舊墾人員、亦不諱言、特不肯明晰舉發耳、該局但抽調民間墨約、根追原照、卽可立見其底、二十八萬之股本、悉騰之於官款、狡詐者、處其分紅無名、遂於帳上虛發虛收、以爲墊款之據、復借商股、以實公司之名、不知所招之股、竝不作墊款之用、案卷雖多、抽改事跡、究難盡滅、一經復按、立見敗露、此査辦案內、所以有撤銷公司、將已放未收地價、竝入正款報部之奏也、現在公司革去、事歸局辦、已放未收地價、原領之戶、得租過價、且領地之人、半入公司股本之墾員、旣分利又分紅、自應照常勒令繳足地價、再行察看情形、另訂辦法、其未放地畝、卽按照舊定之價、遞減一等、改爲押荒徵收、幷將所徵新款、舊款、一倂解幘另儲、聽候分別核辦、所請札調査局核議一節、應毋庸議、仰卽遵照、繳、

二十七日

杭錦資料 整理番號 一二八　　巳字 四六 號

西盟墾務總局、爲詳請示遵事、竊査杭錦旗、所報後套渠地四千頃、前山西路公司承領轉放、尙餘一千六百餘頃蒙査辦大臣奏明、革去公司名目、歸於墾局招戶領墾、所有該地押荒等次、於去年冬間、經卑前總辦劉守尙倫籌議、詳蒙憲台批定、按照公司舊章遞減一等在案、本年閏二月間、卑職到差後、卽行出示招墾、迄今月餘、掛號認領者、固不乏人惟押荒限期未定、以致地戶疑信、參半、未能踴躍、此次卑職査勘渠道考察地方情形、因連年河水倒岸、澆地無多、民力

實屬拮据、若不變通辦法、寬以限期、難免心生疑懼、退縮不前、玆卑職一再籌思、擬請令領地之戶、照章應交押荒、區別地畝、分年交納、如請領種有青苗地畝、必須本年交足一半、下餘一半限於來年秋後完納清楚、其餘未種各地、飭令當時交足三成、次年再交四成、至第三年如數清交、以示體恤、如此量爲變通、各地戶知荒銀期限寬緩、自必爭先恐後矣、卑職爲籌畫放地起見、所有擬議緣由、是否有當、理合具文詳請

憲台鑒察批示、祗遵、如蒙

俯允所請、擬即出示曉諭、以期迅速、而廣招徠、合併聲明、爲此備由具申、伏乞

照詳施行、須至詳者

宣統元年四月二十日　代理總辦　謝鑑清

杭錦資料　整理番號　一二九　　已字　二六　號

【一四二】

墾務調查局總辦現任歸綏道胡孚宸、會辦補用道候選知府劉尚倫、　謹

稟

大人閣下、敬稟者、案照迭奉

憲飭、調查舊墾款項、應分別局所、派員分查、俟查淸一事、詳報一事、各等因、當經遵照派查、並將已查各事、分起開具

表摺、陸續稟呈

憲鑒、隨因杭錦達拉特兩旗墾務、除達旗之四成正補地、係經丈撥西路公司以抵代付敎案賠款、應歸公司案內調查核議外、其餘達旗之地、係歸墾局招種收租、名曰永租地、杭旗初亦報請永租、後改押荒、就旗而論、均屬伊盟、就地而論、均屬後

套、就辦理情事而論、均遞隷於西盟總局、是以札撥即派局員縣丞龔、一併調查、嗣經詳加討論、達旗始終永租、歷年租款、由西盟總局經理造報、而杭旗則議改押荒、以後地歸公司、並將未公司以前、由墾局所收地租器渠等款、亦悉索而奉之公司、即公司所稱承領杭地、並未實在繳足押荒、又未實行丈撥地段、竟以籠統承領四千頃一語、壟斷杭旗後套全地、而一切放地收價、大抵仍由墾局人員、爲之効力、於是杭地款項、遂出入於西盟總局、西路公司更夾雜於各段渠工分局、清查較難、實由於此、且其中各款、有巧計攫去、須憑理論以釐正者、有紛紜散見、須搜羅以核算者、有款目相同、須連類以併計者、此則杭旗墾款、較繁於達旗、所以飭令先查杭旗、並飭旁稽公司渠局、幷查王愛召器渠另租之情形也、兹據該員將杭錦旗地租地價歲租渠租、杭達王愛召等地器渠另租、及未報墾地內水租等項、征收支解各款、逐一查清列表十種、開摺二扣、並另清地價簿八本、一併呈核前來、職道等查閱所具十表、曰杭旗報墾地段表、曰杭旗地租表、曰杭旗地價表、曰杭旗歲租表、曰杭旗渠租表、曰杭達兩旗及王愛召器渠另租表、曰水租表、曰杭旗地租開支表、曰地租開支更正表、曰收支正雜各款總表、表內所列各款銀數、及說明各節、均經復核無異、業已彙訂成冊、此外尙有杭旗押荒表、應列公司所稱承領杭錦地預繳押荒銀二十八萬兩之數、現查二十八萬兩內、有四萬兩仍撥回該公司、入認墾處作官股本、又一萬五千兩、係於歸蒙押荒內扣回、作該旗貝子等報効槍價學堂城工等項、存之官錢局、仍令官錢局撥入公司、作爲股本、又於歸蒙押荒撥賞梅楞棍布款內、扣回三千兩、亦作入公司股本、以上各款、均係輾轉虛撥、而復還公司、公司卽以此虛撥之數、湊繳押荒、是爲循環烏有之款、又撥入渠利處股本銀一萬兩、撥作二成渠費銀五萬六千兩、本係於託名渠利、攫去地租等款十萬兩內劃繳、而其類所謂實繳押荒銀兩、又多以東公司、及前截公款股本、侵作私股者也、是則公家何賴有此公司、公司何曾預先繳足押荒、杭地之不得謂爲公司承領、本可定論、惟因股本應歸公司案內調查、現雖查明過半、究尙未能一律查竣、是以此項押荒表、尙難遽行塡送、合先擧陳大概、以明杭旗地租地價不能歸之公司、應俟公司查清後、釐正歸公、再由西盟總局案內彙核列冊詳報、至所具清摺二扣、一係查開各款簡明總數、一係詳陳辦理杭旗墾務、及公司冒領杭地情

一四四

形、均憑案據查錄、綴以按語、務求明晰、並無意推測之處、亦無游移不實之詞、經職道等再三查對無誤、案卷具在、簿冊具在、仍不難於復按也、除飭該員接續調查達旗墾務款項、一俟查明另行稟報外、理合將現經查明開列表摺等件、並另清地價簿、先行呈請

憲台察核訓示、再查長清謄之杭旗地價薄一套八本、先經札發西盟總局、以便催收民欠、並申報在案、合併聲明、肅此具稟、恭請

鈞安、伏乞

垂鑒、職道学宸
卑府尚倫謹稟、

計呈清摺二扣、表十紙、訂成一冊、並杭旗地價簿八本

宣統元年四月二十四日

調查局總辦現任歸綏兵備道胡学宸
調查局會辦補用道候選知府劉尚倫謹呈、

竊查光緒二十九年三月初九日、據姚學鏡稟稱、本月初六日、委員色拉棻、同杭錦旗事官梅令名棍布者、即梅棍布、隨帶蒙員通事到包、初七早間、色拉棻來局、據云該旗土薩拉齊、現因抱病、不能赴城、特派梅令棍布前來、共旗務事、該員尚能主特云云、四月初五日、准署綏遠城將軍文、咨開、據梅楞棍布呈稱、前奉墾務大臣令辦墾務、雖經本部落盟長即行札飭該管各旗遵辦、但各札薩克不能遵循、因咨理藩院、請將墾務停止、今奉將軍大臣派員曉諭、此墾務係屬有益蒙古、本部落盟長、情願先由本旗轄界開墾、第前已咨行理藩院、請免開墾、應請俟院覆到日、再行循照辦理、旋奉墾務大臣諭飭、先將本旗報墾地段指出、以憑核辦、玆願將杭旗杭蓋地方、首先報墾、於是前大臣貽、以該旗首先就議、奏請傳旨嘉獎、此杭旗遣派梅楞棍布來城商辦、貽前大臣飭令梅楞棍布先行報地、而梅楞棍布自行指報杭蓋地開墾之情形也、按梅楞

棍布、係該旗一劄章京耳、其來也不過答謝、幷商辦而已、
初非該旗全權之傳使、該旗貝子、固並無一切聽之之文也、至姚學鏡之稟稱、該員尚能主持者、亦據色拉棻言之、非該
旗貝子之言、並非該旗蒙衆之言也、梅楞之呈曰、本盟盟長情願先由本旗疆界開墾、第前已咨行理藩院、請免開墾、請
俟院覆到日、再行循照辦理、是盟長儘有願開墾之意、惟尚須視院覆之如何爲斷、其報墾何處之未定、亦更可想見、乃
貽前大臣、無一紙文書與該旗貝子相商、即飭棍布先行報地、而棍布亦未稟陳其旗主、即自行指報杭蓋地段、貽前大臣
即欲以棍布所指者、爲即其旗主所指、執以相索、以其臣僕之言、而要刦其旗主認可、其理已乖、其辭已曲、而欲其就
我範圍者、不亦難乎、且人情大致相同、假使蒙人亦以貽前大臣之法、施之於貽前大臣、强令色拉棻等、立一無庸開墾
之據、藉以要挾杭墾、貽前大臣有不奮袂搏臂投袂而起者、蓋亦鮮矣、總之
朝廷特簡督墾大臣、原爲墾荒恤蒙起見、光明正大、儘可與該旗貝子曲婉商辦、乃舍正路而勿由、惟與卑劣蒙員、表裏爲用、
下以要挾蒙藩、上以朦欺
君上、人謂其愚弄蒙古、竊以爲尚不僅愚弄蒙古而已也、
梅楞棍布、旣將杭蓋地自行報墾、貽前大臣當於五月札委知縣張文楷、驍騎校色拉棻、前往杭旗勘收界址、六月初一日、
貽前大臣札斥杭旗貝子文開、該貝子深明大義、首先派員指地報墾、當經奏請嘉獎、旋即派員隨同梅楞前往驗收、迄今四
十餘日、竟未將地指出、該梅楞亦託故先回、現據勘地委員稟稱、棍布遣通事聳訴、該盟長不令梅楞會同指地、該盟長任
情反復、實屬非是、仰即迅派蒙員、將前所指地、會同委員指交驗收、以符前議、倘再抗延、定即從嚴參辦、六月二十九
日、勘收委員稟稱、杭旗貝子談及指交地界、據稱前派梅楞赴城請安、並未令其指地、該梅楞擅將地段指出、本擬處治等
語、似有反復之意、當由貽前大臣札斥杭旗貝子、事在必行、倘仍飾詞推諉、意在抗
旨、定行據實奏參、決不再容等語、八月二十五日、姚學鏡稟稱、接張令來函、據稱該旗貝子回旗、梅楞棍布兩次遣人去說、

該貝子似已悔悟、而猶豫固執、不肯幡然、繼復遣人飭令該梅楞回旗、梅楞自知係屬原辦之人、若不遵照原報指交、即令
來城謁見、其將何辭以對、且如此遷延、亦萬不能了事、因議定情願自行指交原報杭盖地段、查梅楞係貝子原派報墾之人、
梅楞交地、即貝子交地、俟勘收後、木已成舟、貝子亦無所事其反覆、又張令等原禀有將界址收領後、再行設法取到貝子
印文之語、十月初七日、梅楞棍布呈稱、於八月間、指交清楚、願照達旗辦法、七成歸公、三成歸旗、渠至何處、即開至
何處、十一月初十日、杭旗貝子呈稱、梅楞棍布、私自報墾、本旗不能承認、棍布未奉本札薩克命令、輙自指交遊牧草地、
實屬不合、業經呈報大部革職云々、梅楞棍布、既自行交地後、張文楷即至杭旗索取印文、十月十七日、姚學鏡轉呈張令
禀稱、馳赴杭旗、該貝子執意不見、據加格爾齊云、貝子不能赴城、地事雖梅楞指界、亦不算事、業已行文六旗、飭令來
杭商辦地事、查該貝子違抗情形、較前尤甚、不特自行違抗、兼欲搖動大局等語、十一月初六日、由貽前大臣奏參、革去
該貝子盟長、此梅楞棍布自行交地、貝子堅不承認、而貽前大臣奏參革去該旗貝子盟長之情形也
按貽前大臣、飭令梅楞棍布報地、初未商明該旗也、棍布自行報地、亦未告知該旗也、突派委員會同棍布前往勘收界址、
以平日素無聞見之事、一旦實逼處此旃裘、上下幾何、其不相顧驚愕盱眙也、乃貽前大臣、一則斥之謂反復、再則斥之
爲抗
旨、恫以嚴詞、脅以奏參、夫報地之初、貝子本不知之、無所爲反復也、既未商辦、無成爲抗也、國家墾荒、利以恤蒙、即蚩
蚩愚蒙不規遠利、不願開墾、苟能婉布
朝廷之德意、墾荒之有益蒙滿、凡屬含靈、無有不感動而就我範圍者也、而況據棍布當日所呈、明稱盟長本願由本旗首先開墾、
其所以遲遲者、不過恐前後不符、見責于理藩院耳、是蒙人愚冥之見解、初無必抗之心也、貽前大臣既不痛切明告之、又
不婉曲利導之、其始也、則令棍布自行報地、其後也、則聽棍布自行交地、以爲以此刦制、該旗必難反覆、而姚學鏡張文
楷輩、且妄持棍布交地、即貝子交地、木已成舟、貝子必難反悔、並設法取到印文、以爲刦制地步、種々之無賴謬見、從

聯和之、以致蒙旗上下憤恨、激釀抵抗、且枇布保杭錦旗之臣僕、不奉命令、擅自私報指交、以下犯上、紀綱凌替、于我爲貳、于蒙爲背、天下之惡、一也、乃不以爲罪、而反以爲功、嘉敷優賞、方且以爲表率、決禮法之大防、傷蒙人之感情、啓蒙人之輕視、由以生蒙人抗違之心、是蒙人之抗違者、實貽前大臣有以激之、否則何不抗違于派員來城商議之前、顧乃抗違於後耶、然則謂前大臣之誤認宗旨、誤用小人者、豈虛語哉、

杭旗貝子革去盟長之後、十二月十五日、據文協領哲渾、姚令學鏡稟稱、派赴該旗之李商即李庭哉已回、據稱面見貝子、陳以利害、勸以危詞該貝子現已悔悟、並圖保全盟長、情願效順、以求寬恕、定初十日先遣西圖薩拉齊士麥爾居、親齎交地印文、到包面議一切、開印後、貝子親自携印赴城叩謁、意在懇恩、開復盟長、誠如憲揩所云、蒙人愛惜功名、去其盟長、必能就我範圍、威制之法、能行於此益見矣、十二月二十一日、據杭旗貝子呈稱、願將後套地內東中兩巴噶、呈報開墾、租銀如何辦理、俟本盟長來城面商、同日又文哲琿、姚學鏡稟稱、該旗派來之員已到、章京等欲按圖索驗、則云願將後套之東西中三巴噶、故一報墾、磋商再三、始漸就範、惟稱此來曾奉貝子面諭、無論如何、總不能依照梅楞枇布所指之地辦理、蒙情愚執、未便過違其意、該台吉等於十六十七兩日、先後將東中兩巴噶地報墾、西巴噶之地、爲數無多、且遠不及東中巴噶之地沃饒、正可從權定議、渠租一項、該來員等、以定三成租銀歸蒙之數較少、不敢擅主、俟貝子來城再議等語、嗣該旗貝子因病未來、光緒三十年正月二十九日、西盟局詳稱、據杭旗貝子咨稱、查該協理台吉、議定以後套報墾之地、除留召廟墳地住地、戶口地•外、任便開墾、本旗應領租銀、自光緒三十年爲開辦之始、取收租銀、應請一半歸公、一半歸旗、一年爲止、自三十一年起、每年包租銀六千兩、公費銀三千兩、渠水大小、澆地多寡、與旗下無涉、此杭旗貝子被參革後、怵威求全、報地開墾議租之情形也、按此即可見當日梅楞枇布報地、並非該旗貝子所使、否則該貝子於參革盟長之後、正兢業恐懼之際、地既報墾、何必尚有無論如何、總不能依照梅楞枇布所指之地辦理之語、蒙人懷封制之憤激、見於言表、蓋當日上下對待蒙古、唯一之宗旨、不以愚弄、則以威脅、當時報地、貽大臣不商諸其貝子、而遽今梅楞枇布、

其後派赴杭旗商議辦法、不派明達公正之員、而派以卑劣地商之李庭栽、不婉曲以開導、而怵惕以危詞、文哲琿姚學鏡等輩、且昌言不諱、以威制之法能行爲得計、蓋愚弄蒙人、有無可愚弄之時、愚弄有時而窮、而積威所脅、有不得不俯首降心者、使蒙人敢怒而不敢言、然後唯其所欲爲也、

杭旗交地收租、議定之後、九月二十日、杭旗貝子復呈請改征押荒、依照各旗開墾征收押荒辦法、一半歸公、一半歸旗、開渠經費、另提幾分、每年歲租、懇祈拔奪賞賜、並願將歲租一半、報效歸公、以助軍需、十月二十日、貽前大臣札西路公司、墾務總局、西盟總局、文開、查該貝子此次所呈改征押荒辦法、與前不同、事關定制垂久、應由西路公司、墾務總局、西盟總局、會同悉心妥議、貝子所呈變通辦法、是否可行、及墾局現在辦公經費、如何撥用、公司歷次墊發渠款、如何歸補、墾局與公司應得利益、如何劃分、十一月初八日、李道雲慶曹道受培王主事德榮・姚守學鏡・以毫無窒礙、實屬可行、其撥用墾局經費、補還公司渠費、及公司應得利益、應俟開辦後、體察情形、方能酌定具覆、奉貽前大臣批、各總辦公同集議、事屬可行、將來征收押荒、以二成提作渠費、專歸公司、餘以一半歸公、一半歸蒙、其常年所入歲租、除備歲修渠費外、下餘租項、亦官處與蒙旗各半、三十一年二月初四日、經貽大臣奏請、采集衆議、擬定將來征收押荒、以二成提修渠、及各地商報效水渠賞發、餘以一半歸蒙、一半歸公、常年歲租、亦官處與蒙旗各半、仍按成酌提渠費、復於二十六日、奏定押荒、上地每畝九錢、中地八錢、下地七錢、除提二成撥充開渠經費外、餘則一半歸公、一半歸蒙、常年租銀、上地每畝四分五厘、中地四分、下地三分五厘、無論上中下、提出二成、以作開渠之費、此改議押荒籌劃公司利益、奏定押荒歲租之情形也、

按杭錦旗交地報墾以後、初議永租後、又請押荒、以藩封之地、請入版圖、自係
聖朝威德、所以懷來與公司無干涉也、地既報墾、則曉示招戶承領可也、即或不憚集思廣益、熟計利害、亦祇酌議永租押荒、二者之孰爲愈也、乃貽前大臣、一則曰公司墊發渠費、如何歸補、再則曰墾局與公司應得利益、如何劃分、查所修渠道、

多屬官款、詳公司渠款表內、與公司無干、無所爲歸補也、該旗改征押荒、效順國家、公司無劃分利益之權利也、乃貽前大臣、初則飭令商議公司之利益、繼則批令二成渠費、專歸公司、以與公司毫無干涉之杭錦地畝、而一再爲之設法籌劃利益、貽前大臣之所以爲公司者、可謂不遺餘利也已

杭旗報地、奏定押荒以後、五月二十四日、貽前大臣奏陳、此次赴套、適該貝子阿爾賓巴雅、先期到彼、候商渠地各租事宜、始知押荒歲租數目、有亟宜加以變通者、蓋地視渠爲轉移、無渠即不啻無地、向來民戶租種杭地、率皆於渠租不惜多出、而歲租亦薄納之、未曾升科之地、來歲租此言不實、何減以渠之所經、必無棄地、而地之所在、不盡通渠、是渠租之宜另征、並宜多於地租、此其明證、訪諸輿論、亦請加渠租、而輕歲租、民情大抵不樂加賦、昔之上地不過四分五厘、乃令反請加渠租、減歲租、共所減者二分三厘、而增者四分五厘、事理之所必無也、擬請將原奏章程、再行釐定、不論上中下、每畝收渠租四分五厘、歲租減爲上地、每畝二分二厘、中地一分八厘、下地一分四厘、其押荒數目、亦即遞減、上地每畝八錢、中地七錢、下地六錢、等因、六月初一日、杭旗貝子呈稱、黃河迤北、本旗所報之地、伏祈飭交公司、儘數認領、預將四千頃押荒銀兩交納、賞給本旗、同日又禀稱、面晤大臣、領金玉之教、頓開茅塞、屁布奉准回旗、凡事問知、感激之至、卑旗四千頃押荒銀歸旗之處、已呈稟矣、六月初七日、遂札飭公司知照、承領四千頃地、此奏減押荒、札飭公司承領之情形也、

細按貽前大臣奏詞、及蒙古第二次來文、即可見前次呈請交公司呈領之文、係由貽前大臣與該旗貝子商定、故令出此、該貝子之呈稱、爲求取押荒也、則向墾局預支可矣、何用代爲籌畫、請支若干可矣、共四千頃之數、從何而定、杭旗所報之地、固未曾實丈有若干頃也、貽前大臣於當時杭旗初請改征押荒、與公司毫無干涉、尚須令西路公司籌議、何以此次杭旗請令公司撥交押荒、乃轉不商議、即行札令認領、且公司章程辦法第五章第五節、公司領地、墾局不得强令承領、何以貽前大臣、此次並未商議、即行飭領、公司立即遵照、毫無難色、又章程五章六節、墾務局應將所丈之地、編列字號、備文撥公司查明地名頃數地址、公司復勘無異、然後牒復、作爲承領、如有不符、不能遷就、何以此次並未丈

明頃數、指明地址地名、公司忽又如此格外遷就、葢有故焉、貽前大臣前經批令二成渠費、專歸公司、公司之心猶以爲未足、若遽領地轉售、又恐於言不順、故與貝子提布在包商定、令其出一懇交公司認領之文、然後可以籍口、該旗貝子於條革盟長承創之後、以威脅之、以押荒餌之、自無不俯首相從者、此貽前大臣奏中、所以有與貝子在包議商之辭、奏中稱與貝子議商、始知須減歲租押荒而增渠租、按押荒歲租、官蒙各半、渠租專歸修渠、與蒙無涉、蒙人狃於近利、又豈肯於已之所應得者、則減之、於已之不可得者、則增之、此情理之所必無、而蒙人雖愚、亦斷不致若此甚也、

而貝子來文有提布回旗聞知、凡事感激之至之語、其後提布之所以有六千兩之酬勞也、一紙蒙文來、按前次張文楷勘地時、有設法取到印文之語、此一紙蒙文之來、葢亦由是習慣固成自然也、四千頃遂歸公司矣、而杭旗報地界內、地租地價之利益、遂盡爲公司壟斷矣、詳下章然猶以爲未足也、乃復一面先行奏請改減押荒銀數、使公司更可少繳押荒、葢原定章程、上地押荒每畝九錢、中地八錢、下地七錢、公司領地、無論如何、必不能悉以下則勻算也、若悉以中地勻計、則又恐公司獲利不豐也、故假增渠租、減歲租爲名、而約略混帶遞減押荒、然後公司可以領地、以中則而暗繳下地之價、否則加增渠租歲租、改減足矣、與押荒何與、且後公司地價、每畝收至一兩、人亦猶是領也、渠租亦猶是征也、豈墾局每畝九錢、而轉無人過問、必須減改者乎、其爲商定公司領地、先行奏減押荒顯然可見也

地歸公司、公司應繳押荒矣、八月十一日、貽前大臣札公司包局文開、公司承領杭旗報墾之地四千頃、業由墾局文明撥交、按照押荒定章、以上中下三則勻算、每頃繳銀七十兩、計共應繳銀二十八萬兩、除提二成渠費五萬六千兩、共餘二十二萬四千兩、應以一半歸蒙、計銀十一萬二千兩、查此項銀兩、本應俟公司繳到墾局、再由墾局照章撥給、現查該公司承領之地、尙未發放、其股銀又估用於渠工各項、一時艱于騰挪、未能將應繳荒價、全數繳納、杭旗急欲得款、若緩以應之、無以堅其信服、茲先由行轅設法墊付一半、計付該旗報效練兵經費二萬兩、報效學堂城工置械銀一萬五千兩、又在城代還商欠一萬七千兩、應作爲公司歸繳包局押荒之款、包局應行收入押荒項下、註明提付杭旗、造報時一併登冊、該公司亦應註

收墊款、以後歸還行幘、至下欠杭旗六萬兩、內尚須扣除、由歸化賞梅楞棍布六千兩、實由包付、杭旗五萬四千兩也、仰公司墾局通融籌付、如有不敷、即商令暫緩領用、陸續合力籌付、總以不失信爲要、云云此公司付給杭旗押荒之情形也、

按貽前大臣札稱、公司承領杭錦旗報墾地四千頃、業經墾局丈明撥給、實則並未丈撥、不過混統而言之、曰杭錦報墾之地、公司承領四千頃、無一定之坐落、及東西南北之四至也、蓋公司之所以運動杭旗、呈請公司承領、而必四千頃者、因光緒二十九年十二月、姚學鏡稟稱、已有現在所澆之地、約在四五千頃之語也、其所以不實在丈撥者、因渠水澆到可種之地、東西零落、一有界限、公司既承領四千頃、勢不能零星攫取、而必承領大片、地大係片、則地不能不有磽瘠之分、渠水所洓、亦不能不有未到之地、公司界外之地、墾局可放、界外之租、墾局可收、故必混統其說、而不明丈地段、然後有可收之租、可放之地、盡杭旗所報、均以在公司四千頃內一語了事、而墾局遂不得過問、此公司壟斷之用心也、且蒙人之所以呈請飭公司承領者，名爲欲得押荒也、貽前大臣之所以令公司承領者、亦名爲代墊押荒也、今查蒙人應得押荒十一萬二千兩三萬五千兩、則扣抵報效矣、一萬七千兩、則扣留代還無憑之商欠矣、詳註押荒表內、六千兩則勒令該旗賞給梅楞棍布矣、其所稱實在立待付給杭旗者、不過五萬四千兩、且貽前大臣札飭公司包局、合力籌付之文、有如尚有不敷、即商該旗暫緩領用之說、是可見該旗欲得之押荒、尚有可商之處、非立待付給也、即該旗迫不及待、其所能得者、亦僅五萬四千兩也、其後官款入股于公司、尚不止此數、官款可以入股、官款獨不能先墊給蒙乎、各旗放墾預支押荒若干者有之、未見須全行付給也、郡王旗借銀一萬七千兩、按月三分認息、請由押荒扣還、以有着之款、尚須一再呈請、兼由文哲琿代懇、始行允借、何杭旗則一紙文來、地之放出、尚未可知、而即允其全行付給乎、公司未領地以前、一若必須付給該旗四千頃之押荒、墾局無款可付、非公司認領不可者、公司既領地以後、則又曰如有不敷、可商令該旗暫緩領用、公司可商緩、墾局獨不能商緩乎、公司應付押荒、則可由行幘先行代墊、包局通融籌付、既能代墊通融、自必有款、公家既有款、爲公司代墊付蒙、則當時蒙人請付押荒之時、官款獨不可付給、而必須假名公司繳納押荒地歸公司乎、又豈行幘包局之款可通融代墊於公司、

而不能通融代墊於公家耶、且本係征得押荒、然後給蒙、地未放出、該旗請領押荒、不卽給予、無所謂失信也、今貽前大臣、一則曰無以堅其信服、再則曰總以不失信爲要、夫有言而勿踐、是謂之失信、於此觀之、更可斷當日蒙人之請令公司承領四千頃者。乃貽前大臣以給與押荒餌之也、

杭旗應得押荒、旣已分撥就緒、八月十二日、貽前大臣札杭旗貝子文開、前年該旗報墾、梅楞棍布首先來城就議、俾該貝子得被嘉奬之榮、貝子不以爲功、反以爲罪、幾欲致棍布於死地、猶幸始迷終悟、力圖報効、不特墾地之利所獲不貲、卽盟長之復亦有可望、非棍布始終維持、何有今日、棍布爲玆事勤勞、心力俱瘁、一死愛子、再死重孫、縱棍布不自憂傷、上者亦應憫恤、該旗應得押荒、除報効還欠五萬二千兩、業經由城代爲分交外、玆再提銀六千兩、就近賞給棍布、本大臣將軍所奬許、想亦該貝子所欣諾也、等語、此貽前大臣以杭旗應得押荒、自行賞給梅楞棍布之情形也、

按梅楞棍布、不禀承貝子命令、擅自呈報指交地段、以致蒙旗不服、激成抵抗、盟長奏革、然後委曲求全、始行報地、棍布雖爲我用、然究亦並未受其利益、徒傷蒙人之感情、設當初計不出此、亦未必竟辦不開墾務、況當初杭旗貝子、卽據棍布言之、其始亦願先由本盟開墾、並無抗墾之意、卽不以棍布要挾、亦未見定不可商辦、乃貽前大臣、曾不一謀、卽貿然令棍布報地指交、棍布亦卽恃勢逕行、以致蒙人挾憤抵抗、我之計畫始終未遂、貝子之盟長、亦因此而遂參革、自始至終、棍布非僅無功于該旗、並亦無功於我也、貽前大臣乃嘉歎優奬之、且於杭旗應得押荒、提銀六千兩賞之、以杭旗之押荒、而貽前大臣代慷他人之慨、曾未一商該旗、唯以本大臣將軍所奬許、想亦該貝子所欣諾、一武斷之語了之、以蒙旗之款、爲私賞之銀、蒙情安得而服。以故至今尚有後言、且査此六千兩、當時名爲提給棍布、實則仍存於公司、後由棍布入公司股本、及交地價、前後陸續抵銷、是則貽前大臣之賞棍布者、其意固在彼、不在此也、亦何怪人之謂愚弄蒙古也哉、

杭錦旗地旣歸後藏公司承領。獲利之豐、已可預計矣、然前藏公司之利、固亦不容緩也、三十一年十二月初四日、李道雲慶・姚守世伊・吕直牧繼純・稟稱。前奉憲札、公司款目事宜、截至本年年底、先行結算、其應得利益、按照原章提付、聯道等

詳加籌議、前截既擬結算利益、必須提付、查近年公司所得之利、祇有四成正地補地等項、其餘股本、多半在渠、西盟墾局曾擬定籌解、渠利未解、既於本年年底截算、必須通盤籌畫、酌留經費、開除地價、未能盡數收齊等項應得、西盟擬定渠利、均行先算在內、如此預計謀吞公款、以爲朋分肸食之利、處心積慮、固非一朝矣、庶前截利益可以指定等語、三十二年閏四月、姚學鏡詳稱、前奉憲論、墾務之得以暢行無碍、均係前截公司墊款修渠、導夫先路開創之功、實不可沒、宜爲代謀利益、飭令悉心籌解等因、卑府悉心籌畫、查有三十年杭旗地租銀一萬三千兩、彼時杭旗所報地畝、尚未放出、由墾局招租所得、雖係墾局出租、但所以有人承領承種者、仍係公司墊款修渠之力、應卽撥給公司、又三十一年地租銀五萬二千三百三十二兩九錢八分一厘七毫、雖地已歸後截公司、由墾局招租所得、究其所以得租者、仍前截公司修渠之功、三十一年未報墾地之水租、三十年三十一年征存杭達盟渠畝捐、及抵租糧石、出售羡餘抵工貨物溢利、共銀三萬四千七百六十七兩一分八厘三毫、前後共計十萬兩、均爲前截公司所獲之利、應卽如數批解、奉貽前大臣批、所有指定利益、甚屬允妥、此貽前大臣籌撥公款、爲公司餘利之情形也、按修渠款項、多屬官款、詳公司渠款表、貽前大臣乃稱杭達渠壩、均係前截公司墊款興修、墾務之得以暢行、均前截公司之功、宜爲代謀利益、彰明較著、不恤人言、而公司墾局人員、大率詔謟營私、仰承意旨、遂收括公家款項、以爲公司餘利、夫公司之餘利、乃公司繳押荒、于墾局轉售于人、所收地價、抵押荒而有贏、其所贏者、乃爲公司之餘利、天下固未聞有餘利、而須人代籌者、亦未聞可以公家之款、而爲公司之餘利者、且代謀利益者、爲公司股商代謀也、公司之股商者、何卽代謀利益之人也、然則所謂代謀利益者、卽自謀利益也、貪贓罔利、不齊自認、大臣倡之於上、劣員和之於下、悍然不顧肆意營私、墾務有不糜爛者乎

後截公司、亦旣攘地軍轉售矣、四段膏腴之戶口地、固不克盡入其範圍也、於是貽前大臣以格外體恤、劄撥沿河廢地、給予蒙衆、作爲牧廠、而收沒其戶口原地、以歸公司、三十二年七月、貽前大臣札飭西盟總局文開、劄給蒙古戶口地畝、原爲體恤蒙衆起見、所有東中巴噶沿河一帶、除姚家河頭布袋口子兩處、可耕之地、仍留勿撥外、其餘沿河、雖於上水之地、

即爲該旗蒙衆分別撥留、寬處不得過十里、狹處不得過二里、仍不准自行開渠、十月十九日、西盟局詳稱、奉憲札諭、即飭玉府經良、前往商同各段委員、遵照勘撥、嗣據玉府經良、頭段委員魯鴻恩函稱、姚家河頭布袋口子二處、指定不撥牧廠、原爲留膏腴、以便租放、查姚家河頭境內、祇梅花圪堵、與三福店、尙稱膏腴、其餘雖延長十餘里、均係柳林城灘、不堪耕種、且頻年患水、花戶皆視若弁髦、與其留地于無用、何如劃牧以息爭、愚見莫若將勘得不堪耕種之地、量爲撥給、以恤蒙艱等語、查膏腴地畝、固不得劃作牧廠、而柳林城灘、不妨量爲劃留、當即函復、如果盡屬柳林城灘、不堪耕種、則准予劃留、玆據玉府經等稟稱、已劃撥蕆事、經過之處、遇有已種之熟田、可開之生地、俱設法繞越留、放押荒之地步、其在二里以內者、限於明文、祇得圈入、綜沿河牧廠全地計之、爲數固多、若覈其可墾之地、約不過三四十頃之譜、以此收回戶口原地、尙屬得精遺觕、足資抵制等語前來、卑府查所劃里數、與憲定里數相符、所留牧廠、均係柳林沙梁城灘石田、凡有可耕之田、俱已設法劃留、所謂得其精華、遺其斥鹵、此項牧廠、不得自行開渠、如敢故違、即行撤地歸公、以示懲儆、此貽前大臣劃撥沿河廢地爲蒙衆牧廠之情形也、

按此則沿河之地、乃盡斥鹵赤壤、屢遭水患之餘也、案牘具在、乃貽前大臣訴供、竟謂撥與蒙衆牧廠、盡屬沿河腴地、

何所指而云然、豈以地無寸草、水患頻仍之地、固屬沃饒膏腴之區耶、

三十三年三月十一日、據西路公司詳稱、據地戶溥利堂、係前文案總辦張道光鼐、稟稱、前於小廟灘所領地畝、正地二十二頃、除不堪耕種外、淨地十五頃九十八畝四分、形勢高阜、距渠稍遠、不便澆灌、稟請更換柴生地地畝等情、查所稱係屬實在情形、請與二段更易之處、事屬可行、當移知放地委員胡令懋鉞、二段局員張令濟貞、會同勘換、並照會三段局員袁府經寅、將退回小廟灘、另行招放等語、奉貽前大臣批准、札飭西盟局知照、又于十一月初九日、據西路公司詳稱、奉憲台札開、地戶存厚堂收支處總辦斌革道宜、稟稱、前領鄔家地地畝、上地四十九頃七十八畝六分、現查該地或高低不平、或得水較難、懇請核減等則等因、玆查係屬實在情形、現已勘明、請改減下地、奉貽前大臣批准、改減下則、三十四年四月初五日、

據放地委員胡令懋鉞禀稱、據地戶太和堂、係墾員胡太才、禀、前領上地亦係膏腴、地既膏腴、尚有何言、當時本係量力承領、又誰令其多領也、繳價力有未逮、惟地勢居高、由自開渠力有未逮、請減地則、以便稍舒民力、得以開渠、所禀係屬實情、應請一律減作下則、俾令開渠耕作、不致荒廢、即欠交地價、亦可責成速清、當由貽前大臣於四月初八日批准、札飭公司墾局知照、此墾員領地、可以退換減等、較民戶具有特別利益之情形也、

按地戶領地、不准退換、違者有罰、此貽前大臣之示諭也、地戶領地、尚未提明、官民有別也、然則既有法規、無論官民、均應遵守、乃溥利堂則換地矣、存厚堂太和堂則減等矣、查溥利堂禀稱、距渠稍遠、不便引灌、故請退換、然西盟總局、固照會三段局另行招放也、夫既曰另行招放、則地之非不堪耕種可知、離渠稍遠、則不甚遠可知、墾員所領之地、不可遠渠、民戶獨可遠渠乎、以離渠稍遠、即須退換、是非沿渠之地不領矣、亦何怪人謂沿渠腴地、盡爲墾員所佔領乎、至存厚堂太和堂之改減等則、尤屬不應、存厚堂之禀曰、或高低不平、或得水較難、查後套之地、膏腴爲多、據前放地委員胡令懋鉞聲稱、不患無膏腴之地、而患無水、無水之地即等石田、等則之高下、即視渠水能否澆灌爲斷、然則當時存厚堂原領、既以上則、其渠水之能灌溉可知、詢諸原放地委員胡懋鉞、旋據復稱、謂如今年本屬上地、苟來年地生堿草、不堪耕種、即變下地等語、查原禀係地生勢高下渠難上水、並未有地生堿草、不堪耕種之語也、夫平原曠衍、忽生滋蔓、土脈變遷、原難預定、若地本低下、一旦賁高、苟非山脈怒崙、陵谷變遷、萬不能也、當初渠水既能澆到、其後地又未有漲高、原禀自屬虛捏、而胡令乃更以地生堿草爲遁辭、支離矛盾、適張其謊、太和堂所領之地、坐落居天和長、大渠包其外、兩渠亘其中、有閫可否乃謂難于得水、兩年之久、所澆不足六成、乃謂須東挪西借、自行開渠、力有未逮、請減地則、夫官修渠道、本祗幹枝、至通水之小子渠、本應地戶自修、當初領地、本係量力、而未曾強爲領也、且胡太才於烏拉特、尚有領地、杭錦旗之地價、既尚須東挪西借、無力交清、而烏拉特地畝、豈又轉有餘力認領乎、自相矛盾之詞、不啻自揭其弊混、乃胡令懋鉞、扶同弊混、于三十四年四月初四日、貽前大臣卸任之時、據以轉禀、而前大臣臨去市恩、

輒於四月初八日、批墾局公司遵照准行、上下之徇私舞弊已可概見、此三者乃形諸案牘可考見者耳、其餘以多丈少、以腴報瘠、假公款以開私渠、轉售人以圖私利、此則在事所必有、而爲案所難稽、非實地抽查、不能窮其巔末也、

綜按以上各節、貽前大臣之對待蒙古、不僅愚弄、公司領地、實屬營私、蓋有蒙人之愚、而後可以愚弄、蒙人有不盡愚之時、而愚弄亦有無可愚弄之處、威脅則積威所至、有不得不俯首降心、唯我是從者、故初則愚弄梅楞梍布、思以要挾其旗主、張文楷輩、形同無賴、且欲設法取到印文、以爲劫持、後見蒙旗不受其愚、於是一變其轍、而爲威迫、上之所好、下必甚焉、逢惡之文哲琿姚學鏡等、且昌言不諱、以威制之法、能行爲得計、盟長一革、諸藩震懾、敢怒而不敢言、遂惟其所欲爲、竊維

朝廷開墾、原以恤蒙、蒙人愚冥、原不妨稍用操縱之權宜、今則一意以威脅爲主、且强令優賞其二臣、劃撥以腴地、以致蒙人輕視不服、視墾荒爲苛政畏途、使後來者難於應付之策、誰生厲階、至今爲梗、是不得不有責于貽前大臣也、至所稱公司先繳押荒、領地四千頃、尤屬欺人之語、固無論公司垂涎地產、而運動杭旗、請爲承領、即謂實係蒙人急欲得銀、墾局無款以應而出此、蒙人除報効扣抵各項實得之押荒、不過五萬四千兩、（內中四萬兩、有無付給、前已稟請札詢該旗矣、）以入股之官款抵之、墾局是有裕也、（且該旗請領、係預支也、並非地已放出、價已收齊、應行付給之款、給予與否、尚可未定、亦何見定須照數付給乎、）謂公家可立進鉅款、公家固未迫待應用、陸續收取、固無妨也、何勞公司代籌、且公司所繳之押荒、果眞全行交納、公司之商股本猶可言也、今查公司所繳押荒、多半官款、且多以虛數扣抵、作爲入公司之股本、蓋公司實無力交納、故巧飾其說、假名入股、公司可少繳耳、名爲多入官股、官亦可得餘利、一若不欲商民多得利益、而令公家分受其利、報國之忱、溢形於色、不知地本歸公、押荒亦歸公、銖金黍利、本屬公家、公司巧奪公家固有之利益、而稍吐其餘瀝、乃倘揚言於衆曰、我之爲國家也忠矣、我之惠國家也多矣、欺人乎自欺耶、以上各節、均係貽前大臣辦理杭旗墾地始末實在情形、除一切地畝款目、另表列陳外、理合開摺臚陳、呈請

憲鑒、

宣統元年四月二十四日

墾務調査局謹將調査杭錦旗丈放地畝收支正雜各款、開具清摺、恭呈

鈞鑒、

丈放地畝

一丈放杭旗四段地畝、上地六百六十五頃七十八畝五分、上次地八百一十九頃八畝六分、中地五百八十五頃六十畝、中次地八十六頃六十八畝七分、下地二百頃九畝七分、共計丈放五等地畝二千三百五十七頃二十五畝五分、

徵收各款、

正款項下、

一收杭旗五等地價、光緒三十二三十三兩年、共計庫平銀十萬四千三百三十兩八錢七分四釐五毫、

一收杭旗地租自三十年起、至三十四年四月十一日上、共計庫平銀十四萬五千四百七十二兩二錢一分三厘六絲三忽、

一收杭旗三十三年歲租、庫平銀一千三百九十兩二錢九分七厘四毫三絲二忽、此係已放而未斗科、暫由墾局所收之歲租、

一收杭旗光緒三十二年三十三年分渠租、共計庫平銀七千七百六十一兩五錢四分三厘三毫、

一收杭達兩旗器渠另租、自光緒三十年起、至三十四年四月十一日止、共計庫平銀二萬八千五百二十一兩九錢八分四厘二毫四絲、査杭錦達拉兩旗、及王愛召廟地、所征器渠另租、係解交西盟總局一併計算撥銷、共開支之款、亦均混合不分、故仍照舊核算、下欠水租亦同、理合聲明、

一收杭達未報各墾地水租、自光緒三十一年起、至三十四年四月十一日止、共計庫平銀六千四百六十五兩四錢六分八厘四毫三絲、水租係官渠之水有餘、澆灌未報墾各地、收取租銀、謂之水租、並非額定之款、其收租之數、除召廟戶口地、每澆地一頃、收銀五兩、其餘各處則毫無定章、自五兩至十兩數十兩不等、

以上共計徵收庫平銀二十九萬三千九百四十二兩三錢八分九毫六絲五忽

一五七

雜款項下、

一五加色、一五加色、係每百兩庫平銀、外加耗羨銀一兩五錢、

一收地價項下一五加色包市平銀、一千五百六十四兩九錢六分三厘一毫一絲七忽五微、以一零零六四、折合庫平銀一千五百五十五兩一分一厘四絲六忽八微、

一收地租項下一五加色包市平銀、一千六百二十九兩五錢二厘三毫四絲四忽、以一零零六四折合庫平銀、一千六百一十九兩一錢三分九厘八毫四絲八忽九微、

一收歲租項下一五加色包市平銀、二十兩八錢五分四厘四毫六絲一忽四微八纖、以一零零六四折合庫平銀、二十兩七錢二分一厘八毫四絲一忽六微九纖、

一收渠租項下一五加色包市平銀、一百一十六兩四錢二分三厘一毫四絲九忽、以一零零六四折合庫平銀、一百一十五兩六錢八分二厘七毫七絲九忽二微、

一收罌粟另租項下、一五加色包市平銀、三百五十二兩八錢二分五厘二毫九絲、以一零零六四折合庫平銀、三百五十兩五錢八分一厘五毫六絲七忽七微、

一收水租項下、一五加色包市平銀、一百三兩五錢八分五厘四毫四絲、以一零零六四折合庫平銀、一百二兩九錢二分六厘七毫九忽、

以上共收一五加色庫平銀、三千七百六十四兩六分三厘七毫九絲三忽二微九纖、

二六餘平、查包局收款、每庫平銀一百兩、以包市平銀一百兩零九錢折收、而開支及批解、則均以每包市平銀一百兩零六錢四分、作庫平銀一百兩、計每庫平銀一百兩、餘包市平二錢六分、此款即每庫平一百兩所餘之二錢六分也、

一收地價項下、二六餘平包市平銀、一百一十四兩四錢九分二厘一毫五絲五忽七微、以一零零六四折合庫平銀、一百一十三兩七錢六分四厘六絲五忽六微七纖、此餘平、係除去在歸化所繳地價六萬二百九十五兩四錢三分、再行計算、因所交非包平、無餘平可扣也、

一收地租項下二六餘平包市平銀、三百七十八兩二錢二分七厘七毫五絲三忽九微、以一零零六四折合庫平銀、三百七十五兩八錢二分二厘四毫八絲九忽九微、

一收歲租項下二六餘平包市平銀、三兩六錢一分四厘七毫七絲三忽三微、以一零零六四折合庫平銀三兩五錢九分一厘七毫八絲五忽九微、

一收渠租項下二六餘平包市平銀、二十兩一錢八分一絲二忽五微、以一零零六四折合庫平銀、二十兩五分一厘六毫八絲一忽八微、

一收罌粟另租項下二六餘平包市平銀、七十四兩一錢五分七厘一毫五絲九忽、以一零零六四折合庫平銀、七十三兩六錢八分五厘五毫七絲一忽三微、

一收小租項下二六餘平包市平銀、一十六兩八錢一分二毫一絲八忽、以一零零六四折合庫平銀、一十六兩七錢三厘三毫一絲六忽八微、

以上共收二六餘平庫平銀、共計六百三兩六錢一分八厘九毫一絲一忽三微七纖、

一收杭旗放地書照費包市平銀、二十六兩三錢五分、以零零六四折合庫平銀、二十六兩一錢八分二厘四毫三絲二忽四微、

一收給蒙一半永租庫平銀、一萬三千兩、六四平餘庫平銀八十二兩六錢七分九毫六忽二微、

總計共收庫平銀二十九萬八千四百一十八兩九錢一分七厘八忽二微六纖、

開支各款、

一由地租項下、十四萬五千四百七十二兩二錢一分三厘六絲五忽、及地租一五加色項下、一千六百一十九兩一錢三分九厘八毫四絲八忽九微、內開支自光緒二十九年至三十四年四月十一日止、杭旗四段分局放地・收租・薪工・津貼・車價・馬乾・局費・修渠・雜支・庫平銀三萬七千一百九十九兩六錢八分二毫八絲六忽九微、逵局開支薪工・津車・貼

價·馬乾·局費·庫平銀二千九百一十五兩一錢七分一厘八忽。地租三十二年以前、本局歸公、由西盟局開支各項經費、故遂撥分局薪津局用、蒙古一半永租、及四段戶口地租、皆取給於此。三十年分分給蒙古一半永租庫平銀、一萬三千兩、三十年至三十二年、分給四段蒙古戶口地租、自三十二年調給蒙人沿河灘地、作為牧廠、收回戶口地、以後是項租銀、即行停止。四千四百五十九兩七錢三分九厘、前截公司借用庫平銀九百二十七兩七錢一分、貼前大臣提作前截公司餘利庫平銀、六萬五千二百三十二兩九錢四分八厘九毫、後截公司浮欠二萬二千二百三十兩四錢一分三厘七毫八絲一忽五微、共用庫平銀一十四萬五千九百六十五兩六錢六分二厘九毫七絲六忽四微、

一由罌粟項下、貼前大臣提作前截公司餘利、庫平銀一萬八十八兩三錢五分九厘七毫、

一由水租項下、貼前大臣提作前截公司餘利、庫平銀二千二百九兩七錢三分五厘、

總計共支庫平銀一十五萬八千二百六十三兩七錢五分七厘六毫七絲六忽四微、內有提作前截公司餘利、及後截公司浮欠、共庫平銀九萬九千七百六十一兩四錢五分七厘三毫八絲一忽五微、由公司案內、厘追歸公、

解存各款、

正款項下、

一解存地價庫平銀一十萬四千三百三十兩八錢七分四厘五毫、是款解存公司、均已分支俵散、由公司案內釐追歸公

一解存歲租庫平銀一千三百九十兩二錢九分七厘四毫三絲二忽、

一解存渠租庫平銀七千七百六十一兩五錢四分三厘三毫、

一解存罌粟另租庫平銀一萬八千四百三十三兩六錢二分四厘五毫四絲、

一解存水租庫平銀四千二百五十五兩七錢三分三厘四毫二絲、以上均解存西盟局、

共計庫平銀一十三萬五千五百二兩七分三厘二毫二忽、

雜款項下、

一解存地價項下一五加色庫平銀、一千五百五十五兩一分一厘四絲六忽八微、

一解存地價項下二六餘平庫平銀、一百一十三兩七錢六分四厘七絲五忽六微七纖、

一解存地租項下一五加色庫平銀、一千一百二十五兩六錢八分九厘九毫三絲五忽五微、

一解存地租項下二六餘平庫平銀、三百七十五兩八錢二分二厘四毫八絲九忽九微、以上均由公司案內撤消歸公

一解存歲租項下一五加色庫平銀、二十兩七錢二分一厘八毫四絲一忽六微九纖、

一解存歲租項下、二六餘平庫平銀、三兩五錢九分一厘七毫八絲五忽九微、

一解存渠租項下一五加色庫平銀、一百一十五兩六錢八分二厘七毫七絲九忽二微、

一解存渠租項下二六餘平庫平銀、二十兩五分一厘六毫八絲一忽八微、

一解存器業另租項下、一五加色庫平銀、三百五十兩五錢八分一厘五毫六絲七忽七微、

一解存器業另租項下、二六餘平庫平銀、七十三兩六錢八分五厘五毫七絲一忽三微、

一解存水租項下一五加色庫平銀、一百二兩九錢二分六厘七毫九忽、

一解存水租項下二六餘平庫平銀、一十六兩七錢三厘三毫一絲六忽八微、以上均解存西盟總局

共計庫平銀三千八百七十四兩二錢三分二厘九毫九絲一忽二微六纖、

一解存杭旗放地部照費庫平銀、二十六兩一錢八分二厘四毫四絲二忽四微、

一解存三十年分給蒙一半永租庫平銀、一萬三千兩六四餘平八十二兩六錢七分九毫六忽二微、此款應存公司歸公司案內撤消歸公、

總計共存庫平銀一十四萬零一百五十五兩一錢五分九厘三毫三絲一忽八微六纖、此係指杭旗各段分局解存西路公司、及西盟墾務總局之數、解後如何支銷之處、由西盟墾務總局、西路公司案內另行列表、理合聲明、

宣統元年四月二十四日

杭錦資料 整理番號 一三〇

巳字 六六 號

西盟墾務總局、爲報銷事、謹將自光緒三十四年、十月初一日接辦起、至十二月底止、所有三十四年分、征收杭旗各字段歲課銀兩、以及開除墾民欠各數目、造具淸冊、呈送查核、須至册者、

計 開

應征項下

元字段

一、上地二百三十三頃七十九畝二分、每畝應征歲課庫平銀二分二厘、合銀五百一十四兩三錢四分二厘四毫

一、上次地三百六十二頃一畝二分、每畝應征歲課庫平銀一分八厘、合銀六百五十二兩八錢八分一厘六毫

一、中地一百六十六頃四十八畝三分、每畝應征歲課庫平銀一分八厘、合銀二百九十九兩六錢六分九厘四毫

一、中次地四十一頃七畝四分、每畝應征歲課庫平銀一分四厘、合銀五十七兩五錢三厘六毫

一、下地七十九頃一十一畝二分、每畝應征歲課庫平銀一分四厘、合銀一百一十兩七錢五分六厘八毫

以上共歲課地八百八十三頃一十七畝三分、合銀一千六百三十五兩一錢五分三厘八毫

亨字段

一、上地二百五十八頃八十一畝七分、每畝應征歲課庫平銀二分二厘、合銀五百六十九兩三錢九分七厘四毫

一、上次地一百八十八頃三十三畝、每畝應征歲課庫平銀一分八厘、合銀三百三十八兩九錢九分四厘

一、中地八十三頃七十六畝二分、每畝應征課庫平銀一分八厘、合銀一百五十兩七錢七分一厘六毫

一、中次地一頃九畝四分、每畝應征歲課庫平銀一分四厘、合銀一兩五錢三分一厘六毫

一、下地四十六頃九十一畝七分、每畝應征歲課庫平銀一分四厘、合銀六十五兩六錢八分三厘八毫

以上共歲課地五百七十八頃九十二畝、合銀一千一百二十六兩三錢七分八厘四毫

利字段

一、上地六十八頃二十二畝八分、每畝應征歲課庫平銀二分二厘、合銀一百五十兩一錢一厘六毫

一、上次地七十頃六十九畝八分、每畝應征歲課庫平銀一分八厘、合銀一百二十七兩二錢五分六厘四毫

一、中地七十頃八畝八分、每畝應徵歲課庫平銀一分八厘、合銀一百二十六兩一錢五分八厘四毫

一、中次地五頃三十八畝三分、每畝應徵歲課庫平銀一分四厘、合銀七兩五錢三分六厘二毫

一、下地二頃一十四畝二分、每畝應徵歲課庫平銀一分四厘、合銀二兩九錢九分八厘八毫

以上共歲課地二百一十六頃五十三畝九分、合銀四百一十四兩五分一厘四毫

利字段

一、上地五十五頃二畝五分、每畝應徵歲課庫平銀二分二厘、合銀一百二十一兩五分五厘

一、上次地二十二頃八畝五分、每畝應徵歲課庫平銀一分八厘、合銀三十九兩七錢五分三厘

一、中地五頃二十九畝三分、每畝應徵歲課庫平銀一分八厘、合銀九兩五錢二分七厘四毫

一、中次地三頃二十畝五分、每畝應徵歲課庫平銀一分四厘、合銀四兩四錢八分七厘

以上共歲課地八十五頃六十畝八分、合銀一百七十四兩八錢二分二厘四毫

貞字段

一六四

一、上地九十六頃四十畝八分、每畝應徵歲課庫平銀二分二厘、合銀二百一十二兩九分七厘六毫

一、上次地一百九十八頃七十一畝七分、每畝應徵歲課庫平銀一分八厘、合銀三百五十七兩六錢九分六毫

一、中地二百六十一頃九十五畝九分、每畝應徵歲課庫平銀一分八厘、合銀四百七十一兩五錢二分六厘二毫

一、中次地三百五頃九十三畝一分、每畝應徵歲課庫平銀一分四厘、合銀五十兩三錢三厘四毫

以上共歲課地五百九十三頃一畝五分、合銀一千九十一兩六錢一分七厘八毫

統計杭旗歲課共地二千三百五十七頃二十五畝五分、共應徵庫平銀四千四百四十二兩二分三厘八毫

新收項下

一、庫平銀一千六百九十二兩四錢一分六厘

開除項下

一、撥入墾務項下、借動庫平銀一千五百九十三兩五分六厘

一、撥入杭旗借支庫平銀九十九兩三錢六分

民欠項下

一、截至光緒三十四年十二月底止、實欠在民庫平銀二千七百四十九兩六錢七厘八毫

宣統元年十一月　日

杭錦資料　整理番號　一三一　　巳字　六五　號

西盟墾務總局、爲報銷事、謹將自光緒三十四年十月初一日接辦起、至十二月底止、所有三十四年分各分局征收杭旗未放押荒短租地畝銀兩、以及被災豁免暨開除民欠各數目、造具清冊呈送

查核須至冊者

計　開

應徵項下

杭旗三段分局共計一十七村

一、丈過生地三十八頃三十三畝四分、每頃應征租銀三十三兩、合庫平銀一千二百六十五兩二分二厘

一、丈過上地二十五頃九十八畝五分、每頃應征租銀二十八兩、合庫平銀七百二十七兩五錢八分

一、丈過中地九十八頃一十六畝七分、每頃應征租銀二十二兩、合庫平銀二千一百五十九兩六錢七分四厘

一、丈過下地九十五頃八十六畝三分、每頃應征租銀一十八兩、合庫平銀一千七百二十五兩五錢三分四厘

以上四等短租地二百五十八頃三十四畝九分、共征庫平銀五千八百七十七兩八錢一分

杭旗四段分局共計一十一村

一、丈過上地七十七頃四十一畝五分、每頃應征租銀二十八兩、合庫平銀二千一百六十七兩六錢二分

一、丈過中地二百二十六頃四十四畝一分、每頃應征租銀二十二兩、合庫平銀四千九百八十一兩七錢二厘

一、丈過下地二百四十二頃八十五畝二分、每頃應征租銀一十八兩、合庫平銀四千三百七十一兩三錢三分六厘

以上三等短租地五百四十六頃七十畝八分、共征庫平銀一萬一千五百二十兩六錢五分八厘

達旗長濟渠工局兼管杭旗頭二兩段共計一十三村

一、丈過上地一頃一十一畝八分、每頃應征租銀二十八兩、合庫平銀三十一兩三錢四厘

一、丈過中地二十二頃四十七畝、每頃應征租銀二十三兩、合庫平銀五百一十六兩八錢一分

一、丈過下地九十八頃五十四畝九分、每頃應征租銀一十八兩、合庫平銀一千七百七十三兩八錢八分二厘

以上三等短租地一百二十二頃一十三畝七分、共征庫平銀二千三百二十一兩九錢九分六厘

以上三局共丈短租地九百二十七頃一十九畝四分、共征庫平銀一萬九千七百二十兩四錢六分四厘、除杭旗四段分局被災

豁免

上地八十畝五分、每畝應豁免租銀二錢八分、合庫平銀二十二兩五錢四分

中地三頃二十七畝三分、每畝應豁免租銀二錢二分、合庫平銀七十二兩六厘

下地三頃七畝八分、每畝應豁免租銀一錢八分、合庫平銀五十五兩四錢四厘

以上三宗共豁免地七頃一十五畝六分、共合庫平銀一百四十九兩九錢五分外

實在三局共丈地九百二十頃三畝八分、共合征庫平銀一萬九千五百七十兩五錢一分四厘

新收項下

一、三局共收現庫平銀三千七百二十九兩五分九厘四毫九絲二忽七微

一、三局共抵收雜粮、合庫平銀一萬一千六百八十五兩四錢三分一厘九毫三絲二忽八微

以上二宗銀粮、共合庫平銀一萬五千四百一十四兩四錢九分一厘四毫二絲五忽五微、

開除項下、

一、撥借墾務經費項下冊內、現庫平銀、三千七百二十九兩五分九厘四毫九絲二忽七微

實在項下

一、存粮石合抵庫平銀、一萬一千六百八十五兩、四錢三分一厘九毫三絲二忽八微、

民欠項下、

一、截至光緒三十四年、十二月底止、實欠在民合庫平銀、四千一百五十六兩、二分二厘五毫七絲四忽五微、

宣統元年十一月　日

杭錦資料　整理番號　一三二　　巳字　六五　號

西盟墾務總局、爲報銷事、謹將自光緒三十四年十月初一日接辦起、至十二月底止、所有三十四年分、征收杭旗未放押荒短租地畝銀兩、以糧抵收數目、造具淸册、呈送查核、須至册者、

計　開

長濟渠工局、代征頭二兩段分局、

一、抵收麥子三十九石五斗六升四合、每石按定價一兩四錢、合市平銀、五十五兩三錢八分九厘、

一、抵收胡蔴一百九十三石八斗六升五合、每石按定價一兩九錢、合市平銀、三百六十八兩三錢四分三厘、

一、抵收豌豆六百七十三石三斗七升九合、每石按定價一兩三錢五分、合市平銀、九百九兩六分一厘、

一、抵收糜子一百一十九石六斗九升、每石按定價八錢、合市平銀、九十五兩七錢五分二厘、

一、抵收穀子四十一石八斗五升七合、每石按定價六錢、合市平銀、二十五兩一錢一分四厘、

以上共收雜粮一千六十八石三斗五升五合、共合市平銀、一千四百五十三兩六錢五分九厘、

杭旗四段分局、

一、抵收麥子二千八百二十二石五斗七升七合、每石按定價一兩四錢、合市平銀、三千九百五十一兩六錢七厘八毫、

一、抵收豌豆二千三百三十石二斗一升二合五勺、每石按定價一兩三錢五分、合市平銀、三千一百四十五兩七錢八分六厘九毫、

一、抵收糜子九百八十二石五斗九升一合、每石按定價八錢、合市平銀、七百八十六兩七分二厘八毫、

一、抵收胡蘼七百五十四石二斗八升二合、每石按定價一兩九錢、合市平銀、一千四百三十三兩一錢三分五厘八毫、

一、抵收扁豆三十七石四斗六升、每石按定價一兩一錢、合市平銀、四十一兩二錢六厘、

一、抵收大豆八石六斗、每石按定價九錢、合市平銀、七兩七錢四分

一、抵收穀子二十一石五斗、每石按定價六錢、合市平銀、一十二兩九錢、

以上共收雜粮六千九百五十七石二斗二升二合五勺、共合市平銀、九千三百七十八兩、四錢四分九厘三毫、

杭旗三段分局、

一、柢收麥子一百五十五石二斗九升五合、每石按定價一兩四錢、合市平銀、二百一十七兩、四錢一分三厘、

一、抵收豌豆四百五十二石九斗八升五合、每石按定價一兩三錢五分、合市平銀、六百一十一兩、五錢二分九厘七毫五絲、

一、抵收胡蘼七十一石一升、每石按定價一兩九錢、合市平銀、一百三十四兩、九錢一分九厘、

一、抵收穀子一百二十三石六斗、每石按定價六錢、合市平銀、七十四兩一錢六分、

一、抵收糜子一百一十九石六斗九升、每石按定價八錢、合市平銀、九十五兩、七錢五分二厘、

以上共收雜粮九百二十二石五斗八升、共合市平銀、一千一百三十三兩、七錢七分四厘、

以上三宗、共抵收雜粮八千九百四十八石一斗五升七合五勺、共合市平銀、一萬一千九百六十五兩、八錢八分二厘三毫、

內計正款庫平銀、一萬一千六百八十五兩、四錢三分一厘九毫三絲二忽八微、每百兩按定章九錢伸平、共伸市平銀、

一萬一千七百九十兩、六錢八毫二絲、又按定章每百兩加色銀一兩五錢、共加市平銀、一百七十五兩、二錢八分一厘

四毫七絲九忽、

以上二項、共合市平銀、一萬一千九百六十五兩、八錢八分二厘三毫、

查此項徵收抵租粮石、合計銀兩、而各分局原報畸零之數未能劃一、出入攸關、不便更易、故按照原報之數彙造、以致

伸平加色、尾數少有不符、合併聲明、

宣統元年十一月　日

杭錦資料　整理番號　一三三　　巳字　六五　號

西盟墾務總局、爲報銷事、謹將自光緒三十四年十月初一日接辦起、至十二月底止、所有三十四年分、杭旗分局、收存件

種粮石數目、造具清册、呈送

查核、須至册者、

計　開

應征項下

杭旗四段分局、

一、丈過件種地、一十八頃三十七畝五分

新收項下、

一、收存扁豆五石七斗、

一、收存葫𧀁三石七斗三升、

一、收存豌豆一十二石三升八合、

一、收存麥子一石八斗、

一、收存大豆二石四斗、

一、收存糜子一百一十四石四斗六升九合、

一、收存蕎麥一十石五斗六升、

以上七宗、共收雜糧、一百五十石六斗九升七合、

開除

無項、

實在

一、截至光緒三十四年十二月底止、淨存併種雜糧、一百五十石六斗九升七合、

宣統元年十一月　日

杭錦資料	整理番號	一三四

庚字　三〇　號

西盟墾務總局、爲詳請示遵事、竊照杭錦旗地前經

前大臣貽、奏定卽於丈放給領之次年、無論各領戶曾否繳完荒價、屆期一律飭繳歲租、以杜取巧、而恤蒙情在案、惟查杭旗所報後套水地、前由已革西路公司承領轉放、截至光緒三十四年、四月十一日止、共放出地、二千三百餘頃、下餘之地、業經

查辦大臣奏明革去公司名目、歸於墾局招戶領墾、後經前總辦劉守尙倫更定章程、改價爲荒、詳蒙

憲台批示照准、劉守未及招放卸事、去年秋間、前代理總辦謝牧鑑淸、仍將杭地區分元亨利貞四段、派委杭旗第四段委員昱縣丞爾長濟渠工委員兪府經繼忠、就近丈放、截至十一月底止、共續放出地、四百八十二頃二十四畝七分、造具圖冊、詳報有案、各領戶押荒、雖未完繳淸楚、而領地係在去年秋冬之間、核計本年卽丈放給領之次年應否查照

前大臣貽、奏定章程啓徵歲租之處、卑職未敢擅專理合具文詳請

憲台查核批示、實爲公便、爲此備由具申、伏乞
照詳施行、須至詳者、
宣統二年十月初二日　總辦　崇　禧、
一件據西盟局詳新放杭錦旗地、如何啓徵歲租請示由、
據詳已悉、杭地升科本有舊章可循、所有上年丈放過杭錦旗地、四百八十二頃二十四畝七分、自可卽於今年啓徵歲租、仰
卽會同五原廳、出示曉諭各領戶等遵照、一面連同舊放地畝、由該局分年造具升科冊、先行移交地方官徵收可也、餘候
新任墾務大臣奏咨辦理此繳
宣統二年十月十四日

杭錦資料　整理番號　一三五

政字　五　號

據西盟總局詳請杭旗所報未放各地、擬仿鄂旗旱地章程、加添一等、以期早結由、

西盟墾務總局、爲詳請事、竊查杭旗所報河套東中兩巴噶地、幅幀遼濶、約計面積何止萬頃、然河套之地、依渠爲命、地畝雖多、渠水不到、終難耕種、是以頻年修渠招墾、前後放出之地、僅止三千頃左右、其餘各地、離渠較遠、迄今無人承領、查杭旗地內、現設分局一所、所轄幹渠、計一十八道、因各渠均無通稍、而黃河之水挾泥沙以俱行、一入渠中、無尾閭之可洩、水稍緩、泥沙隨澄而不可復出、是以杭渠雖小於達渠、而修費且未見省於達地、杭蓋地之渠、無歲不修、無渠不修、一渠平均、以五六百金計之、共數已達萬兩、合之一切開支薪工車馬等費、每年渠墾經費、計在兩萬兩以上、以入抵出、不敷孔多、現在墾務已成弩末、擴渠益地、勢有未能、卽仍此年年虧墊、公家財力、亦屬難支、卑職等、徬徨夙夜、計慮再三、唯有請將離渠較遠之地、酌倣旱地章程、減價招放、應徵押荒、擬請比照鄂托克旗放地押荒、酌加一等、改定爲五十

兩、四十兩、三十兩、二十兩、一十兩、五等、庶幾可廣招徠、而迅竣功、一面由卑局派員將杭地各渠、査勘淸楚、按段劃交各社、勸令民戶自修、渠道歸於民修、分局即可裁撤、杭地多係承粮之地、各該地戶、利害切己、明白開導、或當有濟、除將勸辦民戶自行修渠、一有眉目、卽行另文馳報、以慰

憲厪外、理合將杭旗離渠較遠之地、酌做旱地章程、減價招放緣由、詳請

憲台査核、是否有當、伏乞

批示祗遵爲此備由具呈、伏乞

照詳施行、須至詳者、

會辦吳震
總辦崇禧
幫辦林桂芳

宣統三年正月初五日

據詳已悉査杭旗、距渠較遠之地、擬仿旱地招放、業經前署將軍瑞　奏奉

硃批交由本將軍體察情形妥議具奏等因、旣據該局請比照鄂托克旗放地押荒酌加一等、改定五則、應准如擬先行試辦、仰卽遵照、迅速督同局員、分投勸辦、隨時報査勿延此繳

十二日

杭錦資料	整理番號	一三六

政字　二九　號

西盟墾務總局、爲詳請事、竊照杭旗報墾未放餘地、前經卑局詳請酌量變通、倣照旱地章程、酌擬押荒等則、以便早日竣事、徐圖收束、業經奉准先行試辦在案、玆經卑局凖酌情形、丈放此項餘地、擬卽以杭旗原有渠墾分局兼、辦、似可毋須設立專局、唯事無專責、恐虞叢脞、擬責成杭旗西分局正委員、县縣丞蘇爲經理丈放杭旗報墾餘地專員、而以杭旗東分局正委員、張府經金銘副之、應川司書、除該兩局原有悉令兼任外、並由他局酌調數名、當已敷用、惟地段遼濶、繩丈委員一項、實在不敷分佈、非酌添數員、不足以資臂助、而速竣功、玆査有分省試用典吏王長溥、府經職銜玉林、李鈞榮、

副軍校昌秀、均屬情形熟悉、辦事練達、堪以派充繩丈委員、應領薪水、擬每月各支給湘平銀、貳拾肆兩、除昌委員秀、係卑局測繪委員、薪水應仍在卑局支領外、其餘各員、薪水暨車價馬乾製造、繩丈標杆等項擬請照上年放地舊案、一律在放地案內支領、另行造銷、唯杭旗餘地數尚不少、非一蹴卽可竣事、其中應用印紅紙張房宿煤炭等費、在在均須款項、伏查卑局局費心紅原每月僅只湘平銀、壹百陸拾兩、自去年遷移後套以後、所有包頭轉運公所、二分子烏拉渠壩分所、均併入總局開支、三處用款額支已屬不敷、實難再事兼顧、可否准在放地案內每月勵支局費銀、陸拾兩、抑仍照上年舊案實用實銷、出自

憲裁、除繩丈各員、業由卑局遵章先行派委任事、以期無廢時間外、理合將稟請添派繩丈委員銜名、以及薪津車馬製造、歸放地另案報銷、並請給發局費各緣由、一併詳請

憲台查核、是否有當、統候

賜示祇遵、爲此備由具呈伏乞

照詳恩准施行、須至詳者

宣統三年五月初二日　總辦崇禧　會辦奥震

查杭旗報墾未放餘地、前據該局、詳請仿照旱地章程、酌擬押荒等則先行試辦、並聲明由該局派員、將杭地各渠查勘清楚、按段劃交各社、勸令民戶自修、渠道歸於民修、分局卽可裁撤、杭地多係承粮之地、各該地戶利害切已、明白開導、或當有濟擬將勸辦民戶自行修渠、一有眉目、卽行另文馳報等情、本大臣覆核擬辦情形尚屬安協、因批准先行試辦在案、今據詳請添派委員、並請將薪工車馬另案報銷、加添局費請示前來、並未聲叙渠道如何勸辦、是數月之久、尚無眉目、況此項餘地、所以仿照旱地、招放者、專爲公家修渠、所費不支、民戶自修、衆擎易舉、墾務卽可收束、與達地核減租價、實行永租、情無二致、然均應注重修渠、奚容疏忽、所請添派繩丈委員、王長河王林李鈞羲、吕秀四員、既稱先行派委任

一七三

事、姑准照派、惟該員等、究于何日到差開支、並未叙明、殊屬不合、薪水車價、准即照章核實開支、毋稍冒濫、繩尺標杆、前年杭烏放地、用畢存局即可取用、無須製造、以後應費局用一節、既非設立專局、爲數自必無多、查該局月支局費心紅銀、壹百陸拾兩、從前均有節省銀兩、該牧于上年二月到差、據該局册報移交玖百數拾兩、何至不敷、仍由該局併支、不得另行開報、總之墾款左支右絀、而收束事宜、均須次第清理、該牧同爲箇中人、尤宜未雨綢繆、力求撙節、以副厚望、仰即遵照、先將勸辦民戶修渠情形、並繩丈委員何日到差、開丈日期分晰詳報詧核、此後每月丈放地數、務於次月初五以前開列簡明清摺具報、以憑查考、慎勿遲延切切、此繳

五月十四日

杭錦資料	整理番號	一三七

辛字 二二 號

辦理杭旗渠墾西分局、兼放地委員、分省試用知縣吳灝謹禀

欽憲大人閣下、敬禀者竊卑職蒙

札飭西盟墾務、轉委續放杭旗餘地、遵即於奉文之日、調派員司、於本年五月初一日分投丈放、現已一律丈竣、計地約一千一百餘頃、四千頃既已補足、統計押荒約在五萬兩左右、現經卑職督飭員司、塡寫執照、一俟繕完按戶給領、一面催收四成押荒收有成數、以期早日報解、一面遴選員司、分別去留、繕造圖册、呈送備案存查、伏查此次放地、係改照旱地章程出放、名雖旱地、實資渠水灌澆、非渠道開通不能成種、且歷經招放、而後所餘地段、多係磽瘠荒田、可種之地不過十之二三、若統高原下隰一切概不減除、勢必無人承領、倘除高梁沙鹹揀擇繩丈、徒啓蒙漢紛爭、卑職再四籌思、不得不設法變通以善其後、故就中東兩巴嘎呈報之地、儘數出放、沙鹹渠道、悉與核實減除、曠野平原、均已計畝作價、核以弓尺折扣似多、而徵之地勢、實有不得不然者、所有卑職此次續放杭旗餘地、一律完竣、以及辦理情形、理合先行禀明

大人査核、肅此具禀、恭叩

鈞安、伏乞

垂鑒、卑職昱纛謹禀

宣統三年九月　日

據禀續放杭旗餘地、現已一律完竣、除却沙堿渠道共放地、一千一百餘頃、前後統計已補足四千頃之數、等情、辦理甚是

佩慰良深、仰即趕造圖册、呈由總局詳請具奏完案、一面催收押荒銀兩、從速報解毋違、此繳、

十月十二日

杭錦資料　整理番號　一三八　巳字　四六　號

欽差督辦墾務大臣、節制沿邊道廳、兼署綏遠城將軍信、

批民間認領地畝、卽得世守其業、按之公理、必須先交押荒方爲正辦、惟後套地多民少、恐妨招徠、不得不畧予限期、以示

體恤、然豈能運年積蔵而寬之、玆據詳以種有青苗者、限兩年交足押荒、未種之地三年交足押荒、杳舊定租章、每頃歲收

且三四十兩、今押荒限以兩年三年、按則而稽、且不及按年收租之多、將於押荒之義何取、此等籌畫、在毫無經綸者尙不

出此、不意出之於該代總辦、其以爲本大臣不知計、學而姑試之耶、抑不加思索而姑妄定之耶、開放邊墾、民賴以殖、蒙

賴以恤、而公家亦賴有其款得以展布政策、若不速收押荒、將何以備三善、玆本大臣酌中核定、所有已革公司放剩地畝、

現在接續招放、應收押荒分爲三限、其已種有青苗者、以三個月爲一限、初限交足四成、再限三限、各交三成、統限以九

個月交淸、其未種有青苗者、以四個月爲一限、初限四成、再限三限亦各三成、統限以十二個月交淸、如能於初限內一律

交淸者、免其補平補色照費等雜款、能於再限內交淸者、免其補平一款、倘三限不淸、撤地另放、幷追一年地租、似此寬猛

相濟、于體恤之中、仍寓限制、庶不致長此設局耗糜經費、仰候出示曉諭遵照、至杭旂報墾地畝不止此四千頃、如能推廣辦理等則、或須另籌交荒期限、亦必照此行、併即知之、此繳、

二十五日

杭錦資料 整理番號 一三九

巳字 四六 號

代理西盟墾務總辦、山西試用知州、謝鑑清、謹禀

欽憲將軍大人、閣下敬禀者、案蒙

憲台批據卑局擬將未放杭地押荒區別地畝、分年交納、以期易於招放、詳請示遵緣由、蒙批民間認領地畝、即得世守其業、按之公理、必須先繳押荒方爲正辦、惟後套地多民少、恐妨招徠、不得不量予限期、以示體恤、然豈能連年積歲而寬之、玆據詳以種有青苗者、限兩年交足押荒、未種之地、三年交足押荒、査舊定租章、每頃歲收且三四十金、今押荒限以兩年三年、按則而稽、且不及按年收租之多、將押荒之義何取、此等籌畫、在毫無經緯者、尚不出此、不意出之於該代總辦、其以爲本大臣不知計、學而姑試之耶、抑不加思索而姑妄言之耶、開放邊墾、民賴以殖、蒙賴以恤、而公家亦賴有其款得以展布政策、若不速收押荒、將何以備三善、玆本大臣酌中核定、所有已革公司放剩地畝、現在接續招放、應放收荒分爲三限、其已種有青苗者、以三個月爲一限、初限交足四成、再限三限各交三成、統限以九個月交淸、其未種有青苗者、以四個月爲一限、初限四成、再限三限亦各三成、統限以十二個月交淸、如能於初限內一律交淸者、免其補平補色照費等雜款、能於再限內交淸者、免其補平一款、倘三限不淸、撤地另放、並追一年地租、似此寬猛相濟、於體恤之中、仍寓限制、庶不致長此設局耗糜經費、仰候出示曉諭遵照、至杭旂報墾地畝不止此四千頃、如能推廣辦理、等則或須另籌、交荒限期、亦必照此行、併即知之此繳、等因蒙此、仰見

一七六

大人審察周詳寬猛相濟之至意、伏讀至再、惶悚莫名、遵查杭旗由公司放曠地畝、旣無沃壤、半屬沙漠、農民無利可圖、轉恐
受累、因而不願承領、招放爲難、此皆卑職實地調查、竝非傳聞之訛、至達旗租地、任民擇地耕種、不加工本、專視天然
之地力、以爲轉移、東輟西耘、地多荒廢、雖每頃歲收租價三四十兩、實則公家隱受其患、殊非淺鮮、卑職所以有實行永
租之請、玆杭錦未放之一千六百餘頃、地旣瘠薄、民尤苦寒、體察情形、未便膜視不言、致蹈拖延不得收束之咎、是以詳
請稍寬年限、係爲易於竣事起見、何敢姑試妄言、今旣蒙
嚴批駁飭、自應凛遵妥辦、夫復何言、惟値此穀賤傷農、地方實在凋敝、押荒旣嚴促限期、不能不爲民請命、合無仰懇
憲恩俯念袤地物力拮、据瘠地招放不易、可否准將杭地荒價、再予遞減一等、上地每頃徵收庫平銀九十兩、上次地八十五
兩、中地八十兩、中次地七十五兩、下地七十兩、以廣招徠、而示體恤之處、伏候
大人鑒覈核示飭遵、實爲公便、再應放元亨利三段地畝、已檄飭四段委員旻縣丞壽貞字段之地、即飭頭段委員俞府經繼忠、分
別趕緊招放、仍由卑局加派員司幫同襄理、另文稟禀、合併聲明、肅此具禀、恭請
勛安、伏乞
崇鑒、卑職鑑淸謹禀、
宣統元年六月初六日
欽差督辦墾務大臣、節制沿邊道廳、兼署綏遠城將軍信、
批、杭旗呈報地畝、凡有渠水可澆、無一不成沃壤、現在渠已修通、當不至招放爲難、仰即委員趕辦、押荒准再遞減一等、
已於條陳案內核飭遵辦、其永租渠道各事、務速議章呈候察核、以憑入告、勿稍延緩、此檄、
十三日

成紀七三五年十二月

（非賣品）

蒙古聯合自治政府
地政總署

張家口市長清路
地政總署土地制度調査室

編輯兼發行人　古屋素五郎

大連市東公園町三一番地
印刷人　中田義一

大連市東公園町三一番地
印刷所　滿洲日日新聞社印刷所

（杭錦資料整理番號一二九·巳字二六號ノ附表）

墾務調查局謹查造

杭旗墾務各款表冊

杭錦旗報地勘收表

<table>
<tr><th rowspan="2">標目 / 調查各項 / 報地</th><th colspan="2">報地勘收情形</th><th colspan="2">奏案</th></tr>
<tr><th>報地</th><th>勘收</th><th>地段</th><th>押荒歲租</th></tr>
<tr><td>初報</td><td>先時杭錦貝子阿爾賓巴雅爾遣梅楞棍布來城面辦由棍布自行報出杭蓋地一段當經、貽前大臣委員會同棍布前往勘收該貝子堅不承認不肯出具交地印文嗣經、貽前大臣奏參革去盟長該貝子始派該旗協理台吉圖們額勒哲依幫旗章京那木林丕勒布於二十九年十二月間先後將東中兩巴嘎地報墾其地東界達拉特南界黃河北界達拉特西以三文濤溝河爲界</td><td>光緒三十年正月二十五日、貽前大臣札委德防禦克精額會同天聚前往會勘交收嗣因鄉令丁憂改派張令文楷張府經嘉穀偕德防禦會同蒙員鄂爾哲依巴雅爾等于是年四月二十八日履勘交收清楚六月間西盟局詳稱張令等會銜稟稱該旗報墾地西至王文善得渠北至達拉特東至達拉特南至黃河東西長約二百三四十里南北寬八九十里五六十里三二十里十數里不等甲字四十八號有圖附卷</td><td>光緒三十一年二月初四日、貽前大臣具奏原摺內稱所勘地畝東西長二百三四十里南北寬八九十里至十數里不等彎寬中窄形若蜂腰核與原報地段相符乙字三十四號
附註按中東兩巴嘎雖即前日所報之杭蓋地然杭蓋地者實兼東西中三巴嘎言之西巴嘎地蒙人未肯報墾其後續報王文祥地亦不過西巴嘎十成之二幅幀較小實與原報地段不甚相符也</td><td rowspan="2">杭旗報墾之初本係比照達拉永租辦法三十年地租官蒙各半言明自三十一年爲始每年包給蒙租銀九千兩尚未照行該旗甲字四十八號卷
復請改征押荒歲租經貽前大臣奏准押荒上地每畝九錢中地八錢下地七錢除提二成充開渠經費外餘則一半歸蒙一半歸公歲租上地每畝每年四分五厘中地四分下地三分五厘無論上中下均各提出二成備修渠之用嗣於三十一年五月二十四日又經、貽前大臣奏請量爲變通押荒乙字三十四號卷改減上地八錢中地七錢下地六錢歲租則上地二分二厘中地一分八厘下地一分四厘無論上中下每畝收渠租四分五厘渠水所到始收渠租所收歲租亦以一半歸公一半歸蒙嗣因西盟開支浩繁經費不敷於三十二年四月二十四日經貽前大臣奏准由歸公一半項下提取一成作爲開支經費張字二號卷</td></tr>
<tr><td>續報</td><td>三十年十二月間西盟局詳杭旗又添報兩巴嘎之西界王文祥耕種地之黃托勒蓋河東畔地一段約有幾千頃額另開墾甲字四十八號卷</td><td>三十一年四月西盟局詳勘收委員張府經嘉穀西盟局文稱會同蒙員甲藍巴爾濟濟古爾甲布等將地界接交清楚東至藍鎖河西至黃托勒蓋河南至黃河北至達拉旗地界東西寬五里十里二三十里不等南北長九十餘里能種者約五六百頃已種者祇有新渠澆地六七十頃若接新渠修濬可澆三四百頃藍鎖河再加修濬可澆二百頃之譜已字三十四號有圖附卷</td><td>是地並無專奏案據第於杭旗報墾蒙地領照各處一律改收押荒奏案內夾敘有又將兩巴嘎西界可墾之地約數千頃呈報併入前次所報界內一語而已乙字三十四號</td></tr>
<tr><td>附註</td><td colspan="4">一、杭旗報墾界內所有召廟地段本定每廟每面撥給二里半嗣於三十一年五月間貽前大臣札飭包局從寬定擬大廟每面丈給五里中廟四里小廟二里丈時運廟中心計算是年七月西盟局詳擬地歸召廟租由局放每年每租地一頃給召廟租銀五兩僧各召廟自行耕種或與人伴種每年一頃交墾局渠租六兩嗣因各召廟聯呈懇請歸各召自行經理經西盟局於三十二年閏四月間詳請立案奉貽前大臣批准
一、杭旗報墾界內原有戶口地段每年放租一頃由局給銀五兩經該旗蘭懇賞給以資養贍、貽前大臣札飭西盟墾局委員會同胡旗官太才前往查核有戶口百頃者准給地二十頃五十頃者准給十五頃二三十頃者准給地八頃十頃其在十頃內者均按八成撥給嗣因該旗貝子呈請以有戶口地者僅數十戶而倚賴收贍爲生者寔繁懇請一律撥給收贍經、貽前大臣於三十二年七月札飭西盟總局派員會同胡太才勘撥沿河一帶離于上水之地給作收贍嗣於三十二年十月經西盟局派委王府經良會同胡太才勘撥東自姚家寨子起西至黃托勒亥河止計長二百五十里寬六里至二里不等內字二十二號自勘撥以後即將原戶口地收回查該旗蒙眾無論有無戶口地均經貽前大臣一律撥給收贍唯內有蒙員那木林藏布一戶因該蒙員實原有巢落報墾界內呼爾敦察河地一段三十頃之戶口地呈請歸墾所得押荒四成歸公四成歸該蒙員自取下餘二成充作渠費每年租銀歸旗下收取與伊無涉奉、貽前大臣批准並飭西盟局轉飭王府經良撥給蒙眾收贍時毋庸撥給該蒙員收贍此地當初並無西委勘收是否已在現放之地並入開放抑尚未放出既無案據可查又無圖籍可考無從懸擬應請札飭西盟總局就地查勘明白禀覆以便核給押荒以符原議而昭信實</td></tr>
</table>

杭錦旗放地地價表

說略

杭旗蒙地之初，原係永租，歸於光緒三十年九月，該旗呈請改征押荒，每年所收歲租一半報效國家，以濟軍需。由貽前大臣奏准，押荒銀分三等，上地每畝九錢，中地八錢，下地七錢，嗣於光緒三十一年五月復經貽前大臣奏減押荒，上地八錢，中地七錢，下地六錢。六月，該旗貝子呈請由公司認領地四千頃，分給押荒。於是，貽前大臣札飭公司知照，而公司遂悉以中則每頃七十兩計算，承領此杭地四千頃之入公司，原起也。據公司既領地四千頃，應繳押荒銀二十八萬兩，然所繳實在商股本者，拾不及三二也。詳押公司放地收價章程，未有詳案，祇有告示一張，七號卷內，字十二諸數等則價目，上地每頃一百兩，上次地九十五兩，中地九十兩，中次地八十五兩，下地八十兩，而已。其所承領之四千頃地畝，前大臣雖有丈明撥給之文，然並未實行丈撥，即約指之東西南北四至，亦未曾有一定界。杭旗報地不啻四千頃，公司領地既悉以中則匀算，自必承領大段，尚不能東西擺除四千頃以外之地，墾局可放也。四千頃以外之租，墾局可收，地而墾局押荒較公司地價為減，人何必不趨於墾局，而翻至公司，設故必須統其說而不實在丈撥，如是則此地有一畝可放，則曰在公司四千頃內，彼處有一頃可放，則曰在公司四千頃之內，以四千頃之名，遂籠括杭旗所報之地，而墾局所領之地，因悉以中則匀計，則公司承領之地，有一定之界址，則地係大段，不能不有肥瘠之分，按照中則匀算，以撫慰，可謂也。今公司所領既無定方，人之所領均歸公司，用人之領地又謹不致取肥舍瘠，將公司領之於墾局，則盡以中地計，公司放之於民，其上地之多，因可坐而致之。即其所得中下地者，其價因其較墾局上地中地為領，也使公司而果繳納二十八萬之押荒，倘謂先繳全款，給與地價以資補助，今則公司所繳者，尚十不及三二，而杭旗所報之地方數百里，悉為公司影射，侵占墾年租銀亦皆為公司所領之四千頃，一日不核定，墾局即一日無可放之地，並一日無可收之租。為公司計誠巧矣，其如國家何？總之，無論如何，公司之能否收取杭旗地價，當以杭地之應否歸於公司為斷，杭地之應否歸於公司，當以公司之曾否繳足押荒為斷。更當以所繳押荒是否皆屬該公司所繳，或本無款而虛張官股，或新入股之款本屬公家，或繳給蒙之款幾經轉移，其實毫無商股，本十不及三二，公司因並未繳足押荒也。公司既未繳足押荒，則杭旗所報之地，即不得歸於公司，地不得歸於公司，即不得收取地價，此項征存地價，擬請照數追出歸公。

放地及地價征收民欠數目

年分	段	上地（每頃一百兩）地	上地 銀	上次地（每頃九十五兩）地	上次地 銀	中地（每頃九十兩）地	中地 銀	中次地（每頃八十五兩）地	中次地 銀	下地（每頃八十兩）地	下地 銀	共放地	共應征地價	共已征地價	已征地價之支解	照費每張三錢一分	加一五色市平銀	未征地價
光緒三十二年	元字段	三十五頃一十九畝五分	三千五百一十九兩五錢	七十六頃一畝五分	七千二百二十一兩四錢二分五釐	一十八頃二十九畝五分	一千六百四十六兩五錢五分	一頃四十五畝一分	一百二十三兩三錢三分五釐	三頃七十畝三分	二百九十六兩二錢四分	一百三十四頃六十五畝九分	一萬二千八百七兩五分	八千七百一十二兩六錢六分三釐四毫	交清六號給部照六張計庫平銀一千四百二十四兩四錢六分五釐；交清未給部照四號計庫平銀三百七十四兩七錢四分；交過未全清二十六號計庫平銀六千九百一十三兩四錢五分八釐四毫	一兩八錢六分	一百三十兩六錢八分九釐九毫五絲一忽	四千九十四兩三錢八分六釐六毫
光緒三十二年	亨字段	一百一十四頃四十七畝一分	一萬一千四百四十七兩一錢	三十頃一十九畝四分	二千八百六十八兩四錢三分	六十五頃五十畝一分	五千八百九十五兩九分			七十七頃二十七畝五分	六千一百八十二兩	二百八十七頃四十四畝一分	二萬六千三百九十二兩六錢二分	一萬八千八百三十二兩八錢七分一釐三毫	交清二十五號給部照二十六張計庫平銀三千四百六十三兩七錢八分；交清未給部照三十九號計庫平銀六千五百三十一兩三錢九分二釐；交過未全清三十三號計庫平銀八千八百三十七兩六錢九分九釐三毫	八兩六分	二百八十二兩四錢九分三釐六絲九忽五微	七千五百五十九兩七錢四分八釐七毫
光緒三十二年	利字段	七十五頃三十九畝七分	七千五百三十九兩七錢	四十頃二十八畝七分	三千八百二十七兩二錢六分五釐	三十四頃六十一畝九分	三千一百一十五兩七錢一分	八頃五十八畝八分	七百二十九兩九錢八分	二頃一十四畝二分	一百七十一兩三錢六分	一百六十一頃三畝三分	一萬五千三百八十四兩一分五釐	一萬二千六百二十四兩八錢七分四釐八毫	交清二十號給部照二十張計庫平銀二千五百三十三兩五錢五釐；交清未給部照一十二號計庫平銀五千九十七兩七錢二分；交過未全清二十七號計庫平銀四千九百九十三兩六錢四分九釐八毫	六兩二錢	一百八十九兩三錢七分三釐一毫二絲二忽	二千七百五十九兩一錢四分二毫
光緒三十二年	貞字段	五十八頃三畝三分	五千八百三兩三錢	八十二頃七十九畝三分	七千八百六十五兩三錢三分五釐	一百五頃八十一畝二分	九千五百二十三兩八分	三頃八畝	二百六十一兩八錢	二十頃一十五畝五分	一千六百一十二兩四錢	二百六十九頃八十七畝三分	二萬五千六十五兩九錢一分五釐	一萬五千二百三十八兩八錢九分四釐九毫	交清二十三號給部照二十六張計庫平銀二千八百六十三兩五錢一分；交清未給部照二號計庫平銀二千二百三十八兩四錢；交過未全清二十三號計庫平銀一萬一百三十六兩九錢八分四釐九毫	八兩六分	二百二十八兩五錢八分三釐四毫二絲三忽五微	九千八百二十七兩二分一毫
光緒三十三年	元字段	一百九十八頃五十九畝七分	一萬九千八百五十九兩七錢	二百八十六頃六十九畝七分	二萬七千二百三十六兩二錢一分五釐	一百四十八頃一十八畝八分	一萬三千三百三十六兩九錢二分	三十九頃六十二畝三分	三千三百六十七兩九錢五分五釐	七十五頃四十畝九分	六千三十二兩七錢二分	七百四十八頃五十一畝四分	六萬九千八百三十三兩五錢一分	三萬二百九十六兩九錢五分二釐	交清一號給部照一張計庫平銀四兩八錢六分；交清未給部照無；交過未全清九十號計庫平銀三萬零二百九十二兩九分二釐	三錢一分	四百五十四兩四錢五分四釐二毫八絲	三萬九千五百三十六兩五錢五分八釐
光緒三十三年	亨字段	一百一十二頃九十九畝七分	一萬一千二百九十九兩七錢	一百三十九頃六十九畝九分	一萬三千二百七十一兩四錢五釐	一十八頃二十六畝一分	一千六百四十三兩四錢九分	一頃九畝四分	九十二兩九錢九分	一十九頃四十二畝八分	一千五百五十四兩二錢四分	二百九十一頃四十七畝九分	二萬七千八百六十一兩八錢二分五釐	七千五十三兩八錢七分三釐	交清一號給部照一張計庫平銀二兩一錢八分五釐；交清未給部照六號計庫平銀六百五十二兩六錢八分；交過未全清七十八號計庫平銀六千三百九十九兩八釐	三錢一分	一百五兩八錢八釐九絲五忽	二萬八百七兩九錢五分二釐
光緒三十三年	利字段	四十七頃八十五畝六分	四千七百八十五兩六錢	五十二頃四十九畝六分	四千九百八十七兩一錢二分	四十頃七十六畝二分	三千六百六十八兩五錢八分					一百四十一頃一十一畝四分	一萬三千四百四十一兩三錢	四千八百九十七兩五錢四分一毫	交清一號給部照一張計庫平銀七兩；交清未給部照無；交過未全清六十三號計庫平銀四千八百九十兩五錢四分一毫	三錢一分	七十三兩四錢六分三釐一毫一忽五微	八千五百四十三兩七錢五分九釐九毫
光緒三十三年	貞字段	二十三頃二十三畝九分	二千三百二十三兩九錢	一百一十頃九十畝五分	一萬五百三十五兩九錢七分五釐	一百五十四頃一十六畝二分	一萬三千八百七十四兩五錢八分	三十二頃八十五畝一分	二千七百九十二兩三錢三分五釐	一頃九十八畝五分	一百五十八兩八錢	三百二十三頃一十四畝二分	二萬九千六百八十五兩五錢九分	六千六百七十三兩二錢五釐	交清四號給部照四張計庫平銀一百二十二兩七錢五分；交清未給部照無；交過未全清八十一號計庫平銀六千五百五十兩四錢五分五釐	一兩二錢四分	一百兩九分八釐七絲五忽	二萬三千一十二兩三錢八分五釐
總計		六百六十五頃七十八畝五分	六萬六千五百七十八兩五錢	八百一十九頃八畝六分	七萬七千八百一十三兩一錢七分	五百八十五頃六十畝	五萬二千七百四兩	八十六頃六十八畝七分	七千三百六十八兩三錢九分五釐	二百頃九畝七分	一萬六千七兩七錢六分	二千三百五十七頃二十五畝五分	二十二萬四百七十一兩八錢二分五釐	一十萬四千三百三十兩八錢七分四釐五毫	交清八十一號給部照八十五張計庫平銀一萬四百二十二兩五分五釐；交清未給部照六十三號計庫平銀一萬四千八百九十四兩九錢三分二釐，內任丁丑色等二戶多繳七釐；交過未全清四百二十一號計庫平銀七萬九千零一十三兩八錢八分七釐五毫	二十六兩三錢五分	一千五百六十四兩九錢六分三釐一毫一絲七忽五微	一十一萬六千一百四十兩九錢五分五毫

附註

一、查杭錦地價底簿有已交清而未註明發繳者，有未交清而續有收數未發繳者，有交清而未給部照者，有已給部照而未發繳者，零落參差，不一而足。今照公司帳簿及分局撥歸西盟總局帳冊、公司移交清摺並前放地委員胡令紫翁呈繳伊所抄錄底簿，核造報者補之，漏者補之。其或有已收未解，捏稱民欠及征多報少，非佐案牘所可鉤稽，應請飭由催收地價委員隨收查辦。

一、查杭錦地價交代冊，已繳庫平銀一十萬二千九百七十五兩一錢八分九釐四毫九絲二忽，茲按照簿摺等件核實計算，計總已繳庫平銀一十萬四千三百三十兩八錢七分四釐五毫，除浮存包局庫平銀四百九兩四錢九釐一毫，計交代冊少列庫平銀九百四十六兩二錢七分五釐九毫八忽，此項應令原辦公司補繳。

一、貞字段七十二號地戶閻禮樽枝榮放地底簿已收二百兩，又分局撥開南文收銀五百二十三兩一錢五分，共計應收七百二十三兩一錢五分，據前放地委員胡令紫翁聲稱，內有該地戶在條拉齊交銀二百兩，已收放地底簿，分局撥係經開未曾提出，擬除去核算，如有差錯，唯該員是問，由該員咨明放地底簿以備查考，仍一面札飭西盟墾務局傳諭該地戶究竟前後共交過地價若干，以昭核實。

③|②|①

放地及地價征收民欠數目

說略

杭旗報地之初原係永租嗣於光緒三十年九月該旗呈請改征押荒每年所收歲租一半報效國家以濟軍需、由貽前大臣奏准押荒區分三等上地每畝九錢中地八錢下地七錢嗣於光緒三十一年五月復經、貽前大臣奏減押荒上地八錢中地七錢下地六錢六月該旗具子呈請由公司認領地四千頃分給押荒於是、貽前大臣札飭公司知照而公司遂悉以中則每頃七十兩計算承領此杭地四千頃之人公司原起也（詳節略）公司既領地四千頃公司應繳押荒銀二十八萬兩然所繳實在商股本者拾不及三二也（詳押荒表）公司放地收價章程未有詳案祇有告示一張丙字十七號卷開載等則價目上地每頃一百兩上次地九十五兩中地九十兩中次地八十五兩下地八十兩而已其所承領之四千頃地貽、前大臣雖有丈明撥給之文然並未實行丈撥即約指之東西南北四至亦未曾有畫一有定界杭旗報地不僅四千頃公司領地既悉以中則勻算自必承領大段而不能東西攙取除四千頃以外之地墾局可放也四千頃以外之租墾局可收也而墾局押荒較公司地價為減人何必不趨於墾局而願至公司哉故必混統其說而不實在丈撥如是則此地有一畝可放則曰在公司四千頃內彼處有一頃可放則曰在公司四千頃之內以四千頃之名遂籠括杭旗所報之地究且公司所領之地固悉以中則勻計也苟公司承領之地有一定之界址則地係大段不能不有肥瘠之分按照中則勻算以恤商艱猶可謂也今公司所領既無定方人之所領均屬公司則人之領地又誰不欲取膏腴而舍磽瘠公司領之於墾局則盡以中地計公司放之於民其上地之多固可坐而致之即其所售中下地者其價固且較墾局上地中地為鉅也使公司而果繳納二十八萬之押荒猶謂先繳鉅款稍加地價以資補助今則公司所繳者區區十不及三二而杭旗所報之地方數百里悉為公司影射佔據歷年租銀亦皆為公司影射侵吞是公司所領之四千頃一日不放竣墾局即一日無可放之地並一日無可收之租究為公司計誠巧其如國家何總之無論如何公司之能否收取杭旗地價當以杭地之應否歸於公司為斷杭地之應否歸於公司當以公司之實否繳足押荒為斷更當以所繳押荒是否盡屬真實商股為斷今查公司所繳押荒或本無款而虛抵官股或所入股之款本屬公家或應給蒙之款輾轉侵剝其真實之商股本十不及三二公司固並未繳足押荒也公司既未繳足押荒則杭旗所報之地即不得歸於公司地不得歸於公司公司即不得收取地價此項征存地價擬請悉數追出歸公

調查各項 ＼ 標年分日分段	杭錦 光緒三… 元字段	亨字段
上地 每頃一百兩 地	三十五頃一十九畝五五	一百一十四頃四十七畝一分
上地 每頃一百兩 銀	三千五百一十九兩五錢	一萬一千四百四十七兩一錢
上次地 每頃九十五兩 地	七十六頃一畝五分	三十〇頃一十九畝四分
上次地 每頃九十五兩 銀	七千二百二十一兩四錢二分五厘	二千八百六十八兩四錢三分
中地 每頃九十兩 地	一十八頃二十九畝五分	六十五頃五十〇畝一分
中地 每頃九十兩 銀	一千九百四十六兩五錢五分	五千八百九十五兩九分
中次地 每頃八十五兩 地	一頃四十五畝一分	
中次地 每頃八十五兩 銀	一百二十三兩三錢三分五厘	
下地 每頃八十兩 地	三頃七十〇畝三分	七十七頃二十七畝五分
下地 每頃八十兩 銀	二百九十六兩二錢四分	六千一百八十二兩
共計 放地	一百三十四頃六十五畝九分	二百八十七頃四十四畝一分
共計 應征地價	一萬二千八百七兩五分	二萬六千三百九十二兩六錢二分
共計 已征地價	八千七百一十二兩六錢九分三厘四毫	一萬八千八百三十二兩八錢七分一厘三毫
已征地價之支解	交清六號給部照六張計庫平銀一千四百二十四兩四錢六分五厘 交清未給部照四號計庫平銀三百七十四兩七錢四分 交過未全清二十六號計庫平銀六千九百一十三兩四錢五分八厘四毫	交清二十五號給部照二十六張計庫平銀三千四百六十三兩七錢八分 交清未給部照三十九號計庫平銀六千五百三十一兩三錢九分二厘 交過未全清三十三號計庫平銀八千八百三十七兩六錢九分九厘三毫
照費每張三錢一分	市平銀一兩八錢六分	八兩六分
一五加色	市平銀一百三十〇兩六錢八分九厘九毫五絲一忽	二百八十二兩四錢九分三厘六絲九忽五微
未征地價	四千九十四兩三錢八分六厘六毫	七千五百五十九兩七錢五分七毫

局部图①

錦旗放地

緒三十二年　三十

亨字段	利字段	貞字段	元字段	亨字段
一一四四七一	七五三九七	五八三三	一九八五九七	一一二九九七
百十頃十畝分	十頃十畝分	十頃畝分	百十頃十畝分	百十頃十畝分
一一四四七一	七五三九七	五八三三	一九八五九七	一一二九九七
萬千百十兩錢	千百十兩錢	千百兩錢	萬千百十兩錢	萬千百十兩錢
三〇一九四	四〇二八七	八二七九三	二八六六九七	一三九六九九
十頃十畝分	十頃十畝分	十頃十畝分	百十頃十畝分	百十頃十畝分
二八六八四三	三八二七二六五	七八六五三三五	二七二三六二一五	一三二七一四五
千百十七錢分	千百十兩錢分厘	千百十兩錢分厘	萬千百十兩錢分厘	萬千百十兩錢厘
六五五〇一	三四六一九	一五八一二	一四八一八八	一八二六一
十頃十畝分	十頃十畝分	百頃十畝分	百十頃十畝分	十頃十畝分
五八九五九	三一一五七一	九五二三八	一三三三六九二	一六四三四九
千百十兩分	千百十兩錢分	千百十兩分	萬千百十兩錢分	千百十兩錢分
	八五八八	三八	三九六二三	一九四
	頃十畝分	頃畝	十頃十畝分	頃畝分
	七二九九八	二六一八	三三六七九五五	九二九九
	百十兩錢分	百十兩錢	千百十兩錢分厘	十兩錢分
十七二七五	二一四二	二〇一五五	七五四〇九	一九四二八
十頃十畝分	頃十畝分	十頃十畝分	十頃十畝分	十頃十畝分
六一八二	一七一三六	一六一二四	六三二七二	一五五四二四
千百十兩	百十兩錢分	千百十兩錢	千十兩錢分	千百十兩錢分
二八七四四一	一六一三三	二六九八七三	七四八五一四	二九一四七九
百十頃十畝分	百十頃畝分	百十頃十畝分	百十頃十畝分	百十頃十畝分
二六三九二六二	一五三八四一五	二五六五九一五	六九八三三九一	二七八六一八二五
萬千百十兩錢分	萬千百十兩分厘	萬千十兩錢分厘	萬千百十兩錢分	萬千百十兩錢分厘
一八八三二八七一三	一二六二四八七四八	一五二三八八九四九	三二九六九五二	七五三八七三
萬千百十兩錢分厘毫	萬千百十兩錢分厘毫	萬千百十兩錢分厘毫	萬百十兩錢分厘	千十兩錢分厘
交清二十五號給部照二十六張計庫平銀三千四百六十三兩七錢八分 交清未給部照三十九號計庫平銀六千五百三十一兩三錢九分二厘 交過未全清三十三號計庫平銀八千八百三十七兩六錢九分九厘三毫	交清二十號給部照二十張計庫平銀二千五百三十三兩五錢五厘 交清未給部照一十二號計庫平銀五千九十七兩七錢二分 交過未全清二十七號計庫平銀四千九百九十三兩六錢四分九厘八毫	交清二十三號給部照二十六張計庫平銀二千八百六十三兩五錢一分 交清未給部照二號計庫平銀二千二百三十八兩四錢 交過未全清二十三號計庫平銀一萬一百三十六兩九錢八分四厘九毫	交清一號給部照一張計庫平銀四兩八錢六分 交清未給部照無 交過未全清九十號計庫平銀三萬零二百九十二兩九分二厘	交清一號給部照一張計庫平銀二兩一錢八分五厘 交清未給部照六號計庫平銀六百五十三兩六錢八分 交過未全清七十八號計庫平銀二千三百九十八兩八厘
八兩六分	六兩二錢	八兩六分	三錢一分	三錢一分
二八二四九三六九五	一八九三七三一二二	二二八五八三四二三五	四五四四五四二八	一五八八九五
百十兩錢分厘毫絲忽微	百十兩錢分厘毫絲忽	百十兩錢分厘毫絲忽微	百十兩錢分厘毫絲	百兩錢厘絲忽
七五五九七五七	二七五九一四二	九八二七二一	三九五三六五五八	二八七九五二
千百十兩錢分毫	千百十兩錢分毫	千百十兩分毫	萬千百十兩錢分厘	萬百兩錢分厘

局部图②

地價表

十三年

亨字段	利字段	貞字段	總計
一百一十二頃九十九畝七分	四十七頃八十五畝六分	二十三頃二十三畝九分	六百六十五頃七十八畝五分
一萬一千二百九十九兩七錢	四千七百八十五兩六錢	二千三百二十三兩九錢	六萬六千五百七十八兩五錢
一百三十九頃六十九畝九分	五十二頃四十九畝六分	一百一十頃九十畝五分	八百一十九頃八畝六分
一萬三千二百七十一兩四錢五釐	四千九百八十七兩一錢二分	一萬五百三十五兩九錢七分五釐	七萬七千八百一十三兩一錢七分
一十八頃二十六畝一分	四十頃七十六畝二分	一百五十四頃一十六畝二分	五百八十五頃六十畝
一千六百四十三兩四錢九分	三千六百六十八兩五錢八分	一萬三千八百七十四兩五錢八分	五萬二千七百四兩
一頃九畝四分		三十二頃八十五畝一分	八十六頃六十八畝七分
九十二兩七錢九分		二千七百九十二兩三錢三分五釐	七千三百六十八兩三錢九分五釐
一十九頃四十二畝八分		一頃九十八畝五分	二百頃〇九畝七分
一千五百五十四兩二錢四分		一百五十八兩八錢	一萬六千七兩七錢六分
二百九十一頃四十七畝九分	一百四十一頃一十一畝四分	三百二十三頃一十四畝二分	二千三百五十七頃二十五畝五分
二萬七千八百六十一兩八錢二分五釐	一萬三千四百四十一兩三錢	二萬九千六百八十五兩五錢九分	二十二萬四百七十一兩八錢二分五釐
七千五十三兩八錢七分三釐	四千八百九十七兩五錢四分一毫	六千六百七十三兩二錢五釐	十萬四千三百三十兩八錢七分四釐五毫
交清一號給部照一張計庫平銀二兩一錢八分五釐 交清未給部照六號計庫平銀六百五十三兩六錢八分 交過未全清七十八號計庫平銀二千三百九十八兩八釐	交清一號給部照一張計庫平銀七兩 交清未給部照無 交過未全清六十三號計庫平銀四千八百九十兩五錢四分一毫	交清四號給部照四張計庫平銀一百二十二兩七錢五分 交清未給部照無 交過未全清八十一號計庫平銀六千五百五十兩四錢五分五釐	交清八十一號給部照八十五張計庫平銀一萬四百二十二兩五分五釐 交清未給部照六十三號計庫平銀一萬八千八百九十五兩九錢三分二釐內任丁丑色登二戶多繳七釐 交過未全清四百二十一號計庫平銀七萬五千零一十二兩八錢八分七釐五毫
三錢一分	三錢一分	一兩二錢四分	二十六兩三錢五分
一百五兩八錢八釐九絲五忽	七十三兩四錢六分三釐一毫一忽五微	一百九分八釐七絲五忽	一千五百六十四兩九錢六分三釐一毫一絲七忽五微
二萬八百七兩九錢五分二釐	八千五百四十三兩七錢五分九釐九毫	二萬三千一十二兩三錢八分五釐	一十一萬六千一百四十〇兩九錢五分七釐五毫

附註

一、查杭錦地價底簿有已交清而未註明登載者有未交清而續有收數未登載者有交清而未給部照者有已給部照而未登載者零落參差不一而足今照公司帳簿及分局摺報西盟總局帳册公司移交清摺並前放地委員胡令懋鈸呈繳伊所抄銀底簿核造複者刪之漏者補之其或有已收未解捏稱民欠及征多報少非僅案牘所可鈎稽應請飭由催收地價委員隨收查辦

一、查杭錦地價交代册載已徵庫平銀一十萬二千九百七十五兩一錢八分九釐四毫九絲二忽茲按照簿摺等件核實計算計應已徵庫平銀一十萬四千三百三十兩八錢七分四釐五毫除浮存包局庫平銀四百九兩四錢九釐一毫計交代册少列庫平銀九百四十六兩二錢七分五釐九毫八忽此項應令原辦公司補繳

一、貞字段七十二號地戶閻禮楊枝棠放地底簿已收二百兩又分局摺開兩次收銀五百二十三兩一錢五分共計應收七百二十三兩一錢五分據前放地委員胡令懋鈸稟稱內有該地戶在隆拉齊交銀二百兩已收放地底簿分局摺係總開未曾提出應除去核算如有差錯惟該員是問由該員簽明放地底簿以備查考仍一面札飭西盟墾務局傳諭該地戶究竟前後共交過地價若干以昭覈實

局部图③

杭旗地租

调查各项 / 年分 / 局分 / 目	三十年 頭段分局	三十年 二段分局	三十年 三段分局	三十年 四段分局	三十一年 頭段分局	三十一年 二段分局	三十一年 三段分局	三十一年 四段分局	三十二年 頭段分局	三十二年 二段分局	三十二年 三段分局	三十二年 四段分局
租地及征銀等次數目 上上地三十八兩 地									一十二頃五十六畝五分	一十七頃三十三畝二分		六十七頃四十〇畝
上上地三十八兩 銀									四百七十七兩四錢七分	六百五十八兩二錢三分六厘		二千五百六十一兩二錢
上地三十五兩 地												
上地三十五兩 銀												
上中地三十二兩 地									二十九頃三十四畝五分	八十五頃三十三畝九分	一百四十一頃五十五畝六分	一百八十七頃一十九畝
上中地三十二兩 銀									九百六十八兩三錢八分	二千八百一十六兩一錢八分七厘	四千六百七十一兩三錢四分八厘	六千一百七十七兩二錢七分
上下地三十兩 地					八十四頃八十九畝四分	二百五十六頃八十三畝四分	二百五十一頃六畝七分	一百六十五頃九十六畝二分				
上下地三十兩 銀					二千五百四十六兩八錢二分	七千七百五兩二分	七千五百三十二兩一分	四千九百七十八兩八錢六分				
中上地[illegible] 地												
中上地[illegible] 銀												
中中地[illegible] 地									六十七頃四十六畝三分	一百五頃七十三畝三分	一百一十一頃五十六畝三分六厘	三百六十八頃六十八畝[illegible]
中中地[illegible] 銀									一千八百二十一兩五錢二分八厘	二千八百五十四兩七錢九分一厘	三千一百三十三兩一錢七分二厘	八千五百五十五兩四錢三分一厘
中地二十六兩 地	九百九頃四十二畝四分											
中地二十六兩 銀	二萬三千六百四十五兩二分四厘											
中下地二十五兩 地					一百三十四頃五十七畝四分	二百一十二頃五十二畝六分	一百三十八頃五十二畝九分	二百四十六頃一十六畝五分				
中下地二十五兩 銀					三千三百六十四兩二錢五分	五千三百一十三兩一錢五分	三千四百六十三兩三錢二分五厘	六千一百九十四兩一錢二分五厘				
下地二十兩 地	六百一十八頃五十二畝三分				一百五十四頃七十七畝	一百九頃七十五畝三分	三十四頃三十〇畝六分	一百三十四頃八十二畝一分	六十一頃三十八畝三分	二十九頃八十四畝二分	五十二頃六十五畝五分七厘	一百七十六頃五畝三分
下地二十兩 銀	一萬二千三百七十兩四錢六分				三千九十五兩四錢	二千一百九十五兩六分	六百八十六兩一錢二分	二千六百九十六兩四錢二分	一千二百二十七兩六錢六分	五百九十六兩八錢四分	一千五十三兩一錢一分四厘	三千五百二十一兩六分
共計 總征 地	一千五百二十七頃九十四畝七分				三百七十四頃二十三畝八分	五百七十九頃一十一畝三分	四百二十三頃九十〇畝二分	五百四十五頃九十四畝八分	一百七十〇頃七十五畝七分	二百二頃一十八畝六分	三百五頃七十七畝五分	七百四十七頃五十一畝一分
總征 銀	四千二百十兩一錢六分	八千七百八十七兩三錢三分	九千五百七十七兩三錢一分六厘	一萬三千四百四十六兩七錢八分[illegible]厘	九千六兩五錢七分	一萬五千二百一十三兩二錢三分	一萬一千六百八十一兩三錢五分五厘	一萬三千八百二十九兩四錢五厘	四千四百九十五兩四分三厘	六千九百二十六兩五分四厘	八千七百三十六兩六錢七分九厘二毫	二萬八千一百四十九兩六錢六分
總征 一五加色銀	是年未繳是項加色	是年未繳是項加色	是年未繳是項加色	是年未繳是項加色	一百三十五兩九分八厘五毫五絲	三百二十八兩一錢九分八厘四毫五絲	一百七十五兩二錢三分三毫二絲五忽	二百七十四兩六錢一分三厘五毫	六十七兩四錢二分五厘六毫四絲五忽	一千三百八錢四分七毫五絲	一百三十一兩五分	三百一十二兩二錢二分四厘四毫
已征 地租銀	四千二百十兩一錢六分	八千六百一十三兩四錢九分三厘一毫	九千五百二十一兩八錢五分五厘九毫	一萬二千五百九十六兩六錢八分六厘九毫	八千八百一十九兩三分八厘	一萬四千五百八十六兩八錢三分七厘五毫	一萬一千六百二十四兩八錢四厘八毫三絲三忽	一萬三千七百九十八兩一錢三分五厘	四千四百二兩一分五厘八毫	六千七百六十二兩二錢四分五厘五毫	八千五百四十四兩六錢八厘五毫	二萬一百五兩五錢七厘三毫
已征 一五加色銀					三百三十二兩八錢五分五厘七毫	二百一十八兩八錢二厘五毫六絲二忽	一百六十九兩五錢七分六厘三毫七絲八忽	一百九十四兩四錢三分六厘三毫四絲	五十八兩九錢四分七厘九毫	九十四兩八錢四分九厘六毫	一百二十六兩三錢五厘	三百一十四兩八錢六分七厘
未征 地租銀		一百七十三兩八錢三分六厘九毫	五十五兩四錢六分一毫	八百四十三兩九錢九分一厘一毫	一百八十七兩五錢四分二厘	六百二十六兩三錢九分二厘五毫	五十六兩五錢五分一毫六絲七忽	一百一十九兩五錢九分一厘五毫	九十三兩二分七厘二毫	一百六十三兩八錢八厘五毫	一百九十二兩七分七毫	七百九兩四錢五分八厘七毫
未征 一五加色銀					二兩八錢一分二厘九毫八絲	九兩三錢九分五厘八毫八絲八忽	五兩六錢四分三厘九毫四絲七忽	一十二兩九錢九分二厘五毫一忽	八兩四錢七分七厘四毫五絲	八兩九錢九分一厘一毫五絲	四兩六錢九分九厘	[illegible]

附注

一　杭旗報墾地原定永租以照該旗章程招户租種分為四等，上上地每頃每年租價銀四十兩，上次地三十兩，中地二十五兩，下地二十兩。光緒三十年因後套賊匪騷擾以水災稀，西盟總局詳請改減中下兩則，中地二十六兩，下地二十兩，奉貽前大臣批准（乙字八號卷）。三十一年則仍照前章收取。至三十二年、三十三年則等次參雜，未盡按章辦理，既無貽前大臣札飭案據，又無西盟總局詳定章程，詢諸西盟局觀察委員，據云並無預行詳定章程，是則一總分局委員隨意征收辦理，既屬乖方，情弊顯然，已見以多報少、以征報欠，恐所難免。

一　查三十三年地租按照青苗册，畝頃與交代册不符。交代册載中地九百二十頃三十九畝五分，下地六百十七頃五十四畝一分；青苗册載中地九百九頃四十二畝四分，下地六百十八頃五十二畝三分。唯交代册有除被災豁免庫平銀二百六十五兩六錢六厘外之語，並無登明若干頃畝者。是年後套大水，渠溢，由西盟局詳請收租一律改減中下等則，無另行報請豁免之文。既謂實係豁免，青苗册中地頃數較交代册所列為少，青苗册係豁免後所存，已除用豁免之地，則何以青苗册下地又較交代册所列為多，情節支離，實屬不解。且是年所送青苗册並未分明局段，究竟各分局每局種地若干，本應征若干，無從分列，現祇就地數及本應征之數，則以總計之。其分段現徵應征之數，內內有所稱豁免之銀，不知究竟何段豁免若干，未便臆斷，擬請姑照總局報銷賬册開列。

一　三十三年則等次既多歧雜，所收地租竟有正款設之不收而先收一五加色者，吏弊情形顯然，其如何情節實難懸擬，詢之領墾人等亦皆日不知所對，而[illegible]

③|②|①

杭

三十年

調查各項　租地及征銀等次數目共計	頭段分局	二段分局	三段分局	四段分局
上上地三十八兩　地				
上上地三十八兩　銀				
上地三十五兩　地				
上地三十五兩　銀				
上地三十三兩　地				
上地三十三兩　銀				
上地三十兩　地				
上地三十兩　銀				
中地三十兩　地				
中地三十兩　銀				
中地二十七兩　地				
中地二十七兩　銀				
中地二十六兩　地	九百九頃四十二畝四分			
中地二十六兩　銀	二萬三千六百四十五兩二分四匣			
中地二十五兩　地				
中地二十五兩　銀				
下地二十兩　地	六百一十八頃五十二畝三分			
下地二十兩　銀	一萬二千三百七十兩四錢六分			
應征　地	一千五百二十七頃九十四畝七分			
應征　銀	四千二百十兩一錢六分	八千七百八十七兩三錢三分	九千五百七十七兩三錢一分六匣	一萬三千四百四十兩六錢七分八匣
應征　一五加色	是年未繳是項加色	是年未繳是項加色	是年未繳是項加色	是年未繳是項加色
已征　正租銀	四千二百十兩一錢六分	八千六百一十三兩四錢九分三匣一毫	九千五百二十一兩八錢五分五匣九毫	一萬二千五百九十六兩六錢八分六匣九毫
已征　一五加色				
未征　正租銀		一百七十三兩八錢三分六匣九毫	五十五兩四錢六分一毫	八百四十三兩九錢九分一匣一毫
未征　一五加色				

附註

一　杭旗報墾地原定永租以照達旗章程招戶租佃分區四等上上地每頃每年租價銀四十兩上次地三十兩中地二十五兩下地二十兩光緒三十年因後套賊匪蹂躪以水災經西盟總局詳請改減中下兩則中地二十六兩下地二十兩奉貽前大臣批准乙字八號卷三十一年則仍照舊章收取至三十二年三十三年則等次參雜未盡按章辦理既無貽前大臣札飭案據又無西盟總局詳定章程詢諸西盟局舊製委員據云並無預行詳定章程是則一聽分局委員隨意征收辦理既屬乖方情弊顯然已見以

局部图①

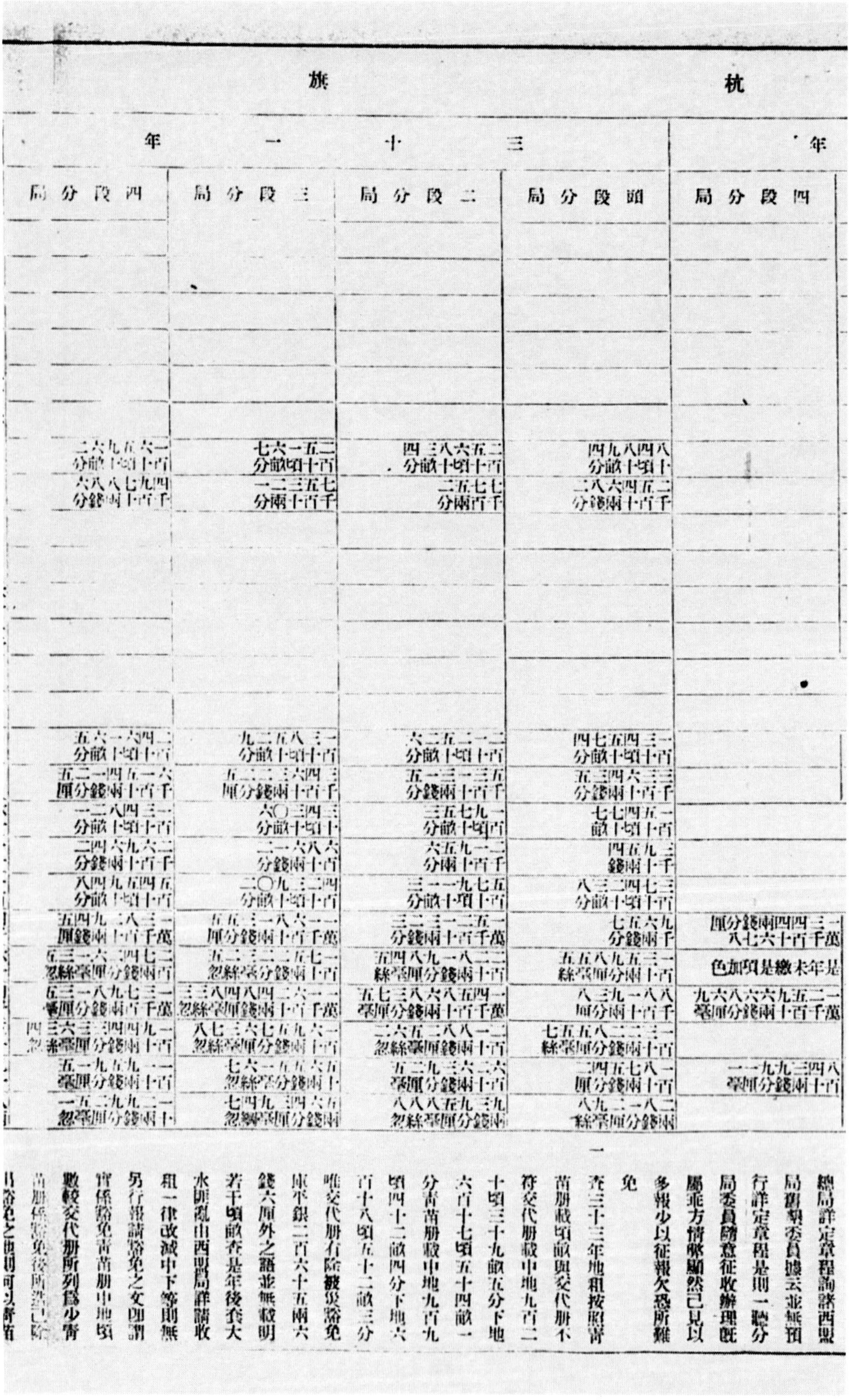
杭 …… 旗

四段分局 | 年

頭段分局 | 二段分局 | 三段分局 | 四段分局 | 三十一年

總局詳定章程詢諸西盟局覆稱委員據云並無預行詳定章程是則一聽分局委員隨意征收辦理既屬乖方情弊顯然已見以多報少以征報欠恐所難免

一 查三十三年地租按照青苗冊載頃畝與交代冊不符交代冊載中地九百二十頃三十九畝五分下地六百十七頃五十四畝一分青苗冊載中地九百九頃四十二畝四分下地六百十八頃五十二畝三分唯交代冊有除被災豁免庫平銀二百六十五兩六錢六厘外之語並無載明若干頃畝查是年後套大水匪亂由西盟局詳請收租一律改減中下等則無另行報請豁免之文即謂實係豁免青苗冊中地頃數較交代冊所列爲少青苗冊係豁免後所造已除其豁免之地則可以將前

局部图②

地租 三十一年 四段分局	三十二年 頭段分局	三十二年 二段分局	三十二年 三段分局	三十二年 四段分
	一十二頃五十六畝五分	一十七頃三十二畝二分		六十七頃四十〇畝
	四百七十七兩四錢七分	六百五十八兩二錢三分六厘		二千五百六十一兩二錢
	二十九頃三十四畝五分	八十五頃三十三畝九分	一百四十一頃五十五畝六分	一百八十七頃一十九畝
	九百六十八兩三錢八分	二千八百一十六兩一錢八分七厘	四千六百七十一兩三錢四分八厘	六千一百七十七兩二錢七分
一百六十五頃九十六畝二分				
四千九百七十八兩八錢六分				
	六十七頃四十六畝三分	一百五頃七十三畝三分	一百一十一頃五十六畝三分六厘	三百六十八頃六十八畝
	一千八百三十一兩五錢二分八厘	二千八百五十四兩七錢九分一厘	三千一十二兩三錢一分七厘三毫	八千五百五十五兩四錢三分一厘
二百四十六頃一十六畝五分				
六千一百五十四兩一錢二分五厘				
一百三十四頃八十二畝一分	六十一頃三十八畝三分	二十九頃八十四畝二分	五十二頃六十五畝五分七厘	一百七十六頃五畝三分
二千六百九十六兩四錢二分	一千二百二十七兩六錢六分	五百九十六兩八錢四分	一千五十三兩一錢一分四厘	三千五百三十一兩六分
五百四十五頃九十四畝八分	一百七十〇頃七十五畝七分	三百三頃一十八畝六分	三百五頃七十七畝五分	七百四十七頃五十一畝
一萬三千八百二十九兩四錢五厘	四千四百九十五兩四分三厘	六千九百二十六兩五分四厘	八千七百三十六兩六錢七分九厘二毫	二萬八百一十四兩九錢六分六厘
二百七兩四錢二分六厘一毫三絲五忽	六十七兩四錢二分五厘六毫四絲五忽	一千三百八錢四分七毫五絲	一百三十一兩五分	三百一十三兩三錢二分四厘四毫
一萬三千七百九兩八錢一分三厘五毫	四千四百二兩一分五厘八毫	六千七百六十二兩二錢四分五厘五毫	八千五百四十四兩六錢八厘五毫	二萬一百五兩五錢七厘三毫
[illegible]	五十八兩九錢四分七厘九毫	九十四兩八錢四分九厘六毫	一百二十六兩三錢五分	三百一兩四錢八分六厘七毫
一百一十九兩五錢九分一厘五毫	九十三兩二分七厘二毫	一百六十三兩八錢八厘五毫	一百九十二兩七分七毫	七百九兩四錢五分八厘七毫
一十二兩九錢九分二厘五毫一忽	八兩四錢七分七厘七毫四絲五忽	八兩九錢九分一厘一毫五絲	四兩六錢九分九厘	一十〇兩七錢三分七厘七毫

租一律改減中下等則無另行報請豁免之文卽謂實係豁免青苗册中地頃數較交代册所列爲少青苗册係豁免後所訂已除出豁免之地則何以青苗册下地又較交代册所列爲多情節支離實屬不解且是年所造青苗册並未分明局段究竟各分局每局種地若干本應征若干無從分列現租放地數及本應錢之數則以總計之其分段現稱應徵之數內內有所稱豁免之銀不知究竟何段豁免若干未便臆斷擬請姑照總局報銷帳册開列

一、三十三年則等次既多聽律所收地租竟有正欵從之不收而先收一五加色者吏緣措置顚倒其如何情節實難揣詢之舊製人員亦瞠目不知所對而[illegible]

局部图③

旗地租表

三十一年 局分段頭	三十一年 局分段二	三十一年 局分段三	三十一年 局分段四	三十二年 局分段頭	三十二年 局分段二	三十二年 局分段三	三十二年 局分段四	三十三年 局分段頭	三十三年 局分段二	三十三年 局分段三	三十三年 局分段四	總計
[illegible]	[illegible]	[illegible]	[illegible]	[illegible]	[illegible]	[illegible]	[illegible]	[illegible]	[illegible]	[illegible]	[illegible]	[illegible]

免

一　查三十三年地租按照著苗册截頭頭與交代册不符交代册載中地九百二十頃三十九畝五分下地六百十七頃五十四畝一分苗册載中地九百九頃四十二畝四分下地六百十八頃五十二畝三分唯交代册有除豁災免庫平銀二百六十五兩六錢六厘外之語並無載明若干頃畝者是年後各大水關迭由西四局詳請收租一律改減中下等則無另有報請豁免之文即謂實係豁免實苗册中地頃數較交代册所列為少實苗册係豁免後所造已除出豁免之地則何以實苗册下地又較交代册所列為多情節支離實屬不解且是年所送實苗册並未分明局段究竟各分局每局種地若干本應征若干無從分列現租放地數及本應該之數則以總計之其分段現種應徵之數因內有所稱豁免之額不知究竟何段豁免若干未便臆斷擬請姑照總局報銷帳册開列

一　三十三年則等文既多疑義所收地租竟有正款置之不收而先收一五加色者更屬擅改顯係其如何情節實難懸揣之弊人員奉撤日不知所為而查現由西四局調來各分局底帳照根則各局所送既未齊全帳册照據又多殘漏且租補數照覺有由分局用白紙自行謄寫者其中弊混尤難確核現僅照帳册根據積核列表似此參差零落雖不敢以推測之詞貽人口實亦實不敢謂該總分局絲毫無弊但又未便因此而耽延大案現擬即照此核算將來如何實地調查應請另案辦理

③—②—①

旗地

三十一年				三
[illegible]段分局	二段分局	三段分局	四段分局	頭段分局
				一十二頃五十六畝五分
				四百七十七兩四錢七分
				二十九頃三十四畝五分
				九百六十八兩三錢八分
[illegible]	二百五十六頃八十三畝四分	二百五十一頃六畝七分	一百六十五頃九十六畝二分	
[illegible]	七千七百五兩二分	七千五百三十二兩一分	四千九百七十八兩八錢六分	
				六十七頃四十六畝三分
				一千八百二十一兩五錢二分八釐
[illegible]	[illegible]	一百三十八頃五十二畝九分	三百四十六頃一十六畝五分	
[illegible]	[illegible]	三千四百六十三兩三錢二分五釐	六千一百五十四兩一錢二分五釐	
[illegible]	一百九頃七十五畝三分	三十四頃三十畝六分	一百三十四頃八十二畝一分	六十一頃三十八畝三分
[illegible]	[illegible]	六百八十六兩一錢二分	二千六百九十六兩四錢二分	一千二百二十七兩六錢六分
[illegible]	[illegible]	四百二十三頃九十畝二分	五百四十五頃九十四畝八分	一百七十頃七十五畝七分
[illegible]	[illegible]	一萬一千六百八十一兩三錢五分五釐	一萬三千八百二十九兩四錢五釐	四千四百九十五兩四分三釐
[illegible]	二百二十八兩一錢九分八釐四毫五絲	[illegible]	二百七兩四錢二分六釐一毫三絲五忽	六十七兩四錢二分五釐六毫四絲五忽
[illegible]	一萬四千五百八十六兩八錢三分七釐五毫	一萬一千六百二十四兩八錢四釐八毫三絲三忽	一萬三千七百九兩八錢一分三釐五毫	四千四百二兩一分五釐八毫
[illegible]	[illegible]	一百六十九兩五錢七分六釐三毫七絲八忽	一百九十四兩四錢三分三釐六毫三絲四忽	五十八兩九錢四分七釐九毫
[illegible]	[illegible]	五十六兩五錢五分一毫六絲七忽	一百一十九兩五錢九分一釐五毫	九十三兩二分七釐二毫
[illegible]	[illegible]	五兩六錢四分三釐九毫四絲七忽	一十二兩九錢九分二釐五毫一忽	八兩四錢七分七釐七毫四絲五忽

免

一 光三十三年地租按照青苗册裁頃畝與交代册不符交代册載中地九百三十頃三十九畝五分下地六百十七頃五十四畝一分青苗册載中地九百九頃四十二畝四分下地六百十八頃五十二畝三分唯交代册有除被災豁免庫平銀二百六十五兩六錢六厘外之語並無載明若干頃畝者是年後套大水匪亂由西盟局詳請收租一律改減中下等則無另行詳請豁免之文即謂實係豁免青苗册中地頃數較交代册所列爲少青苗册係豁免後所造已除出豁免之地則何以青苗册下地又較交代册所列爲多情節支離實屬不解且是年所送青苗册並未分明局段究竟各分局每局種地若干本應征若干

局部图①

地租

三十二年 頭段分局	三十二年 二段分局	三十二年 三段分局	三十二年 四段分局	三十三年 頭段分局
一十二頃五十六畝五分	一十七頃三十二畝二分		六十七頃四十畝	九十五畝六分
四百七十七兩四錢七分	六百五十八兩二錢三分六釐		二千五百六十一兩二錢	三十六兩三錢二分八釐
二十九頃三十四畝五分	八十五頃三十三畝九分	一百四十一頃五十五畝六分	一百八十七頃一十九畝	四頃三十八畝
九百六十八兩三錢八分	二千八百一十六兩一錢八分七釐	四千六百七十一兩三錢四分八釐	六千一百七十七兩二錢七分	一百四十四兩五錢四分
六十七頃四十六畝三分	一百五頃七十三畝三分	一百一十一頃五十六畝三分六釐	三百六十八頃六十八畝分	一十五頃七畝八分
一千八百二十一兩五錢二分八釐	二千八百五十四兩七錢九分一釐	三千一十二兩二錢一分七釐二毫	八千五百五十五兩四錢三分一釐	四百七兩一錢六釐
六十一頃三十八畝三分	二十九頃八十四畝二分	五十二頃六十五畝五分七釐	一百七十六頃五畝三分	二十頃九十一畝四分
一千二百二十七兩六錢六分	五百九十六兩八錢四分	一千五十三兩一錢一分四釐	三千五百二十一兩六分	四百一十八兩二錢八分
一百七十頃七十五畝七分	二百二頃一十八畝六分	三百五頃七十七畝五分	七百四十七頃五十一畝一分	四十一頃三十二畝八分
四千四百九十五兩四分三釐	六千九百二十六兩五分四釐	八千七百三十六兩六錢七分九釐二毫	二萬八百一十四兩九錢六分六釐	一千六兩二錢五分四釐
六十七兩四錢二分五釐六毫四絲五忽	一千三百八錢四分七毫五絲	一百三十一兩五分	三百一十二兩二錢二分四釐四毫	一十五兩九分四釐
四千四百二兩一分五釐八毫	六千七百六十二兩二錢四分五釐五毫	八千五百四十四兩六錢八釐五毫	二萬一百五兩五錢七釐三毫	九百三十一兩一錢一分一釐一毫七絲
五十八兩九錢四分七釐九毫	九十四兩八錢四分九釐六毫	一百二十六兩三錢五分一釐	三百一兩四錢八分六釐七毫	一十五兩九分四釐
九十三兩二分七釐二毫	一百六十三兩八錢八釐五毫	一百九十二兩七分七毫	七百九兩四錢五分八釐七毫	七十五兩一錢四分二釐八毫三絲
八兩四錢七分七釐七毫四絲五忽	八兩九錢九分一釐一毫五絲	四兩六錢九分九釐	一十兩七錢三分七釐七毫	

田豁免之地則何以請首册下地又較交代册所列爲多情節支離實屬不解且是年所送青苗册並未分明局段究竟各分局每局種地若干本應征若干無從分列現租放地數及本應徵之數則以總計之其分段現稱應徵之數内內有所稱豁免之銀不知究竟何段豁免若干未便臆斷擬請姑照總局報銷帳册開列

一 三十三年則等次既多釐雜所收地租竟有正款置之不收而先收一五加色者更屬措置顛倒其如何情節實難懸揣詢之舊辦人員亦瞠目不知所對而查現由西盟局調來各分局底帳照根則各局所送既未齊全帳册照據又多殘漏且租種執照竟有由分局用白紙自行書寫者其中弊混尤難確核現雖照帳册報摺檔核列表似

局部图②

表

三十三年				
頭段分局	二段分局	三段分局	四段分局	總計
九十五畝六分	七十七畝六分			九十九頃一畝九分
三十六兩三錢二分八厘	二十九兩四錢八分八厘			三千七百六十二兩七錢二分二厘
			四十四畝四分	四十四畝四分
			一十五兩五錢四分	一十五兩五錢四分
四頃三十八畝	四十二頃二十五七四分	五十〇頃三十四畝二分	一百五十六頃六十七畝六分	六百九十七頃八畝二分
一百四十四兩五錢四分	一千三百九十四兩三錢八分二厘	一千六百六十一兩二錢八分六厘	五千一百七十〇兩二錢八厘	二萬三千三兩七錢六厘
				七百五十八頃七十五畝七分
				二萬二千七百六十二兩七錢一分
			二十五畝二分	三十五畝二分
			十兩五錢六分	十兩五錢六分
一十五頃七畝八分	四十九頃六十九畝六分	七十九頃六十〇畝八分	二百八頃一十一畝一分	九百五十四頃一十二畝一分六厘
四百七兩一錢六厘	一千三百四十一兩七錢九分二厘	二千一百四十九兩四錢一分六厘	五千六百一十八兩九錢九分七厘	二萬五千七百六十一兩二錢七分八厘二毫
				九百九頃四十二畝四分
				二萬三千六百四十五兩二分四厘
				七百三十一頃七十九畝四分
				一萬八千二百九十四兩八錢五分
二十〇頃九十一畝四分	三十四頃一十一畝七分	五十一頃二十五畝六分	一百一十三頃四十二畝六分	一千五百九十一頃八十二畝九分七厘
四百一十八兩二錢八分	六百八十二兩三錢四分	一千二十五兩一錢二分	一千二百六十八兩七錢二分	三萬一千八百三十六兩五錢九分四厘
四十一頃三十二畝八分	一百二十六頃八十四畝三分	一百八十一頃二十〇畝六分	四百七十九頃一畝九分	五千七百四十二頃八十二畝三分三厘
一十六兩二錢五分四厘	三千四百四十八兩三厘	四千八百三十五兩八錢二分二厘	一萬三千八十四兩一錢二分五厘	一十四萬九千九十二兩九錢八分四厘二毫
一十五兩九分四厘	五十一兩七錢二分	七十二兩五錢三分七厘	一百九十三兩四錢一分八厘	一千六百九十三兩二錢五分三厘三毫五絲五忽
[illegible]百三十一兩一錢一分一厘一毫七絲	三千四百三十五兩二錢二分六厘八毫	四千七百一十四兩二錢七分二厘二毫六絲	一萬二千八百九十四兩五錢三分六厘	一十四萬五千四百七十二兩二錢一分三厘六絲三忽
一十五兩九分四厘	五十一兩七錢二分	七十二兩五錢三分七厘	一百九十三兩四錢一分八厘	一千六百三十九兩五錢二厘三毫四絲四忽
七十五兩一錢四分二厘八毫三絲	一十二兩七錢七分五厘二毫	一千二百一兩五錢四分九厘七毫四絲	一百八十九兩五錢八分九厘	三千六百三十兩零七錢七分一厘一毫三絲七忽
				六十三兩七錢五分九毫一絲二忽

既未齊全帳册照據又多殘漏且租種執照竟有由分局用白紙自行書寫者其中弊混尤難確核現雖照帳册報摺稽核列表似此參差零落雖不敢以推測之言貽人口實亦實不敢謂該總分局絲毫無弊但又未便因此而耽延大案現擬即照此核算將來如何實地調查應請另案辦理

局部图③

杭旗歲租表

年分	等則	畝征銀 \ 局段	頭段分局	二段分局	三段分局	四段分局	總計
光緒三十三年	上地	地	七十三頃一十六畝九分	七十五頃三十九畝七分	一百六十四頃二十五畝七分	三十五頃一十九畝五分	三百四十八頃一畝八分
		銀	庫平一百六十〇兩九錢七分一厘八毫	一百六十五兩八錢七分三厘四毫	三百六十一兩三錢六分五厘四毫	七十七兩四錢二分九厘	七百六十五兩六錢三分九厘六毫
	上次地	地	八十七頃八十一畝二分	四十〇頃二十八畝七分	三十〇頃一十九畝四分	七十六頃一畝五分	二百三十四頃三十〇畝八分
		銀	庫平一百五十八兩六分一厘六毫	七十二兩五錢一分六厘六毫	五十四兩三錢四分九厘二毫	一百三十六兩八錢二分七厘	四百二十一兩七錢五分四厘四毫
	中地	地	一百五頃八十一畝二分	五十〇頃六十〇畝八分	六十五頃五十〇畝一分	一十九頃七十四畝六分	二百四十一頃六十六畝七分
		銀	庫平一百九十〇兩四錢六分一厘六毫	九十一兩八分五厘四毫	一百一十七兩九錢一厘八毫	三十五兩五錢四分二厘八毫	四百三十四兩九錢九分一厘六毫
	中次地	地	三頃八十畝	八頃五十八畝八分			一十一頃六十六畝八分
		銀	庫平四兩三錢一分二厘	一十二兩二分三厘二毫			一十六兩三錢三分五厘二毫
	下地	地		二頃一十四畝二分	二十七頃四十八畝九分	三頃七十〇畝三分	三十三頃三十三畝四分
		銀		二兩九錢九分八厘八毫	三十八兩四錢八分四厘六毫	五兩一錢八分四厘二毫	四十六兩六錢六分七厘六毫
共計	應征	地	二百六十九頃八十七畝三分	一百七十七頃三畝二分	二百八十七頃四十四畝一分	一百三十〇頃九十六畝六分	八百六十五頃三十〇畝二分
		銀	庫平五百一十三兩八錢七厘	三百四十四兩四錢九分七厘四毫	五百七十二兩一錢一厘	二百五十四兩九錢八分三厘	一千六百八十五兩三錢八分八厘四毫
		一五加色	市平七兩七錢七厘一毫五忽	五兩一錢六分七厘四毫六絲一忽	八兩五錢八分一厘五毫一絲五忽	三兩八錢二分四厘七毫四絲五忽	二十五兩二錢八分八厘二絲六忽
	已征	銀	庫平四百八十八兩八錢四分七厘	二百七十三兩四錢八分八厘絲	三百七十二兩九錢七分九厘四毫三絲二忽	二百五十四兩九錢八分三厘	一千三百九十〇兩二錢九分七厘四毫三絲二忽
		一五加色	市平七兩三錢三分二厘七毫五忽	四兩一錢二厘三毫二	五兩五錢九分四厘六毫九絲一忽四微八纖	三兩八錢二分四厘七毫四絲五忽	二十〇兩八錢五分四厘四毫六絲一忽四微八纖
	未征	銀	庫平二十四兩九錢六分	七十一兩九厘四毫	一百九十九兩一錢二分一厘五毫六絲八忽		二百九十五兩九分九毫六絲八忽
		一五加色	市平三錢七分四厘四毫	一兩六分五厘一毫四絲一忽	二兩九錢八分六厘八毫二絲三忽五微二纖		四兩四錢二分六厘三毫六絲四忽五微二纖
附註			三十三年收三十二年所放地內歲租計庫平銀一千三百九十兩二錢九分七厘四毫三絲二忽一五加色市平銀二十兩八錢五分四厘三毫六絲五忽查奏定章程闓於交納押荒之次年即行升科移交地方官管理唯內杭錦旗地未放竣尚未按年升科所有已經交清押荒各地暫由墾局征收歲租另存陵攢是表係照帳所列內有續收李庭栽一戶八十一兩四錢八分四厘八毫移交焦運城交代冊內未列故與冊內數目不符此款現存西盟總局				

杭旗渠租表

年分	標目	銀徵		頭段分局	二段分局	三段分局	四段分局	總計
光緒三十二年	地畝			一百九十八頃九畝五分	一百五頃一十八畝九分	二百四十五頃九十五畝五分	一百二十七頃九十二畝一分	六百七十七頃一畝五分
	應徵	租銀	庫平	八百九十一兩四錢二分七厘五毫	四百七十三兩三錢五分五毫	一千一百六兩七錢九分七厘五毫	五百七十五兩六錢四分四厘五毫	三千四十七兩二錢二分四厘五毫
		一五加色	市平	一十三兩三錢七分一厘四毫一絲二忽	七兩一錢二毫五絲七忽五微	一十六兩六錢一厘九毫六絲二忽五微	八兩六錢三分四厘六毫六絲七忽五微	四十五兩七錢八厘二毫九絲九忽
	已徵	租銀	庫平	八百九十一兩四錢二分七厘五毫	四百一十八兩三分六厘五毫	一千八十九兩五錢五厘三毫	二百七十七兩五錢二分四厘	二千六百七十六兩八錢二分一厘三毫
		一五加色	市平	一十三兩三錢七分一厘四毫一絲二忽	六兩二錢七分五毫四絲七忽五微	一十六兩三錢四分二厘五毫七絲九忽五微	四兩一錢六分二厘八毫六絲	四十〇兩一錢五分二厘三毫一絲九忽
	未徵	租銀	庫平		五十五兩三錢一分四厘	一十七兩二錢九分二厘二毫	二百九十八兩一錢二分五毫	三百七十〇兩三錢九分八厘七毫
		一五加色	市平		八錢二分九厘七毫一絲	二錢五分九厘二毫八絲三忽	四兩四錢七分一厘八毫一絲七忽五微	五兩五錢五分五厘九毫八絲
三十三年	地畝			三百六十六頃五十一畝八分	二百一十七頃六十八畝	二百四十四頃五十七畝一分	三百四十八頃五十七畝一分	一千一百七十七頃三十四畝
	應徵	租銀	庫平	一千六百四十九兩三錢三分一厘	九百七十九兩五錢六分	一千一百兩〇五錢六分九厘五毫	一千五百六十八兩六錢一分九厘	五千二百九十八兩七分九厘五毫
		一五加色	市平	二十四兩七錢三分九厘九毫六絲五忽	一十四兩六錢九分三厘四毫	一十六兩五錢八厘五毫四絲二忽五微	二十三兩五錢二分九厘二毫八絲五忽	七十九兩四錢七分一厘一毫九絲二忽五微
	已徵	租銀	庫平	一千六百四十九兩三錢三分一厘	八百七十七兩八錢七分八厘	九百八十九兩二錢二分二厘	一千五百六十八兩六錢一分九厘	五千八十五兩五分
		一五加色	市平	二十四兩七錢三分九厘九毫六絲五忽	一十三兩一錢六分八厘一毫七絲	一十四兩八錢三分八厘三毫三絲	二十三兩五錢二分九厘二毫八絲五忽	七十六兩二錢七分五厘七毫五絲
	未徵	租銀	庫平		一百一兩六錢八分二厘	一百一十一兩三錢四分七厘五毫		二百一十三兩二分九厘五毫
		一二加色	市平		一兩五錢二分五厘二毫二絲	一兩六錢七分二毫一絲二忽五微		三兩一錢九分五厘四毫四絲二忽五微
共計	應徵	租銀	庫平	二千五百四十〇兩七錢五分八厘五毫	一千四百五十二兩九錢一分五厘五毫	二千二百七兩三錢六分七厘	二千一百四十四兩二錢六分三厘五毫	八千三百四十五兩三錢四厘五毫
		一五加色	市平	三十八兩一錢一分一厘三毫七絲七忽	二十一兩七錢九分三厘六毫五絲七忽五微	三十三兩一錢一分五厘五忽	三十二兩一錢六分三厘九毫五絲二忽五微	一百二十五兩一錢七分九厘四毫八絲七忽
	已徵	租銀	庫平	二千五百四十〇兩七錢五分八厘五毫	一千二百九十五兩九錢一分四厘五毫	二千七十八兩七錢二分七厘三毫	一千八百四十六兩一錢四分三厘	七千七百六十一兩八錢七分一厘三毫
		一五加色	市平	三十八兩一錢一分一厘三毫七絲七忽	一十九兩四錢三分八厘七毫一絲七忽五微	三十一兩一錢八分九毫九忽五微	二十七兩六錢九分二厘一毫四絲五忽	一百一十六兩四錢二分八厘六絲九忽
	未徵	租銀	庫平		一百五十七兩一厘	一百二十八兩六錢三分九厘七毫	二百九十八兩一錢二分五毫	五百八十三兩七錢六分一厘二毫
		一五加色	市平		二兩三錢五分四厘九毫三絲九忽五微	一兩九錢二分九厘五毫九絲五忽五微	四兩四錢七分一厘八毫七忽五微	八兩七錢五分六厘三毫四絲二忽五微

附註：光緒三十二三十三兩年四段分局共收渠租庫平銀七千七百六十一兩八錢七分一厘三毫一五加色市平銀一百一十六兩四錢二分八厘六絲九忽均經解交西盟墾局其如何支銷之處應歸西盟墾局另行列表

②|①

標目 年分 地銀徵畝 分局			杭錦旗 頭段分局	杭錦旗 二段分局	杭錦旗 三段分局
光緒三十二年	地畝		一百九十八頃九畝五分	一百五頃一十八畝九分	二百四十五頃九十五畝五分
	應徵 租銀	庫平	八百九十一兩四錢二分七厘五毫	四百七十三兩三錢五分五毫	一千一百六兩七錢九分七厘五毫
	應徵 加色一五	市平	一十三兩三錢七分一厘四毫一絲二忽	七兩一錢二毫五絲七忽五微	一十六兩六錢一厘九毫六絲二忽五微
	已徵 租銀	庫平	八百九十一兩四錢二分七厘五毫	四百一十八兩三分六厘五毫	一千八十九兩五錢五厘三毫
	已徵 加色一五	市平	一十三兩三錢七分一厘四毫一絲二忽	六兩二錢七分五毫四絲七忽五微	一十六兩三錢四分二厘五毫七絲九忽五微
	未徵 租銀	庫平		五十五兩三錢一分四厘	一十七兩二錢九分二厘二毫
	未徵 加色一五	市平		八錢二分九厘七毫一絲	二錢五分九厘三毫八絲三忽
光緒三十三年	地畝		三百六十六頃五十一畝八分	二百一十七項六十八畝	二百四十四項五十七畝一分
	應徵 租銀	庫平	一千六百四十九兩三錢三分一厘	九百七十九兩五錢六分	一千一百兩〇五錢六分九厘五毫
	應徵 加色一五	市平	二十四兩七錢三分九厘九毫六絲五忽	一十四兩六錢九分三厘四毫	一十六兩五錢八厘五毫四絲二忽五微
	已徵 租銀	庫平	一千六百四十九兩三錢三分一厘	八百七十七兩八錢七分八厘	九百八十九兩二錢二分二厘
	已徵 加色一五	市平	二十四兩七錢三分九厘九毫六絲五忽	一十三兩一錢六分八厘一毫七絲	一十四兩八錢三分八厘三毫三絲
	未徵 租銀	庫平		一百一兩六錢八分二厘	一百一十一兩三錢四分七厘五毫
	未徵 加色一二	市平		一兩五錢二分五厘二毫二絲	一兩六錢七分二毫一絲二忽五微
共計	應徵 租銀	庫平	二千五百四十〇兩七錢五分八厘五毫	一千四百五十二兩九錢一分五厘五毫	二千二百七兩三錢六分七厘
	應徵 加色一五	市平	三十八兩一錢一分一厘三毫七絲七忽	二十一兩七錢九分三厘六毫五絲七忽五微	三十三兩一錢一分五厘五忽
	已徵 租銀	庫平	二千五百四十〇兩七錢五分八厘五毫	一千二百九十五兩九錢一分四厘五毫	二千七十八兩七錢二分七厘三毫
	已徵 加色一五	市平	三十八兩一錢一分一厘三毫七絲七忽	一十九兩四錢三分八厘七毫一絲七忽五微	三十一兩一錢八分九毫九忽五微
	未徵 租銀	庫平		一百五十七兩一厘	一百二十八兩六錢三分九厘七毫
	未徵 加色一五	市平		二兩三錢五分四厘九毫三絲九忽五微	一兩九錢二分九厘五毫九絲五忽五微

局部图①

局部图②

渠租表

三段分局	四段分局	總計
二百四十五頃九十五畝五分	一百二十七頃九十二畝一分	六百七十七頃一畝五分
一千一百六兩七錢九分七厘五毫	五百七十五兩六錢四分四厘五毫	三千四十七兩二錢二分四厘五毫
一十六兩六錢一厘九毫六絲二忽五微	八兩六錢三分四厘六毫六絲七忽五微	四十五兩七錢八厘二毫九絲九忽
一千八十九兩五錢五厘三毫	二百七十七兩五錢二分四厘	二千六百七十六兩八錢二分一厘三毫
一十六兩三錢四分二厘五毫七絲九忽五微	四兩一錢六分二厘八毫六絲	四十〇兩一錢五分二厘三毫一絲九忽
一十七兩二錢九分二厘二毫	二百九十八兩一錢二分五毫	三百七十〇兩三錢九分八厘七毫
二錢五分九厘三毫八絲三忽	四兩四錢七分一厘八毫一絲七忽五微	五兩五錢五分五厘九毫八絲
二百四十四頃五十七畝一分	三百四十八頃五十七畝一分	一千一百七十七頃三十四畝
一千一百兩〇五錢六分九厘五毫	一千五百六十八兩六錢一分九厘	五千二百九十八兩七分九厘五毫
一十六兩五錢八厘五毫四絲二忽五微	二十三兩五錢二分九厘二毫八絲五忽	七十九兩四錢七分一厘一毫九絲二忽五微
九百八十九兩二錢二分二厘	一千五百六十八兩六錢一分九厘	五千八十五兩五分
一十四兩八錢三分八厘三毫三絲	二十三兩五錢二分九厘二毫八絲五忽	七十六兩二錢七分五厘七毫五絲
一百一十一兩三錢四分七厘五毫		二百一十三兩二分九厘五毫
一兩六錢七分一毫二絲二忽五微		三兩一錢九分五厘四毫四絲二忽五微
二千二百七兩三錢六分七厘	二千一百四十四兩二錢六六分三厘五毫	八千三百四十五兩三錢四厘五毫
三十三兩一錢一分五厘五忽	三十二兩一錢六分三厘九毫五絲二忽五微	一百二十五兩一錢七分九厘四毫八絲七忽
二千七十八兩七錢二分七厘三毫	一千八百四十六兩一錢四分三厘	七千七百六十一兩五錢四分三厘三毫
三十一兩一錢八分九毫九忽五微	二十七兩六錢九分二厘一毫四絲五忽	一百一十六兩四錢二分三厘一毫四絲九忽五微
一百二十八兩六錢三分九厘七毫	二百九十八兩一錢二分五毫	五百八十三兩七錢六分一厘二毫
一兩九錢二分九厘五毫九絲五忽五微	四兩四錢七分一厘八毫七忽五微	八兩七錢五分六厘三毫四絲二忽五微

附註

光緒三十二三十三兩年四段分局共收渠租庫平銀七千七百六十一兩八錢七分一厘三毫一五加色市平銀一百一十六兩四錢二分八厘六絲九忽均經
解交西盟總局其如何支銷之處聽歸西盟總局另行列表

杭達兩旗罌粟另租表

年分	款項名目	杭旗頭分局	杭旗二段分局	杭旗三段分局	杭旗四段分局	達旗隆興長分局	達旗黃楊櫃分局	達旗長濟分局	達旗永濟分局	達旗豐濟分局	王愛召	總計
光緒三十年	頃畝	一十一頃六十一畝	三十六頃二十三畝九分		四頃一十一畝九分			一頃五十四畝五分	二十四畝八分			五十三頃七十六畝一分
	應征租銀	庫平五百八十〇兩五錢	一千八百一十一兩九錢五分		二百五兩九錢五分			七十七兩二錢五分	一十二兩四錢			庫平二千六百八十八兩五分
	應征加一五色	查是年未收此項加色	同前		同前			同前	同前			查是年未收此項加色
	已征租銀	庫平五百八十〇兩五錢	一千八百一十一兩九錢五分		二百五兩九錢五分			七十七兩二錢五分	一十二兩四錢			庫平二千六百八十八兩五分
	未征租銀											
三十一年	頃畝	一十五頃九十六畝二分	三十一頃八十三畝五分	一十五頃八十一畝四分	一十四頃二十〇畝	四十二頃九十七畝六分	一十〇頃五十四畝六分	一十四頃七十七畝	四十八畝七分	二頃六十七畝一分	三頃四十五畝五分	一百五十二頃七十一畝六分
	應征租銀	庫平七百九十八兩一錢	一千五百九十一兩七錢五分	七百九十〇兩七錢	七百一十〇兩	二千一百四十八兩八錢	五百二十七兩三錢	七百三十九兩四錢	二十四兩三錢五分	一百三十三兩五錢五分	一百七十二兩七錢五分	庫平七千六百三十六兩七錢
	應征加一五色	市平一十一兩九錢七分一厘五毫	二十三兩八錢七分六厘二毫五絲	一十一兩八錢六分五毫	一十〇兩六錢五分	三十二兩二錢三分二厘	七兩九錢九厘五毫	一十一兩九分一厘	三錢六分五厘二毫五絲	二兩三厘二毫五絲	二兩五錢九分一厘二毫五絲	市平一百一十四兩五錢五分五毫
	已征租銀	庫平七百九十八兩一錢	一千三百七十二兩八分四厘	七百九十〇兩七錢	七百一十〇兩	二千一百四十八兩八錢	四百五十一兩六分二厘五毫	七百二十七兩九錢	二十四兩三錢五分	一百三十三兩五錢五分	一百七十二兩七錢五分	庫平七千四百二十九兩二錢九分六厘五毫
	已征加一五色	市平	二十〇兩五錢八分一厘二毫六絲	一十一兩八錢六分五毫	一十〇兩六錢五分	三十二兩二錢三分二厘	八兩二錢六分五厘九毫三絲七忽五微	一十〇兩九錢一分八厘五毫	三錢六分五厘二毫五絲	二兩三厘二毫五絲	二兩五錢九分一厘二毫五絲	市平九十九兩四錢六分七厘九毫四絲七忽五微
	未征租銀	庫平	二百一十九兩六錢六分六厘					一十一兩五錢				庫平二百三十一兩一錢六分六厘
	未征加一五色	市平一十一兩九錢七分一厘五毫	三兩二錢九分四厘九毫九絲					一錢七分二厘五毫				市平一十五兩四錢三分八厘九毫九絲
三十二年	頃畝	一十八頃二十〇畝三分	二十二頃一十六畝三分	二十四頃八畝	一十八頃二十〇畝二分	五十〇頃三十〇畝三分	一十八頃四十九畝七分	三十七頃三十六畝	一十〇頃八十八畝九分	一十九頃九十八畝	四頃三十七畝三分	二百二十四頃五畝
	應征租銀	庫平一千四百五十六兩二錢四分	一千七百七十三兩四分	一千九百二十六兩四錢	一千四百五十六兩一錢六分	四千二十四兩二錢四分	一千四百七十九兩七錢六分	二千九百八十八兩八錢	八百七十一兩一錢二分	一千五百九十八兩四錢	三百四十九兩八錢四分	庫平一萬七千九百二十四兩
	應征加一五色	市平二十一兩八錢四分三厘六毫	二十六兩五錢九分五厘六毫	二十八兩八錢九分六厘	二十一兩八錢四分二厘四毫	六十〇兩三錢六分三厘六毫	二十二兩一錢九分六厘四毫	四十四兩八錢三分二厘	一十三兩六分六厘八毫	二十三兩九錢七分六厘	五兩二錢四分七厘六毫	市平二百六十八兩八錢六分
	已征租銀	庫平一千四百五十六兩二錢四分	一千七百七十三兩四分	一千九百五兩三錢五分六厘四絲	一千四百五十四兩一錢九分八厘二毫	四千二十四兩二錢四分	一千四百一十七兩七錢二分六厘	二千九百八十八兩八錢	八百七十一兩一錢二分	一千五百九十八兩四錢	三百四十九兩八錢四分	庫平一萬七千八百三十八兩九錢六分二毫四絲
	已征加一五色	市平二十一兩八錢四分三厘六毫	二十六兩五錢九分五厘六毫	二十八兩五錢八分三毫四絲		六十〇兩三錢六分三厘六毫	二十一兩二錢六分六厘四絲	四十四兩八錢三分二厘	一十三兩六分六厘八毫	二十三兩九錢七分六厘	五兩二錢四分七厘六毫	市平二百四十五兩七錢七分一厘五毫八絲
	未征租銀			二十一兩四分三厘九毫六絲	一兩九錢六分一厘八毫		六十二兩三分四厘					庫平八十五兩三分九厘七毫六絲
	未征加一五色			三錢一分五厘六毫六絲	二十一兩八錢四分二厘四毫		九錢三分三毫六絲					市平二十三兩八分八厘四毫二絲
三十三年	頃畝	是年此項租銀由西盟總局征收	同前	同前	同前	同前	同前	同前	同前	同前	八頃二十三畝五分	八頃二十三畝五分
	應征租銀										六百五十八兩八錢	庫平六百五十八兩八錢
	應征加一五色										九兩八錢八分二厘	市平九兩八錢八分二厘
	已征租銀										五百八十九兩四錢四分	庫平五百八十九兩四錢四分
	已征加一五色										八兩八錢四分一厘六毫	市平八兩八錢四分一厘六毫
	未征租銀										六十九兩三錢六分	庫平六十九兩三錢六分
	未征加一五色										一兩四分四毫	市平一兩四分四毫
總計	應征租銀	庫平二千八百三十四兩八錢四分	五千一百七十六兩七錢四分	二千七百一十七兩一錢	二千三百七十二兩一錢一分	六千一百七十三兩四分	二千七兩六分	三千八百五兩四錢五分	九百七兩八錢七分	一千七百三十一兩九錢五分	一千一百八十一兩三錢九分	庫平二萬八千九百七兩五錢五分
	應征加一五色	市平三十二兩八錢一分五厘一毫	五十〇兩四錢七分一厘八毫五絲	四十〇兩七錢五分六厘五毫	三十二兩四錢九分二厘四毫	九十二兩五錢九分五厘六毫	三十〇兩一錢五厘九毫	五十五兩九錢二分三厘	一十三兩四錢三分二厘五絲	二十五兩九錢七分九厘二毫五絲	一十七兩七錢二分八毫五絲	市平三百九十三兩二錢九分二厘五毫
	已征租銀	庫平二千八百三十四兩八錢四分	四千九百五十七兩七分四厘	二千六百九十六兩五分六厘四絲	二千三百七十〇兩一錢四分八厘二毫	六千一百七十三兩四分	一千九百六十八兩七錢八分八厘五毫	三千七百九十三兩九錢五分	九百七兩八錢七分	一千七百三十一兩九錢五分	一千一百一十二兩三分	庫平二萬八千四百五十七兩四錢六分七厘四絲
	已征加一五色	市平二十一兩八錢四分三厘六毫	四十七兩一錢七分六厘八毫六絲	四十〇兩四錢四分八毫四絲	一十〇兩六錢五分	九十二兩五錢九分五厘六毫	二十九兩五錢三分一厘九毫七絲七忽五微	五十五兩七錢五分五毫	一十三兩四錢三分二厘五絲	二十五兩九錢七分九厘二毫五絲	一十六兩六錢八分四毫五絲	市平三百五十四兩八錢一分一厘二毫七絲五忽
	未征租銀	庫平	二百一十九兩六錢六分六厘	二十一兩四分三厘九毫六絲	一兩九錢六分一厘八毫		六十二兩三分四厘	一十一兩五錢			六十九兩三錢六分	庫平三百八十五兩五錢六分五厘七毫六絲
	未征加一五色	市平一十一兩九錢七分一厘五毫	三兩二錢九分四厘九毫九絲	三錢一分五厘六毫六絲	二十一兩八錢四分二厘四毫		九錢三分三毫六絲	一錢七分二厘五毫			一兩四分四毫	市平二十九兩五錢六分七厘八毫一絲

附註

一 杭達兩旗畝捐三十年至三十三年止共計二萬八千五百二十一兩九錢八分四厘二毫四絲應貼前大臣提作商殖公司餘利一萬八十八兩三錢五分九厘七毫外餘均征存西盟總局應由查西盟總局另行列表

一 杭達畝捐自三十年至三十一年悉照五十兩一頃征收三十二年後則以八十兩一頃征收（收五十兩一頃有案改八十兩一頃查無案據）

一 杭達兩旗除王愛召外自三十三年起畝捐改歸稅捐歸地方官征收

一 三十二年四段所征畝捐有不同茶抵銀者計一百二兩九錢四分六厘四毫總局帳中漏列此項銀兩今照分局摺報添入

一 三十一年黃楊櫃分局所收畝捐較應征之數溢收庫平銀二十三兩七錢六分二厘五毫一五加色市平銀三錢五分六厘四毫三絲七忽五微今按收數列入故收數與頃畝及應征之數不符合併聲明

一 是表依據各分局報冊西盟總局帳簿核造

③|②|①

年分	款項名目	杭達			
	局名 / 地畝征銀數目	杭旗頭分局	杭旗二段分局	杭旗三段分局	杭旗四段分局
光緒三十年	頃畝	一十一頃六十一畝	三十六頃二十三畝九分		四頃一十一畝九分
	應征 租銀	庫平五百八十〇兩五錢	一千八百一十一兩九錢五分		二百五兩九錢五分
	應征 加一五色	查是年未收此項加色	同前		同前
	已征 租銀	庫平五百八十〇兩五錢	一千八百一十一兩九錢五分		二百五兩九錢五分
	未征 租銀				
三十一年	頃畝	一十五頃九十六畝二分	三十一頃八十三畝五分	一十五頃八十一畝四分	一十四頃二十〇畝
	應征 租銀	庫平七百九十八兩一錢	一千五百九十一兩七錢五分	七百九十〇兩七錢	七百一十〇兩
	應征 加一五色	市平一十一兩九錢七分一厘五毫	二十三兩八錢七分六厘二毫五絲	一十一兩八錢六分五毫	一十〇兩六錢五分
	已征 租銀	庫平七百九十八兩一錢	一千三百七十二兩八分四厘	七百九十〇兩七錢	七百一十〇兩
	已征 加一五色	市平	二十〇兩五錢八分一厘二毫六絲	一十一兩八錢六分五毫	一十〇兩六錢五分
	未征 租銀	庫平	二百一十九兩六錢六分六厘		
	未征 加一五色	市平一十一兩九錢七分一厘五毫	三兩二錢九分四厘九毫九絲		
三十二年	頃畝	一十八頃二十〇畝三分	二十二頃一十六畝三分	二十四頃八畝	一十八頃二十〇畝二分
	應征 租銀	庫平一千四百五十六兩二錢四分	一千七百七十三兩四分	一千九百二十六兩四錢	一千四百五十六兩一錢六分
	應征 加一五色	市平二十一兩八錢四分三厘六毫	二十六兩五錢九分五厘六毫	二十八兩八錢九分六厘	二十一兩八錢四分二厘四毫
	已征 租銀	庫平一千四百五十六兩二錢四分	一千七百七十三兩四分	一千九百五兩三錢五分六厘四絲	一千四百五十四兩一錢九分八厘二毫
	已征 加一五色	市平二十一兩八錢四分三厘六毫	二十六兩五錢九分五厘六毫	二十八兩五錢八分三毫四絲	
	未征 租銀			二十一兩四分三厘九毫六絲	一兩九錢六分一厘八毫
	未征 加一五色			三錢一分五厘六毫六絲	二十一兩八錢四分二厘四毫
三十三年	頃畝	是年此項畝稅歸由西盟征收	同前	同前	同前
	應征 租銀				
	應征 加一五色				
	已征 租銀				
	已征 加一五色				
	未征 租銀				
	未征 加一五色				
總計	應征 租銀	庫平二千八百三十四兩八錢四分	五千一百七十六兩七錢四分	二千七百一十七兩一錢	二千三百七十二兩一錢一分
	應征 加一五色	市平三十三兩八錢一分五厘一毫	五十〇兩四錢七分一厘八毫五絲	四十〇兩七錢五分六厘五毫	三十二兩四錢九分二厘四毫
	已征 租銀	庫平二千八百三十四兩八錢四分	四千九百五十七兩七分四厘	二千六百九十六兩五分六厘四絲	二千三百七十〇兩一錢四分八厘二毫
	已征 加一五色	市平二十一兩八錢四分三厘六毫	四十七兩一錢七分六厘八毫六絲	四十〇兩四錢四分八毫四絲	一十〇兩六錢五分
	未征 租銀	庫平	二百一十九兩六錢六分六厘	二十一兩四分三厘九毫六絲	一兩九錢六分一厘八毫
	未征 加一五色	市平一十一兩九錢七分一厘五毫	三兩二錢九分四厘九毫九絲	三錢一分五厘六毫六絲	二十一兩八錢四分二厘四毫

局部图①

達兩旗罌粟另

杭旗四段分局	達旗隆興長分局	達旗黃閣欄分局	達旗長濟分局	達旗永濟分局	達旗豐濟分局
四頃一十一畝九分			一頃五十四畝五分	二十四畝八分	
二百五兩九錢五分			七十七兩二錢五分	一十二兩四錢	
同前			同前	同前	
二百五兩九錢五分			七十七兩二錢五分	一十二兩四錢	
一十四頃二十〇畝	四十二頃九十七畝六分	一十〇頃五十四畝六分	一十四頃七十七畝	四十八畝七分	二頃六十七畝一分
七百一十〇兩	二千一百四十八兩八錢	五百二十七兩三錢	七百三十九兩四錢	二十四兩三錢五分	一百三十三兩五錢五分
一十〇兩六錢五分	三十二兩一錢三分二厘	七兩九錢九厘五毫	一十一兩九分一厘	三錢六分五厘二毫五絲	二兩三厘二毫五絲
七百一十〇兩	二千一百四十八兩八錢	四百五十一兩六分二厘五毫	七百二十七兩九錢	二十四兩三錢五分	一百三十三兩五錢五分
一十〇兩六錢五分	三十二兩一錢三分二厘	八兩二錢六分五厘九毫三絲七忽五微	一十〇兩九錢一分八厘五毫	三錢六分六厘二毫五絲	二兩三厘二毫五絲
			一十一兩五錢		
			一錢七分二厘五毫		
一十八頃二十〇畝二分	五十〇頃三十〇畝三分	一十八頃四十九畝七分	三十七頃三十六畝	一十〇頃八十八畝九分	一十九頃九十八畝
一千四百五十六兩一錢六分	四千二十四兩二錢四分	一千四百七十九兩七錢六分	二千九百八十八兩八錢	八百七十一兩一錢二分	一千五百九十八兩四錢
二十一兩八錢四分二厘四毫	六十〇兩三錢六分三厘六毫	二十二兩一錢九分六厘四毫	四十四兩八錢三分二厘	一十三兩六分六厘八毫	二十三兩九錢七分六厘
一千四百五十四兩一錢九分八厘二毫	四千二十四兩二錢四分	一千四百一十七兩七錢二分六厘	二千九百八十八兩八錢	八百七十一兩一錢二分	一千五百九十八兩四錢
	六十〇兩三錢六分三厘六毫	二十一兩二錢六分六厘四絲	四十四兩八錢三分二厘	一十三兩六分六厘八毫	二十三兩九錢七分六厘
一兩九錢六分一厘八毫		六十二兩三分四厘			
二十一兩八錢四分二厘四毫		九錢三分三毫六絲			
同前	同前	同前	同前	同前	同前
三千三百七十二兩一錢一分	六千一百七十三兩四分	二千七兩六分	三千八百五兩四錢五分	九百七兩八錢七分	一千七百三十一兩九錢五分
三十二兩四錢九分二厘四毫	九十二兩五錢九分五厘六毫	三十〇兩一錢五厘九毫	五十五兩九錢二分三厘	一十三兩四錢三分二厘五絲	二十五兩九錢七分九厘二毫五絲
三千三百七十〇兩一錢四分八厘二毫	六千一百七十三兩四分	一千九百六十八兩七錢八分八厘五毫	三千七百九十三兩九錢五分	九百七兩八錢七分	一千七百三十一兩九錢五分
一十〇兩六錢五分	九十二兩五錢九分五厘六毫	二十九兩五錢三分一厘九毫七絲七忽五微	五十五兩七錢五分五毫	一十三兩四錢三分二厘五絲	二十五兩九錢七分九厘二毫五絲
一兩九錢六分一厘八毫		六十二兩三分四厘	一十一兩五錢		
二十一兩八錢四分二厘四毫		九錢三分三毫六絲	一錢七分二厘五毫		

局部图②

另租表

	達旗豐濟分局	王愛召	總計
			五十三頃七十六畝一分
			庫平二千六百八十八兩五分
			查是年未收此項加色
			庫平二千六百八十八兩五分
	二頃六十七畝一分	三頃四十五畝五分	一百五十二頃七十一畝六分
	一百三十三兩五錢五分	一百七十二兩七錢五分	庫平七千六百三十六兩七錢
	二兩三厘二毫五絲	二兩五錢九分一厘二毫五絲	市平一百一十四兩五錢五分五毫
	一百三十三兩五錢五分	一百七十二兩七錢五分	庫平七千四百二十九兩二錢九分六厘五毫
	二兩三厘二毫五絲	二兩五錢九分一厘二毫五絲	市平九十九兩四錢六分七厘九毫四絲七忽五微
			庫平二百三十一兩一錢六分六厘
			市平一十五兩四錢三分八厘九毫九絲
	一十九頃九十八畝	四頃三十七畝三分	二百二十四頃五畝
	一千五百九十八兩四錢	三百四十九兩八錢四分	庫平一萬七千九百二十四兩
	二十三兩九錢七分六厘	五兩二錢四分七厘六毫	市平二百六十八兩八錢六分
	一千五百九十八兩四錢	三百四十九兩八錢四分	庫平一萬七千八百三十八兩九錢六分二毫四絲
	二十三兩九錢七分六厘	五兩二錢四分七厘六毫	市平二百四十五兩七錢七分一厘五毫八絲
			庫平八十五兩三分九厘七毫六絲
			市平一十三兩八分八厘四毫二絲
	同前	八頃二十三畝五分	八頃一十三兩五分
		六百五十八兩八錢	庫平六百五十八兩八錢
		九兩八錢八分二厘	市平九兩八錢八分二厘
		五百八十九兩四錢四分	庫平五百八十九兩四錢四分
		八兩八錢四分一厘六毫	市平八兩八錢四分一厘六毫
		六十九兩三錢六分	庫平六十九兩三錢六分
		一兩四分四毫	市平一兩四分四毫
	一千七百三十一兩九錢五分	一千一百八十一兩三錢九分	庫平二萬八千九百七兩五錢五分
	二十五兩九錢七分九厘二毫五絲	一十七兩七錢二分八毫五絲	市平三百九十三兩二錢九分二厘五毫
	一千七百三十一兩九錢五分	一千一百一十二兩三分	庫平二萬八千五百四十五兩七錢四分六厘七毫四絲
	二十五兩九錢七分九厘二毫五絲	一十六兩六錢八分四毫五絲	市平三百五十四兩八分一厘一毫二絲七忽五微
		六十九兩三錢六分	庫平三百八十五兩五錢六分五厘七毫六絲
		一兩四分四毫	市平三十九兩五錢六分七厘八毫一絲

附註

一 杭達兩旗畝捐三十年至三十三年止共計二萬八千五百二十一兩九錢八分四厘二毫四絲除貽前大臣提作墾殖公司餘利一萬八十八兩三錢五分九厘七毫外餘均征存西盟總局應由查西盟總局另行列表

一 杭達畝捐自三十年至三十一年悉悉五十兩一頃征收三十二年後則以八十兩一頃征收 五十兩一頃有案改八十兩一頃查無案據

一 杭達兩旗除王愛召外自三十三年起畝捐改舊統稅歸地方官征收

一 三十二年四段所征畝捐有不同茶抵銀者計一百二兩九錢四分六厘四毫總局帳中漏列此項銀兩今照分局摺報添入

一 三十一年黃償欘分局所收畝捐較應征之數浮收庫平銀二十三兩七錢六分二厘五毫一五加色市平銀三錢五分六厘四毫三絲七忽五微今按收數列入故收數與頃畝及應征之數不符合併聲明

一 是表依據各分局報册西盟總局帳簿核造

局部图③

杭達兩旗水租表

年分	分目	租銀	杭旗頭段分局	杭旗二段分局	杭旗三段分局	杭旗四段分局	達旗隆興長分局	達旗長濟分局	達旗纓濟分局	達旗永濟分局	達旗黄澗權分局	總計
光緒三十一年分	應徵	租銀			庫平一百六十三兩四錢四分四厘八毫	庫平三百二十五兩八錢三分七厘	庫平二十二兩八錢五分	庫平一千七百九兩七分六厘	庫平九百六兩六錢九分		庫平二十三兩六錢九分五厘	庫平三千一百五十一兩五錢九分二厘八毫
		一五加色			市平二兩四錢五分一厘六毫七絲二忽	市平四兩八錢八分七厘五毫五絲五忽	市平三錢四分二厘七毫五絲	市平二十五兩六錢三分六厘一毫四絲	市平一十三兩六錢三毫五絲		市平三錢五分五厘四毫二絲五忽	市平四十七兩二錢七分三厘八毫九絲二忽
	已徵	租銀			庫平一百六十三兩四錢四分四厘八毫	庫平三百二十五兩八錢三分七厘	庫平二十二兩八錢五分	庫平一千七百九兩七分一厘	庫平九百六兩六錢九分		庫平二十三兩四錢二分七厘五毫	庫平三千一百五十一兩三錢三分三毫
		一五加色			市平二兩四錢五分一厘六毫七絲二忽	市平四兩八錢八分七厘五毫五絲五忽	市平三錢四分二厘七毫五絲	市平二十五兩六錢三分六厘六絲五忽	市平一十三兩六錢三毫五絲		市平三錢五分一厘五毫六絲二忽五微	市平四十七兩二錢六分九厘九毫二絲四忽五微
	未徵	租銀						庫平五厘			庫平二錢五分七厘五毫	庫平二錢六分三厘
		一五加色						市平七絲五忽			市平三厘八毫六絲二忽五微	市平三厘八毫三絲七忽五微
三十二年分	應徵	租銀	庫平二百六十五兩九錢三分二厘	庫平一百八十八兩六錢六分四厘		庫平四十二兩	庫平六百五十三兩二錢八分	庫平四百八十一兩八錢九分九厘		庫平五十三兩七錢四分八厘		庫平一千六百八十五兩五錢二分三厘
		一五加色	市平三兩九錢八分八厘九毫	市平二兩八錢二分九厘九毫六絲		市平六錢三分	市平九兩七錢九分九厘二毫	市平七兩二錢一分八厘四毫八絲五忽		市平八錢六分二厘二毫		市平二十五兩三錢三分八厘七毫四絲五忽
	已徵	租銀	庫平二百六十五兩九錢三分二厘			庫平四十二兩	庫平六百七兩九分七厘七絲	庫平四百四十二兩八錢六分三厘		庫平五十三兩七錢四分八厘		庫平一千四百一十六兩四錢七絲
		一五加色	市平三兩九錢八分八厘九毫			市平六錢三分	市平九兩一錢六厘四毫五絲六忽	市平六兩六錢四分二厘九毫		市平八錢六分二厘二毫		市平二十一兩二錢三分四毫五絲六忽
	未徵	租銀		庫平一百八十八兩六錢六分四厘			庫平四十六兩一錢八分二厘九毫三絲	庫平三十九兩三分六厘				庫平二百七十三兩八錢八分二厘九毫三絲
		一五加色		市平二兩八錢二分九厘九毫六絲			市平六錢九分二厘七毫四絲四忽	市平五錢八分五厘五毫八絲五忽				市平四兩一錢八厘二毫八絲八忽
三十三年分	應徵	租銀	庫平三百一十二兩六錢	庫平二百八十九兩一錢六分四厘	庫平一十三兩三錢二分	庫平三百八十八兩九錢九分五厘二毫	庫平八百九十兩三錢	庫平四百二十三兩六錢		庫平四十八兩四錢九分二厘	庫平九十兩	庫平三千四百五十六兩四錢七分一厘二毫
		一五加色	市平四兩六錢八分九厘	市平四兩三錢七分五厘	市平一錢九分九厘八毫	市平五兩八錢三分四厘九毫二絲八忽	市平一十三兩三錢五分四厘五毫	市平六兩三錢五分四厘		市平七兩二錢七分四厘	市平一兩三錢五分	市平四十三兩三錢九分三厘七毫二絲八忽
	已徵	租銀	庫平八十六兩一錢三分二厘八毫	庫平六十二兩七錢九分六厘八絲	庫平一十三兩三錢二分	庫平三百八十八兩九錢九分五厘二毫	庫平八百二十一兩六錢八分三厘八絲	庫平四百二十三兩六錢		庫平四十八兩四錢九分二厘	庫平五十七兩四錢八分四厘	庫平一千九百二兩四錢九分八厘五毫六絲
		一五加色	市平一兩二錢九分二厘九毫七絲七忽	市平九錢四分一厘九毫四絲一忽	市平一錢九分九厘八毫	市平五兩八錢三分四厘九毫二絲八忽	市平一十二兩三錢二分五厘二毫四絲六忽	市平六兩三錢五分四厘		市平七兩二錢七分四厘	市平八錢六分二厘二毫	市平三十五兩八分五厘九絲二忽
	未徵	租銀	庫平二百二十六兩四錢六分八厘二毫	庫平二百二十六兩三錢六分七厘九毫二絲			庫平六十八兩六錢一分六厘九毫二絲				庫平三十二兩五錢一分九厘六毫	庫平五百五十三兩九錢七分二厘六毫四絲
		一五加色	市平三兩三錢一分九厘六毫二絲三忽	市平三兩三錢七分五厘五毫五絲九忽			市平一兩二分九厘二毫五絲四忽				市平四錢八分七厘八毫	市平八兩三錢八厘六毫三絲六忽
共計	應徵	租銀	庫平五百七十八兩五錢三分二厘	庫平四百七十七兩八錢二分八厘	庫平一百七十六兩七錢六分四厘八毫	庫平七百五十六兩八錢三分三厘二毫	庫平一千五百六十六兩四錢三分	庫平二千六百一十四兩五錢七分五厘	庫平九百六兩六錢九分	庫平一百二兩二錢四分	庫平一百一十三兩六錢九分五厘	庫平七千二百九十三兩五錢八分七厘
		一五加色	市平八兩六錢七分七厘九毫	市平七兩一錢六分七厘四毫六絲	市平二兩六錢五分一厘四毫七絲二忽	市平一十一兩三錢五分二厘四毫八絲三忽	市平二十三兩四錢九分六厘四毫五絲	市平三十九兩二錢一分八厘六毫二絲九忽	市平一十三兩六錢三毫五絲	市平八兩一錢三分六厘二毫	市平一兩七錢五厘四毫二絲五忽	市平一百六十六兩三厘六毫五忽
	已徵	租銀	庫平三百五十二兩六分四厘八毫	庫平六十二兩七錢九分六厘八絲	庫平一百七十六兩七錢六分四厘八毫	庫平七百五十六兩八錢三分三厘二毫	庫平一千四百五十一兩六錢三分一毫五絲	庫平二千五百七十五兩五錢三分四厘	庫平九百六兩六錢九分	庫平一百二兩二錢四分	庫平八十兩九錢一分七厘九毫	庫平四千六百五十四兩六錢八分九厘三毫
		一五加色	市平五兩二錢八分一厘八毫七絲七忽	市平九錢四分一厘九毫四絲一忽	市平二兩六錢五分一厘四毫七絲二忽	市平一十一兩三錢五分二厘四毫八絲三忽	市平二十一兩七錢七分四厘四毫五絲二忽	市平三十八兩六錢三分二厘九毫六絲五忽	市平一十三兩六錢三毫五絲	市平八兩一錢三分六厘二毫	市平一兩二錢一分三厘七毫六絲二忽五微	市平一百三兩五錢八分五厘五毫二忽五微
	未徵	租銀	庫平二百二十六兩四錢六分八厘二毫	庫平四百一十五兩三分一厘九毫一絲			庫平一百四十七兩九錢九分八厘五毫	庫平三十九兩四分一厘			庫平三十二兩七錢七分七厘一毫	庫平八百二十八兩一錢一分八厘五毫七絲
		一五加色	市平三兩三錢一分九厘六毫二絲三忽	市平六兩二錢二分五厘一毫九絲			市平一兩七錢二分一厘九毫九絲八忽	市平五錢八分五厘六毫六絲			市平四錢九分一厘六毫六絲二忽五微	市平一十二兩四錢二分八毫六絲二忽五微
附註			三十三年兩盟局報前冊內少報頭段應徵收數水租一十二兩，收數亦少報三兩一錢八分七厘八毫，茲照添入	二段三十二年應徵一百八十八兩六錢六分四厘未移徵收，西盟局冊報漏列；三十三年收數亦少報三兩三錢六分五厘二毫八絲，茲照添入	三段三十一年水租分局冊報應徵一百四兩一錢二分，總局簿載應徵一百六十三兩四錢四分四厘八毫，是否分局漏報抑係浮收，無憑查核，今按總局簿載之數登列	三十一年四段水租銀分局摺報應徵庫平銀三百一十八兩一錢一厘，今在總局帳計應徵庫平銀三百二十五兩八錢三分七厘[illegible]今照總局之數登列[illegible]今照添入	隆局三十四年補收三十二年民欠庫平銀一百九十五兩四錢四分一厘，摺報未有此項，查西盟局移交冊內隆局是年共收六百六十兩四錢二分七厘，較帳冊少列六錢七分六厘三毫七絲，又三十三年收數較帳冊少二錢二分六厘四毫八絲	長濟三十一年收數西盟局交代冊少報一厘，其應徵數目較分局摺報少列六厘，又三十二年收數西盟局移交冊少列五錢八分	纓濟局三十一年西盟局移交冊應徵及收數均少列二分		黄局三十一年應徵數西盟局交代冊少列二錢五分九厘，收亦少列一厘五毫；三十三年收銀數總局少報七錢八分一厘	共計收銀六千四百六十五兩四錢六分八厘四毫三絲餘[illegible]

③|②|①

杭　　　　達

年分	項目	銀色	杭旗頭段分局	杭旗二段分局	杭旗三段分局
光緒三十一年分	應徵	租銀			庫平一百六十三兩四錢四分四釐八毫
		加一五色			市平二兩四錢五分一釐六毫七絲二忽
	已徵	租銀			庫平一百六十三兩四錢四分四釐八毫
		加一五色			市平二兩四錢五分一釐六毫七絲二忽
	未徵	租銀			
		加一五色			
三十二年分	應徵	租銀	庫平二百六十五兩九錢三分二釐	庫平一百八十八兩六錢六分四釐	
		加一五色	市平三兩九錢八分八釐九毫	市平二兩八錢二分九釐九毫六絲	
	已徵	租銀	庫平二百六十五兩九錢三分二釐		
		加一五色	市平三兩九錢八分八釐九毫		
	未徵	租銀		庫平一百八十八兩六錢六分四釐	
		加一五色		市平二兩八錢二分九釐九毫六絲	
三十三年分	應徵	租銀	庫平三百一十二兩六錢	庫平二百八十九兩一錢六分四釐	庫平一十三兩三錢二分
		加一五色	市平四兩六錢八分九釐	四兩三錢三分七釐五毫	市平一錢九分九釐八毫
	已徵	租銀	庫平八十六兩一錢三分二釐八毫	庫平六十二兩七錢九分六釐八絲	庫平一十三兩三錢二分
		加一五色	市平一兩二錢九分二釐九毫七絲七忽	市平九錢四分一釐九毫四絲一忽	市平一錢九分九釐八毫
	未徵	租銀	庫平二百二十六兩四錢六分八釐二毫	庫平二百二十六兩三錢六分七釐九毫二絲	
		加一五色	市平三兩三錢九分六釐二絲三忽	市平三兩三錢九分五釐五毫五絲九忽	
共計	應徵	租銀	庫平五百七十八兩五錢三分二釐	庫平四百七十七兩八錢二分八釐	庫平一百七十六兩七錢六分四釐八毫
		加一五色	市平八兩六錢七分七釐九毫	市平七兩一錢六分七釐四毫六絲	市平二兩六錢五分一釐四毫七絲二忽
	已徵	租銀	庫平三百五十二兩六分三釐八毫	庫平六十二兩七錢九分六釐八絲	庫平一百七十六兩七錢六分四釐八毫
		加一五色	市平五兩二錢八分一釐八毫七絲七忽	市平九錢四分一釐九毫四絲一忽	市平二兩六錢五分一釐四毫七絲二忽
	未徵	租銀	庫平二百二十六兩四錢六分八釐二毫	庫平四百一十五兩三分一釐九毫一絲	
		加一五色	市平三兩三錢九分六釐二絲三忽	市平六兩二錢三分五釐一絲九忽	
附註			三十三年兩盟局報銷册內少報頭段應徵收賑水租一十二兩收數亦少報三兩一錢八分七釐八毫茲照添入	二段三十二年應徵一百八十八兩六錢六分四釐未經徵收西盟總局報銷漏列三十三年收數亦少報三兩三錢六分五釐二毫八絲茲照添入	三段三十一年水租分局摺報應徵一百四兩一錢二分總局簿載應徵一百六十三兩四分四釐八毫是否分局漏報抑係浮收無憑查核今按總局所載之數登列

局部图①

達兩旗水

杭旗三段分局	杭旗四段分局	達旗興隆長分局	達旗長濟分局	達旗豐濟分局
庫平一百六十三兩四錢四分四釐八毫	庫平三百二十五兩八錢三分七釐	庫平二十二兩八錢五分	庫平一千七百九兩七分六釐	庫平九百六兩六錢九分
市平二兩四錢五分一釐六毫七絲二忽	市平四兩八錢八分七釐五毫五絲五忽	市平三錢四分二釐七毫五絲	市平二十五兩六錢三分六釐一毫四絲	市平一十三兩六錢三毫五絲
庫平一百六十三兩四錢四分四釐八毫	庫平三百二十五兩八錢三分七釐	庫平二十二兩八錢五分	庫平一千七百九兩七分一釐	庫平九百六兩六錢九分
市平二兩四錢五分一釐六毫七絲二忽	市平四兩八錢八分七釐五毫五絲五忽	市平三錢四分二釐七毫五絲	市平二十五兩六錢三分六釐六絲五忽	市平一十三兩六錢三毫五絲
			庫平五釐	
			市平七絲五忽	
	庫平四十二兩	庫平六百五十三兩二錢八分	庫平四百八十一兩八錢九分九釐	
	市平六錢三分	市平九兩七錢九分九釐二毫	市平七兩二錢二分八釐四毫八絲五忽	
	庫平四十二兩	庫平六百七兩九分七釐七絲	庫平四百四十二兩八錢六分三釐	
	市平六錢三分	市平九兩一錢六釐四毫五絲六忽	市平六兩六錢四分二釐九毫	
		庫平四十六兩一錢八分二釐九毫三絲	庫平三十九兩三分六釐	
		市平六錢九分二釐七毫四絲四忽	市平五錢八分五釐五毫八絲五忽	
庫平一十三兩三錢二分	庫平三百八十八兩九錢九分五釐二毫	庫平八百九十兩○三錢	庫平四百二十三兩六錢	
市平一錢九分九釐八毫	市平五兩八錢三分四釐九毫二絲八忽	市平一十三兩三錢五分四釐五毫	市平六兩三錢五分四釐	
庫平一十三兩三錢二分	庫平三百八十八兩九錢九分五釐二毫	庫平八百二十一兩六錢八分三釐八絲	庫平四百二十三兩六錢	
市平一錢九分九釐八毫	市平五兩八錢三分四釐九毫二絲八忽	市平一十二兩三錢二分五釐二毫四絲六忽	市平六兩三錢五分四釐	
		庫平六十八兩六錢一分六釐九毫二絲		
		市平一兩二分九釐二毫五絲四忽		
庫平一百七十六兩七錢六分四釐八毫	庫平七百五十六兩八錢三分二釐二毫	庫平一千五百六十六兩四錢三分	庫平二千六百一十四兩五錢七分五釐	庫平九百六兩六錢九分
市平二兩六錢五分一釐四毫七絲二忽	市平一十一兩三錢五分二釐四毫八絲三忽	市平二十三兩四錢九分六釐四毫五絲	市平三十九兩二錢一分八釐六毫二絲五忽	市平一十三兩六錢三毫五絲
庫平一百七十六兩七錢六分四釐八毫	庫平七百五十六兩八錢三分二釐二毫	庫平一千四百五十一兩六錢三分一毫五絲	庫平二千五百七十五兩五錢三分四釐	庫平九百六兩六錢九分
市平二兩六錢五分一釐四毫七絲二忽	市平一十一兩三錢五分二釐四毫八絲三忽	市平二十一兩七錢七分四釐四毫五絲二忽	市平三十八兩六錢三分二釐九毫六絲五忽	市平一十三兩六錢三毫五絲
		庫平一百一十四兩七錢九分九釐八毫五絲	庫平三十九兩四分一釐	
		市平一兩七錢二分一釐九毫九絲八忽	市平五錢八分五釐六毫六絲	
三段三十一年水租分局摺報應徵一百四兩一錢二分，總局簿載應徵一百六十三兩四分四釐八毫，是否分局漏報抑係浮收無憑查核，今按總局所載之數登列	三十一年四段水渠和水租兩分局報冊總數庫平銀三百三十一十八兩三錢一釐，今查總局賬註應徵庫平銀三百二十五兩八錢三分七釐，核其賬載收數較總局之數則不足，於分局之數則有餘，而交代冊又載則又已收清，參差不一，其實屬報或浮收隱存，賬冊殊難核對，今照總局交代冊之數登列。三十三年收三十九兩四錢六分，尚存總局賬摺而無分局摺報，今照總局賬摺添列。又偏報冊之水租庫平銀三百五十九兩五錢三分五釐二毫，詢據西盟局員已移交照連城，核與交代冊相符，今照添入	隆局三十四年補收三十二年民欠庫平銀一百九十五兩四錢四分一釐，摺報未有是項，查西盟局移交冊內隆局是年共收六百六兩四錢二分七釐，較賬冊少列六錢七分六釐三毫七絲，又三十三年收數較賬冊少二錢二分六釐四毫八絲	長濟三十一年收數西盟局交代冊少報一釐，其應徵數目較分局摺報少列六釐，又三十二年收數西盟局移交冊少列五錢八分	豐濟局三十一年西盟局移交冊應徵及收數均少列二分

局部图②

水租表

達旗豐濟分局	達旗永濟分局	達旗黃閘櫃分局	總計
庫平九百六兩六錢九分		庫平二十三兩六錢九分五釐	庫平二千一百五十一兩五錢九分二釐八毫
市平一十三兩六錢三毫五絲		市平三錢五分五釐四毫二絲五忽	市平四十七兩二錢七分三釐八毫九絲二忽
庫平九百六兩六錢九分		庫平二十三兩四錢三分七釐五毫	庫平二千一百五十一兩三錢三分三毫
市平一十三兩六錢三毫五絲		市平三錢五分一釐五毫六絲二忽五微	市平四十七兩二錢六分九釐九毫二絲四忽五微
		庫平二錢五分七釐五毫	庫平二錢六分三釐
		市平三釐八毫六絲二忽五微	市平三釐八毫三絲七忽五微
	庫平五十三兩七錢四分八釐		庫平一千六百八十五兩五錢二分三釐
	市平八錢六分二釐二毫		市平二十五兩三錢三分八釐七毫四絲五忽
	庫平五十三兩七錢四分八釐		庫平一千四百一十一兩六錢四分七絲
	市平八錢六分二釐二毫		市平二十一兩三錢二分四毫五絲六忽
			庫平二百七十三兩八錢八分二釐九毫三絲
			市平四兩一錢八釐二毫八絲八忽
	庫平四十八兩四錢九分二釐	庫平九十兩	庫平二千四百五十六兩四錢七分一釐二毫
	市平七兩二錢七分四釐	市平一兩三錢五分	市平四十三兩三錢九分三釐七毫二絲八忽
	庫平四十八兩四錢九分二釐	庫平五十七兩四錢八分四釐	庫平一千九百二兩四錢九分八釐五毫六絲
	市平七兩二錢七分四釐	市平八錢六分二釐二毫	市平三十五兩八分五釐九絲二忽
		庫平三十二兩五錢一分九釐六毫	庫平五百五十三兩九錢七分二釐六毫四絲
		市平四錢八分七釐八毫	市平八兩三錢八釐六毫三絲六忽
庫平九百六兩六錢九分	庫平一百二兩二錢四分	庫平一百一十三兩六錢九分五釐	庫平七千二百九十三兩五錢八分七釐
市平一十三兩六錢三毫五絲	市平八兩一錢三分六釐二毫	市平一兩七錢五釐四毫二絲五忽	市平一百一十六兩六釐三毫六絲五忽
庫平九百六兩六錢九分	庫平一百二兩二錢四分	庫平八十兩○九錢一分七釐九毫	庫平六千四百六十五兩四錢六分八釐九毫三絲
市平一十三兩六錢三毫五絲	市平八兩一錢三分六釐二毫	市平一兩二錢一分三釐七毫六絲二忽五微	市平一百三兩五錢八分五釐五毫二忽五微
		庫平三十二兩七錢七分七釐一毫	庫平八百二十八兩一錢一分八釐五毫七絲
		市平四錢九分一釐六毫六絲二忽五微	市平一十三兩四錢二分八毫六絲二忽五微
豐濟局三十一年西盟局移交冊應徵及收數均少列二分		黃局三十一年應徵數西盟局交代冊少列二錢五分九釐收亦少列一釐五毫三十三年收銀數總局少報七錢八分一釐	共計收銀六千四百六十五兩四錢六分八釐四毫三絲除前大佐時於三十二年四月間提庫平銀二千二百九兩七錢三分五釐概作前截公司除利外餘款均解西盟總局如付支消之處應由在西盟局案內另行列表以上[illegible][illegible]收數[illegible]數附在不符計少報八兩八錢三分九釐四各三條自可省營用存催應徵之數少列二百兩六錢其所少之數類屬民欠尚可續收未便任其短報且准閏一年該分局有無續收隱留不解情弊應請飭查

局部图③

旗 旗 地 租 開 支

三十年起至三十三年底止共征地租庫平銀一十四萬五千四百七十二兩二錢一分三厘六絲三忽又一五加色市平一千六百二十九兩五錢二厘三毫四絲四忽以一〇〇六四折合庫平一千六百一十九兩一錢三分九厘八毫四絲八忽九微

標目／收款／支款／調查各項解／年分	撥入給蒙項下：給蒙一半	戶口地租	撥入包頭西路後設公司開支項下：薪工津貼 達局	薪工津貼 杭局	車價馬乾 達局	車價馬乾 杭局	局費 達局	局費 杭局	雜支 包頭公司	雜支 杭局	借項 前設公司	解項 行轅	撥項 前設公司	撥項 修渠處
三十年	庫平銀一萬三千兩	庫平銀七百九十三兩六錢三分五厘	庫平銀二千十二兩八錢八分八厘二毫八絲八忽	庫平銀三千二百一十九兩四錢五分五厘七毫五絲八忽	庫平銀三百七十五兩三錢八分二厘七毫二絲	庫平銀三千三百六十九兩七錢三分八厘一毫七絲六忽								
三十一年		庫平銀二千五百三十一兩五錢八分		庫平銀五千一百七十三兩六分五厘八毫八絲		庫平銀四千九百二十四兩五錢九分九厘				庫平銀六百五十八兩一錢九分三厘八毫四絲			庫平銀六萬五千二百三十二兩九錢四分八厘九毫	
三十二年		庫平銀一千一百三十四兩五錢二分四厘		庫平銀五千九十三兩二錢七厘		庫平銀二千二十六兩七錢三分一厘三毫八絲八忽	庫平銀五百二十六兩九錢	庫平銀四百二十一兩五錢二分	庫平銀二千六百八十二兩八錢一分九厘	庫平銀七百四十三兩五厘三毫		庫平銀二萬兩		
三十三年				庫平銀四千七百三十六兩二分六厘二毫八絲		庫平銀一千四百六十九兩二錢六分五厘四毫四絲		庫平銀七百二十八兩八分	庫平銀一千七百六十六兩二錢七厘八毫二絲一毫五微	庫平銀一百六十一兩六錢二分二厘五毫一絲五忽				
三十四年				庫平銀一千六十七兩一錢四分二厘六絲六忽		庫平銀一百四十八兩八錢七分三厘二毫					庫平銀九百二十七兩七錢一分			庫平銀一千二百六十六兩八錢七分八毫二絲七忽六微

總計	
收款	庫平銀一十四萬七千九十一兩三錢五分二厘九毫一絲一忽九微
出款	庫平銀一十四萬六千一百九十一兩九錢九分二厘四毫一微
存款	庫平銀八百九十九兩三錢六分五毫一絲一忽八微

附說

按杭旗報地初係永租後改押荒所收地租光緒三十年臺旗呈請一半歸公一半歸旗自三十一年始每年包給租銀九千兩嗣由該旗呈請改徵押荒征收歲租官蒙各半包銀一層即未照辦而地租亦僅三十年分々給蒙人一萬三千兩以後即未付給歷年所收地租始則以公司修渠借名均係官款並非公司籌撥餘利繼則假押荒領地書撥租金綜前後十餘萬之公款悉入於公司之撥墾帳謂三十二年未改押荒以前地係永租未歸公司認領與公司毫無干涉公司之餘利乃公司先繳押荒承領地畝轉售於人所得贏餘係公司之餘利公司之涓滴與公家無與國家之公款亦萬不能爲公司補助之品也三十二年既改押荒以後公司所領四千頃果先繳清押荒承領確切之地歸其界內之短租自可歸公司收取今查公司承領四千頃地應繳押荒二十八萬兩其所繳實商股本交者不及三二押荒尚未交足則地不應歸公司按公司奏定章程有所繳押荒過期不能繳　墾務局有將地撤回之權力即不得收取短租且杭旗所報之地不僅四千頃果公司於實在交價承領之地界內收取短租公司係營業性質不遑計邊惟利是圖其情或尚可恕原今查公司所領四千頃當時雖　照前大臣有丈明撥給之文然未見究竟於何時撥給及東西南北之四至也蓋公司所領四千頃並無一定界限實混統一籠蓋之曰杭旗所報之地有公司承領四千頃在焉今年此有青苗則曰是在四千頃之內也租應歸公司明年彼有青苗則又曰是在四千頃之內也租應歸公司蓋地之所出皆囊括而爲公司所有矣現在既查得前設公司並未繳款旋復後設公司並未繳足押荒此項地租自應一併追還所有開支各項自應逐一聲明除墾局應用者由墾局認付外其餘所有公司支銷之款應悉令公司認付此表仍照原報開列下頁附更正表逐款按照報撥帳擅核實截剔註釋以清眉目仍於按語內聲明以備查核

②｜①

旗旗地租

三十年起至三十三年年底止共征地租庫平銀一十四萬五千四百七十二兩二錢一分三厘六絲三忽又一五加色市平一千六百二十九兩五錢二厘三毫四絲四忽以一〇〇六四折合

標目 收支調查各項款解 年分	撥入給蒙項下 給蒙一半 庫平銀	撥入給蒙項下 戶口地租 庫平銀	撥入包頭西路後截公司開支項 薪工津貼 達局	撥入包頭西路後截公司開支項 薪工津貼 杭局	車價馬乾 達局	車價馬乾 杭局	局費 達局	局費 杭局	雜支 包頭公司	雜支 杭局	借項 前截公司	解項 行騐	撥 前截公司
三十年	一萬三千兩	七百九十三兩六錢三分五厘	庫平銀二千十二兩八錢八分八厘二毫八絲八忽	庫平銀三千二百一十九兩四錢五分五厘七毫五絲八忽	庫平銀三百七十五兩三錢八分二厘七毫二絲	庫平銀三千三百六十九兩七錢三分八厘一毫七絲六忽							
三十一年		庫平銀二千五百三十一兩五錢八分		庫平銀五千一百七十三兩六分五厘八毫八庫		庫平銀四千九百二十四兩五錢九分九厘				庫平銀六百五十八兩一錢九分三厘八毫四絲			庫平銀六萬五千二百三十二兩九錢四分八厘九毫
三十二年		庫平銀一千一百三十四兩五錢二分四厘		庫平銀五千九十三兩二錢七厘		庫平銀二千二十六兩七錢三分一厘三毫八絲八忽	庫平銀五百二十六兩九錢	庫平銀四百二十一兩五錢一分	庫平銀二千六百八十二兩八錢一分九厘	庫平銀七百四十三兩五厘三毫		庫平銀二萬兩	
三十三年				庫平銀四千七百三十六兩二分六厘二毫八絲		庫平銀一千四百六十九兩二錢六分五厘四毫四絲		庫平銀七百二十八兩八分	庫平銀一千七百六十六兩二錢七厘八毫二絲一毫五微	庫平銀一百六十一兩六錢二分二厘五毫一絲五忽			
三十四年				庫平銀一千六十七兩一錢四分二厘六絲六忽		庫平銀一百四十八兩八錢七分三厘二毫					庫平銀九百二十七兩七錢一分		

局部图①

地租開支

……厘六絲三忽又一五加色市平一千六百二十九兩五錢二厘三毫四絲四忽以一〇〇六四忻合庫平一千六百一十九兩一錢三分九厘八毫四絲八忽九微

路後截公司開支項下

費	雜支	雜支	借項	解項	撥項	撥項
杭局	包頭公司	杭局	前截公司	行饋	前截公司	修渠處
		庫平銀六百五十八兩一錢九分三厘八毫四絲			庫平銀六萬五千二百三十二兩九錢四分八厘九毫	
庫平銀四百二十一兩五錢二分	庫平銀二千六百八十二兩八錢一分九厘	庫平銀七百四十三兩五厘三毫		庫平銀二萬兩		
庫平銀七百二十八兩八分	庫平銀一千七百六十六兩二錢七厘八毫二絲一毫五微	庫平銀一百六十一兩六錢二分二厘五毫一絲五忽				
			庫平銀九百二十七兩七錢一分			庫平銀一千二百六十六兩八錢七分八毫二絲七忽六微

總計

收款	出款	存款
庫平銀一十四萬七千九十一兩三錢五分二厘九毫一絲一忽九微	庫平銀一十四萬六千一百九十一兩九錢九分二厘四毫一微	庫平銀八百九十九兩三錢六分五毫一絲一忽八微

附說

按杭旗報地初係永租後改押荒所收地租光緒三十年蒙旗呈請一半歸公一半歸旗自三十一年始每年包給租銀九千兩嗣由該旗呈請改徵押荒征收歲租官蒙各半包銀一層即未照辦而地租亦僅三十年分々給蒙人一萬三千兩以後即未付給歷年所收地租始則以公司修渠爲名均係官款並非公司籌撥餘利繼則假押荒領地盡攬租金綜前後十餘萬之公款悉入於公司之囊橐輒謂三十二年未改押荒以前地係永租未歸公司認領與公司毫無干涉公司之餘利乃公司先繳押荒承領地畝轉售於人所得贏餘爲公司之餘利公司之盈絀與公家無與國家之公款亦萬不能爲公司補助之品也三十二年既改押荒以後公司所領四千頃果先繳清押荒承領確切之地歸其界內之短租自可歸公司收取今査公司承領四千頃地應繳押荒二十八萬兩其所兌實商股本交者不及三二押荒尚未交足則地不應歸公司按公司奏定章程有所繳押荒過期不能繳　墾務局有將地撤回之權力即不得收取短租且杭旗所報之地不僅四千頃果公司於實在丈撥承領之地界內收取短租公司係營業性質不過計較權利是觀其情或尚可矜原今査公司所領四千頃當時雖　貽前大臣有丈明撥給之文然未見究竟於何時撥給及東西南北之四至也蓋公司所領四千頃並無一定界限實混統一語蔽之曰杭旗所報之地有公司承領四千頃在焉今年此有青苗則曰是在四千頃之內也租應歸公司明年彼有青苗則又曰是在四千頃之內也租應歸公司盡地之所出胥囊括而爲公司所有矣現在既査得前截公司並未繳款修渠後截公司並未繳足押荒此項地租自應一併追還所有開支各項自應逐一剔除墾局應用者由墾局認付外其餘所有公司支銷之款應悉令公司認付此表仍照原報開列下頁附更正表逐款按照報摺帳據核實剔註以清眉目仍於按摺內聲明以備査核

局部图②

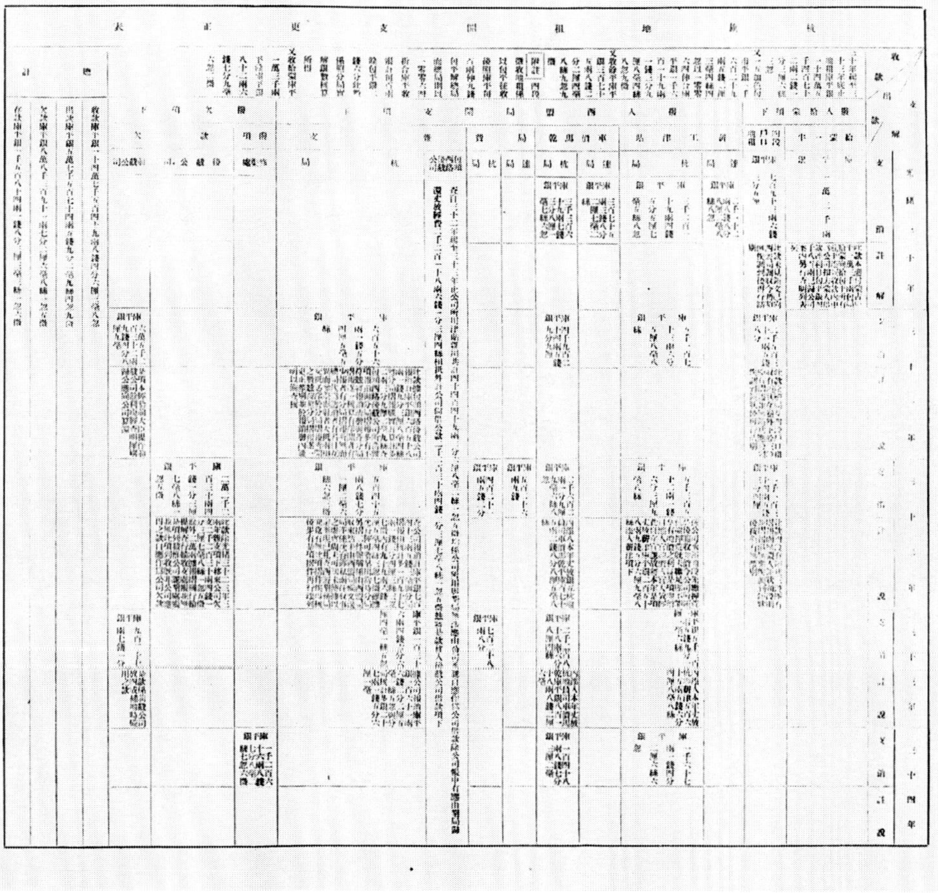
杭旗地租開支更正表

②｜①

收款	杭錦地租
	三十年起至三十三年底止地租庫平銀一十四萬五千四百七十二兩二錢一分三釐六毫三忽 又一五加色付市平銀一千六百二十九兩五錢二釐三毫四絲四忽以一零零六四伸合庫平銀一千六百一十九兩一錢三分九釐八毫四絲八忽九微 又收節平庫平銀三百七十五兩八錢二分二釐四毫八絲九忽九微
	附註 四段徵收地租係以包平征收後照庫平每百兩伸九錢包平解總局由總局開其[illegible]

出款 \ 支解			光緒三十年 支銷	光緒三十年 註解	三十一年 支銷	三十一年 註解	三十二年 支銷	三十二年 註解	三十三年 支銷	三十三年 註解	三十四年 支銷	三十四年 註解
撥入蒙旗項下	給蒙一半		庫平銀一萬三千兩	此款本三週年付蒙古一半計銀一萬三千兩[illegible]								
撥入蒙旗項下	四段門口地租		庫平銀七百九十三兩六錢三分五釐	此款未見清文[illegible]俟調到後再行[illegible]	庫平銀二千五百一十一兩五錢八分	此款[illegible]	庫平銀三千一百二十一兩五錢三分四釐	此款[illegible]				
撥入西盟局開支	津貼工站	達局	庫平銀二千一十二兩八錢八分二釐八毫八絲八忽									
撥入西盟局開支	津貼工站	杭局	庫平銀三千一百一十九兩四錢五分五釐七毫五絲八忽		庫平銀五千一百七十三兩六分五釐八毫八絲		庫平銀五千三百一十二兩一錢六分三釐九毫	後公司[illegible]	庫平銀五千三百[illegible]兩五錢九分[illegible]	內除入本年丈放[illegible]	庫平銀一千六百七十兩一錢四分二釐六絲六忽	
撥入西盟局開支	車價馬乾	達局	庫平銀三百七十五兩二錢三釐七毫八絲二忽									
撥入西盟局開支	車價馬乾	杭局	庫平銀三千三百三十九兩七錢一分八釐六毫七絲六忽		庫平銀四千九百二十四兩五錢九分九釐		庫平銀二千六百二十九兩一分六毫九絲八忽	內[illegible]八本年丈放[illegible]	庫平銀二千二百八十八兩六分四釐四絲	內除入本年丈放杭局車價馬乾[illegible]	庫平銀一百四十八兩七分三釐二毫	
撥入西盟局開支	局費	達局					庫平銀五百二十六兩九錢					
撥入西盟局開支	局費	杭局					庫平銀四百二十一兩五錢一分		庫平銀七百二十八兩八分			
雜	包頭西路墾務公司		查自三十二年起至三十三年止公司所用津貼暨用共計四千四百四十九兩二分六釐八毫二絲一忽五微均係公司所用與墾局無涉應由公司承還自應作爲公司借款除公司帳中有應出墾局[illegible]還丈放經費二千二百一十八兩六錢一分三釐四絲相抵外計公司尚借公款二千二百三十兩四錢一分三釐七毫八絲一忽五微盡特此款移入後截公司借款項下									

局部图①

開支更正表

附註 四段徵收地租係以包平征收後照庫平每百兩伸九錢包平解總局由總局撥只一萬零六四折合庫平收銀計每百兩除包平銀二錢六分計特係照分局實解銀數核算所得又收給墾庫平一萬三千兩平餘庫平銀八十二兩六錢七分九毫六忽二微

局開支項下

局費

達局：庫平銀五百二十六兩九錢

杭局：庫平銀四百二十一兩五錢二分；庫平銀七百二十八兩八分

雜支

包頭西路後套公司：查自三十二年起至三十三年止公司所用津貼實用共計四千四百四十九兩二分六厘八毫三絲一忽五微均係公司所用與墾局無涉應由公司承認自應作爲公司借款除公司帳中有應由墾局開還史放解費二千二百一十八兩六錢一分三厘四絲相抵外計公司僞借公款二千二百三十四兩四錢一分三厘七毫八絲一忽五微應將此款移入後套公司借款項下

杭局：
- 庫平銀六百五十六兩一錢五分四厘五毫五絲
- [illegible]
- 庫平銀五百四十五兩八錢七分一厘二毫六絲六忽三微
- [illegible]
- 庫平銀一百三十六兩四錢六分六厘四毫一絲五忽
- [illegible]

撥欠項下

撥項

總局：庫平銀一千二百六十六兩八錢七分八毫二絲七忽六微

欠款

後套公司：庫平銀二萬二千三百三十兩四錢一分三厘七毫八絲一忽五微
- [illegible]

欠

前套公司：
- 庫平銀六萬五千二百三十二兩九錢四分八厘九毫
- [illegible]
- 庫平銀九百二十七兩七錢一分
- 是款係前套公司放四成補助時借用之款

總計

收款庫平銀一十四萬七千五百四十九兩八錢四分六厘三毫八忽

出款庫平銀五萬七千五百七十四兩五錢九分三毫九絲四忽九微

欠款庫平銀八萬八千三百九十一兩七分二厘六毫八絲一忽五微

存款庫平銀一千五百八十四兩一錢八分三厘三毫三絲一忽六微

局部图②

杭錦旗收支正雜各款總表

標目	正款						雜款														總計
款項分各款項	地價	地租	歲租	渠租	墾照另租	水租	地價一五加色	地租一五加色	歲租一五加色	渠租一五加色	墾照另租一五加色	水租一五加色	地價一二六餘平	地租一二六餘平	歲租一二六餘平	渠租一二六餘平	墾照另租一二六餘平	水租一二六餘平	照費	給蒙水租六四餘平	
已征	庫平銀一十萬三千六百六十兩八錢七分四厘五毫	庫平銀一十四萬五千四百七十二兩二錢一分三厘六絲三忽	庫平銀一千三百九十兩二錢九分七厘四毫三絲二忽	庫平銀七千七百六十一兩五錢四分三厘三毫	庫平銀二萬八千五百二十一兩九錢八分四厘二毫四絲	庫平銀六千四百六十五兩四錢六分八厘四毫三絲	庫平銀一千五百四十五兩二分四厘九毫二絲六忽	庫平銀一千六百一十九兩一錢三分九厘八毫四絲八忽九微	庫平銀二十兩七錢二分一厘八毫四絲八忽六微九纖	庫平銀一百一十五兩六錢八分二厘七毫七絲九忽二微	庫平銀三百五十兩五錢八分一厘五毫六絲七忽七微	庫平銀一百二兩九錢二分七厘七毫九忽	庫平銀一百一十二兩三分三厘一毫四絲三忽五微	庫平銀三百七十五兩八錢二分二厘四毫八絲九忽九微	庫平銀三兩五錢九分一厘七毫八絲五忽九微	庫平銀二十一兩五分一厘六毫八絲一忽八微	庫平銀七十三兩六錢八分五厘五毫七絲一忽三微	庫平銀一十六兩七錢三厘三毫一絲六忽八微	庫平銀二十六兩一錢八分二厘四毫三絲二忽四微	庫平銀八十二兩六錢七分九毫六忽二微	庫平銀二十九萬七千七百三十七兩一錢九分九厘九毫六絲五忽二微九纖
未征	庫平銀一十一萬六千八百一十兩九錢五分七厘五毫	庫平銀三千六百二十兩七錢七分一厘一毫三絲七忽	庫平銀二百九十五兩九分九厘六絲八忽	庫平銀五百八十三兩七錢六分一厘三毫	庫平銀三百八十五兩五錢六分五厘七毫六絲	庫平銀八百二十八兩一錢一分八厘五毫七絲															庫平銀十二萬二千五百二十四兩二錢六分五厘一毫三絲五忽
開支		庫平銀五萬七千八十一兩一錢四分三厘八絲一忽五微																			庫平銀五萬七千五百七十四兩五錢九分二毫九絲四忽九微
公司浮欠		庫平銀八萬八千三百九十一兩七分二厘六毫八絲一忽五微			庫平銀一萬八十八兩三錢五分九厘七毫	庫平銀二千二百九兩七錢三分五厘		庫平銀四百九十三兩四錢四分九厘九毫一絲三忽四微													庫平銀一十萬六百八十九兩一錢六分七厘三毫八絲一忽五微
現存（此係指杭局解存墾局及公司尚存如何支銷應歸公司西盟局另案查明列表）	庫平銀一十萬三千六百六十兩八錢七分四厘五毫		庫平銀一千三百九十兩二錢九分七厘四毫三絲二忽	庫平銀七千七百六十一兩五錢四分三厘三毫	庫平銀一萬八千四百三十三兩六錢二分四厘五毫四絲	庫平銀四千二百五十五兩七錢三分三厘四毫三絲	庫平銀一千五百四十五兩二分四厘九毫二絲六忽	庫平銀一千一百二十五兩六錢八分九厘九毫三絲五忽五微	庫平銀二十兩七錢二分一厘八毫四絲一忽六微九纖	庫平銀一百一十五兩六錢八分二厘七毫七絲九忽二微	庫平銀三百五十兩五錢八分一厘五毫六絲七忽七微	庫平銀一百二兩九錢二分六厘七毫九忽	庫平銀一百一十二兩三分三厘一毫四絲三忽五微	庫平銀三百七十五兩八錢二分二厘四毫八絲九忽九微	庫平銀三兩五錢九分一厘七毫八絲五忽九微	庫平銀二十一兩五分一厘六毫八絲一忽八微	庫平銀七十三兩六錢八分五厘五毫七絲一忽三微	庫平銀一十六兩七錢三厘三毫一絲六忽八微	庫平銀二十六兩一錢八分二厘四毫三絲二忽四微	庫平銀八十二兩六錢七分九毫六忽二微	庫平銀一十三萬九千四百七十三兩四錢四分二厘二毫八絲八忽九微九纖

杭旗收支

欄目	分款各項	已征	未征	開支	公司淨欠	現存（此係指杭局解存數局支公司而言如何支銷應歸公司西盟局另案查明列表）
正款	地價	庫平銀一十萬三千六百六十兩八錢七分四厘五毫	庫平銀一十一萬六千八百一十兩九錢五分七厘五毫			庫平銀一十萬三千六百六十兩八錢七分四厘五毫
	地租	庫平銀一十四萬五千四百七十二兩二錢一分三厘六絲三忽	庫平銀三千六百二十兩七錢七分一厘一毫三絲七忽	庫平銀五萬七千八十一兩一錢四分三厘八絲一忽五微	庫平銀八萬八千三百九十一兩七分二厘六毫八絲一忽五微	
	歲租	庫平銀一千三百九十兩二錢九分七厘四毫三絲二忽	庫平銀二百九十五兩九分九厘六絲八忽			庫平銀一千三百九十兩二錢九分七厘四毫三絲二忽
	渠租	庫平銀七千七百六十一兩五錢四分三厘三毫	庫平銀五百八十三兩七錢六分一厘二毫			庫平銀七千七百六十一兩五錢四分三厘三毫
	罌粟另租	庫平銀二萬八千五百二十一兩九錢八分四厘二毫四絲	庫平銀三百八十五兩五錢六分五厘七毫六絲	庫平銀一萬八十八兩三錢五分九厘七毫		庫平銀一萬八千四百三十三兩六錢二分四厘五毫四絲
	水租	庫平銀六千四百六十五兩四錢六分八厘四毫三絲	庫平銀八百二十八兩一錢一分八厘五毫七絲	庫平銀二千二百九兩七錢三分五厘		庫平銀四千二百五十五兩七錢三分三厘四毫三絲
雜款	地價一五加色	庫平銀一千五百四十五兩二分四厘九毫二絲六忽				庫平銀一千五百四十五兩二分四厘九毫二絲六忽
	地租一五加色	庫平銀一千六百一十九兩一錢三分九厘八毫四絲八忽九微		庫平銀四百九十三兩四錢四分九厘九毫一絲三忽四微		庫平銀一千一百二十五兩六錢八分九厘九毫三絲五忽五微

局部图①

支　正　雜　各

雜

地價一五加色	庫平銀一千五百四十五兩二分四厘九毫二絲六忽		庫平銀一千五百四十五兩二分四厘九毫二絲六忽
地租一五加色	庫平銀一千六百一十九兩一錢三分九厘八毫四絲八忽九微	庫平銀四百九十三兩四錢四分九厘九毫一絲三忽四微	庫平銀一千一百二十五兩六錢八分九厘九毫三絲五忽五微
歲租一五加色	庫平銀二十兩七錢二分一厘八毫四絲八忽六微九纖		庫平銀二十兩七錢二分一厘八毫四絲一忽六微九纖
渠租一五加色	庫平銀一百一十五兩六錢八分二厘七毫七絲九忽三微		庫平銀一百一十五兩六錢八分二厘七毫七絲九忽三微
另租一五加色	庫平銀三百五十兩五錢八分一厘五毫六絲七忽七微		庫平銀三百五十兩五錢八分一厘五毫六絲七忽七微
水租一五加色	庫平銀一百二十兩九錢二分七厘七毫九忽		庫平銀一百二十兩九錢二分六厘七毫九忽
地價二六餘平	庫平銀一百一十二兩三分三厘一毫四絲三忽五微		庫平銀一百一十二兩三分三厘一毫四絲三忽五微
地租二六餘平	庫平銀三百七十五兩八錢二分二厘四毫八絲九忽九微		庫平銀三百七十五兩八錢二分二厘四毫八絲九忽九微
歲租二六餘平	庫平銀三兩五錢九分一厘七毫八絲五忽九微		庫平銀三兩五錢九分一厘七毫八絲五忽九微

局部图②

各款總表

款					
地租二六餘平	庫平銀三百七十五兩八錢二分二厘四毫八絲九忽九微				庫平銀三百七十五兩八錢二分二厘四毫八絲九忽九微
畝租二六餘平	庫平銀三兩五錢九分一厘七毫八絲五忽九微				庫平銀三兩五錢九分一厘七毫八絲五忽九微
菜租二六餘平	庫平銀二十兩五分一厘六毫八絲一忽八微				庫平銀二十兩五分一厘六毫八絲一忽八微
撥製另租二六餘平	庫平銀七十三兩六錢八分五厘五毫七絲一忽三微				庫平銀七十三兩六錢八分五厘五毫七絲一忽三微
水租二六餘平	庫平銀一十六兩七錢三厘三毫一絲六忽八微				庫平銀一十六兩七錢三厘三毫一絲六忽八微
照費	庫平銀二十六兩一錢八分二厘四毫三絲二忽四微				庫平銀二十六兩一錢八分二厘四毫三絲二忽四微
給蒙水租六四餘平	庫平銀八十二兩六錢七分九毫六忽二微				庫平銀八十二兩六錢七分九毫六忽二微
總計	庫平銀二十九萬七千七百三十七兩一錢九分九厘九毫六絲五忽二微九纖	庫平銀十二萬二千五百二十四兩二錢六分五厘一毫三絲五忽	庫平銀五萬七千五百七十四兩五錢九分二毫九絲四忽九微	庫平銀一十萬六百八十九兩一錢六分七厘三毫八絲一忽五微	庫平銀十三萬九千四百七十三兩四錢四分二厘二毫八絲八忽九微九纖

局部图③

绥远垦务总局资料（伊克昭盟·准噶尔旗）

成紀七三五年十二月
整理墾務資料第四號
（伊ノ四）

前綏遠墾務總局資料

（伊克昭盟·準噶爾旗）

蒙古聯合自治政府
地政總署

凡例

一、本資料は前綏遠墾務總局に保存せられてゐた墾務關係文書中、伊克昭盟準噶爾旗に關するものを集錄し、之に解説を附したものである。

一、資料の配列は、杭錦旗と同じく、歴史的順序を尊重し、文書の日附順に依つたが、解説は資料の持つ内的聯關を尊重し、特定の項目を設けて墾務情形を概述し、其の全貌の把握に便ならしめた。

一、資料に附した整理番號（例へば準噶爾旗資料整理番號　九等）は整理並びに解説の必要上、當調査室が新たに附した整理番號であるが、其の下に附した『癸字第五〇號』等の番號は、從來保存整理の爲め附せられてゐた保存番號である。從つて原資料を參照せんとする方は、この保存番號によつて當署厚和廳舍に保存されてゐる原資料を檢索せられたい。

一、準噶爾旗の報墾にかゝる黑界地は、その丈放進展の過程に於て、蒙古貴族東協理・丹丕爾其の他の蒙古地主並に原住農民による巨大なる叛亂を惹き起し、ひいては墾務大臣・貽穀によつて強行された開墾政策に對する北京朝廷の反感を喚び起し、遂に墾務大臣・貽穀の政治的生命を剝奪するに至つたが、この間の具體的資料は墾務總局に保存せられてゐた資料の中には殘されてゐなかつた。從つて『黑界地の報墾と丹丕爾の叛亂』についての解説は、專ら筆者に依る、在滿鐵職に從事中接收せられた文書、並に墾務大臣の奏議―蒙墾奏議等の文獻によつて之を補塡した。

一、本資料の整理に當り、滿鐵調査部囑託大海謙三郎先生の御指教を辱うし、且左記諸氏の御協力を得た事を深く感謝する次第である。

滿鐵調査部	佐野利一	滿鐵調査部	太宰松三郎
滿鐵調査部	小沼正	滿鐵調査部	大井格三
善隣協會	小林七郎	善隣協會	前川坦吉
蒙古政府	内藤潮邦	善隣協會	前島重男

一、本資料の整理は當署囑託安齋庫治氏の指導の下に、當署土地制度調査室之を行ひ、解説は安齋囑託の勞になるものである。

成吉思汗紀元七三五年十二月

地政總署土地制度調査室

準噶爾旗墾務資料解說

解說目次

一、河套川地の報墾……一頁
二、黒界地の報墾と丹丕爾の叛亂……七頁
三、黒界地の丈放……一九頁
四、黒界地に於ける召廟地……二四頁
五、押荒・歳租の分割と黒界地の歸屬……二七頁
六、愛親覺羅氏による柳清渠地の報墾……三六頁
七、阿吉爾瑪地の報墾と準噶爾・郡王兩旗の軋轢……三九頁
八、白界地の報墾……四五頁
九、賠教案と河套川地……四九頁

前綏遠墾務總局資料（伊ノ四）（伊克昭盟・準噶爾旗）

一、河套川地の報墾

杭錦旗とそれにつゞいて達拉特旗が、夫々代表を派遣して、墾務大臣行轅と報墾に關する商議を始めたことは、既に杭錦旗竝びに達拉特旗の資料解說に於て明らかにした如くである。この兩旗の屈服は、全伊克昭盟の動向を急速に軟化せしめる要因となつた。

光緒二十九年五月、準噶爾旗もまた杭錦旗竝びに達拉特旗に追隨して其の代表を綏遠に送ることに同意した。卽ち墾務大臣の札飭を受けて準噶爾旗に赴き、準噶爾旗の說得に努めてゐた候補防禦・連昌は、遂に準噶爾旗から代表として長史・札特丹巴をひき出すことに成功し（資料　三）且つ、綏遠に出頭した札特丹巴をして、準噶爾旗の領有に係る河套川地の報墾を同意するに至らしめた。（資料　一）

河套川地は、別に河北地とも言はれ、略して河套地とも云はれてゐる。河套は蒙古語のハトンの義であり、黄河はハトン・ゴルと云はれてゐるから、河套地は恐らく黄河に近接した土地と言ふ程の意味を持つものと考へられる。この河套川地は資料一にも明らかにされてゐる如く、西は土默特、達拉特の兩旗によつて分割された四六成地と連り、東、北の二面は舊黄河河道を境として土默特の旗地に連り、南は現流の黄河を距てて準噶爾旗の河南地に相對する沖積地帶であつた。山東、河南に於てさうである如く、黄河はこの地方でも幾度か其の河道を變化した。河套川地は、この黄河の河道の南遷によつて準噶爾旗の本土から切り離され、黄河の北にとり殘されたこの旗の唯一つの領有地である。

一、河套川地の報墾

この報墾を受理した墾務大臣は、同年閏五月、直ちに墾務委員・胡懋鉞、候補防禦・連昌を同地に派遣し、この地を報墾した長史・札特丹巴と共に、同地の勘收にあたるべきことを札飭した。（資料　一）この札飭をうけた胡懋鉞、連昌の兩名は、直ちに指定された河套川地に赴き、同地を管轄してゐた達慶・巴彦札普竝びに鄂爾哲依巴圖等と共に同地の勘收にあたつたが、この勘收報告は、資料四によつて明らかにされる。この報告によれば札特丹巴によつて報墾された黄河以北の河套川地は、前述した如く達拉特旗の四成地・土默特旗の六成地に接し、共の面積は略々三千數百頃と推測された。がしかし、この三千數百頃のなかには、（一）殺虎口驛傳道管轄の東素海台站に屬す台站地が約一千頃、（二）武當召、小昭、新召の喇嘛寺に所屬する寺領地が一千頃餘、（三）更に將軍窰子、三盛元泉子、興義爐、成奎海子に所在する天主堂の所有下にある洋堂地が三百餘頃、（四）準噶爾旗蒙兵に與へられてゐた戶口地が數百頃含まれ、あますところ漢人農民に小作せしめてゐた土地は僅かに數百頃に過ぎなかつたことが明らかにされてゐる。從つて、沙質・アルカリ地を除外すれば、この河套川地には、新たに開墾せらるべき土地が餘り殘されてゐなかつたやうである。（資料　四）

この報告を受けた墾務大臣は、光緒二十九年六月二十八日、準噶爾旗長史・札特丹巴に札飭して、別に地段を指定して報墾すべきことを命じたが（資料　五）更に七月、殺虎口驛傳道竝びに包頭墾務局、薩拉齊廳等に命じて、同地に所在する台站地竝びに洋堂地、蒙兵戶口地の四至と面積の調査を札飭した。（資料　六及び七）

この札飭に答へて包頭墾務局は河套川地の調査の爲めに先づ試用巡檢・張克勤を現地に派遣した。が共の頃黄河の河水は同地方を淹沒してゐたゝめ、調査は一時挫折、延期せざるを得なかつた。共の後、再び試用府經歷・范錦銘を同地に赴かしめ、同地方を勘査せしめたが、この勘査によつて、河套川地の四至、廣狹、竝びにこの地に所在する召廟地、洋堂地、戶口地、台站地の面積等が、より詳しく明かにされた。この勘査報告は（資料　一〇）に載せられてゐるが、共の內容の概略を表によつて示せば次の如くである。

準噶爾旗河套川地調査表

（資料 一〇）

地名	東至	南至	西至	北至	召廟地	洋堂地	蒙古戸口地	臺站地	大賞地西賞地	共地
河套川地	乾濠	黄河	四六成地	乾濠	四00頃	三00頃	1,000頃	1,000頃	三00頃	三,000頃

この報告によつて、我々はこの地に發展してゐた土地所有の概貌を把へることが出來る。こゝで我々の注目をひくことは（一）この地方に進出してゐた外國教會が、既にこの當時に於て三百頃餘の土地を獲得してゐたこと、（二）且つこれと竝んで蒙古の喇嘛廟が四百頃餘の香火地を持つてゐたこと、最後に（三）一般旗民の戸口地が、この狹い地域に於て一千頃にも達して居り、王爺卽ち札薩克の領有にかゝる大賞地、竝びに大賞地から分岐した西賞地が、凡そ三百頃も存在してゐた等々の事實である。こゝで洋堂地と言はれ、香火地と言はれてゐる土地が、如何なる性格を持つ土地であるかは、容易に推測することが出來る。併し、大賞地と言はれ、西賞地と言はれる土地が、何故に王爺に領有され、收租されてゐた土地であるかは、若干の解說を附さなくては理解され得ない。次にこの點について若干の解說を費すことゝする。

大賞地は、別に大商地とも言はれてゐる。從つて西賞地は西商地とも呼稱される。併し、大賞地は、蒙古語でTa tsang on Gajar と言はれ、決して Ta Shang ti とは言はれてゐない。こゝから我々は、大賞地と言はれてゐる土地が、正しくは大倉地と呼稱されねばならぬことを知る。卽ち、大賞地は大倉地の轉音による呼稱と推測することが出來る。滿洲蒙古に於ては、札薩克の個人的所有地を內倉地と呼び、旗衙門の所有地を外倉地と言つてゐることから推測すれば、恐らく、この大倉、西倉の倉は、內倉、外倉の倉と同義語であり、大倉地は內倉地に當るものであらうと思はれる。

以上、我々は主として言語學的な立場から大賞地が大倉地と呼稱せらるべきであり、しかもそれが、滿洲蒙古に於ける内倉地に當るものであることを示唆して見た。勿論、單なる言語學的推測によつて大賞地の性格と語義を云々することは危險である。が併し、大賞地が Ta tsang on Gajar であり王爺の領有し、收租してゐる土地であることには誤りない。では西賞地は、如何なる土地であらうか。

資料四 には、大賞地とならんで西賞地が擧げられてゐるに過ぎない。併し、現實には西賞地と對應して東賞地が存在する。この東賞地竝びに西賞地は、共に貝子・札那格爾迪が其の男子に分與した土地と言はれ、後には其の未亡人の收租地になつた土地であり、貝子の收租地たる大賞地から分岐した土地である。併し、現在では、東賞地と西賞地は消滅して大賞地に歸屬し、王爺によつて收租せられてゐる。

以上、我々は、河套川地に發展してゐた土地所有關係の概貌について觸れて見た。尙ほこゝで指摘しなければならぬことは、河套川地の南半部に所在する東素海臺站地である。東素海臺站は殺虎口驛傳衙門に所屬する河西第一站であり、其の站地は黃河の南北にまたがつてゐる。この臺站地に關しては、殺虎口驛傳道から簡單な報告がよせられてゐるが、單に其の四至が明かにされてゐるに過ぎない。(資料 九)從つて、こゝでは具體的な解説を省略することにする。

前述の如く、河套川地に代るべき土地の報墾は、準噶爾旗の長史・札特丹巴に札飭せられた。(資料 五)札薩克をさし置いて、かゝる命令を一長史に發することが、果たして蒙古に於ける世襲的位階性と干叛しなかつたかどうかは問題であるが、この札飭に答へてか、光緒二十九年八月、準噶爾旗貝斯・山吉密圖布は呈報を墾務大臣に送つて、(一) 改めて長城に近接した黑界地を報墾すべきことを表明し、(二) 先きに報墾した河套川地は、召廟竝に蒙古人の生計と關係の深いことを理由として報墾を免じ、準噶爾旗に返還せらるべき旨を要望した。(資料 八) この呈報に基いて、光緒二十九年十一月二十七日墾務大臣は新たに貝斯・山吉密圖布によつて報墾された黑界地の勘收を包頭墾務局に札飭したが、貝斯の希望する河套

川地の返還は、認容し難きことを明かにした。（資料　一二）曰く

河套川地、業經驗收、剋即開辦、未便再留、其續報之邊墻周圍牌栅地一段、亦應迅速驗明辦理云々（資料　一二）

即ち、墾務大臣は、續報された黑界地は勿論のこと、この河套川地をも開放せんと企圖してゐたことが理解される。然るに資料一一によれば、貝子・山吉密圖布は、河套川地の返還が容認されなければ、黑界地の報墾を拒否すべきことを言明したと報ぜられてゐる。

この資料からも、貝子・山吉密圖布の意向は、間接的に把へられるが、この河套川地の報墾は、また準噶爾旗の内部に分裂と暗闘を惹き起した。次に河套川地の報墾に關する解説を結ぶに當つて、この地の報墾を繞つて惹き起された、準噶爾旗の内部的暗闘と分裂について簡單に解説し、この節を結ぶことゝする。

既に述べた如く準噶爾旗を代表して、河套川地を報墾したものは、準噶爾旗の長史・札特丹巴（札登巴）であつた。彼は圖薩拉克齊・頭等台吉・恩克圖魯の養嗣子であり女婿であつたが、恩克圖魯の死後、其の遺産の繼承に關して、恩克圖魯の近支族、巴彥巴圖の子、台吉・們克納遜（齊密特多爾濟）との間に隙を生じてゐた。この間の經緯は、札特丹巴（札登巴）によつて次の如くに訴へられてゐる。

于光緒四年間、老岳父謝逝、彼時奴才遵禮守制、所有各樣祭供、如禮辦理、人々皆知、彼時有岳父挨近支族、台吉・巴彥巴圖之子、台吉・們克納遜、卽齊密特多爾濟亦在、尚未守制、登訖亦未供獻、將岳父養老產業、我夫妻二人養贍、伊等如數焚去、嗣於八年上、老岳母、將我夫妻二人移出、另住伊等房院、將奴才產業等物、尚未交代、豈料台吉・巴彥巴圖之子、齊密特多爾濟佔住、岳母去逝後、從近年間、台吉・齊密特多爾濟、將奴才長時欺負、將住處房屋攤地覇奪、搜尋援嫌

（資料　一三）

こゝでこの軋轢を具體的に解說するには、更に蒙文の稟文を仔細に吟味しなければならない。だがこゝでは蒙文を吟味する

ことは省略せざるを得ない。が彼が河套川地を報墾したことによつて、兩者の空氣はより一層悪化したものの如くである。即ち、彼の稟文によれば、彼が報墾の要務を果たして包頭から歸來した時、彼を迎へた齊密特多爾濟は、彼を指さして旗地を賣る者として罵倒し、更に伊光昭盟長に訴へて、彼の帶びてゐた一切の職權を剝奪し去つた。同じく資料一三によれば、次の如くに報ぜられてゐる。

于本秋季、因差由包頭鎭回來時、臺吉・齊密特多爾濟、在本衙門上、將奴才造言聲說、在欽差大臣處、月領多銀、向外辦事、將本準噶爾旗地畝架賣、在衆人前、高聲胡說賣地、伊不應允、……伊到盟長處、將奴才諸凡差遣行走之各件、伊百般哦賴、揑言呈控、奴才一紙、尚未遞訖、難免一面之詞胡說、將奴才之職革去、至此以後、放缺派差 、全行革退（資料一三）

即ち、こゝでも、報墾をめぐつて鋭い對立が醸成されてゐたことが看取される。墾務大臣の開墾政策に迎合した札特丹巴は杭錦旗に於ける梅楞・貢布が、其の政敵、即ち抗墾主義者達から激しい攻撃を受けねばならなかつた如く、其の敵對者・齊密特多爾濟から鋭い批判と攻撃を浴びなければならなかつた。勿論、兩者の軋轢は、兩者の間に蟠つてゐた深い政治的經濟的對立と間隙に由來するものであり單に報墾にのみ緣由するものでないことは明かである。この間の經緯は資料一四によつておぼろげ乍ら把へ得られる。併し、こゝではこの背景を細かに探索することは出來ない。進んで、この訴へを受けた墾務大臣が、如何なる態度をもつてこの軋轢を處理しようとしたかを明かにするにとゞめる。

札特丹巴（札登巴）の控訴を受けた墾務大臣は、光緒二十九年十二月十九日、特に伊克昭盟長・察克都爾色楞に札飭して、(一) 札特丹巴に凌辱を加へた們克那遜の糾明と懲罰を命じ、(二) 札特丹巴の官職を回復し、(三) 更に恩克齊魯の遺した遺產を、札特丹巴に返還すべきことを命じた。（資料 一五）即ち、こゝでも抗墾主義者と目せられた們克那遜は、無條件に懲罰の浮目に遭ひ、開墾政策に迎合した札特丹巴は、梅楞・貢布が受けたと同じやうな庇護を受けることが出來た。

以上の如く、河套川地の報墾は、貝子・珊吉密都布の拒否によつて、また黑界地が報墾されたことによつて、遂に現實に丈放せられるに至らないで、一時、歴史の表面から消へ去つてしまつた。併し、この報墾が準噶爾旗の内部に、一つの政治的な軋轢と個人的な對立を惹起したことは注目せらるべきであらう。河套川地は、後に改めて述べる如く、光緒三十一年から托克托廳によつて一部の收租權が握られ、且つ賠教案に關連して再び問題の土地として浮かび上つて來たが、これらの經緯については、更に改めて解說する豫定であるから、こゝでは解說を重ねることを省く。また、こゝで、この地の領有に關して土默特旗と準噶爾旗の間に永い係爭が續けられて來たことも、指摘し解說すべきであるが、墾務總局に保存せられてゐる前清分資料の中には、この係爭に關する具體的資料が見出されない。從つて、この問題についても、こゝでは沈默して觸れないことにする。次に、河套川地に代るべき土地として報墾された黒界地が、丈放の進展の途中に於て、如何に巨大な叛亂をよび起したかを問題とすることにしよう。

二、黒界地の報墾と丹不爾の叛亂

河套川地は、前述の如く、一應開墾地として指定され、且つ後述する如く、賠教案と關連して再び問題の土地として表面に浮かび上つたけれども、現實に開放され、丈放される迄には至らなかつた。

準噶爾旗によつて報墾され、且つ實際に丈放された土地は、長城に近接し、古くから私墾によつて開拓されてゐた黒界地のみである。河套川地の報墾を喜ばなかつた貝子・珊濟密都布が黒界地を報墾するに至つた（資料 八）ことは、既に前節に述べたごとくである。併し、黒界地の交地印文は、漸く光緒三十一年一月に至つて墾務局に交付された。蒙墾奏議には、次の如く記されてゐる。

旋於本年正月間、據該旗貝子、將該旗黒界地一段、開明四至、以印文呈報（蒙墾奏議）

報墾から交地印文の交付迄、この間多少の時間的隔りが見られる。併し、墾務總局に保存されてゐる資料のなかには、この時間的空隙をうづめる具體的資料が殘されてゐない。また、交地印文の交付後、墾務當局が、如何にしてこの地を勘收し、且つ何時頃から現實に丈放を開始したかも明かにされ得ない。またこの地の丈放と丹丕爾の叛亂が、如何なる因果の楔によつて連關するのであるかも明かでない。

我々に可能なことは、たゞ蒙墾奏議または蒙墾陳訴供狀、蒙墾續供等の文獻によつて、多少この間の經緯を明かにしうるにとゞまる。何故ならば、黑界地と丹丕爾に關する資料は、光緒三十四年丹丕爾の誤殺問題が政治的な問題として摘發され、墾務大臣・貽穀が北京の法部に於て訊問を受けねばならなかつた時、北京の法部へ證據文書として解送されたからである。

併し、幸ひなことには、五原に移された包頭墾務局の資料の一部が、聖戰の只中で我々の手に入手することが出來たことである。この資料は、多くの脫落した部分を持つてゐるが、綏遠墾務總局の資料の中に見出されないものを含み、且つ其の空隙をうづめるに役立ちうる資料をも含んでゐる。筆者は、以下、この資料を取り入れ乍ら、黑界地の報墾と丹丕爾の叛亂を解說して行くことゝする。

黑界地の交地印文は、先きに述べたやうに、漸く光緒三十一年一月、準噶爾旗から墾務大臣に交付された。そしてこの交地印文は直ちに墾務大臣から西盟墾務局に移牒せられた。（資料 一九）この交地印文は、其の內容に立ち入つて見れば、單に黑界地の四至境界を明かにしてゐるに過ぎないから、詳しい解說は省くことにする。西盟墾務局は、この通牒を受けた翌月、卽ち光緒三十一年二月、郡王旗放地委員・岳鍾麟に札飭して、黑界地の勘收と丈放に備へる爲めに墾務分局の開設を命じた。（資料 二〇）と同時に準噶爾旗貝子・山吉密圖布に右の趣きを移牒して、勘收と分局設置に協力すべき蒙旗委員二名の派遣を要望した。（資料 二一）且つ同地方は陝西、山西の兩省に近接し、この地方に進出した支那の農民は古くから陝西省府谷、山西省偏關、河曲等の諸縣によつて管轄せられてゐたから、郡王旗放地委員・岳鍾麟を派遣し、局を設けてこの地の丈放を行ふことを右の三縣に移牒した。（資料 二二）

次いで西盟墾務局は、岳鍾麟を補佐せしめる爲めに、委員・倪樹勳を黑界地に派遣し（資料 二五）準噶爾旗も墾務局の要望に從つて梅楞衛・茂諾海を派遣したが、（資料 二四） これに先きだつて包頭墾務局（西盟墾務局）は光緖三十一年二月初三日、早くもこの地から徵收すべき押荒歲租の等則を公示し、丈放の一般的方針を公示した。今資料二三によつて、公示された押荒・歲租の等則を、表によつて示せば次の如くである。

黑界地押荒・歲租等則

等則	押荒	隨徵經費銀	歲租	隨徵租捐銀
上地	每畝三錢二分	八分	一分六厘	四厘
中地	每畝二錢四分	六分	一分二厘八毫	三厘二毫
中下地	每畝一錢六分	四分	九厘六毫	二厘四毫
下地	每畝八分	二分	八厘	二厘

（資料 二三）

右表に示されてゐるやうに、この押荒・歲租等則は、他旗に見られない特質を持つてゐる。即ち、押荒については經費銀が、歲租については租捐銀が各々附隨的に課せられてゐる。併し、この方針は、現實には採用されずに葬り去られた。從つて、これ以上解說する必要を見ない。たゞこゝで指摘しなければならぬことは、黑界地に於て、土地の拂下げを受けんとする領戸に對し、富有な商人の舗保を要求した一事である。（資料　二八）では、墾務局は、如何なる理由から土地の拂下げに對し、舗保を要求したのであらうか。資料にも示されてゐるやうに、郡王旗に於ける苦々しい經驗の攝取によるもの丶如くである。郡王旗に於ける丈放は、押荒の未納によつて苦るしめられた。包頭墾務局は、この經驗を次の如くに表白してゐる。

査郡王旗上年所放地畝、各地戸依限呈交押荒者、固屬不少、而疲玩延欠者、亦所恆有、推原其故、皆由丈放委員規定章爲具文、並不認眞取保、是以狡猾地戸、意存抗違、支吾延欠、再四追乎、無力呈交、責之保人、依然終窶、遂致押荒正款、不能及時批解、甚至無賴地戸、備追急迫、逃遁生謗、興言及此、實堪痛恨、茲該準噶爾旗報墾黑界地、近腹裡密邇市鎮、領地戸、務須取具殷實舗戸保狀、方可放給、以杜濫領、（資料　二八）

黑界地の丈放にあたつて、墾務局が舗保を要求し、更に押荒・歳租に附隨して經費銀並びに租捐銀を徴收しようとしたことは、他に類例を見ないことであるが、我々が最も怪とするところは、委員の勘收と其の報告にさきだつて押荒・歳租の等則を決定したことである。一般的に言つて、あらゆる土地の丈放は、委員の勘收によつて、土地の豐度、自然的諸條件が明かにされ、この調査の上に立つて始めて押荒・歳租の等則が決定されてゐる。然るに黑界地に於ては、か丶る經過を待たないで、押荒・歳租の等則が決定されてゐる。かうした特異な手段が、如何なる理由の下に採られたのか、また採られねばならなかつたかは、明かにすることの出來ない疑問として殘されてゐる。

それは兎も角、曩に黑界地の墾務委員に任ぜられた岳鍾麟は、光緒三十一年二月二十八日、墾務分局を黑界地に開設し（資料　二六）同年三月、黑界地の勘收を行ひ、三月二十五日、其の四至、地形、地味、推定可耕地等を報告してゐるが（資料二六）この報告によれば、黑界地の可放面積は約三四千頃と推定されてゐる。

この勘收と同時に岳鍾麟は丈放に必要な組織的準備をも完了した。卽ち彼は、（一）十里長灘に一局を設けて東局と名づけこゝに委員・王渠芳、委員・倪樹勳、書手・榮景竝びに馬兵四名を駐在せしめ、古城川以東、黄河の河畔に至る地段の丈放にあたらしめることに決定した。（二）更に彼は、小石拉搭地方に一局を設けて中局となづけ、委員・張企芬、鄔崇德をして、古城川以西、哈拉寨、西梁、馬海地𡑞に至る地域を丈放せしめることに定めた。（三）また府谷縣に屬する沙梁川にも一局を設けて西局とし、こゝには委員・臾樹灊、司事・史熙廉、書手・英山外馬兵四名を駐在せしめ、馬海地𡑞以西の地域を丈放せしめることに定め、三月二十七日、局を開いて丈放を開始する配備を了へた。（資料　二六）墾務大臣の奏議―蒙墾奏議を讀めば、墾務分局は五月開局ととれるやうに思はれるが、こゝでは岳鍾麟の報告を共のまゝ紹介するにとどめる。

以上の如く、黒界地を丈放するための組織的配備は完了した。が黒界地に居住する蒙漢人の間には、この前後から流言が飛び、不穏の徴候が萠し始めた、この地方も、共の當時既に或る程度に開墾されてゐた。從つて、收租關係から大きな利害關係を持つ蒙古人もすくなくなかつた。殊に、準噶爾旗協理臺吉・丹丕爾（丹怕爾）は、最も深い利害關係を持つてゐた。この地方に彼の戶口地が劃留されてゐたかどうかは明かでない。併し、丹丕爾の手にはこの地の收租權が握られてゐたことだけは確實である。從つて彼は、この地の開放を喜び得なかつた。彼は、墾務局の委員が乘り込んでくる以前から、漢人農民を煽動して、放地局に認地（土地の登記）を掛號（登記）し押荒を納入することを、抑へてゐたと云はれてゐるが、黒界地に定住してゐた支那の農民達も、開放に伴ふ押荒の徵收に動揺の徵を示してゐたやうである。丹丕爾の煽動と農民の動揺の徵を看取した墾務大臣は、告示を出し農民を曉諭すべきことを札飭したが、この札飭には次の如く書かれてゐる。

照得準格爾旗放墾之地、係該貝子呈報歸公徵收押荒、該種戶等自應照章繳納荒價、與各旗一律辦理、並非格外加賦、乃近有不肖之徒、造謠生事、希圖免交押荒、本應立豫重懲、但該民戶平日尙皆安分此次係爲該旗東圖蘇拉齊・丹怕爾所惑情有可恕、亟宜嚴申誥誡、以儆力風、（資料　二九）

この札飭の中に、我々は始めて東協理・丹丕爾の名を見出し、墾務大臣の開墾政策の前に起ちはだかり、且つそれと闘つ

二、黒界地の報墾と丹丕爾の叛亂

た徹底した抗墾主義者としての蒙古貴族を見ることが出來る。それは兎も角、この告示に倣つて、五月十一日、包頭墾務局も亦農民に對する告示を發した。がこの告示によれば、農民の反抗は次の如くに要約されてゐる。

照得準格爾旗所報黒界地畝、前蒙欽差督辦蒙旗墾務大臣貽札、由本局派委帮辦・岳令鍾麟、帶同員司人等、前往勘收、設局丈放在案、迄今數月之久、遵章掛號認領者、固不乏人、而私自耕種觀望不前者、亦復不少。(資料　三〇)

卽ち、農民は掛號認領(土地の拂下げを登記すること)を忌避し消極的に開放に反對してゐたことが明かにされる。この告示にも、農民の背後に立つてそれを煽動してゐるものゝあることを「不肖之徒　從中煽惑」と指摘してゐるが、こゝには東協理・丹丕爾の名は見出し得ない。包頭墾務局は、かゝる煽動に迷はされることなく土地を承領すべきことを、曉諭してゐるが、また丈放の基本的立場を次の如くに宣明してゐる。

定章先儘原種之戶承領、如無力呈繳押荒、或不願領種者、方由本局另行招墾、體恤不謂不至、乃爾等原種地戶、旣不照章認領、又不呈請另放、竟敢私自耕種、實屬不知體恤、凡此後已經耕種、未經認領之地、如於五月內照章掛號認領者、毋庸議外、倘遲延觀望、仍不認領、卽照郡王旗地辦法、將本年所收糧石、以一半歸該地戶、一半呈繳本局、(資料　三〇)

卽ち、包頭墾務局は、古くから耕種してゐる農民に、其の耕種地の優先的拂下げを認めたが、其の農民に押荒を納入する經濟的力が無い場合、竝びに其の農民が拂下げを希望しない場合には、別の者に土地を拂下げることを明かにし、且つ旣に耕種されて居り乍ら、未だ認領されてゐない土地は、若し、五月の月內に掛號認領されなければ郡王旗の丈放辦法に倣つて其の年の收穫の一半を墾務局に沒收すべきことを宣言した。包頭墾務局は、この告示に續いて、再び曉諭を發してゐるが、この曉諭の中では、農民の消極的反抗—卽ち拂下げに對する觀望的態度を威嚇する意味から、未放地は東路公司をして認領せしめる意圖と準備のあることを表明した。(資料　三一)

これらの告示と曉諭を通じて、我々は當時農民の間に瀰蔓してゐた開放に對する忌避的潮流を看取することが出來る。

それは明かに掛號・認領の拒否として表れた抗墾運動であつた。しかも、この農民の背後には、黑界地の收租權を握りこの地の農民の上に君臨してゐた東協理・丹丕爾があり、且つ丹丕爾の下には大小の蒙古地主が、この抗墾運動を側面から支持し、拘束して居たものと推察される

かくして、黑界地の開放に對する反對は、對立してゐた支那の農民と蒙古の封建的地主との統一された勢力と運動に發展する傾向が看取された。そしてこの抗墾運動は們背起亞等の武裝蜂起によつて直接的暴力的運動に進展した。光緒三十一年五月、們背吉亞を首魁とする蒙古人約三十人は、武裝して墾務局の丈放を阻止せんとした。この報告を受けた墾務大臣は、直ちに官兵を黑界地に派遣し、們背吉亞等の抗墾主義者の彈壓を開始したが、們背吉亞等の蜂起に關しては、次の如く記錄されてゐる。

照得頃據準格爾分局報稱、該處蒙人聚衆滋事、並指爲首之人係們背吉亞及伊弟姪等名那遜沁爾賽吉亞等、共聚有三十餘人胆敢持械、挺抗與墾務爲難、殊屬不法已極、（資料　三三）

彈壓の爲めに黑界地に派遣された官兵は、五月十九日、中局が設置せられてゐた小石拉塔に到着した。併し、們背吉亞に率ひられた蒙古人達は、依然として其の根據地に盤居して動かなかつた。委員・岳鐘麟は、先づこの地方に勢力を振つてゐた東協理・丹丕爾をして、これらの蒙古人を解散せしめようとしたが、東協理・丹丕爾は敢へて墾務局の希望に聽く氣配も見せなかつた。五月二十三日、官兵は們背吉亞の盤居してゐた地點に向かつて探査の手をのばしたが、この時、們背吉亞は既に風を喰つて逃走し、其の踪跡は明らかでなかつた。（資料　三四）包頭墾務局は六月初四日、告示を出して們背吉亞を逮捕した者、或は其の所在を通報した者には、賞金を與へるべきことを告示し（資料　三五）且つ官兵を所在に配備した。

併し、們背吉亞の蜂起は、單に彼に率ひられた三十名の蜂起としてのみ評價することは出來ない。この抗墾運動の背後には前にも指摘した如く、準噶爾旗東協理・丹丕爾が糸を操つてゐたものゝ如くである。委員・岳鐘麟は、其の稟文（資料　三四）

の中で、再三東協理・丹丕爾の態度を報告してゐるが、彼は直截に次の如く述べてゐる。

惟所謂之丹丕爾、及前次欽憲由包人跟從蒙員、均未前來、該蒙員玩視因循、莫此爲甚、査此夥蒙衆嘯聚滋事、皆丹丕爾所嗾使、夫初九日之過蒙衆、與委員左手尙被槍砂轟傷……、即此一端、該蒙古寸礫其身、亦不足惜矣。（資料　三四）

また、東協理・丹丕爾の營盤を訪ねた哨官・王長勝も、丹丕爾が其の營盤を武裝し、多くの蒙漢人を驅り集めてゐたことを報告してゐる。岳鍾麟の禀文の中におりこまれてゐる哨官・王長勝の報告を摘出すれば次の如くである。

王哨官長勝回稱、奉派往調東圖薩拉齊、行至該營盤半里許、瞥見蒙漢紛紛奔回其營、各執槍械、站在房頂、似有抗拒之意（資料　三四）

更に、こゝで見落すことの出來ないことは漢人農民の動向である。漢人農民の間にも抗墾的潮流は決して微弱でなかった。們肯吉亞の徒と合流して開墾を阻止しようとする分子の活動も露骨に看取された。古城、十里長灘一帶には買凱、十大股等の農民が農民を煽動して開墾を阻止しようとしてゐた。（資料　三六）　また資料三八に示されてゐる倉房梁事件は、端的に漢人農民の動向を示してゐる。この倉房梁事件は墾務局の收租に反抗した農民・張某と彈壓の爲めに派遣せられてゐた官兵との直接的な衝突であり、墾務大臣はこの農民の反抗も丹丕爾の使唆によるものと主張してゐるが、其の經過は、次の如くに報ぜられてゐる。

據準旗中局函稱、本月初七日、該員司等赴地分租、行抵倉房梁地戶張姓家中、因抗不遵、査飭派譚營兵丁往傳、該地戶逞兇毆差、竝有從旁荷鋤多人、出而幫毆、兵丁情急抵格、以致互相受傷、地戶張姓旋即因傷殞命。（資料　三八）

こゝで注目さるべきことは、附近に耕作してゐた農民迄が、鋤、鍬を携へて、收租に反對した張某を助けたことである。また包頭墾務局總辦・姚學鏡の報ずるところによると、張某は墾務局による地租の徵收に反對して「非有蒙古到場、不能査勘」（資料　三八）　と主張したことは、蒙古人と支那の農民の關係を暗示せしめるものがある。これらの事實を通じて、我々は農民の反感と敵意がどこに向けられてゐたかをハッキリと把へることが出來る。この問題は、墾務大臣の注意を喚起し、共の札飭に從つて査辦せられることゝなつたが、（資料　三九）　問題の處理は府谷縣に移されて糾辦せられることになつた。（資料　四一の批）

們肯吉亞の徒黨と農民に對する弾壓。かうして墾務大臣の壓力は、一歩一歩强化されたが、丹丕爾を中心とする抗墾運動は、この弾壓に抑壓され、絞殺されてはしまはなかつた。丹丕爾は、墾務局の僕役になることを欲しなかつた。彼は墾務局の招きを拒否し、墾務局との會商を回避した。且つ彼は蒙古の兵丁を糾合して武裝せしめ、墾務局に歳租を交付した農民を恫嚇して間接的に、墾務局による開放を拒んでゐた。曰く、

近日丹丕爾肆意妄爲、有令纂古率領多人、執持槍械、允交歳租之地戸馬姓等出情事、以致委員辦理棘手云々、并聞們肯已牙、現仍嘯聚一二十人、造謠興謗、恫嚇百姓、并不聞該旗査拏懲辦。（資料　四〇）

この引用資料にも見られるやうに、們肯已牙（們肯吉亞）の徒黨も丹丕爾の別働隊として遊蕩してゐた。墾務大臣は、先づ丹丕爾に與へられてゐた頂戴を剝奪し、且つ、郡王旗圖斯拉齊・補音傑爾格朗をして百方丹丕爾を說得せしめたが、丹丕爾の決意を動かすことは出來なかつた。彼は公然と次の如く揚言したと云はれてゐる。

丹丕爾囑咐各地戸、如墾局委員再來收租、可將其足筋割斷如有事故、有伊承當之責、（資料　四〇）

かくして、東協理・丹丕爾を中心とする準噶爾旗の抗墾運動は益々公然たる武力的鬪爭の形態を帶びて來た。情勢は日一日と險惡になつた。光緒三十一年七月十一日、遂に蒙古兵丁による墾務東局の襲擊が決行された。この襲擊は、次の如く報ぜられてゐる。

七月十一日、有蒙衆來攻東局、經該處公行排解始退、臨行聲稱、還要定期開仗、嗣後警報頻來、局所已危若朝露（資料四二）

繼いで七月二十二日、蒙古人凡そ二百は、再び大砲其の他の火器を擁して十里長灘の東局を攻擊し、且つ戰書を送つて三

日以内に墾務局を撤去すべきことを要求した。其の戰書には、次の如く書かれてゐた。

送來戰書一紙、據稱、如見陣出牌見、如不敢見、限三日内退出長灘、否則與局決一死戰 (資料 四二)

この勢に辟易した墾務局の委員達は、蒙古人の要求に屈服して、長灘を逃れ、小石拉塔の中局に移つた。(資料 四二)然るに二十四日の辰刻、們肯吉亞、二達子、三達子等の率ひる百名餘の蒙古人は、各種の武器を携へて中局の攻撃を開始した。其の一隊は、背後から山に據つて陣列をしき、他の一隊は局の前方に埋伏して中局包圍の隊形をとゝのへた。砲撃が開始されると共に、彼等は漸次に中局に近かずいたが、申刻、五字溝に退いて糧食をとつた。包圍された墾務局の委員達は、一應郡王旗の罕太廟に逃れ去らうとも計劃したが、蒙古人達が其の沿途に卡倫を設けて警戒してゐることを恐れ、一物も帶びず先づ古城に逃走し、更に其の夜黃河を渡つて河曲縣に逃れて難をまぬがれた。(資料 四二) 墾務局を襲撃して、其の委員達を驅逐した蒙古人達は、中局に保存されてゐた文書賬簿の類を燒却し、委員達の殘した文物一切を掠奪し、且つ墾務局の手先となつて働いた格什巴圖を捕縛して之を殺害せんと謀つた。(資料 四三)

光緒三十一年九月初八日、墾務大臣・貽穀は、遂に丹丕爾の叛亂を朝廷に上奏し、丹丕爾から協理臺吉の職責を剝奪し、且つ丹丕爾、們肯吉亞竝びに叛亂に與みした蒙古人を逮捕し、其の罪を糾明すべき旨を主張した。更に墾務大臣は、西盟巡視に當つて、先づ準噶爾旗に赴き、貝子以下の蒙旗官員に威壓を加へ、丹丕爾以下の叛徒の逮捕と格什巴圖の放出を嚴命した。(資料 四三)

この丹丕爾の叛亂は、墾務大臣・貽穀によつて強行された蒙地開放策に對する蒙古人竝びに原住漢人の暴力による抗議であつた。其の鬪爭の鋭さ、其の大衆動員、殊に武器、糧食の蒐集を配慮した諸點に於て、他に類例を見ない叛亂であつた。彼等は南坪地方に保壘を築造し、大砲を鑄造し、蒙古人の青年を動員して巡察隊を組織し、更に烏審、郡王、達拉特の各旗に檄を飛ばして共同の鬪爭に起ち上ることを煽動した。彼等の鬪爭は、烏審旗の貝子まで或る程度に硬化せしめ、西盟に於ける開放政策を、其の根底から覆滅し去る勢を示した。墾務大臣・貽穀は、右の諸點を次の如くに上奏してゐる。

丹丕爾…所居之南坪地方、築壘滑濠鑄造礮火、脅令所屬蒙民丁壯、四面邏守、内爲負嵎拒官之計、外則主使們肯吉亞等仍率蒙衆四出滋擾、復函咬烏審郡王達拉特各旗同力拒墾、烏審貝子幾爲所惑、致將前報各地亦迄今枝梧未放。（資料　四五）

墾務大臣は、叛亂の擴大を恐れた。開放の强行は、至るところに於て、蒙古人の大衆的叛亂を醞釀する條件をつくり出してゐた。對策を誤れば、叛亂は全内蒙に波及する危險があつた。かくして、墾務大臣は、叛亂の可急的な鎭壓の配備をとゝのへた。前述の樣に、墾務大臣は準噶爾旗貝子を威嚇して、叛徒の逮捕を命じたが、他面に於て、國外駐防の大同續備軍馬隊第四旗步隊、墾務衛隊、綏遠常備軍等々を、續々動員して、丹丕爾の根據地・南坪に對する包圍攻擊を命じた。大同續備軍馬隊を指揮する管帶・譚湧發等の包圍軍は、九月十一日、準噶爾旗梅楞・納木達克色楞の部下・奇落なる者を使として、格什巴圖の放免と叛亂隊の解散、降伏を勸說せしめたが、丹丕爾に率ひられた叛亂軍は、この勸告を退け、逆に使として派遣した奇落を拘留するに至つた。

九月十三日譚湧發等に率ひられた官兵は、準噶爾旗から派遣された蒙兵と共に路を分けて南坪に進み、丹丕爾の根據地南坪から三四里の地點に到着した。この時、叛亂軍は大砲による砲擊を加へ、續いて小銃による一齊射擊をもつて官兵を迎へた。かくして官兵と叛亂軍の間には、激しい戰鬪が交された。官兵の損害は死亡一、負傷九を數へた。戰鬪は夜まで繼續された。其の夜、丹丕爾の住居から突如として火炎が燃へ上り、炎は東西に延燒して行つた。翌十四日、官兵は漸く院内に突入し、先きに丹丕爾の爲めに拘留されてゐた格什巴圖、奇落等を救出した。この戰鬪に於て、丹丕爾の次子二黨吉・依登甲は其の家屬と共に官兵に投降したが、丹丕爾以下の叛亂隊凡そ百餘名は隙に乘じて逃走し、僅かに俘虜二十八、山砲一基、小銃二十餘丁を鹵獲したに過ぎなかつた。

叛亂の首魁と見られた丹丕爾の蹤跡は不明であつた。投降した依登甲等の訊問によつて、十三日、早くも十數名の蒙古人

と共に北に向つて逃走したことは明かにされたが、其の後の消息は遂としてとらへることが出來なかつた。(資料　四五)

逃走した丹丕爾以下の叛亂者に對する追求は、墾務大臣の上奏により理藩院を通じて伊克昭、烏蘭察布、阿拉善の各盟旗寧夏將軍、察哈爾都統、庫倫辦事大臣、烏里雅蘇臺、科布多等の各將軍大臣に其の逮捕令が發せられ、俘虜とせられた依登甲等二十八名は、薩拉齊廳に送附されて監禁され、罪狀が夫々吟味された。(資料　四五附)

一方、南坪を脱出した丹丕爾以下の叛亂軍は、所在に蒙漢人を糾合して糧食を貯藏し、武器を鑄造し、近隣の匪徒と結び殊に丹丕爾の長子・拉木甲の如きは、十月準噶爾旗貝子の暗殺さへ企てるに至つた。併し、丹丕爾の所在は、十一月に至つても判明しなかつた。十二月準噶爾旗西協理臺吉・額爾齊木吉爾噶勒等の報告によつて喇嘛洞地方に逃亡してゐることが漸くにして確められた。喇嘛洞は地勢險悪、後に山を負ひ、前は河に面し、自然の山寨をなしてゐた。丹丕爾の所在をたしかめた官兵は、十二月徐々に兵力を加へてこれを包圍したが、十二月九日、最後の決戰によつて丹丕爾以下十九名の叛徒を捕獲し、十九名を射殺して、この叛亂を鎭壓することが出來た。(資料　四六)

かくして丹丕爾を首魁とする叛亂は鎭壓された。丹丕爾は護送されて歸化城におくられ、署薩拉齊同知・余寶滋、署五原同知・姚學鏡の訊問を受けたが遂に歸化城に於て處刑され、其他の者も夫々その罪狀に應じて處斷された。丹丕爾の叛亂は黑界地の丈放を停滯せしめ、完全に阻止した。否、全内蒙に其の影響を與へ、北京の朝廷に對しても、貽穀によつて强行された開墾政策に對する反省を呼び起さしめた。光緒三十四年、協辦大學士鹿傳霖竝びに理藩院侍郎・紹英は貽穀の業績を鋭く剔抉したが、彼等は丹丕爾に對する墾務大臣の處置を「二誤四罪」の一つとして摘發し、遂に墾務大臣・貽穀の政治的生命を剝奪するに至つた。

併し、墾務大臣・貽穀の査辦事件に關する資料と解説は、別に稿を改めてなされる筈であるから、こゝでは詳しく觸れないことにし、こゝでは、單に手許にある資料、即ち、五原墾務分局から接收して來た資料竝びに貽穀の上奏を集錄した蒙墾奏議等に基いて解說を進めるにとゞめる。

併し、こゝには北京に送られた資料と照し合せてより詳細に吟味し檢討すべき幾多の問題をのこしてゐる。すくなくとも次の諸點は、改めて再檢討されねばならぬのではないかと考へられる。

一、們肯吉亞は、何故に墾務局の襲擊を決行したか。果たして們肯吉亞は、開墾反對の政治的要求獲得の爲めにのみ鬪爭に立ちあがつたのか。

二、們肯吉亞と丹丕爾の間には、何等かの默契があつたのか。果たして墾務大臣・貽穀の上奏した如く、丹丕爾は們肯吉亞を使唆したか。

三、張某にからまる食房梁事件は、丹丕爾と如何なる關連を持つか。貽穀が法部に於て主張した如く、張某は果たして丹丕爾を恃んで墾務局の收租を拒否したのであらうか。

四、丹丕爾は烏審其の他の蒙古人に檄して抗墾鬪爭に蹶起せしめようとしたと言はれるが、果たしてさうした事實があつたであらうか。また奸民を驅り集め匪徒と結託したと主張されてゐるが、果たしてさうした事實があつたか否か。

この外、法部に於て問題とされた幾多の問題を拾ひ上げ、詳細に檢討を加へて行けば、こゝで與へた解說は、改めて書きなほされねばならぬことになる。しかし、こゝでは、單に墾務大臣の上奏に根據を置いて解說するにとゞめ、再檢討を要するいくつかの問題は、法部に送られた資料をも參照した上、改めて解說を加へることにし、次には黑界地の丈放が如何に進められたかを解說することにする。

三、黑界地の丈放

丹丕爾を中心とする準噶爾旗の叛亂は、彼等の執拗た鬪爭にも拘らず遂に鎭壓された。首魁者たる丹丕爾を初め叛亂にくみした一連の叛亂者達は、夫々逮捕され、墾務大臣・貽穀の命令によつて、其の罪狀を糾明されることになつた。この叛亂の鎭壓によつて、黑界地の丈放に反對する抗墾主義者は清掃され、其の障碍は除去された。かくして、叛亂が鎭壓された翌年、即ち光緒三十二年二月、問題の黑界地は、血の鬪ひを經て再び丈放が强行せられることゝなつた。準噶爾旗墾務分局は、同月この旨を黑界地に居住する蒙漢人に告示した。（資料　四七）

然らば、黑界地は、如何にして如何なる方法によつて丈放せられることゝなつたか。丈放の具體的方法については、岳鍾麟の後を襲つて、黑界地の丈放を處理することゝなつた候補直隷州知州、林毓杜の稟文に添附された「放地章程」によつて明かにすることが出來る。この章程は、資料四八に添附された淸摺を一瞥すれば、容易に其の内容がとらへ得られるが、八條から構成され極めて簡單な内容しかふくまれてゐない。極く簡單に、其の内容を紹介すれば次の如くである。（資料　四八）

この章程で先づ第一に明かにされてゐることは、原古有者の優先的認領を認容したことである。（第一條）但し、この優先權には、一定の時間的制限が設かれてゐた。即ち、二十里以内に居住する者は、二月初十日から起算して五日以内に掛號することを要し、二十里以上離れた土地に居住する者は、十日以内に掛號することを義務づけられ、若し、この限内に掛號しなければ、原古有者は、認められた優先的認領權を喪失することを規定せられた。（第二條）

等則は、上上地、上中地、中地、下地、下下地の五等則に分けられ、灌漑可能の園子地は上上地と定められた。納付すべき押荒は、上上地每畝一兩二錢、上中地六錢、中地四錢、下地三錢、下下地二錢と決定せられた。（四條）押荒の納入は、三限に分け、一限を四十日とし、百二十日以内に完納せしめることに定め、この期限内に押荒を納入しない時には「撤地另放」することにした。更に第一限内に押荒を完納し、二十頃以上の土地の拂下げを受けた者に對しては、特に頂戴の稱號を與へることを明示した。（七條）以上の如く、この丈放章程は、極めて簡單な内容しか含んでゐない。

更に、黑界地の丈放について、こゝで指摘しなければならないことは、この地の丈放が、この地の自然的地形に應じて、河川を分界とする五段に分けて進められたことである。各段には夫々、仁、義、禮、智、信の五字が冠せられ、丈放は第一段から、卽ち仁字段から始められた。第一段は東河から起つて長灘に至る地域を含み、この地の丈放責任者としては、委員・秦望瀾、馬世照、續康等が任ぜられた。（資料　四八）

然らば、黒界地の丈放は、具體的に如何に進行したであらうか。次に丈放の具體的進展を簡單に跡づけることゝしよう。黒界地の丈放は、前述の丹丕爾の叛亂によつて、光緒三十一年、ある程度迄進められてゐた。併し、この丈放は、前述の丹丕爾の叛亂によつて阻止せられ、其の中途に於て頓挫せしめられた。從つて、三十二年から再開された丈放は三十一年からの繼續として見ることが出來る。丈放の進行に關しては、林毓杜の報告に具體的數字が見出せる。今、この報告に從つて、其の進行を紹介すれば次の如くである。（資料　五三）

第一段、卽ち仁字段は四月の初旬に於て早くも二百六十餘頃の丈放を終り、第二段は、三月二十日迄に約百五十六十頃を丈放し、三十一年の丈放地約三百五十六十頃と合算すれば、一段二段の大半は丈放し盡されたものゝ如くである。

第三段から第五段迄の地域は、四月二十日前後から丈放に着手されたが、この三段の丈放地畝數は報告せられてゐない。

併し、この三段に關しては、光緒三十二年六月、郡王旗並びに準噶爾旗の墾務監査の爲めに派遣された（資料　五七）文案處總辦・李雲慶の報告によつて其の概況を把へることが出來る。

査黒界地、由東至西二百餘里、由南至北八九里五六里不等、分仁義禮智信五段、仁義兩段、已丈放完畢、禮智兩段雖已丈放、而未放定之地尚多、緣有數戶合領、而尚未劃分者、或一人承領、而旋生轇轕者、其信字一段、現在隨丈隨放、月底卽可竣事、綜五段地計之、約有淨地一千七百頃之譜、此界地之實在數目也、界地荒價、分上、中、中下、下四等、平均計之每頃約合價銀三十七八兩之譜、以千七百頃計算、約共合荒價銀六萬數千之譜、此將來核收押荒之大致數目也。（資料　五八）

卽ち、この報告によれば、仁義禮智信の五段のうち仁義の二段は既に丈放されたが、禮智の二段は、土地の拂ひ下げにから

三、黒界地の丈放

まる紛爭其の他によつて、丈放は完了したが、拂下げ人の未定な土地が少なからず殘されたことが理解せられる。信字段は七月下旬に丈放が完了されることが豫測されたが、丈放されうべき地畝數は、一千七百頃內外と推定され、徵收されうべき押荒は、六萬數千兩と推定されてゐる。この推定の根據は、この報告に添附された淸單によつて、其の內容を具體的に把へることが出來る。其の後、この地の丈放が如何に終束されたかは明かでない。併し、同年十一月に寄せられた林龢杜の報告によると、八月末には遂に五段の丈放を完遂し、仁義兩段では、徵收すべき押荒の三分の二を徵收し得たことが述べられてゐる。かくして黒界地の丈放は、光緒三十三年十一月には、ほぼ完遂の域に達したものと見ることが出來る。林龢杜は、この丈放に參加した墾務局員竝びに墾務の進展に協力した農民の勞苦と功績を上申し、其の行賞を求めたが、(資料六〇、六二)墾務大臣はこの要望に聽從し、夫々其の努力を嘉賞した。(資料 六四)

では、黒界地は、結局に於てどれだけの面積を丈放し、且つ如何程の押荒を徵收し得たであらうか、黒界地の丈放地畝數と徵收せらるべき押荒竝びに實際に徵收し得た押荒については、次の如き數字が報告せられてゐる。

黒界地丈放地畝數及應徵已收未收押荒調査表

等則	畝數	毎畝押荒	應徵押荒	已淸押荒	未收押荒
	頃畝		兩	兩	兩
上地	二〇四·〇五八	六錢	一二，二四三·四八	九，二四九·五三	二，九九三·九五
中地	七五五·七五八	四錢	三〇，二三〇·三二	二〇，〇四七·一二	一〇，一八三·二〇
中下地	四四九·七〇八	三錢	一三，四九一·二四	八，三〇八·八〇	五，一八二·四四
下地	[illegible]	二錢	[illegible]	三，五六一·〇八	一〇，一三五·四一
合計	[illegible]		六九，六六一·五三	四一，一六六·五三	二八，四九五·〇〇

即ち、この報告に基けば、丈放された面積は、一千五百八十八頃に達し、徴收さるべき押荒は、六萬三百三十九兩餘にのぼつた。併し、光緒三十四年六月迄に徴收し得た押荒は、四萬六百六十六兩餘に過ぎず、尚ほ一萬九千六百七十二兩餘の未徴收押荒を殘したことが明かにされる。（資料一〇一）

尚ほこゝで指摘しなければならぬことは、黒界地の丈放にも墾務公司が介入したことである。光緒三十二年四月、丹丕爾の亂が鎭壓された後、墾務大臣は杭錦旗の辦法に依つて、西路公司をして「探地認領」せしめることを札飭した。（資料五一）この札飭によれば、丹丕爾、們肯吉᠌᠌嘎の叛亂によつて農民は疲弊し、押荒の徴收が容易でなくなつたこと、また零碎な面積を丈放してゐたので丈放が容易に終熄しないことを理由として、西路公司に「探地認領」せしめることを札飭した如くに言はれてゐる。併し、墾務公司は現實に丈放を遂行したのではなく、實際は準噶爾墾務分局が西路公司に代つて丈放したものの如くである。しかも西路公司をして丈放せしめた土地は水によつて灌漑される園子地のみであつた。この園子地の丈放地畝數竝びに應徵、已收地價等は、次表の如くである。

黒界地園子地丈放地畝數及應徵已收未收地價調査表　（資料一〇一）

	地畝數	地價	應徵地價	已收地價	未收地價
園子地	頃畝 一〇・五四七・六	[illegible]	兩 一四二・八一二	兩 五四・五七六	兩 八八・二三六

三、黒界地の丈放

墾務大臣・貽穀が、西路公司をして園子地のみを「探地認領」せしめたことは、明らかに西路公司のために收取の弊竇を切り開いたに外ならない。墾務大臣は丈放の困難を打開する爲めに西路公司をして撥地認領せしめたと主張してゐる。併し、丈放の困難を打開する爲めであれば、丈放の困難な旱地こそ撰ばるべきであり、水によつて灌漑される園子地を撰ぶことは奇怪である。何故ならば、水によつて灌漑せられる園子地の丈放は、水の不足するこの地方では、最も容易になされうるから特に西路公司の介入を必要とするやうには考へられないからである。また西路公司が、直接轉放に當らず、墾務分局をして代放せしめたことを考へ合せれば、丈放の困難を打開する爲めに、西路公司をして放墾せしめたと言ふ墾務大臣の言葉は、結局、一つの遁辭に外ならない。墾務大臣・貽穀が、西路公司を介して官僚と商業資本の爲めに、廣汎な收取の舞臺と可能性を切り開いたことは、査辦大臣の指摘するところであり、また法部に於いても問題とされた點である。我々はこゝでこの問題を詳細に取り上げることは出來ない。併し、査辦大臣の摘發と法部の査問が、一定の現實的根據の上に立つことは、この園子地の撥地認領によつてもうなづかされるやうに思はれる。

四、黑界地に於ける召廟地

歐洲の中世紀に於て、貴族地主と竝んで寺院、修道院が、巨大な土地の領有者であつた如く、蒙古に於ても貴族・臺吉と竝んで、この遊牧民の間に、古くから信仰せられてゐる喇嘛廟が、各盟各旗に多くの寺領地を領有してゐることは、既に多くの人々に指摘せられてゐる如くである。我々もまた王愛召が巨大な寺領地を持つてゐたことを指摘し解說した。（王愛召資料解說參照）單に王愛召にとゞまらず、杭錦旗の巴噶地に於ても、大小の喇嘛廟が夫々寺領地としての香火地を持つてゐたことは、杭錦旗の資料解說に於て言及し詳論した如くである。

黑界地に於ても、數個の喇嘛廟が存在してゐた。これらの喇嘛廟は、其の規模の點から言へば、決して大規模なものではなかつたけれども、例外なく香火地を持ち、この香火地に依存して、そこから徴收される地租錢によつて其の經濟を支へてゐた。準噶爾旗貝子・三吉密都布は、前述の如く黑界地を報墾した。併し、彼はこの地の開放にあたつて、其處に所在する召廟の寺領地について言及し、特に其の劃留を希望してゐる。

> 伏査本旗南邊有黑牌子地內、烏達齊廟、布爾噶圖阿貴召、烏巴什老爺昭、和雅爾烏蘇廟等四昭廟、前經每該各昭廟附近、有賞過零星粮地、以備呈獻香燈、供應衆伴齋用等項、今既開放黑牌界地、理合呈報……仍賞所屬有名昭廟、零星地畝、俾資呈獻香燈、供應一切用項（資料　四九）

貝子・三吉密都のこの希望は、墾務大臣によつて無條件に受け入れられた。光緒三十二年三月、墾務大臣は、準噶爾旗墾務分局に札飭して、原有の召廟地の地積と、召廟に居住する喇嘛伴の員數の調査を命じたが、（資料　五〇）準噶爾旗墾務分局の報告によれば、各召の香火地は次の如くに報告せられてゐる。

> 該段共有廟地三處、烏達齊昭有淨地三頃九十二畝、和雅爾蘇昭有淨地一頃五十一畝零、烏巴什老爺昭有淨地五頃三十四畝二分（資料　五四）

この外、新召の地約二頃、舊召の黃草西坪地約四五頃が香火地として數へ上げられ、伴侶の員數は「常川有一二十人」と報告せられてゐる。尙ほ、この報告によれば、烏達齊召と和雅爾烏蘇の兩召には年々の收租眼簿が保存されて居り、烏巴什老爺昭には、準噶爾旗貝子から與へられた「召地四至簿」が發見せられ、舊廟の黃草西坪地には、東協理・丹丕爾から與へられた證據文書が見出されたことが明かにされてゐる。更に、こゝで注意すべきことは、烏巴什老爺昭と舊廟の香火地である。

烏巴什老爺昭の香火地に關しては、次の如く比較的詳細な報告がよせられてゐる。

> 卑局復卽派員、前往烏巴什老爺昭、調査該昭衆撮眼簿、據伴衆等呈出、光緒五年重放界地時、該旗貝子賞給該召地畝四至簿與現時所佔地址、大致相符、每年地租十四兩、該召得其半、已革東圖斯拉齊、丹丕爾得其半、因該廟坍塌重修、丹丕爾

墊有銀兩、以租攤還、截至光緒三十年爲止。（資料　五四）

四、黑界地に於ける召廟地

この記錄によつて、我々は烏巴什老爺昭の寺領地が如何にして發生し、且つ其の寺領地が、如何に轉化して行つたかを簡單に把へることが出來る。この寺領地は、光緒五年、黑界地が準噶爾旗によつて開放せられた時、貝子から該昭に與へられたものであり、其の發生は比較的新しかつたことが、先づ第一に教へられる。併し、この香火地からあがる十四兩の地租は半分が該召に歸屬するのみで、他の半分は東協理・丹丕爾の手に納められてゐた。では、如何なる理由から、この地の收租權は丹丕爾の手に移轉したのか。

同じく右に引用した資料によれば、丹丕爾への收租權の移轉は、右の烏巴什老爺昭が、坍塌を重修する爲め、丹丕爾から借錢したことに基くことが明かにされてゐる。この事實から、我々は當時に於て、金錢的な貸借關係によつて、收租權が移轉することもあつたことを知り、金錢的な貸借が、封建的な土地所有關係を、或る程度に歪め解體してゐたことを理解しうる。また舊廟の召廟地であつた黃草西坪地約四五頃も、かつてこの地が支那の農民に開放された時、商業資本によつて獨占され、且つ東協理・丹丕爾によつて收租せられてゐたが、光緒二十四年喇嘛達の願ひを聽いて東協理・丹丕爾は達慶・達楞塔布に令してこの地を舊召に撥給した經緯が明かにされてゐる。

舊召之……黃草西坪地於重放界地時、經商人劉種、由丹丕爾收租、歷經該召僧衆懇求、光緒二十四年丹丕爾、字諭達慶達楞塔布、令將該廟原地杳明撥給、（資料　五四）

こゝで「商人」と呼んでゐるものが、文字通り商人と理解してよいかどうかは問題であるけれども、こゝでは一應商人として卽ち商業資本による土地支配がある程度に凝固してゐたものと理解することにする。また「重放界地」も問題となりうる。推測以上のことは言ひ得ないけれども、恐らく準噶爾旗による放地が、二回に亙つて行はれたことを意味するものであらう。

それはともかく、かくしてこの地に所在する召廟地の沿革と概貌はやゝ明かにされ得た。墾務大臣行轅は、以上の事實から召廟地の歸屬を承認し、杭錦旗に於ける例に倣つて、其の劃留を指示した。（資料 五四・批）同時に、これらの寺院の喇嘛達は杭錦旗の例に倣つて、劃留せられた召廟地に對する印照の下附を要望したが、墾務大臣は、この要望も聽き入れ、一頃に付き二兩の照費を徵收することによつて、綏遠城將軍の名に於て蒙漢合璧の印照四張を發給した。（資料 五四）この印照は墾務大臣行轅から西盟墾務總局に送附され、西盟墾務總局から各召廟に送達せられたやうであるが、（資料 七二）照費として納入された三十九兩零八分四厘四毫は、教育費に充當されたもの丶如くである。このやうに、古くから存在してゐた召廟の領有地は、開墾政策による變革を受けることなく、依然として寺領地としての原形を持續し得たもの丶如くである。最後にこれらの寺領地を、より具體的に表示すれば次の如くである。

黒界地に所在する召廟地

召廟名	所有地	耕種地	不堪耕種地	喇嘛口數
烏達齊廟	六頃・一四畝・三〇	五頃・〇〇畝・〇〇	一頃・一四畝・三〇	二十人
烏巴什老希廟	一六・三九・六〇	五・三四・二三	一一・〇五・三八	同
和雅爾烏蘇廟	一・五一・三〇	一・五一・三〇	一	同
布爾噶圖阿貴召	九・一八・七〇	七・六八・七〇	一・五〇・〇〇	同

（資料七二・清單參照）

五、押荒・歳租の分割と黒界地の歸屬

墾務大臣・貽穀によつて確立され、伊克昭盟に於て適用された丈放章程は、大きく分類すれば、二つに分けえられる。即

ち旱地章程と水地章程がこれである。水地章程は、杭錦、達拉特の兩旗に適用され、旱地章程は、準噶爾、郡王、札薩克、烏審、鄂托克等の諸旗に適用されたが、兩者の差異は、主として人工灌漑の有無によつて分けられてゐる。勿論、同じく水地章程と云ひ、旱地章程と云つても、其の具體的な内容には多少の偏倚があり、微收された押荒と歳租も、決して同一の額ではなかつた。では、黒界地に適用された章程は、如何なる章程であり、押荒と歳租の等則は如何に定められたであらうか。言ふまでもなく黒界地に適用された章程は、旱地章程であつた。黒界地の中には水によつて灌漑せられうる土地が、部分的に介在してゐたけれども其の多くは旱地であり、其の押荒、歳租は次の如くに定められた。墾務大臣・貽穀の上奏には、次の如く述べられてゐる。

準旗則地質差強、擬將上地收押荒六錢、中地四錢、中下地三錢、下地二錢、餘經費外、仍照章以一半歸蒙、其歳租數目、詳爲審量、亦須微分差等、鄂托克準噶爾兩旗、擬將上地毎年徵銀二分、中地一分六厘、中下地一分二厘、下地一分（蒙墾奏議）

いま、この五等則の押荒歳租等則を表によつて示せば、次の如くに表示されうる。

黒界地押荒歳租等則表

等則	上地	中地	中下地	下地
押荒	六錢	四錢	三錢	二錢
歳租	二分	一分六厘	一分二厘	一分

では、押荒は如何に微收され、且つ如何に分割されたであらうか。次に押荒の微收が如何に進められたかを、具體的數字によつて明かにして見ることゝしよう。

黑界地に於ける押荒は、丈放進展の線に沿うて漸次に徴收せられて行つた。資料の示すところによつて見れば、光緒三十二年四月から十月末までには一萬六千兩が徴收され（資料　五九）その內五千兩が墾務大臣行轅收支處に解送された（資料　六二）次いで同年十一月から十二月初十日迄の期間には一萬二千餘兩が徴收され（資料　六五）其の內一萬兩が同じく收支處に解送された。（資料　六六）かくして三十二年の年末までには計二萬八千兩が徴收されたが（資料　六七）光緒三十四年四月迄には約四萬兩の押荒を徴收し、未徴押荒一萬九千兩餘を殘すに至つた。（資料　一〇一）

墾務大臣・貽穀が失脚した光緒三十四年四月に於ける徴收押荒と未徴押荒、並びに其の分割の具體的數字は、資料一〇一によつてとらへ得られる。今、この資料から解說に必要とする數字を集め、表によつて示せば次の如くである。

丈放地畝數	應徴押荒	已徴押荒	未徴押荒	三成經費	一半歸公	一半歸旗
頃 一、四六八・三五〇五	兩 六〇、三五九・五八	兩 四〇、六六六・六	兩 一九、六九二・九八	兩 一二、一九九・九四	兩 一四、二三三・三三	兩 一四、二三三・三三

（資料一〇一）

右表によつて理解せられるやうに徴收された押荒は、內三割を墾務局の經費に充當し、殘額を國家と蒙旗の間で等分に分割することに決定せられた。しかし、一半歸旗の一萬四千二百三十三兩三錢三釐が、準噶爾旗の手に渡されたと理解することは誤りである。前にも指摘した如く、準噶爾旗は教會に支拂べき撫恤銀二萬七千兩を西路公司から借りうけてゐた。この借銀は準噶爾旗に渡されることになつてゐる押荒、卽ち一半歸旗押荒から返還されることに定められてゐたから、この一半歸旗押荒、一萬四千兩餘は、ソツクリその儘、墾務大臣行轅收支處に解送され其の返濟に充當せられた。從つて、準噶爾旗は、一千五百餘頃を丈放しながら、一文の押荒も受けとることが出來なかつたわけである。黑界地から徴收せらるべき押荒は、表にも示されてゐる如く、六萬兩に達した。然るに準噶爾旗は其の半額にも滿たない借銀を完濟することが出來ず。黑界地の丈放後も依然として一萬二千七百六十六兩餘の借銀を未濟のまゝにのこした。この未濟額の爲めに、準噶爾旗が如何に墾務大臣の強制を甘受しなければならなかつたか、また其の辦濟の爲めに、如何に苦るしまねばならなかつたかは、別の機會に詳論することにし、こゝではこれ以上立ち入らないことにする。(阿吉爾瑪地の報墾拒否參照)

次に問題となることは、未徵收押荒である。前表でも容易にとらへられるやうに、丈放が完了し、黑界地が府谷、河曲の兩廳の管轄に移された光緒三十四年に於て、尙ほ未徵收押荒は、一萬九千六百七十三兩を數へた。墾務大臣・貽穀の失脚、それにつゞく墾務局内の清掃は、しばらく押荒の徵收を停止せしめた。併し、宣統元年十二月に至つて、貽穀の後を襲つて綏遠城將軍となつた將軍・信勤は、特に胡懋鉞を黑界地に派遣し、この未徵押荒の徵收に當らしめた。(資料　一〇六)またこの旨を河曲、府谷の兩縣に通牒して未徵收押荒の徵收に協力すべきことを札飭した。この札飭をうけた胡懋鉞は、河曲、府谷の兩縣に夫々押荒墾務公所を組織して押荒の徵收に當つたが(資料　一〇七)宣統二年三月から同四月迄の間に、河曲縣に屬する仁義兩段からは五百六十二兩六錢七分を徵收し、府谷縣に屬する禮智信の三段からは、三千二百五兩九錢七分を徵收し得た。この徵收によつて、河曲に屬する仁義兩段に於ける未徵押荒は漸く其の全額を徵收し得たが、府谷に屬する禮智信の三段には、なほすくなからさる未徵押荒を殘した。

宣統二年、綏遠城將軍・瑞良は、この未徵押荒の徵收を、直接、陝西省府谷縣に札飭してゐるが、(資料　一一〇)この札飭によれば、府谷縣に移された禮智信の三段だけでも未徵收押荒は六千九百餘兩にのぼつてゐることが指摘されてゐる。翌三年、府谷縣は將軍の札飭に答へて押荒銀として府平銀五百七十五兩餘を解送して來たが(資料　一一七)尙ほ未徵收押荒は六千兩を下らなかつた。(資料　一一九)この未徵收押荒は、其の後も、繼續して徵收の督促がなされたが、恐らく民國に移る迄、尨大な金額が未徵收のまゝにのこされたものと推定される。

以上、我々はまづ押荒の等則を明かにし、次に資料に示されてゐるところに從つて押荒の徵收が如何に進められ、且つ徵收された押荒が如何に分割されたかを明らかにし、最後に未徴收のまゝに殘された押荒が、裁許に達してゐたかを明らかにして見た。次には歳租について、解說して見ることにしよう。

歳租の徴收は、墾務大臣・貽穀の上奏に基いて、丈放の翌年、即ち光緒三十三年度から、押荒の納入と否とに拘らず、一律に徴收されることに決定された。そして、徴收された歳租の分割については、光緒二十八年、墾務大臣が時の山西巡撫・岑春煊と共に上奏して裁可をうけた「按租捐輸」の辦法を援用し、歳租の內二割を控除して蒙地に於ける將來の建設費として殘こし、殘餘の八割を蒙旗に撥給することに定めた。墾務大臣・貽穀の上奏を蒐錄した蒙墾奏議には次の如くに述べられてゐる。曰く。

査二十八年三月間、奴才與升任山西撫臣岑春煊、會奏西墾情形摺內、有按租捐輸之議、今擬不另加租捐、亦即於常年租銀內、提出二成另款、存儲留共蒙地一切建置之用、餘均撥歸、各旗將來所放各地、隷於何廳、歳租即由何廳徴收、（蒙墾奏議）

即ち、歳租は原則的に「二成歸公」「八成歸旗」と決定され、且つ其の徴收は、其の地を管轄する各廳の手にゆだねられた。從つて、歳租の徴收と其の分割を、より具體的に解說する爲めには、黑界地が何廳と何廳に歸屬し管轄されるに至つたかを明らかにしなくてはならない。

黑界地を何廳によつて管轄せしめるかと云ふ問題は、既に光緒三十二年五月、問題として提起されてゐた。即ち黑界地の丈放が未だ完了しなかつた時期に問題とせられてゐた。蓋し、押荒の徴收と共に部照が發給せられねばならなかつたし、部照には、何省何廳と其の所管の廳名が記入されねばならなかつたからである。（資料　五六）

由來、準噶爾旗の南部一帶、即ち長城に近接する黑界地の附近は、古くから私墾によつて開墾されてゐた。また準噶爾旗みづから理藩院の認許をうけてこの地方を開放したこともあつたやうである。この開放が如何なる方法により、如何に進められたかは明らかでない。たゞ明らかなことは、これらの地域の開放が、(一)主として準噶爾旗の財政的困窮と蒙古人救濟の爲めになされたこと、(二)そして其の時期は、光緒三年、盟長札薩克であつた札那格爾廸の時代になされたことが捕捉されるに過ぎない。このやうに、黒界地の一帶には、古くから支那の農民が進出し、定住して農耕を營んでゐたけれども、これらの支那人に對する管轄は、明確にされてはゐなかつたやうである。大體、仁義の兩段には、山西から移住した農民が多く禮智信の三段には、陝西省から移住して來た農民が多數を占めてゐたやうであるけれど、訴訟其の他に關する事項は、其の出身省の官廳の手によつて處斷され、地域的な歸屬は決定されてゐなかつたもの丶如くである。

光緒三十二年、黒界地の丈放が完了し、翌三十三年、この地の歳租の徴收が、具體的な日程にのぼると共に、黒界地の所管廳を決定することが、當面の問題として浮びあがつて來た。

光緒三十三年十月、墾務大臣・貽穀は準噶爾旗墾務分局の意見に基いて、(一)仁義の兩段を山西省に移管し、禮智信の三段を陝西省に歸屬せしめることに決定し、この旨を山西竝びに陝西巡撫院に咨行したが(資料　八六)光緒三十三年十一月、準噶爾旗墾務分局・姚世儀竝びに陝西楡林府府谷縣知縣・楊映霄を黒界地に派遣し其の歸屬を如何に處理すべきかを具體的に調査せしめた。姚世儀竝に楊映霄は、この札飭に從つて直ちに現地に赴いた。そして義段と禮段の間を流れる河川を境界とし、河西を陝西省に、河東を山西省に歸屬せしめることにしたが、古城鎭のみはこの原則から除外し、陝西省の所管に移すべき旨を答申した。(資料　八九)蓋し、この古城鎭には、古くから府谷の農民が進出し、府谷の管轄をうけてゐたからである。この答申は、其のまゝ墾務大臣によつて採擇された。(資料　八九批)墾務大臣は光緒三十三年十一月、この意見と決定を山西、陝西の兩巡撫に咨行し、其の所管を最終的に決定した。(資料　九二)

いま、河曲、府谷の兩廳に移管せしめられることになつた面積と應徴歳租を示せば次の如くである。

山西河曲縣經徵準噶爾旗黒界地畝仁義兩段歲租數目表

地段 ＼ 等則	上地每畝二分		中地每畝一分六厘		中下地每畝一分二厘		下地每畝一分		共計	
	頃	兩	頃	兩	頃	兩	頃	兩	頃	兩
仁	三四・三九四	六八・七八八	七九・七二九	一二七・五六六四	九六・九五三	一一六・三四三六	五五・七五五	五五・七五五	二六六・八三一	三六八・四五三〇
義	一九・一三二	三八・二六四	八九・一三七	一四二・六一九二	五四・七三〇	六五・六七六	三九・六一三	三九・六一三	二〇二・六一二	二八六・一七二二
義・	一一・六六九	二三・三三八	三七・八九六	六〇・六三三六	一・八五五	二・二二六	一七・四二九	一七・四二九	六八・八四九	一〇三・六二六六
合計	六五・一九五	一三〇・三九〇	二〇六・七六二	三三〇・八一九二	一五三・五三八	一八四・二四五六	一一二・七九七	一一二・七九七	五三八・二九二	七五八・二五一八

陝西府谷縣經徵準噶爾旗黒界地畝禮智信三段歲租數目表

地段 ＼ 等則	上地每畝二分		中地每畝一分六厘		中下地每畝一分二厘		下地每畝一分		共計	
	頃	兩	頃	兩	頃	兩	頃	兩	頃	兩
禮	六八・五〇六	一三七・〇一二	一四八・七九九	二三八・〇七八四	一四・五二八	一七・四三三六	一・五〇〇	一・五〇〇	二三三・三三三	三九四・〇二四〇
智	二〇・三六七	四〇・七三四	一二二・六四三	一九六・二二八八	五七・五四〇	六九・〇四八〇	一五・五五七	一五・五五七	二一六・一〇七	三二一・五六七八
信	三八・五四一	七七・〇八二	一九・八八五	三一・八一六〇	三六・三五五	四三・六二六〇	八・四〇八	八・四〇八	一〇三・一八九	一六〇・九三二
禮智信	六七・八四三	一三五・六八六	二一四・八〇八	三四三・六九二八	一四四・四七四	一七三・三六八八	三八・一九五	三八・一九五	四六五・三二〇	六九〇・九四二六
合計	一九五・二五七	三九〇・五一四	五〇六・一三五	八〇九・八一六〇	二五二・八九七	三〇三・四七六四	六三・六六〇	六三・六六〇	一〇一七・九四九	一五六七・四六六四

黒界地の歸屬は、以上の如くに確定された。併し、歲租の徵收には、色々な困難が横はつてゐた。第一に、歲租の徵收は丈放の翌年、即ち光緒三十三年から開始せられねばならなかつたが、黒界地の歸屬が決定されたのは、漸く三十三年十一月末であり、三十三年度の歲租は既に其の徵收時期を逸してゐた。また、押荒の滞納が多かつたことも歲租の徵收を困難にした。押荒と共に歲租の徵收を一時に强行することは農民の負擔を彌が上に加重し其の生活を壓迫した。加へるにこの頃に於

五、押荒・歲租の分割と黒界地の歸屬

ける農業生産物の急激な價格下落は、貨幣による歳租の徴收をますく困難にしたやうである。（資料　九二）かくして、歳租の徴收は、次の如く變更され延期されることが提議された。

奏章雖係次年升科、可否仰邀憲恩、暫緩、擬以光緒三十四年上忙、徴收三十三年歳租、三十四年下忙、徴收三十四年歳租改爲明年竝徴　（資料　九二）

この提案は、墾務大臣から山西、陝西巡撫院に移牒され、（一）三十三年度の應徴歳租は、三十四年の上忙（春季徴税期）に徴收し、（二）三十四年度の應徴歳租は、三十四年の下忙（秋季徴税期）に徴收されることに改められた。（資料　九二）併し、この變更にも拘らず、三十四年の上忙に徴收することに決定された三十三年度の應徴歳租は、ほとんど徴收され得なかつた。從つて三十四年の下忙には、上忙に徴收すべき三十三年度の歳租、下忙に徴收すべき三十四年度の歳租を徴收せねばならぬことになつたが、現實に兩年度の歳租を一度に徴收することは不可能であり農民の耐へうるところではなかつたかくして歳租の徴收は、河曲縣知縣・范繼先の意見に基いて再び變更を餘儀なくされ次の如く決定された。（資料　一〇三）

於三十四年下忙征收、三十三年全租兼征三十四年上忙歳租、共三十四年下忙歳租、歸入三十五年上忙帶征　（資料　一〇三）

以上、我々は、歳租の徴收と其の分割、そして黒界地の如何に管轄されるに至つたかを解説したが、歳租に關しては、注目すべき要求が準噶爾旗から提起されてゐる。以下、これについて簡單に解説し、本項を結ぶことゝする。

清末に於ける開墾を通じて、最も執拗に官辦開墾に反對し、非妥協的な態度を持續したのは準噶爾旗であつた。貝子・珊濟密都布は、河套川地の報墾を拒否し、協理臺吉・丹丕爾は、叛亂によつて黒界地の丈放に反對した。墾務大臣・貽穀の壓力によつて、結局黒界地の丈放は強行されたけれども、準噶爾旗は、喪つた權利を絕へず奪回しようと企てた。かうした準噶爾旗の企圖を率直に表明するものは、河套地の收租權の回復要求であり、またこゝで解説しようとする黒界地に於ける收租權の回復の企圖である。

光緒三十三年四月、準噶爾旗貝子・珊濟密都布は準噶爾旗墾務分局を通じて黒界地に於ける歳租の徴收權を準噶爾旗に返還さるべきことを要望した。準噶爾旗墾務分局の轉詳には、次の如くこの要求がつたへられてゐる。

伊克昭盟鄂爾多斯札薩克固山貝子、珊濟密都布、協理台吉等文稱、前奉欽差將軍札文、內開、將歳租歸入各旗、俟丈放完竣、歸入各地方官經理等因、懇祈將歳租一項、由旗自行向民戸徵收外、現在黒界地業經丈放完竣、請將歳租恤蒙、以備存公之處、相應呈報貴局査照（資料　七三）

この要求はまことに慇懃な字句によつてつゝまれてゐる。併し杭錦旗其の他の貴族達が、墾務大臣の壓力の前に身を屈し底知れぬ敗北の底を彷徨してゐる時、準噶爾旗の札薩克及び協理達が、敢然としてかうした要求を墾務大臣につきつけたことを思へば、我々はこゝに無限の感興を憶へ、彼等が未だ卑屈た奴隷根性に蟲蝕れてゐなかつたことを理解しうる。この要求は墾務大臣行轅文案處によつて簡單に一蹴された（資料　七三批）だが、準噶爾旗の貴族達は、毫もひるまなかつた。宣統元年、準噶爾旗貝子・珊吉密都布は、要求の形をかへて歳租の撥給を要求したが（資料　一一二）宣統三年には、黒界地に居住する農民達の請願書を添附して、（資料　一一二附）重ねて歳租の徴收權を準噶爾旗に返還さるべきことを要望した。（資料　一一三）支那の農民の一部も旗による收租を喜び、縣による歳租の徴收を喜ばなかつた。何故に支那の農民までが旗の收租をよろこび縣の收租をよろこばなかつたか、こゝで我々はかうした疑問を呼び起す。併し、この答は資料に仔細に書かれてゐる。從つて、こゝではこの答を資料其のものゝ中から引き出されることを希望して、解説を加へることを避けることにする。

この要求は、確かに綏遠城將軍・堃岫を驚かした。彼は直ちに墾務總局副辦防禦・佾額を黒界地に派遣して、府谷縣知縣李裕勳と共に貫和ー特に準噶爾旗と請願書に署名した支那の農民の間の利害關係の有無を調査せしめたが（資料　一一四）結局、農民に壓力を加へることによつて、この要求を抑へつけ歳租の徴收は依然として縣の手に確保したやうである。

以上我々は、先づ準噶爾旗によつて報墾された河套川地をとり上げ、次に、河套川地に代るべき報墾地として指定された黑界地につき解説を進め、協理豪吉・丹丕爾を中心とする反對と其の叛亂、其の後に於ける丈放と押荒・歲租の等則竝びに其の歸屬等々をとり上げて見た。準噶爾旗によつて報墾され、且つ現實に丈放された土地は、前にも指摘した如く、黑界地のみである。併し、丈放はされなかつたけれども、報墾され、且つ清末に問題の土地としてとり上げられ浮かびあがつた土地は、單に黑界地にとゞまらない。河套川地が問題の土地としてとり上げられたことは、既に解説した如くであるが、河套川地の外に、柳清梁地があり、阿吉爾瑪地があり、白界地がある。

以下、これらの土地について、如何にして問題の土地としてとり上げられ、且つ如何にして丈放されずに終つたかを、一々具體的に解説を進めて見ることゝする。

六、愛親覺羅氏による柳清梁地の報墾

準噶爾旗の内部には、河套川地の報墾の經緯を解説した際にも言及した如く、開墾を繞つて鋭い内部的對立が醸成されてゐた。協理豪吉・丹丕爾を首領とする開墾反對派と札特丹巴等の開墾協力派。しかも札薩克の職にあつた貝子・三吉密都布（珊濟密圖布）には、こうした内部的對立を抑制し調停する政治的手腕に缺げてゐた。墾務大臣・貽穀は、かゝる準噶爾旗の内部的對立と不統一を指摘して次の如く述べてゐる。

再以伊克昭盟七旗報墾、以準噶爾旗最後、該旗蒙衆、尙未能上下一心、故雖就範圍、有時仍懷疑懼（資料　三三）

札特丹巴によつて報墾された河套川地は、前述の如く、貝斯・山吉密都布の開放不承認によつて、また豪吉、齊密特多爾濟の反對によつて、其の開放が具體化されなかつた。ついで報墾された黑界地の丈放も、東協理・丹丕爾竝びに們肯吉亞等の叛亂によつて遲延せざるを得なかつた。準噶爾旗の開墾はかくして其の第一歩から紛糾の萌を示してゐたが、かうした局

面の中に於て、一つの投石を與へたのは、三品臺吉・拉蘇倫多爾濟の妻、愛親覺羅氏の報墾である。

光緒三十一年三月、三品臺吉・拉蘇倫多爾濟の妻、愛親覺羅氏は、準噶爾旗に於ける開放政策に對する非協力と疑懼的態度を慨歎しながら、準噶爾旗に屬する柳清梁地二千頃の報墾を呈請するに至つた。曰く、

準噶爾旗蒙人大義未明、竟因疑懼觀望、命婦綺派忝宗室、世受皇恩、際此時局艱難、理當捐產報效、況墾事尤利於蒙、敢不竭盡愚忱、以爲之倡、命婦綺情願將本旗所屬柳清梁之地報墾二千頃（資料　三七）

この呈請は、墾務大臣に嘉賞された。（資料　三七批）墾務大臣は同年五月、愛親覺羅氏による柳清梁地二千頃の報墾を北京朝廷に具奏したが（資料　三三）六月、北京朝廷から（理藩院を通して）其の報效を嘉賞せられる旨が傳へられた。（資料　三七）

然るにこの報墾に對しても、東協理・丹丕爾竝びに賽崇阿等の抗墾派は、流言を散布し、且つ暗々のうちに愛親覺羅氏に壓迫を加へ、遂に愛親覺羅氏をして柳清梁地の報墾を撤回するに至らしめた。愛親覺羅氏は、東官府（東協理）並びに賽崇阿等の壓迫を上訴して次の如くに述べてゐる。曰く、

近日東官府賽崇阿等布散流言、謂氏私行盜賣旗地、聲稱將來非除此害不可、因思此事、不過應執事之命、並無他意、若因此令氏而得大禍、諒亦非執事之初心、近來因此一節、反若無家可歸、且時有性命之憂、籌維至四、他無計策、惟祈執事、仍行奏請、將氏前報之地、作爲罷論、庶旗下之人、不至再有異言（資料　四四）

尙ほこゝで注意せらるべきことは、愛親覺羅氏が報墾した柳清梁地を、自己の養贍地として主張してゐるに對し、東協理・賽崇阿等が、旗地として主張してゐることである。かゝる見解の相異は、如何に說明さるべきであらうか。勿論、かうした問題は、資料のみに依存して、完全に究明することは不可能である。たゞ我々に可能なことは、一定の限度內に於ける推論に限られる。當時、準噶爾旗に限らず、伊克昭所屬の各旗には、個人的な土地の所有が、漸次に固着し凝固しようとする傾向が看取された。達拉特旗に於ても、杭錦旗に於ても、個人的な土地所有としての戶口地が發展し固着し

つゝあつた。殊に貴族竝びに其の未亡人等に對しては、收租權の伴ふ一定の土地所有が發展してゐた。從つて我々は、こゝから準噶爾旗に於ても、至るところに戸口地が發展してゐたことを類推しうるし、事實同治年間から個人的所有としての戸口地が札薩克によつて公認せられてゐた。この事實から、愛親覺羅氏によつて報墾せられた柳清渠地が、愛親覺羅氏の養贍地として、卽ち氏の戸口地として指定せられてゐたことが推測されうる。恐らく、かうした指定がなかつたならば、愛親覺羅氏は、この地の報墾を敢へて獨斷でなすことはなかつたであらう。從つて、愛親覺羅氏が、自己の收租地たる柳清渠地を、自己の戸口地として主張することは、敢へて不當とは言ひ難い。

しかし、かゝる意味に於ける養贍地の指定は、單なる收租權の附與に過ぎず、必ずしも土地に對する完全な個人的所有の設定とは見ることは出來ない。かゝる土地支配は、先づ第一に札薩克竝びに旗官員の承認を條件としてゐたし、現實に於ても收租權附與以上の何物でもなかつた。愛親覺羅氏は、柳清渠地の收租權は附與されてゐたが、この土地の處分、開放に關する權利は認められてゐなかつたであらう。かうした理由から東協理・賽崇阿等は、愛親覺羅氏の報墾を目して「盜賣旗地」と指彈し抗議したものであらうと考へられる。

この柳清渠地の開放も、かくして阻止され、かつ其の後しばらくの間、問題とはならなかつた。黑界地の報墾と丹丕爾の叛亂、其の丈放、阿吉爾瑪地、白界地の開放等々が、準噶爾旗開墾の中心的問題となつてゐたからである。然るに、光緒三十四年一月、この柳清渠地の開放は、再び墾務大臣によつて取り上げられ、土質の如何、地畝の廣狹等に對する報告を寄せるべきことが、準噶爾旗貝子・三吉密都布と呈報者たる愛親覺羅氏に札飭せられた。（資料　九五）同年三月、貝子・三吉密都布は、極めて簡單にこの地の地積を報告し、且つ愛親覺羅氏にかはつて柳清渠地に代はるべき土地として楷林窩子に所在する愛親覺羅氏の收租地七十頃を報墾した。（資料　九八）併し、新たに報墾された地は僅かに七十頃に過ぎず、且つ報墾者たる愛親覺羅氏は、其の後準噶爾旗を去つてしまつた爲めに、遂に柳清渠地と其の代報地の開放は具體化されずに終つたも

のゝ如くである。（資料 一〇九參照）

七、阿吉爾瑪地の報墾と準噶爾・郡王兩旗の軋轢

前述の如く黑界地は丈放された。この丈放と押荒の徴收によつて、教民に對する撫恤銀として準噶爾旗が借りこんだ負債の一部は返却することが出來たが、其の全額を完濟するまでには至らなかつた。光緒三十二年墾務大臣は、賠償金の墊款（立替拂ひ）の返還を督促し、重ねて土地の開放を求めたが、同年冬、準噶爾旗は、丹丕爾の後を襲つて東協理となつた納遜達賴を歸化城に送り、問題の解決に當らしめた。綏遠に出頭した東協理・納遜達賴は、この負債償還の爲めに、郡王旗と境し、且つ永い間郡王旗と紛爭をつゞけて來た阿吉爾瑪地を報墾することに談合を進めたが、この土地を報墾する爲めには貝子並びに西協理とも協議し、彼等の贊否をたしかめる必要もあつたので、彼は一應準噶爾旗に引きかへした。この間多少の時間が經過した。翌三十三年二月、準噶爾旗は和碩齊・賽春阿を綏遠に派遣して阿吉爾瑪地の報墾に對する貝子・山吉密都布の意向を傳達した。資料からも容易にとらへ得られるやうに、阿吉爾瑪地の報墾については、貝子竝びに旗の役員の間にも、何等の異議がなかつたやうである。

貝子・山吉密都布の意向は、右の如く、賽春阿の答申と稟文（資料 六八）によつて墾務大臣に傳へられた。墾務大臣は光緒三十三年二月、この答申に應じて重ねて阿吉爾瑪地の報墾を貝子・珊濟密圖布（山吉密都布）に札飭したが（資料 六九）光緒三十三年三月十五日、貝子・珊濟密圖布は、呈報を墾務大臣におくり、正式にこの地の報墾に對する彼の意思を表示した。この呈報は、其の措辭の如何を問はず、賽春阿の答申と完全に背馳するものである。呈報の結尾にのべられてゐる貝子の意思を簡單に引用すれば次の如くである。

七、阿吉爾瑪地の報墾と準噶爾・郡王兩旗の軋轢

本旗阿吉爾瑪等處地畝、前已遵奉諭旨、以郡王旗臺吉等居住爲游牧、郡王與本兩旗臺吉人等雜住游牧耕種、養命當差、並諷誦萬壽經卷、呈獻沙特⿱𠂤普達爾哲衣凌寺香燈、凡有應用道場經卷、有度牒斑第等衣服盤費、修理房院、建新等項、備辦之處、如將以界址地畝、以致開墾、兩旗各臺吉人等並無游牧耕種地畝、諷誦萬壽經卷、一切均行斷悞、誠恐生繁托累、謹據實情呈明、伏乞欽差大臣將軍鑒査體恤。（資料 七〇）

卽ち、貝子・珊濟密圖布は、婉曲に（一）この地の報墾が、この地に居住する郡王旗竝びに準噶爾旗の蒙古人の生活と（二）この地に建てられてゐる沙特⿱𠂤普達爾哲衣凌寺の經濟をおびやかす危險のあることを述べて、この地の報墾を拒否するに至つた。（資料 七〇）この拒否は、極めて婉曲になされてゐる。併し、この拒否によつて、官辦開墾に對する準噶爾旗貝子の意向をとらへることが出來る。

この呈報を受けた墾務大臣は、再び札飭を發してこの地の報墾を慫慂したが、同時に（一）この地の報墾を承認しなければ、永久に河套川地の回收が不可能となるべきことを指摘し、（二）且つこの地が郡王旗によつて報墾せられた場合には、この地の領有權を、郡王旗にあるものとして認定すべきことを明らかにした。（資料 七一）この札飭が、明らかに準噶爾旗に對する政治的恫嚇であり、威壓であつた。墾務大臣は、貝子・珊濟密圖布が、河套川地の回收を希望してゐたこと、そしてまた阿吉爾瑪地の領有に關して郡王旗と準噶爾旗の間に紛爭のあることを敏感にとらへ且つこれを利用して貝子に對する攻擊の武器とした。この恫嚇は、貝子・珊濟密圖布を屈服せしめた。準噶爾旗貝子は資料七五によつて明らかにされる如く遂にこの地の報墾に同意した。この間、墾務當局による郡王旗に對する陰密な働きかけもなされたものゝ如く、光緒三十三年五月、郡王旗協理臺吉・布晉吉爾噶勒もまた稟文を呈してこの地の報墾を承認するに至つた。（資料 七六）

かくして、阿吉爾瑪地の報墾に對する兩旗の同意は獲られた。墾務大臣は同年七月、西盟墾務總局竝びに準噶爾、郡王の墾務分局に札飭して、阿吉爾瑪地の可耕面積と郡王旗竝びに準噶爾旗の間にわだかまる係爭の調査を命じ、且つ噶噶旗貝子

に對しては、この地の勘收に立ち合ふべき蒙古人の派遣を命じた。（資料・七九）

この札飭を受けた準噶爾旗墾務分局幫辦・姚世儀は、光緒三十三年九月、この地の勘收の結果を報告してゐるが、可耕面積を八百頃と推定し、且つ地質的に見れば哈喇沁梁が最上である旨を指摘してゐる。更に彼は、準噶爾旗と郡王旗の間にわだかまる紛爭の原因を次の如くに報告してゐる。

準云此地初原郡旗借住、郡旗則謂初撥札薩克旗地時、此段實經準旗撥與郡旗、準旗則云、撥地事誠有、非此地（資料 八一）

この報告によつて阿吉爾瑪地の領有を繞る準噶爾旗と郡王旗の紛爭が、遠く札薩克旗の創設せられた時代迄遡ること、即ち札薩克旗の創設に伴ひ旗界の變更がされた頃迄遡ることがとらへ得られる。周知の如く、札薩克旗は乾隆元年、獨立して新たに旗を編成したが、この新たな旗の編成に伴ふ旗地の分割は、直接札薩克旗をとりまく烏審並びに郡王の兩旗からなされた。（註）そして、札薩克旗から遠ざかり、直接牧地を贈與し得なかつた各旗は、烏審旗または郡王旗に牧地を分讓して札薩克旗に土地を分給することに代へた。右の引用の示す如く、郡王旗は阿吉爾瑪地を目して、この時準噶爾旗から郡王旗に分讓された土地と主張するに反し、準噶爾旗は、札薩克旗の創設時に牧地を郡王旗に分讓した事實は承認したが、阿吉爾瑪地にあらざることを主張して讓らなかつた。かくして、この地の歸屬を決定する爲には詳しい考證を必要とし、仲々困難であつたものゝ如くである。

だが墾務大臣が問題としたところは、旗界の正しい決定ではなかつた。準噶爾旗は、姚世儀の報告にもある如く、第一に阿吉爾瑪地に屬する最も肥沃な土地、哈喇沁梁地を隱匿して報墾しなかつた。のみならず、其の報墾した土地も郡王旗の報墾した土地に比べれば、三分の一程の面積に過ぎなかつた。この二點は、準噶爾旗に對する墾務大臣行轅の憤激をそゝりたてた。姚世儀の報告に對する文案處の擬批は、端的にこの憤激を表白してゐる。

該員査明郡準兩旗所報阿吉爾瑪等地、兩旗互相爭執、轇轕甚多、而準旗所報約少郡旗三分之一……且匿其脊腴、滋其轇轕

七、阿吉爾瑪地の報墾と準噶爾・郡王兩旗の軋轢

又託求免放、種々情形、較之從前顯然抗墾、亦復奚殊、（資料　八一批）

墾務大臣の强行しようとした開墾政策に對して、準噶爾旗が如何なる態度をもつて對應したかは、右の擬批が批判する如くであるが、光緒三十三年九月十五日、準噶爾旗貝子・珊吉密都布は、呈報を墾務大臣によせて、該旗の主張と希望を、再び明白に披瀝開陳してゐる。この呈報は、單に準噶爾旗の希望と主張を知る爲めに役立つのみでなく、この地にからまる紛爭を明らかにする有力な資料として役立ちうる。以下、この呈報を具體的に解説しながら、この地にからまる紛爭を明らかにすることゝしよう。（資料　八二）

問題とされた阿吉爾瑪地は、原來、準噶爾旗の領有地であつたが、乾隆年間から郡王旗の蒙古兵丁がこの地に進出し、特に許されて越界放牧をなしてゐたものゝ如くである。（資料　七六）　然るに、牧地の相對的減少と共に、郡王旗と準噶爾旗の蒙古人の間には、絶えず牧地の爭奪がくり返へされ、其の都度盟長竝びに神木に駐在する理藩院理刑官等によつて裁斷せられてゐた。その結果、この地には「推」が設けられて境界が確定せられたが、それにも拘らず、光緒三十三年八月、郡王旗の梅楞札讓(札蘭)等は、古い裁定を蹂躙して、任意に準噶爾旗の蒙古兵丁が、居住し生活する土地を報墾するに至つた。この報墾によつて、準噶爾旗は、この地の領有權を喪失しなければならなかつたし、かつまた、この地方に居住する準噶爾旗の蒙古兵丁は、其の生活の根據、卽ち「養命爲差之地」を喪はねばならなかつた。更に、さきにも觸れた如く、この地に香火地を持つ嚕布達爾齊凌寺も、其の寺領地を喪ふ危險に當面した。

かくして、これらの蒙古兵丁竝びに喇嘛等は、準噶爾旗貝子に呈報を送り、郡王旗の報墾に抗議を提起した。この抗議は貝子の呈報に詳しく織りこまれてゐる。（資料　八二）　併し、こゝでは一々其の主張を引用することはさしひかへる。

併し、抗議を織りまぜたこの呈報も、徒らに墾務大臣の痛烈な批判と反駁を招いたに過ぎなかつた。墾務大臣は先づ第一に準噶爾旗の報墾したところの面積が、郡王旗の報墾した面積の三分の一にしか當らないこと、而も再三準噶爾墾務分局に向つて開放の免除を求めてゐることを指摘し、伊盟所屬の各旗が爭つて報墾してゐる時、準噶爾旗のみが、種々の詐術を設けて開墾に反對し、且つ返濟すべき賠償金を六千兩も未濟のまゝに放置しながら、哈喇泌梁の如き最も肥沃な土地を隱匿して報墾しないことを暴露し、彼等の抗墾的態度を痛烈に批判した。且つ、この上も依然として開放を拒否するのであれば、上奏の上河套川地と阿吉爾瑪地の放墾を强行し、賠償銀の回收にあてるべきことを宣言し、若しこれをも好まなければ、賠償銀の未濟額六千兩を速急に返濟すべき旨を札飭した。（資料　八五）

墾務大臣は、この札飭とほぼ同じ內容を含む札飭を、準噶爾旗墾務分局に對しても發した。（資料　八七）墾務大臣は、賠償銀の未濟額六千兩を督促することによつて、準噶爾旗をして河套川地と阿吉爾瑪地の開放に同意せしめようとしたものゝ如く、この札飭では六千兩の返濟を一箇月內に完濟すべきことを强調して札飭した。併し、準噶爾旗は、依然として河套川地と阿吉爾瑪地の開放を喜ばなかつた。旗の財政は極度に逼迫してゐたやうであるけれども、彼等は賠償銀の返濟によつて、墾務大臣の恫嚇に答へようとした。この意向は、東協理・納遜達賴竝びに西協理・依爾克木の兩人によつて、準噶爾旗墾務分局・姚世儀に傳へられた。姚世儀の報告は次の如くにつたへてゐる。

據依爾克木等聲稱、哈喇沁地、前呈請免放、河套川地、呈欵後、准卽歸旗、憲恩高厚、感戴無似、第蒙恩准、令在兩處地內籌欵清還、憲亦知蒙旗窘況、未能自措、必須向漢蒙地戸收取也、各戸零星、按戸去籌、斷非十餘日所能卽集、又以河套川地、近年歸公收租、民戸已不認蒙旗爲主、尙須憲臺札飭托城地方官、曁準旗准共歸還旗下、方能就地籌措計憲札來時、又須月半、轉瞬臘初、歳暮年盡、集欵愈難、春正亦不能催欵、有此不得不延緩各情、擬以年內去催、明年三月內、一准湊集赴轅交納。（資料　八八）

この引用から把らへ得られるように、依爾克木、納遜達賴の兩協理は、さきに報墾し、未丈放のまゝで托克托縣によつて收租せられてゐる河套川地の地租の徵收權を、準噶爾旗に返還せらるべきことを要望した。蓋し、彼等は、この地租銀によつて賠償銀の未済額を返還せんと企圖したからである。併し、六千兩を即時に完済することは、たとひ河套川地の收租權を返還せられても、到底不可能であつた。從つて彼等は、年内に一千兩だけを返済し、爾餘は次年に於て完済することに了解を求めた。（資料　八八）

この提案は、そのまゝ墾務大臣行轅にうけ入れられた。かくして河套川地の收租權は、ひと先づ準噶爾旗に返還せしめられることに決定された。だが、こゝには一つの條件が附帶してゐた。文案處の擬批には次の如くに書かれてゐる。

將歸公收租之河套川地、仍交還該旗、候飭托克托廳遵照辦理、惟至來年三月、倘該旗不能交清欠款、仍將河套川地、收回歸官、自行租放、並治該土斯拉齊等逾限行欺之咎、此繳　（資料　八八）

即ち、河套川地の收租權はひとまず準噶爾旗に返還せしめられることに決定されたが、若し、約束の期限たる光緒三十四年三月に至つても、賠償銀が完済されなければ、河套川地の收租權は、再び官に回收し、且つ、東西協理の責任を追求することを條件となさしめた。（資料　八三）　この方針は、光緒三十三年十一月二十日、綏遠城將軍衙門にも移牒せられた。（資料九〇）が併し、既に指摘した如く、墾務大臣・貽穀は其の翌年四月失脚し、開放にからまる一切の問題はこの時期を轉機として其のまゝ停止符がうたれた。從つて阿吉爾瑪地の開放も遂に具體化されず、其の後は我々の視野の中に浮び上つてこないたゞ我々の腦裡に殘ることは、この地の開放をめぐる郡王旗と準噶爾旗の對立の激化、またこの對立を利用し激化せしめることによつて、準噶爾旗の抗墾的潮流を抑壓しようとした墾務大臣・貽穀の政治的策略のみである。以上、簡單に、阿吉爾瑪地の報墾とこの地にからまる準噶爾旗と郡王旗の軋轢を略述し、準噶爾旗が最後迄この地の開放を拒否した經緯を解說して來たが、次に白界地の報墾を解說し、最後に貽穀案に關する若干の解說を加へて本資料の解說を結ぶことゝする。

註　札薩克旗の創設に伴ふ牧地の分割が如何になされたかについては、綏遠通志稿・蒙族疆域沿革のなかに比較的詳しく考證されてゐる。今其の一部を引用すれば次の如くである。

粜右翼前末旗受封之始祖烏把什、本鄂爾多斯全部領袖濟農、額璘臣之族弟、原不在六旗札薩克正傳系統之內、且當其受封時、六旗牧界、早經分劃、無隙地可給、故一統志謂其游牧六旗界內者、此指其最初情況言之也、逮乾隆初、蘇口族繁、請別立一墾時、實以前此無界之遊牧、每爲六旗官兵所不慊、而烏氏子孫、亦以生齒日衆、其部屬又往往爲他旗排擯、不能得水草優沃之地、以資駐牧、故其汲汲於請求增旗者、其本意固側重於請求分地也、嗣淸廷鑒其處境之難、又以此旗與右翼前旗爲近枝、爰編諸右翼、而以前末名其旗、並令六旗各析邊地一段與之、俾得自立以世其家、而六旗中有與壞地隔絕、如左前右中等旗、旣不能遙爲析贈、則不得不以願析之地、先贈於介居之旗、更由介居者增析一倍、以附益於新設之旗、至今左翼中旗界內、猶有左翼前旗補給之地、右翼前旗界內、亦有右翼中旗補給之地、其人民皆能歷歷言之、此新旗牧地、所以較狹於同部六旗也。

八、白界地の報墾

準噶爾旗と墾務當局の間には、光緒三十二年の終りから翌三十三年十一月にかけて、もつぱら阿吉爾瑪地の報墾について交渉が續けられてゐた。併し、阿吉爾瑪地の報墾は前節で解說した如く遂に準噶爾旗によつて拒否され、徒らに郡王旗と準噶爾旗の軋轢を激化したに過ぎなかつた。然るに準噶爾旗貝子・珊濟密都布は、光緒三十三年十一月二十五日、協理台吉との聯名の下に準噶爾旗の南境に位置する白界地の報墾を承認し、この旨を準噶爾旗墾務分局に通達するに至つた。蓋し、準噶爾旗は、この地の報墾によつて、撫恤銀の完濟を意圖したものゝ如くである。（資料　六三）

新たに報墾された白界地は、別に牌界地とも云はれ、遠く康熙年間から、長城を乘り越えて移住して來た支那の農民達によつて開墾され耕種されてゐた。開墾年代が古い爲めか、準噶爾旗は、極めて低い比率の租銀を徵收してゐたに過ぎなかつ

八、白界地の報墾

たようであるが、恐らく永租の形態に於て、占有、耕種の權利を支那の農民に讓渡してゐたものであらう。當時如何なる形態に於て、また如何なる比率に於て租銀を收取してゐたかは明らかでない。併し、地租の低いことは他に類例を見ない程であつた。準噶爾旗墾務分局は、この點について次の如く指摘してゐる。

査該旗南境白界地畝、橫二百餘里、縱四五十里不等、自康熙年間、招內地民人租種、由該旗收租、爲數甚微、當時毎銀一兩折錢八百文、至今不易其數、歲租之輕、實各處所無。(資料　六三)

併し、この地に移住し定着してゐた支那の農民達は、この低い地租の納付さへ怠り勝ちで、其の所有權又は永租權の根據となるべき印據も持たず、しかも久しい以前から相互に轉賣、轉典を重ねてゐたやうである。(資料　六三)　從つてこゝでは寄生的地主としての權利さへも蒙古人から失はれかけてゐたと推測される。恐らく過約制度も確立されてゐなかつたのであらう。

白界地の報墾に關する報告をうけた墾務大臣は、直ちにこの地の勘收と、丈放を遂行せしめようとしたが、原住の農民に對しては優先的に土地を拂ひ下げ、別に部照を發給して、土地の拂ひ受け人の所有權を確認すべきことを明らかにした。(資料　六三批)　かくして、この地の丈放に對する原則的な方針は、光緒三十二年十二月、先づ簡單に指示されたが、丈放に關する具體的な方針は翌三十三年四月、準噶爾墾務分局幫辦・林毓杜によつて、この地の特殊的な諸條件を參酌されて次の如く提起された。

一、押荒に代るものとしての經費の徵收

蒙地の丈放には、ひとり伊克昭に限らず到るところに於て押荒が徵收された。押荒は、其の發生的語義を問題とせず、單に淸末に於ける官辦開墾時代に於ける意義を問題とすれば、荒地の拂下げ代金を意味する。しかし、既に指摘した如く、この白界地は康熙年間から開墾され、完全に熟地に轉化してゐた。從つて押荒の名目による土地の拂下げ代金を徵收することはこの地の實情に適合しなかつた。且つ押荒の名目によつて地價を徴收することは、一般農民の疑惑と反對を招くおそれがあつた。かくして林繩杜はこの點を指摘して、押荒の名目によらず、經費または照税の名に於て土地の拂下げ代金を徴收することを提議した。

二、經費の等則

押荒に代るものとしての經費の等則は、上、中、中下、下の四等則に分けられ、上地については一頃三十兩、中地については二十兩、中下地並びに下地は夫々十五兩並びに十兩の經費を徴收することに定め、散在する荒地と水によつて灌漑せられうる園地は、特に西路公司をして、丈放せしめること、そして園地の經費は毎畝一兩、卽ち一頃百兩と提議されたが、荒地は丈放に際し、隨時決定することとして其の決定が保留された。

三、經費の分割

經費の分割は押荒の分割に倣つて、一切の丈放費用を控除した殘額を蒙旗と國家間に等分するか、或はまた徴收經費の四割を墾務局の費用に充當し、更に三割を國家に收納、三割を準噶爾旗に收得せしめることが提議された。

四、歲　租

丈放された後、年々徴收される歲租についても、特殊な考慮が拂はれた。牌界地は、前にも述べた如く、古くから耕種され、しかも他に類例を見ない程の低率な地租が徴收されてゐた。從つて、この事實を無視し、丈放後餘りに高い地租を徴收することは、農民の反抗を招く危險が豫想された。かうした豫想の下に、林繩杜は上地から一畝當り一分八厘、中地から一分四厘、中下地から一分、下地から六厘の歲租を徴收することを上申した。

五、小作地の拂下げ

墾務大臣は、古くから耕種してゐた農民に優先的に土地の拂下げを行ふことを明らかにした。併し、現實に耕作してゐる小作人（夥戸）と、夥戸をして小作せしめてゐる地主との何れに對し、優先的な土地の拂ひ下げを認めるかは決定してゐなかつた。林毓杜は、この點を明確に確定し、地主の承領權（拂下げを受ける權利）のみを容認し、小作農の拂下げ權は、地主の承領權に對抗し得ないものと決定した。

六、典地の拂下げ

出典された土地は、典限が經過してゐるにも拘らず原所有者が回贖してゐない時には承典人に承領せしめ、典限に至らないものは、一應、原所有者をして其の土地を回贖せしめて拂下げを受けしめることに定めた。が原所有者が回贖しない場合には、原所有者の承領權は認めないことに定めた。

七、歲租の分割

歲租の徵收は、地方衙門をして當らしめることに定めたが、徵收された歲租の分割は、黑界地に倣つて、二割を國家に收め爾餘の八割を旗に交付し、戶口地、召廟地から收租してゐた地租は、旗から蒙古人竝びに召廟に支給することに定めた。（資料　七四）

以上は、林毓杜によつて提議された白界地の丈放に對する具體的方針である。この外、彼の提案のなかには、墾務局の組織、人の選擇等に關して注目すべき二三の配慮が、見出されるが、こゝではこれ以上立ち入らないことにする。この提案は、墾務大臣文案處によつて、其のまゝ採擇された。（資料　七四丗）

併し、白界地は、古くから開墾されてゐたゝめに、幾多の錯綜した問題を其の內部にはらんでゐた。かくして遂にこの地の丈放は遂行されず今日に至つてゐるものゝ如くである。（資料　一〇九）

九、賠教案と河套川地

拳匪の亂は、清末に燃えひろがつた最も大きな排外主義・反基督教運動として知られてゐる。この運動は、其の初期に於では、單なる排外主義的な、また反基督教的な運動に過ぎなかつたやうであるけれども、運動の波及と進展と共に、腐敗し崩壞しつゝあつた清朝の封建的專制支配に對立する運動に轉化せんとした。この意味に於て、この擾亂は直接辛亥革命に結びついてゐる。この運動は、周知の如く、諸外國の軍事的壓力と清朝の屈服によつて、無殘な敗北を喫してしまつたが、清朝の內部に、改革的、進步的分子を結集し、清朝の政治的方向に、一つの旋廻點を劃したことは見逃されてはならない。光緒二十七年を轉期として、清朝は蒙地の封禁政策を一擲し、積極的な開墾策に移行したが、この政策の轉換は、明らかに拳匪の亂の後に清朝によつてとられた一連の改革的な對內政策の一環を形成してゐる。かゝる意味に於て、貽穀によつて强行されたこの地方の開墾政策は、拳匪の亂と結びつき、この擾亂を轉期として清朝によつてとられた對內政策の旋廻と結びついてゐる。また、より具體的に見れば、この地方に於ける蒙地の開放が、一つ一つより直接的に拳匪の亂と關連を持ち、殊に其の後に於て政治的問題の中心として浮び上つて來た賠教案と結びついてゐることは、忘れられてはならない一つの政治的聯關であらう。

我々は既に、達拉特旗の四成地並びに四成補地の開放が、如何に拳匪の亂と其の後に問題とされた賠教案と關連するかを解說し、强調した。（達拉特旗資料解說參照）こゝではもつぱら準噶爾旗の土地解放が、如何に拳匪の亂並びに其の後に於て中心的問題とされた賠教案と、關連するかを明らかにすることゝする。其の前に、先づこの地方の拳匪の亂が如何に波及して行き、蒙旗をこの運動の波に捲きこんで行つたかを、極く簡單に一瞥することゝしよう。

綏遠地方に、如何なる經路を經て、拳匪の亂が波及して來たかは明らかでない。たゞ、この地方に於ける拳匪の亂が、先づ托克托地方に其の蜂火を擧げたことだけは明らかである。(綏遠通志稿教案參照)當時、托克托の城内には、アメリカ系に屬する耶蘇教堂が設けられて居り、また其の管内の農村—南坪村、黑城、什拉烏素、成奎海子の四ヶ所には、ベルギー系の天主堂が設けられてゐた。「保清滅洋」を旗幟とし、排外・反基督教を標榜とした拳匪の徒衆が、まづこれらの教會に其の矛先きを向けたのは當然である。彼等は耶蘇、天主の差別なく、片端しから外國教會の襲擊を開始し、教會に火を放つてそれを燒き拂ひ、宣教師並びに追隨する教徒を殺戮して、其の勢燄をあげた。この暴行が、如何に凄慘を極めたかはこゝで解說出來ない。

一

この運動の主流は、言ふまでもなく窮乏した支那の民衆によつて占められてゐた。がこの地方の蒙古人もこの騷擾の一翼に參加した。山西から鄂托克旗に西進した拳匪の一群は、札薩克旗、烏審旗の蒙古人達と會流して天主王國の中心に位置する城川教堂を攻擊したし、四子王旗の蒙古人達は、鐵圪旦溝の攻擊に參加して、そこに立籠つた教徒達に對する攻擊の一翼を分擔した。準噶爾旗は、地圖を一瞥すれば容易に理解せられるやうに托克托に近接してゐる。從つて托克托に燃え上つた拳匪の亂は、直ちに準噶爾旗にも波及し、準噶爾旗の蒙古人をとらへた。具體的に言へば、準噶爾旗の蒙古人達は、彼等の旗內に設けられてゐた成奎海子、石窰子等の教會を襲擊して宣教師を追ひはらひ、教徒を殺戮して拳匪と合流した。新庄憲光氏の研究—準噶爾旗河套川地に於ける天主教の勢力—によれば「程奎海子に天主堂の設立されたのは準噶爾旗河套地に於て最も早く、義和團暴動の九年前、光緒十七年(一八九一年)であつた」。が光緒二十六年の義和團暴動の結果「天主堂は燒かれ神父は逃亡し、教徒の死傷者は三十名に達した」ことが指摘せられてゐる。

この拳匪の暴動に關する善後處置は、既に達拉特旗の資料解說に於て指摘した如く、口外七廳洋務分局によつて解決が計られ、特に蒙旗の關連する問題は、直隸即補知府・壽勳の手に委ねられた。壽勳は、佛蘭西主教・閔玉清(Alphonse Berm yn）白耳義總敎士・賈名遠（Ivon Stragier）敎士・南懷義（Jules Anicq）と再三商議し、遂に光緒二十九年二月、次の如き協定に到達した。今、この協定に至る經過と協定の内容を墾務大臣・貽穀の上奏のなかゝら摘記すれば次の如くである。

再査伊克昭盟準噶爾旗、於光緒二十六年間、亦有仇教殺掠之案、疊經前任將軍派委現署黑龍江副都統前奏辦教案之直隸知府・壽勳會同法國主敎・閔玉淸、比國總敎士・賈名遠、敎士・南懷義議辦、於上年二月議定、免懲禍首、亦不索賠罰、由該旗認給敎會撫恤銀二萬九千兩、公立合同、書押鈐印在案。（資料 一七）

卽ち、この上奏によれば、準噶爾旗に關する敎案は、（一）敎會はこの運動の首魁者の懲罰を免除し、（二）且つ賠償銀を要求しないが、（三）準噶爾旗は敎會に對し撫恤銀二萬九千兩を支拂ふことによつて決着されるに至つたことが明らかにされる。

だが、當時の準噶爾旗には、この撫恤銀も敎會に支拂ふ財政的餘裕がなかつた。かくして準噶爾旗は、達拉特旗が撰んだやうな辦法に逃げ道を求めざるを得なかつた。卽ち準噶爾旗は、この撫恤銀を支拂ふ爲めに、河套川地に位置する穆林窩子、噶布爾河頭等の六村、約三百頃を敎會に引き渡し、撫恤銀二萬九千兩の支拂ひに代替せんとした。この提案は、一應敎會にも受諾された。然るに實地踏査の結果、この土地が餘りに磽瘠であることが判明した爲め、敎會側は三百頃をもつて二萬九千兩に代替することに反對し、且つ彼等は土地の添增を要求した。かくして、一應妥協に到達した撫恤銀の支拂ひに關する問題も、再び暗礁に乘り上げてしまつた。この間、毎年地租銀一千五百兩づゝ敎會に納入し、地租銀によつて撫恤銀を完濟する案も考慮せられたが、かうした重税を徴收することは蒙地には絶えて見られ得なかつたことであるから事實問題としてこうした辦法もとるわけには行かなかつた。かくの如く、あれやこれやと商議が續けられたやうであるが、結局、次の如き辦法によつてこの撫恤銀が敎會に支拂れることに決定された。

（一）撫恤銀の減額　準噶爾旗が敎會に支拂ふべき撫恤銀は、當初二萬九千兩と決定されてゐたが、この撫恤銀を二萬七千兩に減額することに妥協が成立した。

(二) 撫恤銀の分割拂　二萬七千兩の撫恤銀は、三回に分割支拂はれることになつた。卽ち、一回九千兩づゝ、三十年十一月に第一次支拂、三十一年九月に第二次支拂、三十二年三月に第三次支拂が完了して、二萬七千兩が完濟せられることになつた。

(三) 綏遠城衙門の代墊　撫恤銀は減額され、且つ三回に分割して支拂はれることに定められたが、準噶爾旗には、この方法によつて自己の經濟力のみで辦濟することは出來なかつた。そこで、この二萬七千兩の撫恤銀は、綏遠城將軍衙門が、暫時代墊することに定められた。

(四) 河套川地の報墾　綏遠城將軍衙門から代墊された二萬七千兩は、結局準噶爾旗によつて返還せられねばならなかつたこの代墊銀の返還は、結局河套川地を報墾せしめ、達拉特旗の四成地辦法に倣つて丈放し、徵收せらるべき地價をもつてこれにあてることに決定せられた。

(五) 升科の歸屬　丈放されゝば、年々升科せられねばならぬが、升科は托克托廳をして管轄せしめることに定められた。

以上、我々は墾務大臣・貽穀の上奏に基いて、準噶爾旗の賠教案が、如何にして解決せられるに至つたかを明らかにして見た。資料五五に見られる如く、綏遠城將軍衙門が代墊することに定められてゐた撫恤銀二萬七千兩は、光緒三十二年四月二十五日、最後の九千兩を教會に交付して、其の支拂を完了した。かくして、教會に對する撫恤銀支拂に關する問題は落着した。併し、準噶爾旗と綏遠城將軍との間に殘された問題、卽ち代墊銀二萬七千兩の返濟については、依然として未解決のまゝに殘されてゐた。然らば、この二萬七千兩は如何にして返濟されたか。

この代墊銀は、前にも指摘した如く、先づ第一に準噶爾旗によつて報墾された黑界地から徵收せらるべき押荒の內、準噶爾旗に撥給せられることになつてゐた「一半歸旗押荒」をもつて其の大部分が返濟された。次に光緒三十三年十月初十日、墾務大臣が河套川地と阿吉爾瑪地の報墾を强要し、代墊銀の未済額を督促した時に（資料　八五）準噶爾旗が困窮した財政のなかから調達した一千兩によつて其の一部が返済された。（資料　九三　九六）第三には、光緒三十一年から托克托廳によつて徴收された褡林窖子附近の三百頃からの地租銀によつて年々償還された。そして一部は、叛逆者、丹丕爾の遺した雜穀を賣却して得られた「存粮變價」二百四十七兩六錢九毫四絲六忽八微によつて返済せられた。併し。この代墊銀は、前清時代には遂に完済することが出來なかつた。（資料　一一三）

この代墊銀の未返済を梃として、如何に墾務大臣・貽穀が、準噶爾旗に土地の開放を强要し、殊に當初に報墾された河套川地、並びに郡王旗との係爭の地―阿吉爾瑪地の開放を企圖したかは、既に指摘した如くである。當初、準噶爾旗が、教會に引き渡すことを約定したのは、褡林窖子附近の六村、三百頃に過ぎなかつた。併し、墾務大臣・貽穀は、褡林窖子三百頃の報墾のみでは、滿足しなかつた。彼は光緒三十年、綏遠城將軍の名に於て、更に報墾すべき土地の增加を要求した。この要求は準噶爾旗貝子・珊濟密都布によつてにべなく拒否せられたが（資料　一八）墾務大臣は、これにさきだつて、褡林窖子の附近を調査せしめ、この地の開放を企てたが、準噶爾旗は委員の到着する前に、この地方の主なる地商四人をひそかに隱匿し、委員をして手の施す術もなからしめた。（資料　一六）かうして、墾務大臣・貽穀はあらゆる手段を盡して河套川地の開放を絶えず企圖したけれども、其の都度、準噶爾旗の拒否と妨害を受けて、河套川地を開放することは出來なかつた。だが褡林窖子を中心とする六村、三百頃からは、前にも指摘した如く、毎年托克托廳を通じて一頃五兩に當る地租錢（歲租）を徴收した。其の初年度、即ち光緒三十一年には百六十五兩八錢九分の地租錢が徴收された。（資料　五七）また三十四年には、計二百八兩七錢七分が徴收された。（資料　一〇二）

このやうに、貽穀が墾務大臣の任にあつた時代、即ち光緒三十一年から三十四年の四月迄には、河套川地から徴收された地租錢の總計は、庫平銀に換算して一千八百零三兩一錢七分に達した。（資料　一一三）

九、賠教案と河套川地

撫恤銀二萬七千兩の代墊銀は、かくして漸次に返済された。併し、この代墊銀は、容易に完済され得なかった。墾務大臣・貽穀は、絶えずこの未済銀の返還を追求し、且つこの代墊銀の未返済を楯として、即ちこの未済銀を準噶爾旗に對する攻撃の武器として、準噶爾旗に土地の報墾を要求して止まなかったが、殊に光緒三十三年十月初十日には、強硬な札飭を準噶爾旗に送り、河套川地及び阿吉爾瑪地の報墾を求め、若しこの報墾を望まなければ代墊銀を即時に返済すべきことを厳命した。(資料　八七)　この札飭は、資料を一瞥すれば容易に理解せられるやうに、一つの恫喝であり脅迫である。併し準噶爾旗は、阿吉爾瑪地の報墾に於て解説した如く、一千兩を調達することによって巧みにこの強要を回避した。(資料　九三・九六)　墾務大臣は、幾度となく代墊銀の返済を強要した。併し、黒界地を開放した準噶爾旗にとっては、何故にこの代墊銀が完済され得ないかゞ理解せられなかった。何故ならば、黒界地の丈放地畝數は、前にも指摘した如く、一千五百頃を超えてゐたし、徴收せらるべき押荒は六萬兩に達してゐたからである。更に河套川地から徴收せられた地租銀を加算すれば、其の金額は莫大な數にのぼるべきことが豫想せられたからである。かくして準噶爾旗貝子・珊濟密都布は、光緒三十三年九月、この疑惑を呈報したが(資料　八三)　墾務大臣は、(一)　黒界地の丈放によって、準噶爾旗が受けとり得べき押荒が、僅かに六千七兩餘に過ぎず、準噶爾旗の未済額が尚ほ依然として一萬九千五百餘兩に達することを明らかにし　(二)　且つ穏林窰子から徴收せられた地租銀は、三十三年六月現在をもって計算すれば、一千二百兩にしかのぼらないことを指摘して重ねて其の返済方を督促した。(資料　八四)

準噶爾旗は、光緒三十三年末、一千兩を調達して準噶爾旗墾務分局に交付し、穏林窰子三百頃の收租權の回復を企圖した。墾務大臣は、この要望を一定の條件付きで容認した。即ち、代墊銀の未済額を光緒三十四年三月迄に完済することを條件として、穏林窰子の收租權を準噶爾旗に返還すべきことを明らかにした。(資料　八八批)　が併し、翌三十四年正月には強硬な札飭を準噶爾旗に送り、準噶爾旗が調達した一千兩を控除しても、代墊銀の未済額が、尚ほ莫大な金額にのぼることを強調し、光緒三十四年三月十日迄に殘額が返濟されなければ翟林窖子附近の地を「收界歸公」し代墊銀の返濟に充當すべきことを宣言した。曰く、

爲札飭事、照得準噶爾旗前借賠教銀兩、所欠尙鉅、原擬開放哈拉沁梁地畝抵還、經該局代爲稟墾停放、當批令將前項借款限令於本年三月一律清還、乃准停放、僅於上年年底、續交銀一千兩、而所欠尾數仍鉅、轉瞬卽屆限期、萬難再事延宕、玆限至本年三月初十日、仰該旗卽將此項欠欵數繳清、如至期不交納、本大臣將軍定將該旗河套川翟林窖子一帶之地、收界歸公、以抵還此項尾欠、（資料　九四）

尙ほこゝで注目すべきことは、收界歸公後に於ける處置である。右の札飭はこの點を次の如くに述べてゐる。

迨至將該地歸公之後、旣無押荒可分、更無歲租可得、此項地畝便與其旗永無干涉。（資料　九四）

卽ち、この札飭は、收界歸公の後は、この地から徵收せられる押荒は勿論のこと歲租も準噶爾旗に分割せず、且つ、この地に對して準噶爾旗は永遠に何等の主張もなし得ないことを宣言してゐる。

この宣告はたしかに準噶爾旗の王公達を震駭せしめた。光緒三十四年四月、準噶爾旗貝子・珊濟密都布竝びに協理達は、呈報を送つて河套川地の內から約六百頃の地を指定して、この報墾を承認するに至つた。（資料　九九）かくして、準噶爾旗も遂に墾務大臣の强要の前に膝を屈した。併し、この報墾は、現實的な意味を持ち得なかつた。なぜならば、準噶爾旗が膝を屈して報墾した光緒三十四年四月には、墾務大臣・貽穀が失脚し、其の政治的位置を奪ひ去られたからである。かくして、河套川地は、幾度となく墾務大臣・貽穀によつて注目せられ、問題の土地として交涉の俎上にのぼらせられたが、この地の開放は遂に達成せられず、未開放のまゝ殘されるに至つた。

墾務大臣・貽穀の後を襲つた將軍・信勤は、河套川地に對して、何等の對策もたてなかつた。が併し、準噶爾旗は、宣統元年正月、翟林窖子の地租の返還を要求し、（資料　一〇四）同年四月、重ねて其の希望を繰り返へした。（資料　一〇五）この要

九、賠教案と河套川地

求は、宣統三年綏遠城將軍・桂春によつて一蹴せられた。（資料一一二）蓋し、當時に於ても、代墊銀二萬七千兩は、依然として完濟されず、尚三千二百五十二兩餘を剩してゐたからである。資料一一三によつて、我々は如何にして代墊銀が返濟されて行つたかの過程を詳しく辿づけることが出來る。最後にこの辿づけを次表に於て示し、この解説を結ぶことゝする。

墾局代墊準噶爾旗教案賠款歸還數目表

抵還項別	年月	庫平銀數	伸合城平銀	備考
準旗自籌	光緒三十三年十二月	九九七·二〇〇〇〇〇兩	一,〇〇〇·〇〇〇〇〇〇兩	
存餉變價	光緒三十三年七月	二四七·六〇〇九四七	二四八·三九六一七六	
歸蒙三成五押荒	光緒三十三年五月	五,〇〇〇·〇〇〇〇〇〇	五,〇一四·〇六九三〇	
	光緒三十四年正月	五,六六一·一七五〇〇	五,六七六·二八〇九五	
		六,〇九二·四八五四六〇	六,一〇九·五九〇三三	査宣統三年二月結算墾收過銀如上數公文未見
		一,五〇六·五三九〇〇〇	一,五一〇·一九七五九	同前
招墾徵解歲租		四四四·六五〇〇〇〇	四四五·八九六五二五	同前
	光緒三十二年四月	一六五·八九〇〇〇〇	一六六·三五七九六	
	光緒三十二年七月	二〇七·九六〇〇〇〇	二〇八·五四三九三	
	光緒三十三年正月	一五〇·〇〇〇〇〇〇	一五〇·四三二一七九	
	光緒三十三年六月	二三八·五九〇〇〇〇	二三九·三三一八四九	
	光緒三十三年八月	一〇六·〇六〇〇〇〇	一〇六·三七八六六	
	光緒三十四年正月	五〇〇·〇〇〇〇〇〇	五〇一·四〇三九二〇	
	光緒三十四年七月	二〇八·七七〇〇〇〇	二〇九·三五六一七六	

	宣統元年正月	一五〇·〇〇〇〇〇〇	一五〇·四三一一七九	
	宣統元年四月	四五〇·〇〇〇〇〇〇	四五〇·九六二七四九	
	宣統元年八月	五〇·〇〇〇〇〇〇	五〇·一四〇四九一	
	宣統二年二月	二〇〇·〇〇〇〇〇〇	二〇〇·五六一五七二	
	宣統二年九月	一〇〇·一〇〇〇〇〇	一〇〇·六八一〇六八	
河曲縣撥解八成歲租	宣統二年十一月	一、七四四·三六八六一九	一、七四〇·三八〇四〇四	
尚未歸還		四二五一·一〇五四七四	四二六一·二六六九五四	至宣統三年二月結算如上數
合計		二六九四·四〇〇〇〇〇	二七〇〇·〇〇〇〇〇〇	

九、暗教案と河套川地

準噶爾旗墾務資料

準噶爾旗墾務資料目次

整理番號	資料字號		事由	頁數
一	癸	九	準噶爾旗長史札特丹巴禀爲奉派來城指地認墾……	一
二	同	同	札派縣丞胡懋鉞等赴準噶爾旗勘收認墾地畝分行山西撫等處查照……	二
三	同	同	防禦連昌傳調準噶爾旗蒙員來綏議墾出力咨行綏遠將軍註銷前次記過之案……	三
四	同	四七	胡懋鉞 連昌 禀奉札驗收準噶爾旗報墾河套川地界繪圖並呈交地蒙結請查核……	四
五	同	同	準噶爾旗報墾河套川地畝有名無實札飭該旗長史札特丹巴另指地段呈報……	五
六	同	同	照會殺虎口驛傳道查明所轄河套川臺站地四至何名寬長若干詳覆核辦……	六
七	同	同	札飭包局薩廳將河套川召廟洋堂蒙兵戶口所佔各地四至何名寬長若干繪同查明禀覆……	七
八	同	五〇	準噶爾旗貝子山吉密圖布呈報邊墻周圍四十里許寬牌欄內地一段請查收請將河套地仍然留給衆台吉等戶口……	七
九	同	同	殺虎口驛傳道呈覆查明東素海臺站四至交界……	八
一〇	同	一〇	包頭墾務局詳報派員查明準噶爾旗報墾地畝並送圖說請查核……	九
一一	同	五〇	包頭墾務局詳請檢查檔案準旗是否補報邊墻迤北之地請速行知以便派員驗收……	一一
一二	同	同	札飭準噶爾旗派員會同包頭局員勘驗續報地段並札包局派員會同該旗派出之員驗收……	一二
一三	同	同	準噶爾旗札登巴禀台吉齊密特多爾濟將奴才差使革退並將產業霸奪請根究……	一二
一四	同	同	準噶爾旗札登巴朝克圖等禀們克納遜將我等所管職業全行毀革叩懇照前案在貝爺名下當差	

一

效力……………………………………………………………………………………一三

一五 癸 五〇 準噶爾旗札登巴爾控們克納遜將伊岳父產業奪去等情札飭伊克昭盟長査辦具報…………一四

一六 甲 三七 托克托城通判孫多愰稟覆準噶爾旗抵交教堂賠款地畝延宕不交請札飭該貝子或交地或交銀以免延宕……………………………………………………………………………一六

一七 同 同 綏遠將軍片奏準噶爾旗教案完結代籌恤款收回地畝由托克托廳按年征收地租…………一八

一八 同 同 綏遠將軍咨準旗賠教地札飭該旗迅速另指好地以便完結照抄譯妥蒙文咨行査照…………一九

一九 五原墾務分局接收資料 墾務大臣札據準旗貝子呈報該旗黑界地仰該局將該地驗收勘放…………二〇

二〇 同 包局移請岳幫辦驗收準噶爾旗報地並設局丈放…………………………………………二一

二一 同 包局移準旗請選派事官會同岳委員辦理收界設局等事……………………………………二一

二二 同 包局移知陝西府谷並偏關河曲等縣開辦準旗報地情形……………………………………二二

二三 同 包局出示準噶爾旗黑界地各村諭令民戶認領地畝…………………………………………二三

二四 同 準旗貝子咨本旗頃派梅楞衡茂諸海指交界址…………………………………………二四

二五 同 包局照會倪委員樹勳前赴準格爾旗隨同岳幫辦將設局放地一切事宜妥爲襄理……………二四

二六 同 岳鍾麟稟報奉委勘收準噶爾旗報墾地畝繪具圖說及設立局所開辦日期…………………二五

二七 乙 五四 準噶爾旗命婦孀遺繼子三品台吉福鼐阿呈報情願將本身柳青梁之地二千頃開墾…………二七

二八 五原墾務分局接收資料 包局示諭準旗黑界地地戶開地之後赶緊找覓妥保出具保狀依限呈繳押荒…………二八

二九 同 墾務大臣札發準旗黑界地告示仰擇要張貼……………………………………………二八

三〇 同 包局示準噶爾旗黑界地內原種地戶迅速掛號承領地畝如逾限將本年所獲粮石以半歸局…………二九

三一　同　包局示準旗黑界地内原種地戶如有情願承墾舊開之地迅赴分局掛號認領倘逾限不領卽請東路公司儘數認墾……三〇
三二　同　墾務大臣札據準噶爾旗墾務分局報稱該處蒙人聚衆滋事着派胡管帶太才撥兵彈壓嚴拿爲首懲治……三〇
三三　乙　五四　貽大臣片奏請傳旨嘉獎準旗台吉拉蘇倫多爾濟之妻子……三一
三四　五原墾務分局接收資料　包局稟欽憲準旗東圖薩拉齊丹丕爾聚衆抗官請派兵嚴拿彈壓……三二
三五　同　包局懸賞緝拿準旗滋事蒙古們肯吉亞賞格……三四
三六　同　包局出示準旗煽惑蒙民滋事地戶賈凱等如再滋生事端卽行送交河曲縣懲辦……三五
三七　乙　五四　杏綏遠將軍準噶爾旗前台吉之妻遺子報墾奉旨均著傳旨嘉獎欽此……三六
三八　乙　六〇　姚學鏡稟報準旗倉房梁兵民互毆致釀人命各情形……三七
三九　同　同　札委分省補用知府姚世儀等於未赴郡王旗之前先赴準旗將倉房梁民兵互毆情形詳查稟覆……三八
四〇　五原墾務分局接收資料　包局稟欽憲準旗東圖薩拉齊丹丕爾聚衆抗墾擬將十里長灘十拉塔兩局歸併沙梁分局並請參覆……三九
四一　乙　六〇　譚湧發稟報準旗倉房梁張姓抗不完租起衅情形……四一
四二　五原墾務分局接收資料　岳鍾麟稟報蒙衆來攻東局各情形……四三
四三　蒙墾奏議　貽大臣奏準噶爾旗蒙員聚衆抗阻攻掠局所請嚴行懲辦……四五
四四　乙　五四　愛新覺羅氏稟祈奏請將前報之地作爲罷論等情……四七
四五　蒙墾奏議　貽大臣奏準旗蒙匪拒捕傷兵現將拿獲各犯分別審辦仍嚴緝首要既復立墾局開辦各情形……四八
四六　同　同　貽大臣奏準旗蒙匪首逆就擒兼獲謀陳圍捕情形並酌擬分別懲辦……五一

三

六四 同 同 準旗分局林牘辦稟黑界地墾事完竣請將各員司書等分別給奬咨行綏遠城將軍歸化城副都統查照……七八
六五 同 同 準旗分局申報黑界地押荒自四月開征起至十月底止征起各數目……八〇
六六 同 同 準旗分局詳解征起押荒銀一萬兩請飭兌收……八〇
六七 同 同 準旗分局申報續收押荒銀兩總共數目札飭收支處查核……八一
六八 丁 三四 準旗台吉賽崇阿呈報阿札拉木地一塊請開放……八二
六九 同 同 準旗賽春阿呈報西界阿吉爾瑪地畝札飭該旗出具印文呈交以便派員收地……八二
七〇 同 同 準旗貝子呈報該旗阿吉爾瑪地係本旗與郡王旗連界前奉諭旨以郡王旗與本旗各台吉人等雜居游牧之地以致開墾兩旗蒙衆無處游牧呈請體恤……八三
七一 同 同 札復準旗貝子等速將阿吉爾瑪等處地畝呈報開放……八四
七二 同 四一 準旗分局詳請領準旗黑界地內召廟地印照繕單請鑒核……八五
七三 同 同 準旗分局轉詳準旗貝子等懇請自行向民戶征收歲租請核示……八八
七四 同 同 準旗分局林毓杜稟議覆開放準旗白界地各情形請鈞裁……八八
七五 同 三四 準旗貝子呈本旗西界阿吉拉木之地係郡王旗與本旗台吉等互相居處生活養命又有召廟香火各地請鑒核分別裁楚……九〇
七六 同 同 札飭準局將在準旗石灰等處游牧郡旗台吉閑散等報地查明有無轇轕等情並札郡西盟局查照……九一
七七 同 四一 綏遠將軍咨送準旗黑界地召廟地執照請查收轉發……九二
七八 同 同 札發準旗分局廟地執照並飭該局核收照費徑解將軍衙門分行綏遠城將軍等處查照……九三
七九 同 三四 札飭準旗派員指交報墾阿吉爾瑪地界並札準局派員勘收暨飭西盟總局查照……九五

六

八〇 丁 四一 綏遠將軍咨復前送準旗黑界地內各召廟地每頃報効銀二兩共三十九兩零八分四厘四毫已飭左司轉飭置械處查收矣……九六

八一 同 同 準旗分局姚世儀稟遵飭詳查郡旗及準旗報墾地畝各情形並繪圖請鑒核……九七

八二 同 三四 準旗貝子呈郡王旗梅楞衛薩爾賚將本旗寺廟吉斯之地包攬湊報開墾若旗此地開墾本寺衆徒弟無法養命請鑒查俯准……九九

八三 同 同 準旗貝子呈發給歸旗押荒數目不合欠缺給教堂之銀兩以杻林窰子等處地給與足數欠缺款請鑒查……一〇一

八四 同 同 札飭準旗貝子再爲設法彌補綏遠墊付賠教之款……一〇一

八五 同 同 札飭準局責成準旗將阿吉爾瑪轇轕清理照郡旗原報界址開墾札準旗遵照……一〇二

八六 同 四一 姚世儀稟準旗黑界地址分隸陝甘晉等情分別批示咨明山陝西撫查照轉飭施行並札飭河曲府谷兩縣遵照辦理……一〇四

八七 同 三四 札飭姚守世儀嚴催準旗將前欠賠教墊款六千餘兩在河套川及阿吉爾瑪地內籌款清還……一〇五

八八 同 同 姚世儀稟復遵札飭催準旗歸還賠教款各情形並取具甘結附呈鑒核……一〇六

八九 同 四一 準旗分局府谷縣稟請以好賴溝分山陝交界等情繪圖附呈鑒核……一〇九

九〇 同 三四 姚世儀稟復遵札飭催準旗歸還賠教墊款等情分別批示分行綏遠將軍等處查照……一一〇

九一 同 四一 辦理準旗墾務分局姚守世儀府谷縣知縣揚令映霄稟請以好賴溝分山陝交界等情分別批示分行山西陝西撫轉飭勘界分並札府河曲縣勘分立……一一二

九二 同 同 辦理準旗墾務姚守世儀稟黑界地升科歲租請三四年並征分別批示分行山西撫等處查照……一一四

九三 戍 七 札飭準旗貝子將前借賠款銀兩按限掃數交清……一一五

九四 同 三〇 札飭準旗貝子或將前借賠教欠款照數還銀或具文報地依限具文呈覆……一一六

九五　同　同　札準旗貝子轉飭前三品臺吉那蘇倫多爾濟將前報柳青梁地土質如何地畝若干查明聲叙……一一七
九六　同　七　收支處呈報準旗解到賠教銀一千兩兑收歸還前墊賠教之款咨行綏遠將軍轉飭該旗知照……一一八
九七　同　同　行轅收支處呈報據準旗分局呈解黑界地押荒銀兩各數目呈請鑒核……一一九
九八　同　三〇　準旗貝子呈復柳青梁地各情形……一二〇
九九　同　同　準旗貝子呈復前借賠教之款無力備出銀兩仍請將前報河套川等處地畝呈報開墾……一二〇
一〇〇　同　二〇　山西巡撫咨據布政史丁寶銓呈分清準旗黑界地界址請轉飭查照核覆……一二一
一〇一　同　二一　準旗分局申報收過黑界地押荒及歸公歸蒙並開支各數目造册列表呈請鑒核……一二三
一〇二　同　八四　綏遠將軍咨據托廳通判解征起將倰窰子等村地畝歲租銀兩咨送查收見覆……一二七
一〇三　同　二〇　山西河曲縣稟報征起準旗黑界地歲租數目……一二七
一〇四　巳　五〇　綏遠城將軍咨據準旗貝子呈該旗賠教之款前由墾款借墊以報墾地畝歸蒙荒租陸續歸還現在荒租似有數萬兩足敷欠款請將猪林窰等處地退等情應如何辦理請見覆轉飭遵照……一二九
一〇五　戊　二〇　準旗貝子呈請將猪林窰等處地畝並請將黑牌子地租一併發交本旗……一三〇
一〇六　巳　三九　委胡令懋鉞會同河曲府谷等縣催收準旗荒價並籌議放地……一三一
一〇七　庚　一　胡懋鉞稟擬請添派書役開支銀數並分札廳蒙領帶全卷圖册號簿部照……一三二
一〇八　同　同　胡懋鉞稟蒙員未到移請德防禦復往催調速來並分佈公所員書變通催征押荒及赴府谷起程
各衙名日期……一三四
一〇九　同　四　胡懋鉞等會稟催調蒙員到邑商據請免放地並由德普詩巴帶同蒙員印文回綏請示遵辦……一三六
一一〇　政　二五　札府谷縣將催收準旗尾欠荒價及應征禮智信三段歲課銀兩迅速報解……一三八

一一一 財 九八 準旗貝子呈請領黑界地歷年應分歲租銀兩……一三九

一一二 辛 九 準旗貝子呈請將黑界地租賜恩發給並據各地戶呈每年應交地租銀兩情願就近呈交本旗核收轉呈祈鑒核……一三九

一一三 財 九八 準旗請領墾地歲租等情查該旗尚欠賠款三千二百五十二兩零仍待扣抵碍難准領……一四〇

一一四 辛 九 準旗呈送地戶與振麟等呈請歲租徑交該旗等情札委防禦𢇁僧額會同府谷縣詳查此項歲租應如何辦理稟覆……一四二

一一五 同 九 𢇁僧額 李裕勳 稟覆查明與振麟等呈請歲課徑交準旗大概情形請鑒核……一四三

一一六 同 九 𢇁僧額 李裕勳 稟覆查明與振麟等願將歲租交旗情形並擬征租辦法請鑒核……一四四

一一七 政 二五 札糧餉廳庫兑收府谷縣解到押荒銀並將收足庫平銀申報……一四七

一一八 同 同 糧餉廳申報兑收府谷縣解到押荒銀兩銀色稍有參差申報查核……一四七

一一九 同 同 札府谷縣將民欠荒價銀兩赶卽催收報解……一四八

一二〇 財 九八 准綏遠城將軍咨據準旗呈請歸旗黑牌子地租發給該旗並墾賬前墊該旗銀兩是否還清請查核……一四九

八

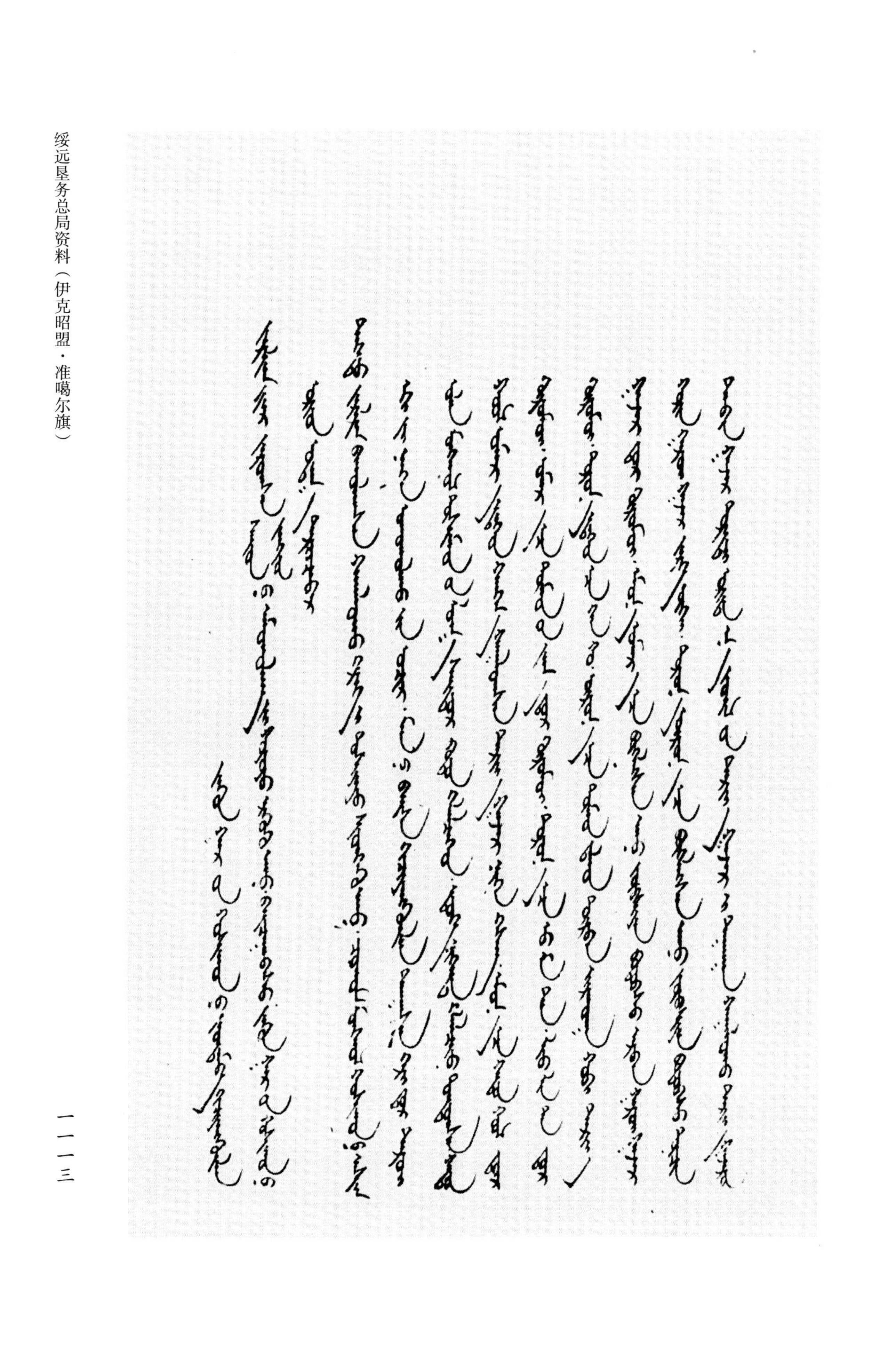

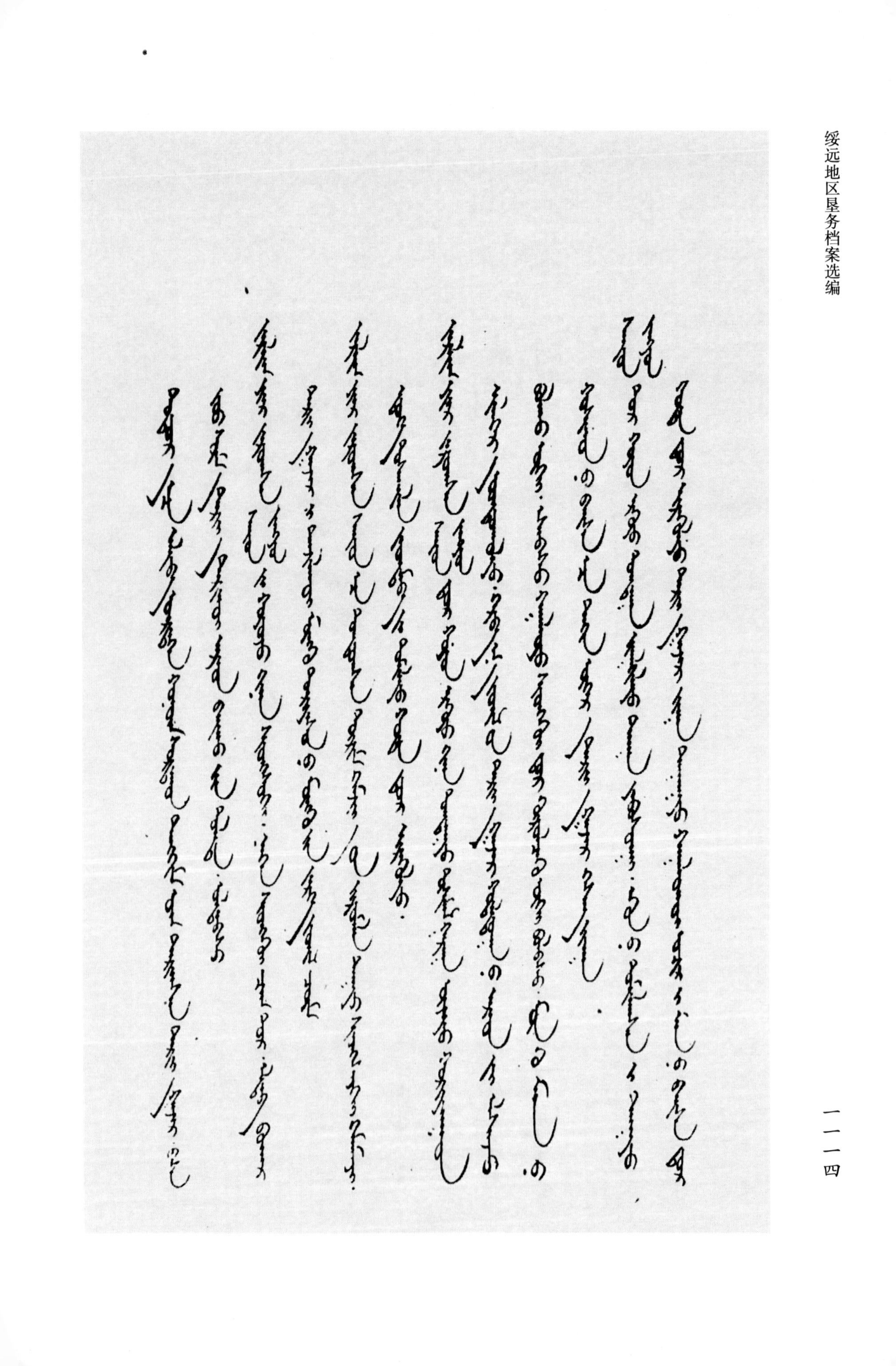

[illegible]

準噶爾旂長史札特丹巴禀爲奉派來城指地認墾由

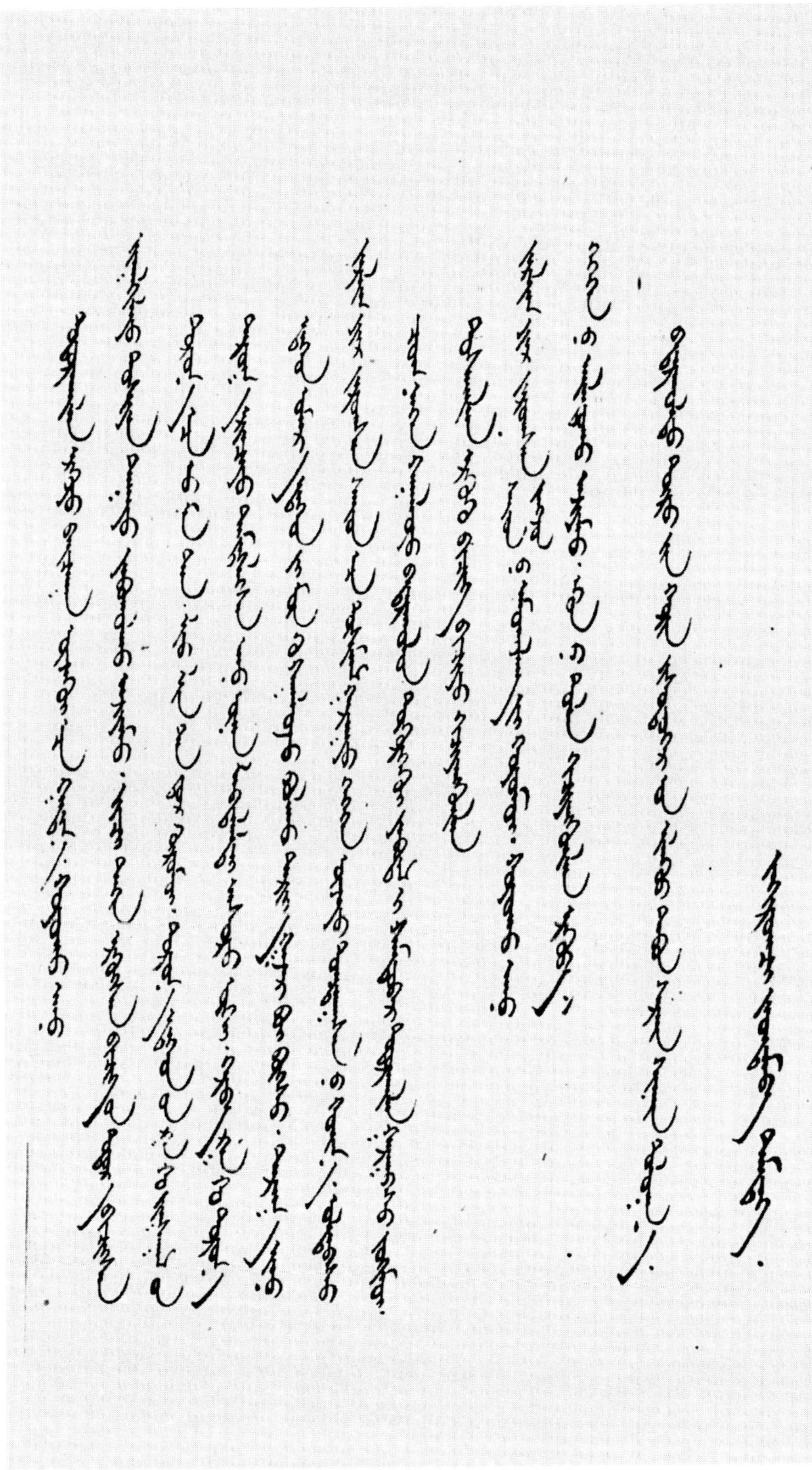

準噶爾旗資料 整理番號 一　　癸字第 九 號

準噶爾旗札特丹巴 謹
稟
欽差大人
將軍 鈞座、敬稟者、竊照準噶爾旗、前經叠奉
諭旨、飭辦墾務、爲蒙旗開濬利源、本旗貝子、欽遵之下、嘗與各蒙官、妥爲酌議、玆已議定黃河以北・河套川・巳墾地畝一段、南至黃河、北至土默特界、東至五馬灘・柳林灘・以東之乾壕、西至土默特 達拉特四六成地、南北相距、約計十餘里、二十餘里不等、東西相距、約計四五十里、情願先以此項地畝認墾、地內所有臺站・救堂・原種之地、及召廟地戶、應請由
憲臺核辦、開辦時、一切荒銀租銀等項、均遵照
欽憲定章辦理、玆特派札特丹巴來城、稟請
憲臺核定、派員前往驗收、倘此項地畝、不勘招商、或不敷墾辦、仍由本旗貝子、再行另指地段、禀請
鈞奪示遵、所有長史奉派來城指地認墾緣由、除稟明本旗貝子查照外、伏候
示諭遵行、再稟內所稱、東至五馬灘・柳林灘・以東之乾壕、長史記憶不甚眞確、倘乾壕以東以北、仍有可墾之地、俟
欽憲派員勘定、應請一併擴充開辦、合併聲明、專肅寸稟、敬請
鈞安、伏乞
垂鑒、札特丹巴謹稟

準噶爾旗資料 整理番號 二　　癸字第 九 號

督辦蒙旗墾務大臣理藩院尚書銜兵部左堂貽

札派縣丞胡懋鉞等、赴 準噶爾旗勘收認墾地畝分、行山西撫等處杳照由、

咨行/札飭
爲委事、前經本大臣札調伊克昭/該盟所屬各旗來城議墾現據準旗爾旗、派委長史札特丹巴稟稱、竊照準噶爾旗、前經疊奉
諭旨、飭辦墾務、爲蒙旗開濬利源、本旗貝子欽遵之下、當與各蒙官、妥爲酌議、茲已議定、黃河以北河套川已墾地畝一段、
南至黃河、北至土默特界、東至五馬灘·柳林灘·以東之乾壕、西至土默特、達拉特四六成地、南北相距、約計十餘里、
二十餘里不等、東西相距、約計四五十里、情願先以此項地畝認墾地內所有台站·教堂·原種之地、及召廟地戶、應請由
憲台核辦、開辦時一切荒銀租銀等項、均遵照欽憲定章辦理、茲特派札特丹巴來城、稟請憲台、核定派員前往驗收、尚此
項地畝不堪招商、或不敷墾辦、仍由本旗貝子、再行另指地段、稟請鈞奪示遵、再稟內所稱、東至五馬灘·柳林灘·以東
之乾壕、長史記憶不甚真確、倘乾壕以東以北、仍有可墾之地、俟欽憲派員勘定、應請一並擴充開辦、等情據此、除札委/自應揀
縣丞胡懋鉞、防禦連昌、前往勘收、並札委該旗史札特丹巴會同胡懋鉞連昌、將呈請報墾之地界址、指明驗收外、相應咨
派委員、會同該旗長史札特丹巴、指明界址勘收、以憑核辦、查有縣丞胡懋鉞、防禦連昌、堪以派往、除分咨札委/札飭外、合
明
行札委/飭札到
貴將軍/護撫請煩查照存案可也、須至咨者、
員、立即前往會同本大臣派委該旗之長史札特丹巴、將呈報之地四至界址驗明勘收詳查
長史、即便會同本大臣派委勘收墾地之縣丞胡懋鉞、防禦連昌、前往該旗、迅將報墾之地界址指明、聽
該局/處即便知照特札、
該旗、即便轉飭該長史、迅將界址詳細指明、切切特札、
洋堂台站所佔畝各若干、逐一繪圖貼說、稟候核辦、勿得疎漏草率、切切特札、
候核辦、特札地

右咨

署綏遠城將軍

山西護撫部院

名札仰

防禦連昌

縣丞胡懋鉞

準噶爾旗長史札特丹巴准此

墾務總局

收支處

準噶爾旗札薩克貝子

光緒二十九年閏五月初九日

、

準噶爾旗資料 整理番號 三

癸字第九號

督辦蒙旗墾務大臣理藩院尚書銜兵部左堂貽

防禦連昌、傳調準格爾旗蒙員、來綏議墾出力、咨行綏遠將軍註銷前次記過之案由、

爲咨行事、案照候補防禦連昌、前因派赴四子王旗投遞公文、因循誤公、經本大臣咨請

貴將軍、將該防禦記過在案、嗣復派赴準噶爾旗、傳調該旗貝子、來綏議墾、玆已帶同該旗所派蒙員前來、該防禦此次深

知愧奮、力導蒙旗復來就議、功過足以相抵、相應咨請

三

貴將軍、將該防禦前次記過之案註銷、以昭激勸、爲此咨行

貴將軍、請煩查照施行、須至咨者、

右　咨

署理綏遠城將軍文

光緒二十九年五月十二日

準噶爾旗資料　整理番號　四

癸字第四七號

四

稟

山西候補縣丞胡懋鉞
綏遠城候補防禦連昌　謹

大人閣下、敬稟者、竊蒙

憲檄、以據準噶爾旗派委長史札特丹巴、稟呈黃河以北河套川、已墾地畝一段、情願報墾、內有寨站・教堂・召廟・地畝、應請核辦、蒙委前往會同該長史、將呈報之地、四至界址、驗明勘收、詳查洋堂・台站・所佔地畝各若干、逐一繪圖稟候核辦、等因蒙此、卑職連昌、即同札長史、回準噶爾旗、復請添派熟悉地界之管理河套川達慶梅楞台吉巴彥札普、專管柳林灘達慶梅楞鄂爾哲依巴圖、先於六月初一日、齊至四成地石泥橋等候、卑職懋鉞、於初七日、亦至石泥橋、會同於初九初十等日分將呈報河套川地、四至界址驗明勘收、北至乾濠、東至乾濠、南至黃河、西至四六成地、西南至殷家窰子洋堂地界、查南北約五六里、至十餘里、二三十餘里不等、東西長約三十里、遞至四十五十六十七十餘里不等、惟南界、及東南、西南界、均爲黃河水淹、一片汪洋、不能履進、當取由近水之中南路、逐加細勘、並採以輿論、酌核定界、約計共地三千數百頃之譜、共地內有殺虎口驛傳道管轄台站地、約共一千頃有零、又有武當召、新昭、小召地、約共一千頃有零、又有成奎海子

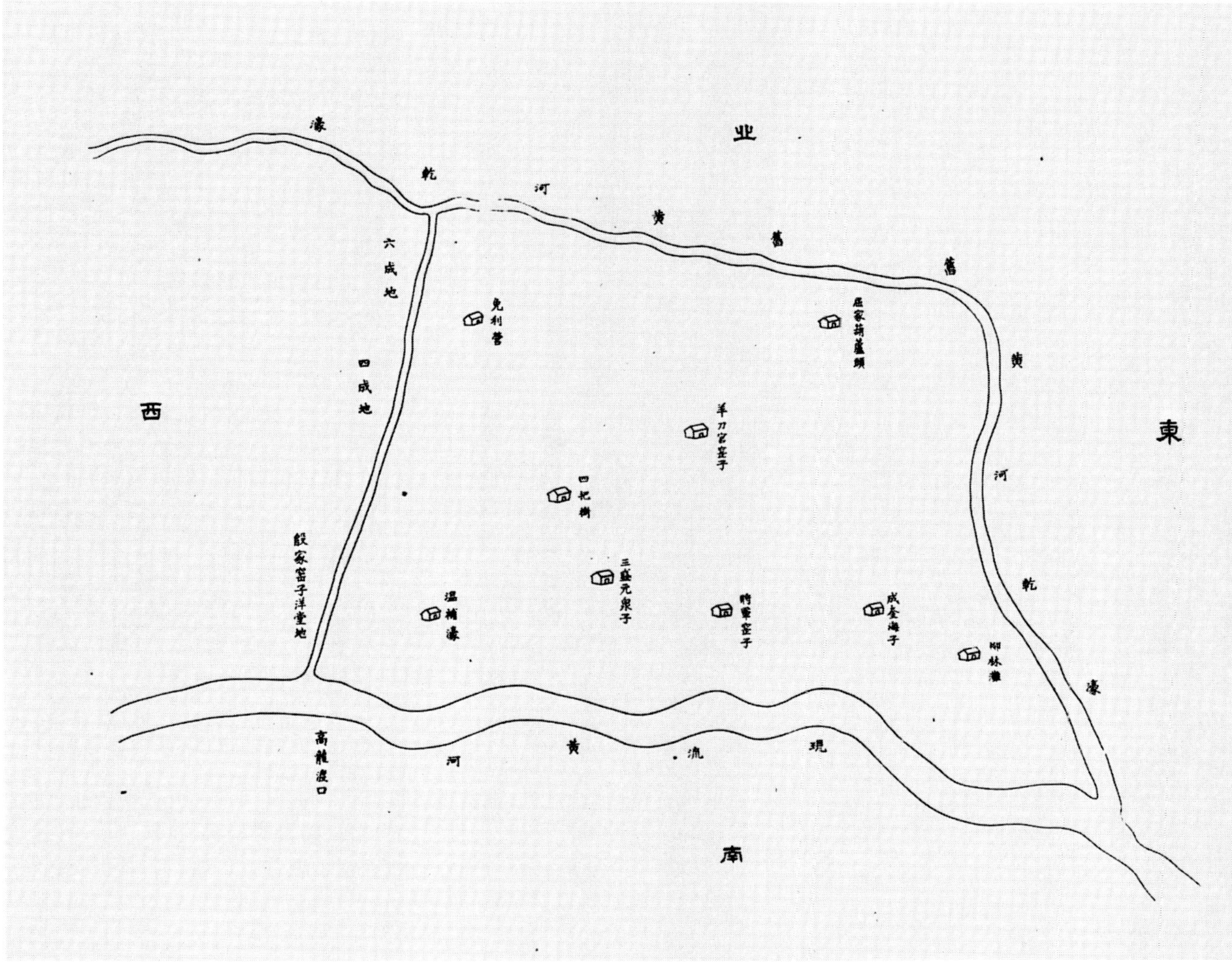
业
西
東
南
濠
乾
河
黃
舊
舊
黃
河
乾
濠
六成地
四成地
殷家窑子洋堂地
免利營
屈家葫蘆頭
四把樹
三盛元泉子
成奎海子
高龍渡口
河
黃
流
現

驗收準噶爾旗報墾地圖

將軍窖子、三盛元泉子、興義爐、四處洋堂地、約共三百餘頃、又有該旗蒙兵戶口地、約共數百頃、所餘民戶租種地、約僅不過數百頃、此皆詢諸各地戶揣度而言、究竟確實與否、未敢預定、並査此地土脉、沙與紅泥居多、宜雨而不宜風、此外沃田無幾、壕灘亦復不少、勘收事竣、並取具札長史交地蒙文結一紙、兹於十三日、仍同札長史來至包頭鎮、面陳一切所有驗收準噶爾旗報墾河套川地界址緣由、理合繪圖、連同蒙文結、一併禀呈

大人査核辦理、肅此具禀、敬請

鈞安、伏乞

垂鑒、卑職懋鉞、連昌謹禀、

附呈輿圖一紙、蒙文結一紙

光緒二十九年六月十五日

準噶爾旗資料	整理番號	五

癸字第四七號

督辦蒙旗墾務大臣理藩院尚書銜兵部左堂貽

準噶爾旗報墾河套川地畝、有名無實、札飭該旗長史札特丹巴、另指地段呈報由、

爲札飭事、照得該旗報墾之河套川地一段、前經本大臣委派胡縣丞懋鉞、會同該旗臺吉巴彥札普等、前赴該旗、將所報地畝、詳細勘驗、旋據該委員暨該臺吉等、各據禀覆、計該旗報墾之河套川地、約三千餘頃、內有臺站、召廟地、各一千餘頃、又洋堂地、三百餘頃、又該旗蒙兵戶口地數百頃、若將此數頃除去所餘地畝已屬無多、其中復有沙鹹不堪耕種之地、是該旗名雖報墾、實與未報者同、査該旗地土、較各旗尤廣、而各旗報墾之地、均在數百里以外、惟該旗所報地畝、有名無實、是該旗疊奉

旨諭、嚴飭遵辦之事、竟欲以空文搪塞、不惟自外

六

皇仁、實屬玩視

朝命、玆查該旗長史札特冉巴、原係可以主持該旗事務之人、除札知該旗貝子、遵辦外、合行札飭、札到該長史、卽便另指地段、再行呈報、本大臣旋綏在卽、不能久候、切勿遲延、致干未便、此札、

右札仰　準噶爾旗長史札特冉巴　准此

光緒二十九年六月二十八日

準噶爾旗資料	整理番號	六

癸字第四七號

督辦蒙旗墾務大臣理藩院尚書衔兵部左堂貽

照會殺虎口驛傳道、查明所轄河套川台站地四至何名、寬長若干、詳復該辦由、

爲照會事、光緒二十九年、六月十一日、據伊克昭盟所屬準噶爾旗、呈報該旗黃河北面河套川地一段、願將此段地畝、呈

請開墾、當經本大臣委派山西候補縣丞胡懋鉞、綏遠城候補防禦連昌、前往驗收、玆據該委員等驗明稟稱、計河套川地、約三千餘頃、內有殺虎口驛傳道管轄台站地、約一千餘頃、此係詢諸各地戶揣度而言、究竟確實與否、未敢預定、等情據此、查河套川地、既有

貴道所轄台站、其地四至何名、寬長若干、自有成案可稽、合行照會

貴道、希卽查明據、實禀復、以便核辦、切勿遲延、須至照會者、

右　照　會

殺虎口驛傳道

光緒二十九年七月初六日

準噶爾旗資料　整理番號　七

癸字第四七號

督辦蒙旗墾務大臣理藩院尚書銜兵部左堂貽

札飭包局薩廳將河套川召廟洋堂蒙兵戶口所佔各地四至何名、寬長若干、會同查明稟復由、

爲札飭事、光緒二十九年、六月十一日、據伊克昭盟所屬準噶爾旗、呈報該旗黃河北面河套川地一段、願將此段地畝、呈請開墾、當經本大臣委派候補縣丞胡懋鉞、候補防禦連吕、前往驗收、茲據該委員等驗明稟稱、計河套川地、約三千餘頃內有殺虎口驛傳道管轄台站地、一千餘頃、又有武當召、小召、新召、地一千頃有零、又有軍將窑子、三盛元、泉子、興義爐、四處、洋堂地、三百餘頃、又有該旗蒙兵戶口地、數百頃此皆詢諸各地戶揣度而言、究竟確實與否、未敢預定、等情據此查河套川地內、既有各項應除之地、自應查明、以便核辦、除照會殺虎口驛傳道、將台站地、查覆外、合行札飭、札到該局、該廳、卽便會同薩拉齊廳、包頭墾務局、將各召廟洋堂及蒙兵戶口所佔各地、四至何名、寬長若干、逐一查明稟覆、勿稍含混、切切此札、

右札仰　包頭墾務局　准此
　　　　薩拉齊廳

光緒二十九年七月初六日

準噶爾旗資料　整理番號　八

癸字第五〇號

伊克昭盟長所屬鄂爾多斯札薩克貝斯山吉密圖布爲呈報事、現令接准　欽憲札飭文內該旗呈報開墾河套川地一段、前經本大臣差委縣丞胡懋鉞、會同該旗台吉巴彥札布、前往該旗呈報地所、詳細查收、旋據該委員並該旗台吉巴彥札布等各稟覆

七

該旗呈報開墾河套川地、大概有三千餘頃、內有驛站召廟地、均皆一千餘頃、又洋堂地三百餘頃、本旗蒙古兵丁戶口地、一百餘頃、將此項牧地分別外、所剩牧地、業已無多、此內又有沙鹹不堪耕種、況且該旗名雖呈報開墾地段、實則如無報地、查該旗游牧、比別旗寬大、各旗呈報地段、均在數百里之外、惟該旗名雖有呈報地畝、實則如無、是該旗屢次接遵

上諭嚴催、謹遵辦理之事、竟以空文推諉、不惟自外

皇仁、亦且玩視

朝命、查該旗長史札特丹巴、原係能執持本旗事務之人、爲此札飭該長史、遵卽另指地段呈報外、自應札飭、札到該貝斯、卽當迅速遵行、等因、札飭前來、伏思查本旗游牧、實在無多、卑台吉衆蒙古等、皆係種地度日當差、實然無開墾閑空地畝雖如此、本旗南面、所有原租給民人耕種邊墻周圍四十里許寬牌柵內地一段、願將此地呈報、祈請

欽憲電鑒查收之處呈報外、惟前此呈報河套地、因

皇上萬壽諷念經典、召廟衆僧費用香燈、並衆台吉人等戶口等項關係之地、將此地祈請施恩、仍然留給辦理由、

光緒二十九年八月初三日

準噶爾旗資料	整理番號	九

癸字第 五〇 號

管理虎處口驛傳事務、理藩院員外郎、錫慶、爲呈覆事、於光緒二十九年、七月十九日、奉到照會事、光緒二十九年、陸月十一日、據伊克昭盟長、所屬準噶爾旗、呈報該旗黃河北面、河套川地一段、願將此段地畝、呈請開墾、當經本大臣委派山西侯補縣丞胡懋鉞、綏遠城候補防禦連昌、前往驗收、玆據該委員等、驗明稟稱、計河套川地、約三千餘頃、內有殺虎口驛傳道、管轄台站、約一千餘頃、此係詢諸各地戶、揣度而言、究竟確實與否、未敢預定、等情據此、查河套川地、旣有貴道所轄台站、其地四至何名、寬長若干、自有成案可稽、合行照會、希卽查明、據實稟覆、以便核辦、切勿遲延、

等因奉此、司官查此案、設立蒙古驛站、一面二十里、四面八十里、鄂包爲界、此地北面有黃河、累年倒塌、司官即便飭知東素海站、趕緊禀覆、於八月初八日、東素海站章京、圖孟袞爾克禀稱、於七月間、查驗站北地交界、四至一事、所有自設立蒙古台站已來、老年舊堵起、一面二十里、東至察汗額爾克、西至額力計蘇、南至邦魯堂力蓋、西北至更習力、東北至烏克計套力蓋、正北至三把樹、謹將交界四至分明、理合呈覆、實爲德便、爲此據情、伏乞

照驗施行、須至呈覆者、

右　　呈

欽命督辦蒙旗墾務大臣

光緒二十九年八月十七日　　呈

準噶爾旗資料　整理番號　一〇　　癸字第一〇號

包頭墾務局、爲詳報事、案查前蒙

憲台札開、據伊克昭盟、所屬準噶爾旗、呈報該旗黃河北面、河套川地一段、願將此段地畝、呈請開墾、當經本大臣、委派候補縣丞、胡楙鉞、候補防禦、連昌、前往驗收、玆據該委員等、驗明禀稱、計河套川地、約三千餘頃、內有殺虎口驛傳道管轄台站地、一千餘頃、又有武當昭、小昭、新昭地、一千頃有零、又有將軍窑子、三盛元、泉子、興義爐、四處洋堂地、三百餘頃、又有該旗蒙兵戶口地、數百頃、此皆詢諸各地戶揣度而言、究竟確實與否、未敢預定、等情據此、查河套川地內、既有各項應除之地、自應查明、以便核辦、除照會殺虎口驛傳道、將台站地查覆外、合行札飭、札到該局、即便會同薩拉齊廳、將各召廟洋堂及蒙兵戶口所佔各地、四至何名、寬長若干、逐一查明禀覆、勿稍含混、切切、等因蒙此卑職當即派委試用巡檢、張克勳、前往確查、旋因河水甫退、不能履勘、折回卑局、曾經詳明在案、嗣聞該地河水乾涸復

派試用府經歷、范錦銘、確查去後、玆據范府經稟稱、奉委後、遵卽束裝馳抵薩拉齊廳稟商、加派該廳巡檢、祝敏時、會同前往河套川、將召廟洋堂蒙古戶口各地、挨村周歷排查、玆已事竣、查此項地畝、東至乾濠、南至黄河、西至四六成地、西南至殷家窑子洋堂地、北至乾濠、東西長、約二十里、至四五六七十餘里不等、南北寬、約二三里、至五六里、十餘里二三十餘里不等、約計共地、三千頃有零、其間召廟地、約共四百餘頃 又洋堂地 約共三百頃上下、又蒙古戶口地、約共一千餘頃、均皆零星散落、其寬長四至、碍難合計、又內有台站地一段、東至新河口、南至黄河、西至塞烏蘇、北至東西阿家樹圐圙、東西長、約二十里、南北寬、約十里、約共計地、一千頃有零、此外所餘大賞西賞地、約共三百餘頃、散列各村、亦未便遽定四至、此皆詢據各地戶、約略而言、確實與否、必俟將來淸丈後、方可爲據、所有覆查套川各項地畝情形、理合繪具圖說、稟請核轉、等情、據稟前來、卑職查該旗報墾地畝、現經范府經詳細勘明、內除台站、召廟、洋堂、並蒙古戶口所佔各項地畝外、所剩大賞西賞地、約計三百餘頃、爲數甚微、且零星散落、不成片段、惟前蒙憲台諭知、該旗以前報地畝無多、情願補報河西沃壤地一段、等因、已於十月十七日、備具移文、派委候補防禦、連昌、持赴該旗、催令補報、擬俟補報驗收後、再行派員一併丈放外、合將查明緣由、具文轉報憲台查核、爲此備由、具申、伏乞

照詳施行、須至詳者、

計詳送

圖說一紙

總辦姚學鏡

會辦淸治

光緒二十九年十一月十一日

文案處擬

批、據詳已悉、準噶爾旗、所報河套川地畝、既復委府經歷范錦銘、覆查明確、除台站、召廟、洋堂、各項外、僅剩大賞西

賞地、三百餘頃、爲數無幾、前經飭令該旗、另行補報河西之地、仰即由該局委人、前往備報驗收後、一併丈放可也、此繳、圖存

光緒二十九年十一月十七日

準噶爾旗資料 整理番號 一二　　癸字第五〇號

包頭墾務局、爲詳請行知事、案查前蒙

憲台諭知、準噶爾旗、以前報地畝無多、情願補報河西沃壤地一段、等因、嗣因未據該旗補報、於十月十七日、備具移文、派委候補防禦、連昌、持往守催去後、玆據連防禦回局稟稱、奉委後、馳赴準噶爾旗、投送移文、並詢問補報地畝一事、據該旗貝子面稱、前有田姓、邢姓、往催、已於八月初、備文遣派、加格爾齊、札特丹巴、會同田姓等、前赴

憲轅補報黃河之西、邊牆之北、界牌地一段、碍難再報、等情、稟覆前來、卑職查此事、未蒙

行知、應請

憲台檢查檔案、是否有無其事、如果該旗實已補報地畝、即乞飛速行知以便派員驗收、理合具文、詳請

憲台核辦、爲此備由具申、伏乞

照詳施行、須至詳者、

總辦 姚學鏡

會辦 清治

光緒二十九年十一月二十三日

文案處擬

批、詳悉、查此案、前以該旗指報之河套川地所餘無多、兩次札飭補行指報、旋於八月間、該旗另報黃河之西、邊牆之北界牌地一段、惟請將河套川地畝賞還、不報等情、是以未經定局、玆據詳稱前情、仰候札飭該旗、將續地畝、聽候勘驗、一面由該局派員前往會同驗明接收後、再行核辦、此繳、

一二

光緒二十九年十一月二十九日

准噶爾旗資料 整理番號 一二　　癸字第 五〇 號

督辦蒙旗墾務大臣理藩院尚書銜綏遠城將軍貽

札飭准噶爾旗、派員會同包頭局員、勘驗續報地段、並札包局派員、會同該旗派出之員驗收由、

爲札飭事、案查該旗前報河套川地畝、除召廟、驛站、及洋堂各項之地二千餘頃、所剩無多、迭經札飭該旗、續行報地、旋於本年八月初三日、據該貝子、呈將該旗南面、所有原租給民人耕種邊墻、週圍四十里許寬、牌栅內地一段、另行指報、惟請將前次呈報河套川地、留給該旗不開、等情、查河套川地、業經驗收、刻即開辦、未便再留、其續報之邊墻週圍牌栅地一段、亦應迅速驗明辦理、合亟札仰該旗、即便派員會同包頭墾務局員、勘驗交收、以憑核辦

札仰該局、即便派員會同准噶爾旗派出交地之員、前往驗明接收具報、切切勿違、此札、

右札仰　准噶爾旗貝子山吉密圖布

　　　　西盟墾務局　准此

二

光緒二十九年十一月二十七日

准噶爾旗資料 整理番號 一三　　癸字第 五〇 號

依克昭盟長所屬准噶爾旗奴才札登巴踏

稟

欽差大臣、軍憲閣下、敬禀者、前經已故台吉、圖薩拉克齊、頭等台吉、恩克圖魯、並無子嗣、即將奴才八歲上過繼爲子、今

奴念書、到十五歲後、將伊長女贅爲招女婿、承其家業、言明養老送終、自三十歲、將二位老人、好好奉養、家務等項、實力向前劬勞、應分地畝、所種田禾、全行交訖、由奴羈縻、奴才實力辦理、豈料家遭不幸、於光緒四年間、老岳父謝逝、彼時奴才遵禮守制、所有各樣祭供、如禮辦理、人人皆知、彼時有岳父挨近支族、台吉巴彥巴圖之子、台吉們克納遜、即齊密特多爾濟亦在、尙未守制登記亦未供獻、將岳父養老產業、我夫妻二人養贍、伊等如數焚去、嗣於八年上、老岳母將我夫妻二人移出另住伊等房院、將奴才產業等物、尙未交代、豈料台吉巴彥巴圖之子、齊密特多爾濟佔住、岳母去逝後從近年間、台吉齊密特多爾濟、將奴才長時欺負、將住處房屋灘地覇奪、搜尋接嫌、於本秋季因差由色頭領回來時、台吉齊密特多爾濟、在本衙門上、將奴才造言聲說、在 欽差大臣處、月領多銀、向外辦事、將本準格爾旗地畝架賣、在衆人前高聲胡說賣地、伊不應充、經將前者、該札薩克辦完事件、伊敢違託伊到盟長處、將奴才諸凡差遣行走之各件、伊百般哦頓、揑言呈控、奴才一紙尙未遞訖難免一面之詞胡說、將奴才之職革去、至此以後、放缺派差、全行革退、奴才愚想身應該札薩克梅林、又有鄂特克貝爺賞放札齊拉克齊職、寨蓋貝爺賞放札齊拉克齊、奴才身如土斧、不知例禮、愚昧至極、不知如何犯了大罪、此等革職毀官、思之殊屬可畏、看來何以脫乃氣密特多爾濟之難、無縫可尋、玆將被屈苦情、澈底呈蒙並將絕戶岳父所遺產業、凡百吊後將習利托亥等處地畝、現今許蒙挪放、又想與故者作爲產業之處呈請外、前經欽差大臣、電鑒、已蒙面飭辦理墾務事件、玆將差使伊等全行革退、如再遲延、畏恐命亦難保、預先呈禀、叩懇

欽差大臣電鑒、根究施行、

準噶爾旗資料	整理番號	一四

癸字第 五〇 號

依克盟長所屬準噶爾旗奴才札登巴朝克圖等跪

禀

欽差大臣軍憲閣下、敬禀者、伊等仗其富豪、將先後斷案抗違、藐視上司、竟敢越出揑告、一味偏辦、祈恩斷辦事、奴才我等係圖薩拉克齊、頭等台吉、恩克圖魯之奴僕、我等該管台吉、原係四等台吉、因軍功賞給頭等臺吉、我等一屬目丁僕、係該四等台吉在生時、猾猾管理、並無別說、亦非得頭等台吉之後、管理丁僕之節、我等該管台吉在生時、如有斷子、乃丁僕等和忠相待、一點不敢違訖、嗣于光緒四年間、本管台吉無子、已故伊之近族台吉巴彥巴圖之子、們克納遜、誰在但巴彥巴圖之弟、阿爾乘巴圖、有相隨作賊行走不端之節、經前任盟長、御前行走貝勒札薩、克將一屬目丁僕、於五年上比丁時、已成

貝爺丁僕、我等遵行、安居樂業、當差度日至今矣、突然丁春間們克納遜、將奴才等當差度日地畝、便剝、自後懷讎遂日尋縫將我等硬要作爲伊僕、前故盟長、已經作爲貝子之奴、由部飭來比丁紅綠黃冊上、書寫過六次、辦有成案之事、竟敢抗違伊乘間設計、百般欺人、將已成之事壞訖、將現在貝爺用計指點、將我等丁僕、擅用札薩克印、卽去我等卽知赶緊備具屆情、貝爺前遞過兩次呈詞、當將我兩們人等、照舊辦訖、仍將貝爺名下書寫、下餘丁僕、仍成巴彥巴圖所管之奴、我等兩造雖然應允、惟們克那遜已恃富豪、隔過札薩衙門辦理、揚奉陰違、又將去盟長衙門已故盟長、現任貝爺所辦之事、全行抗違、惟上司陸續續辦過案件、我等遵行、並無抗違、但伊等恃其富豪、揑控誣告、一面將我等所管職業、全行毀革至此以後、故缺派差等項、與我無涉、所有已故貝爺辦過事件折毀、極將今年比丁冊檔上、書寫伊奴、將此屆節叩懇

欽憲大臣軍憲電鑒恩准、祈將一屬目丁僕們、照前案情願在貝爺名下當差、效力實行、

准噶爾旗資料	整理番號	一五

癸字第 五〇 號

督辦蒙旗墾務大臣理藩院尚書銜綏遠城將軍貽

準噶爾旗札登巴、稟控們克納遜、將伊岳父產業奪去等情、札飭伊克昭署盟長查辦由

爲札飭咨明事、光緒二十九年、十二月十四日

案據伊克昭盟盟長、所屬準噶爾旗、札登巴呈稱、敬稟者、前經已故台吉、巴薩拉克齊、頭等台吉、恩克圖魯、並無子嗣、將奴才八歲上、過繼爲子、後將伊長女贅爲招女婿、承其家業、言明養老送終、詎料光緒四年間、老岳父逝世有侯近支族、台吉巴彥巴圖之子、台吉們克那遜、即齊密特多爾濟、將岳父養老產業、我夫妻二人養贍、伊等如數婪去、嗣又佔住岳母去世、將奴才長時欺負、將住處房屋灘地霸奪、於本秋季、因差由包頭鎮回來時、齊密特多爾濟、在本衙門上、將奴才造言聲說、在欽差大人處、月領多銀、向外辦事、將本準格旗地畝圖賣、在衆人前高聲胡說賣地、伊不應允、徑將前者該札薩克辦完事件、伊敢違抗、伊到盟長處、將奴才諸凡差遣行走之各件、揑言呈控、難免一面之詞、將奴才之職革去、至此以後、放缺派差、全行革退、奴才愚昧至極、不知如何犯了大罪、茲將被屈苦情、澈底呈明、並將絕戶岳父所遺產業殘百畝、及將習利托亥等處地畝、現今許蒙挪放、又想與故者作爲產業之處、呈請外、前經欽差大臣電鑒、已蒙面飭辦理墾務事件、茲伊等將差使全行革退、如再遲延、恐命亦難保、懇請根究、又據札登巴朝克圖稟稱、我等係圖薩拉克齊頭等台吉、恩克圖魯之奴僕、於光緒四年間、本管台吉無子已故、伊之近族、們克那遜、阿爾乘巴圖、有相隨作賊行走不端之節、經前任盟長、於五年上斷了時、已成貝爺奴僕突然於本春間、們克那遜、將奴等當差度日地畝、硬霸硬要、作爲伊僕、一面將我等所管職業、全行毀革、至此以後、放缺派差等項、與我等無涉、叩懇電鑒恩准、仍照前案、情願在貝爺名下、當差効力、等情據此、查札登巴、既經恩克圖魯贅爲己子、是恩克圖魯之遺產、應歸札登巴承管、何以們克納遜、輒敢任意霸奪、其中有無別故、至準格爾旗所報地畝、係欽奉

諭旨開辦之件、已取有該貝子交地印文、何得謂札登巴架賣、今們克納遜、以與札登巴有隙、竟敢造言誣控、殊屬有意阻撓、而該已革盟長、聽信一面之詞、即將札登巴革職、更屬非是、仰該署盟長、速將們克那遜橫惡各情、查明懲辦、查札登巴已革官職差使、著即全行開復、以備本大臣差遣、至恩克晉魯所遺產業、應令札登巴照管承守、再札登巴朝克圖等、應由該署盟長、飭令仍爲該貝子奴僕、不得任們克納遜欺壓凌虐、本大臣有綏轄該盟之責、以除莠安良爲意、該署盟長、其秉公

一六

査辦、毋得稍有偏縱、合行札飭、札到該盟長、即便遵照、仍將査辦情形、具報毋延、切切此札、

右札仰伊克昭署盟長察克都爾色楞 准此

總辦同知張光鼎

總辦主事李雲慶

除札飭該盟長遵照査辦具報外、相應咨行

貴將軍、請煩査照可也、須至咨者、

右 咨

綏遠城將軍

光緒二十九年十二月十九日

準噶爾旗資料 整理番號 一六

甲字第三七號

敬稟者、竊卑職正初趨叩

崇祺、仰蒙

恩睞優加、私衷銘感、啣結彌深、恭維

大人福介時茂

惠著春和、引首

鈴轅、傾心鼓舞、蒙

論彈壓準格爾旗抵交教堂賠款地畝、卑職於回署後、遵即派令巡警弁兵、並胥役前往彈壓、玆據該弁胥差等回稱、在蔣俊窰子地上居住數日、並無該旗地戶到地指交、胥等、會同札委員赴旗査詢、知旗內大地商四家、張文、祁三、屈毛小子、張

起世子等、均被旗下家屬叫回、隱避不現、並無該地商一人在地、札委員亦無法合辦、胥等無從彈壓、回署稟請、轉稟核辦等情、卑職查該旗地分三項、一謂大垧地、再謂東垧西垧地、至貝子公中居大垧、其寡媳分受、一係東垧、一係西垧、計現在撥交大垧地無幾、東西兩垧地畝最多、揆其用意、則既不願交地、又不能反覆、專藉其兩孀媳之地宕延、務明指交地畝、反將旗內大地商、暗地叫回、使委員未能措手、卑職亦無從彈壓、如不預爲據實稟明該貝子諉延交地情形、恐勢必歸過卑職之不能彈壓爲詞、輾轉籌思、惟有懇請

大人、俯賜酌奪、札飭該貝子、或另行撥地、抑或仍行設法交銀之處、以免宕延轇轕、事得速結、實爲公便、肅此寸稟、恭請

福安、卑職多煌謹稟

文案處擬

批、據稟該旗延宕交地情形已悉、已札調該旗迅派事官來綏議辦矣、此繳、

光緒三十年二月十六日

總辦同知張光第
總辦主事李雲慶
會辦主事陳光遠
幫辦藩經歷景褆
主稿從九品楊國英
委員知縣吳守坤
掌案委員胡奇
監用關防官五品頂戴遇缺卽選從九品楊國英

一七

準噶爾旗資料 整理番號 一七

甲字第 三七 號

一八

再査伊克昭盟準格爾旗、於光緒二十六年間、亦有仇教殺掠之案、疊經前任將軍派委現署黑龍江副都統、前奏辦教案之直隸知府壽勳、會同法國主教閔玉清、比國總教士賈名遠、教士南懷義、議辦、於上年二月議定免懲禍首、亦不索賠罰、由該旗認給教會撫恤銀、二萬九千兩、公立合同、書押鈐印在案、嗣因該旗非常貧苦、籌措甚艱、懇請變通辦理、以翟林峪子噶布爾河頭等六村、已墾地三百頃作抵、業經教堂應允、十月間、奴才到任後、兩次派員前往丈交、査知該處地戶承種地畝、業已數世、一旦驟令遷移、殊覺流離可憫、該教士等、復以地多磽瘠、不值所抵之數、欲於三百頃外、再行加添、而該旗生計甚窘、無可撥補、相持數月、幾翻前議、復經委員等、商之教士、擬令該民戶、每年出租銀一千五百兩、給予教堂、逐年抵扣、奴才詳察蒙地、向無如此重租、此次雖事屬權宜、求爲消弭巨案、然因教會而征逋民戶、以後恐官民交累、難免有意外之虞、且教士持增地之議甚堅、不如乘此時別籌良策、因飭辦理洋務委員、奏保知府斌儀、歸化廳同知樊恩慶等、約同教士蒙員熟商、將所垦地畝歸官、由墾務局籌給現銀了結、該教士等、欣然樂從、又以得銀勝於得地、念奴才委曲調停之心、情願減讓銀二千兩祇收現銀二萬七千兩、分爲三期籌付、限本年十一月、三十一年九月、三十二年三月、各交歸化城平銀九千兩、書立期券、屆時由主教閔玉清、派教士親持向將軍衙門分次照數領取、公同先書草約、由主教教士委員等、各簽字畫押、俟款項交清、即將草約並前立合同、一併銷燬、其該旗歸官地畝、擬派員丈收後、仿照達拉特旗四成地辦法、由墾務局分別等則、招戶領種、收回地價、將來升科後、應徵地租、由托克托城廳、按年徵收、惟該處地質不佳、放給民戶能否收足原價、殊難預定、奴才爲速結教案、兼恤蒙艱起見、不得不如此通融辦理、應俟定收若干、再行結算所有準噶爾旗教案完結、代籌鉅款、收回地畝緣由、除分咨外務部、理藩院、査照外、謹會同歸化城副都統文瑞、附片具陳、伏乞

聖鑒謹

奏

光緒三十年八月十九日　具奏

光緒三十年八月二十九日　奉

硃批該衙門知道欽此欽遵

準噶爾旗資料　整理番號　一八

甲字第　三七　號

欽差督辦蒙旗墾務大臣理藩院尙書銜鎭守綏遠城等處將軍兼管右衛歸化城土默特官兵調遣宜大二鎭綠旗官兵　貽穀

咨行事、案據伊克昭盟、準噶爾貝子三吉密都布呈稱、接奉札飭、令將賠教地畝、迅速另指好地以便完結一案、現在本旗並無另有可添之地、一俟丈交前定地畝時、再行酌量加添、等情據此、相應將原呈蒙文、並譯妥漢文、一併抄錄、咨行

貴大臣、請煩查照施行、須至咨者、

計照抄原呈蒙文、並譯妥漢文一件

右　咨

督辦蒙旗墾務大臣

光緒三十年十二月初一日

甲字第　三七　號

伊克昭盟鄂爾多斯札薩克固山貝子三吉密都布等、爲呈報事、适奉

欽差大臣札開、特派花翎防禦德普什巴、馳往該旗商辦一切事宜、迅速指出好地、早日完結、毋再仍前遲延、並札飭伊克昭盟

二〇

長、察克都爾色楞、轉飭該旗遵照、另行指地外、合行札飭、札到該旗、迅速遵照前札、另指上地、毋再遲延、致干參辦等因奉此、伏查撫恤教堂銀兩、委因窮旗無力籌措現銀、在於本旗黃河之猾凌窰子等六處有名地畝、丈地三百頃、交給教堂抵賠此項銀兩、曾經將軍大臣定辦、遵奉在案、玆復特派官員、自應遵飭另行指交地畝、惟現留有係關臺站寺廟香燈之地、衆臺吉人等戶口數目地、若如何商議、並無另有添補指交之地、惟前定猾凌窰子等六處、撥地三百頃、足至兩萬七千兩、否則丈交地畝之時、再行酌量零星加添、理合據情呈報、仰懇

欽差大臣將軍鑒查恩施、體恤卑旗、施行、

準噶爾旗資料	整理番號	一九

五原墾務分局接收資料

欽命督辦蒙旗墾務大臣理藩院尚書銜綏遠城將軍貽爲

札飭事、案據伊克昭盟鄂爾多斯、札薩克固山貝子、三吉密都布呈稱、適准

乾清門行走盟長、札薩克郡王銜、轉奉欽差大臣將軍公文內開、據該旗報墾黑界地內、究有可墾之地若干頃畝、仝行呈報、開明四至界址、不得暗中隱匿、亦不得借詞少報、尤須迅速稟覆、以憑派員驗收、等因、札飭前來、遵查曾經呈報大部、旋准開墾清還債累、以資拯救饑貧、孤寡養命、所有本旗南界地、與南邊原放牌記內地連界、西邊與水坑博羅鄂博克札薩克郡王旗連界、北邊是該旗蒙衆游牧之地、與戶口地畝連界、東邊至黃河止、此內雖有地畝、究係若干頃畝、立刻難以清查、所有情形呈明、仰懇欽差大臣將軍鑒查、體恤卑旗饑貧、蒙衆俾受重恩、書寫預印空白施行等情據此、該旗報墾黑界地畝、既將四至開明、自應飭令西盟墾務局查照各旗現辦章程、妥爲辦理卽將該地驗收、一面勘丈、一面放墾、除

咨明

綏遠城將軍
山西撫部院　查照外、合行札飭、札到該局、卽便遵照、此札、

右札仰西盟墾務局准此

準噶爾旗資料　整理番號　二〇　　五原墾務分局接收資料

光緒三十一年正月二十四日

包頭墾務局

移請岳帮辦驗收準格爾旗報地、並設局丈放由

爲移請事、案蒙

欽憲札開、案據伊克昭盟鄂爾多斯、札薩克固山貝子、三吉密都布呈稱、云云札到該局、即便遵照等因蒙此、查該地濱臨黃河界越兩省、漢民租種年久、其中不無轇轕、必須選派熟習情形之員、前往驗收開辦、俾免貽誤之虞、查

貴帮辦創辦郡王旗地、已有端倪、且於該地情形、甚爲熟悉、應請就近兼辦、以期早收成效、除添派員司前往襄辦外、並移該旗、選派蒙員指界、暨移偏關河曲並陝西府谷三縣知照外、相應移請

貴帮辦、希即馳赴該地、會同蒙員、查明四至、是否與原報相符、縱橫若干里、約計地若干頃、其中有無沙石鹻灘、詳細驗收、繪具圖說、迅速移覆、以憑轉詳、一面分設局所、招墾丈放、並將辦理情形、隨時報查、望速施行、須至移者、

右　移

丈放郡王旗地本局帮辦候補縣正堂岳

光緒三十一年二月初二日

準噶爾旗資料　整理番號　二一　　五原墾務分局接收資料

三二

包頭墾務局

移準旗選派事宜、會同岳委員、辦理收界設局等事由、

爲移請派員事、案蒙

欽差督辦蒙旗墾務大臣貽　札開、案據伊克昭盟鄂爾多斯、札薩克固山貝子、三吉密都布呈稱、云云、札到該局、卽便遵照等因、業經敝局派委丈放郡王旗地候補知縣、岳令鎮嶠、帶同員司人等、前往驗收、並分設局所、招墾丈放在案、惟事屬創始、所有收界設局等事、均須、
貴旗派員會同辦理、俾免舛錯、而期迅速、相應移請、爲此合移
貴旗、煩查照文內事理、希卽選派明白事宜兩員、於三日內、馳赴郡王旗罕太廟、西盟墾務分局、會同岳委員、辦理收界設局等事、事關振興地利、幸勿延緩、望速切速施行、須至移者、

右　　　移

伊克昭盟準格爾旗固山貝子山

光緒三十一年二月初二日

準噶爾旗資料　整理番號　二二一

五原墾務分局接收資料

包頭墾務局

移知陝西府谷、並偏關河曲等縣、開辦準旗報地情形由、

爲移知事、案蒙

欽差督辦蒙旗墾務大臣貽　札開、案據伊克昭盟鄂爾多斯、札薩克固山貝子、三吉密都布呈稱、云云、卽便遵照、等因蒙此、查

該旗所報黑界地畝、界連
貴縣除派委郡王旗放地委員、候補知縣岳令鍾麟、帶同司書弁兵人等、前往驗收、設局招墾丈放外、擬合移知、爲此合
移
貴縣、請煩知在施行、須至移者、

右　　移

陝西楡林府谷縣正堂
偏關縣正堂
河曲縣正堂

光緒三十一年二月初三日

準噶爾旗資料　整理番號　二三　　　五原墾務分局接收資料

包頭墾務局

出示準格爾旗黑界地各村諭令地戶、認領地畝由

爲出示曉諭事、案蒙
欽差督辦蒙旗墾務大臣貽　札飭、以現屆春融、準格爾旗所報黑界地畝、亟宜開辦、令即派員設局招墾丈放、以興地利、並將該地押荒、核分四等、上地每畝徵收庫平銀三錢二分、隨徵經費銀八分、中地每畝二錢四分、隨徵經費銀六分、中下地每畝一錢六分、隨征經費銀四分、下地每畝八分、隨徵經費銀二分、歲租亦分四等、上地每年每畝徵收庫平銀一分六釐、隨徵租捐銀四釐、中地每畝一分二釐八毫、隨徵租捐銀三釐二毫、中下地每畝九釐六毫、隨徵租捐銀二釐四毫、下地每畝八

二四

盤、隨征租捐銀二盤、等因蒙此、除派郡王旗放地委員候補知縣苗、帶同司書人等、前往設局丈放外、合行出示曉諭、爲此示仰該處原租地戶、及願認墾人等知悉、爾等如願儘先承種、迅即赴局掛號認領、照給實收、聽候丈放、依限呈繳荒銀再行換給印照、此後永遠爲業、子孫相承、再無侵奪之患、至舊開熟地、本局格外體恤、仍先儘原租之戶承墾、如無力呈繳押荒、或不願承種者、由局另行招墾、勿得觀望遷延、自悞本業、其各遵照、毋違特示、

光緒三十一年二月初三日

準噶爾旗資料　整理番號　二四

五原墾務分局接收資料

伊克昭盟鄂爾多斯、札薩克貝子、三吉密都普等

爲咨行事、頃准貴局來咨內開、請煩查照、由旗出派幹練蒙官二員、限三日內、前往郡王旗罕太廟、西盟墾務局、與派出知縣會商收地、開墾辦理、勿得遲延、等因前來、查本處頃派梅楞銜、茂諾海、於三月初一日以內、前往郡王旗托輝昭等候墾地委員、將該旗哈喇牌楞之地、指交界址、相應聲明一切情節、咨行

貴局請煩查照、文內事理、希祈辦理可也、須至咨者、

光緒三十一年二月十八日

準噶爾旗資料　整理番號　二五

五原墾務分局接收資料

包頭墾務局

照會倪委員樹勳、前赴準格爾旗隨同苗幫辦、將設局放地一切事宜、妥爲襄理由、

爲照會事、前蒙

欽憲札飭、現據準格爾旗呈報黑界地畝、令即派員驗收開辦、等因、當經本局移請郡王旗放地委員岳幫辦鐘麟、就近前往驗收
並設局招墾在案、惟查該地界越兩省、幅幀遼濶、且事屬創始、頭緒紛繁、自應派員襄理、以免貽悞、除詳明
欽憲外、相應照會
貴委員、希即束裝起程、馳赴準格爾旗、隨同岳幫辦、將設局放地一切事宜、妥爲襄理、毋稍貽悞、是爲至要、望速施行
須至照會者、

右　照　會

候補府經歷倪

光緒三十一年二月二十二日

準噶爾旗資料　整理番號　二六

五原墾務分局接收資料

郡王旗兼辦準噶爾旗丈放委員、候補知縣、岳鐘麟、謹
稟
總憲大人閣下、敬稟者、竊卑職案蒙
憲檄、轉奉
欽憲札以伊克昭盟鄂爾多斯、札薩克固山貝子、三吉密都布呈開、該旗報墾黑界地、南界與南邊原放牌記內地連界、西邊與水
坑博羅鄂博克札薩克郡王旗連界、北邊是該旗蒙衆游牧之地、與戶口地畝連界、東邊至黃河止、等情、該旗報墾黑界地畝
既將四至開明、自應飭令查照、各旗現辦章程、妥爲辦理、轉飭卑職就近兼辦、迅往驗收、設局丈放、等因蒙此、卑職遵
於二月二十八日、同郞委員崇德、由郡王旗分局起行、三月初五日、馳抵陝西府谷縣屬牌記內地之哈拉寨、即於初八日、

二六

帶同蒙役、由哈登程、按照該旗所報四至邊界、周歷履勘、均經該旗蒙役節節指認、與原報實相符合、於二十四日驗收完
竣、遄旋哈寨、查該旗所報地段、計由西界水坑博羅鄂博起、至東界黃河畔止、橫亘二百一二十里、寬廣七八里、及十餘
里不等、其地率多深溝、大壑石磴沙山、古城川迤西、至水坑博羅鄂畔之地、梁끄山坡、皆堪耕種、間亦有沙、尚屬無
多、古城川迤東、至黃河畔之地、中間荒沙居多、未能樹藝、然山坡溝岔熟地亦復不少、總而計之、墾熟之地、約有三四
成、計可放地三四千頃之譜、除派蒙役、並馬隊持函前赴該旗守取印文外、茲特繪圖貼說、稟呈
憲鑒查核、第該旗報墾地畝、既已帶同蒙役驗收界址、自應設立局所、分段丈放、其所分之局、應設四處、以期迅速收效、
因現在員司、不敷分布、祇有先設三處、一在河曲縣屬牌記內地之十里長灘、設立一局、名曰東局、責成王委員渠芳、倪
委員樹勳、帶同書手榮苬、並馬兵四名、丈放古城川迤東、至黃河畔地段、一在哈拉寨川黑界地內、小石拉塔地方、設立
一局名曰中局、責成張委員企芬、鄔委員崇德、丈放古城川迤西、至哈拉寨西梁馬海地塌地段、一在府谷縣屬牌記內地之
沙梁川設立一局、名曰西局、責成吳委員樹藩、史司事熙廉、帶同書手英山、並馬兵四名、丈放馬海地塌迤西、至水坑博
羅鄂博俗名㟁巴子呋包地段、茲擇於本月二十七日、開局丈放卑職擬不時往來兼顧、遇事協同辦理、庶期準郡兩局、均
無貽誤、以仰副
總憲委用之至意、除各委員開局後、分投前往丈放外、所有奉委勘收準噶爾旗報墾地畝、繪具圖說、及設立局所、開辦日期緣
由、合備稟陳、虔請
鈞安、伏乞
垂鑒、卑職鍾麟謹稟、
計開圖說一紙
光緒三十一年三月二十五日

乙字第 五四 號

具稟人、前乾淸門行走、花翎三品台吉、拉蘇倫多爾濟之妻、愛新覺羅氏、爲呈請倡率報墾事、命婦姑、竊聞

欽憲承命自

天、宣勞墾務、變荒邱爲沃壤、闢草萊成膏腴、

建千古未有之奇功、

籌窮蒙無涯之生計、凡有知識者、莫不頂祝萬歲、是以各旗地畝、均已次第報墾、無如準噶爾旗蒙人、大義未明、竟因疑

懼觀望、命婦姑派忝宗室、世受

皇恩、際此時局艱難、理當捐產報効、况墾事尤利於蒙、敢不竭盡愚忱以爲之倡、命婦姑、情願將本旗所屬柳濟梁之地、報墾

二千頃、玆遣繼子三品台吉福靈阿、前來報墾、如蒙

允准、卽請

派員勘分四址、所有將已身地報墾緣由、理合具陳、伏候

批示祇遵

文案處擬

光緒三十一年三月二十六日

批、稟悉、該命婦姑遣繼子福靈阿、將本旗自有之地報墾、至二千頃之多、殊屬深明大義、足爲全旗倡率、忠順可嘉、仰候

札飭西盟墾局、派員前往勘收、並由本大臣將軍

奏明辦理、此批、

光緒三十一年四月初八日

準噶爾旗資料 整理番號 二八

五原墾務分局接收資料

二八

包頭墾務局

示諭準旗黑界地地戶領地之後、赶緊找覓妥保出具保狀、依限呈繳押荒由、

爲出示曉諭事、照得墾務定章、凡地戶領地後、必須取具妥保、予限三月、屆期赴局呈交押荒銀兩、原爲體恤民艱起見、乃查郡王旗上年所放地畝、各地戶、依限呈交押恒者、固屬不少、而疲玩延欠者、亦所恒有、推原其故、皆由丈放委員、視定章爲具文、並不認眞取保、是以狡猾地戶、竟存抗違、支吾延欠、再四追呼、無力呈交、責之保人、依然終變、遂致押荒正款、不能及時批解、甚至無賴地戶、催追急迫、造謠生謗、興言及此、實堪痛恨、玆該準噶爾旗、報墾黑界地、近腹裡、密邇市鎭、領地之戶、務須取具殷實舖戶保狀、方可放給、以杜濫領、而免延欠、除飭各委員遵辦外、合亟示諭爲此示仰爾原墾認墾各地戶、一體知悉、領地之後、赶緊倩覓舖戶、出具切實保狀、以便割取照票、承收耕種、永遠爲業、勿得猶疑觀望、甘貽後悔、倘有不肯地戶、無人作保、未能領墾、不滿於心、造言煽惑者、一經查獲、或被告發、定即從重懲辦、決不姑寬、其各凜遵毋違、特示、

光緒三十一年四月初七日

準噶爾旗資料 整理番號 二九

五原墾務分局接收資料

欽命督辦蒙旗墾務大臣理藩院尙書銜綏遠城將軍貽

爲札發事、照得準格爾旗放墾之地、係該貝子呈報、歸公徵收押荒、該種戶等、自應照章繳納荒價、與各旗一律辦理、並

非格外加賦、乃近有不肖之徒、造謠生事、希圖免交押荒、本應立予重懲、但察該民戶平日尚皆安分、此次係爲該旗東圖薩拉齊丹帕爾所惑、情有可恕、亟宜嚴申誥誡、以儆刁風、合行出示曉諭、茲將繕就告示、十二張、札發、札到該局、即便查收、飭發前往、該旗辦墾委員、迅速飭赴該地所、擇要張貼、俾衆週知、並將收到暨飭發各日期、具報查考、此札、

計發告示十二張

右札仰包頭墾務局准此

光緒三十一年五月　日

準噶爾旗資料	整理番號	三〇

五原墾務分局接收資料

包頭墾務局

示準格爾旗黑界地內、原種地戶、迅速掛號承領地畝、如逾限將本年所收糧石、以一半歸局由、

爲出示曉諭事、照得準格爾旗所報黑界地畝、前蒙

欽差督辦蒙旗墾務大臣貽　札由本局派委幫辦岳令鍾麟、帶同員司人等、前往接收設局丈放在案、迄今數月之久、遵章掛號認領者、固不乏人、而私自耕種觀望不前者、亦復不少、推原其故、雖因不肖之徒、從中煽惑、亦係愚民妄生希冀、有以致之、須知此項地畝、一經承領即可永遠爲業、子孫相承、再無侵奪之患、且定章先儘原種之戶承領、如無力早繳押荒、或不願領種者、方由本局另行招墾、體恤不謂不至、乃爾等原種地戶、既不照章認領、又不呈請另放、竟敢私自耕種、實屬不知體恤、凡此後已經耕種未經認領之地、如於五月內、照章掛號認領者、毋庸議外、倘遲延觀望、仍不認領、即照郡王旗地辦法、將本年所收糧石、以一半歸該地戶、一半呈繳本局、爾等當熟思審處、勿貽後悔、除飭放地委員照辦外、合行出示曉諭、爲此示仰準格爾旗黑界地內原種地戶人等知悉、自示之後、爾等各宜趕緊掛號認領、勿再遲延觀望、致貽後悔

共各凜遵毋違、特示、

光緒三十一年五月初七日

準噶爾旗資料　整理番號　三一　　五原墾務分局接收資料

包頭墾務局

示準旗黑界地內原種地戶如有情願承墾舊開之地、迅赴分局掛號認領、倘逾限不領、即請東路公司盡數認墾由

爲出示曉諭事、照得準格爾旗所報黑界地畝、前經本局派員驗收丈放、現蒙欽差督辦蒙旗墾務大臣貽　札飭以該地開辦日久、未見成效、令即迅速招墾、務於秋間一律放竣、等因、查該地幅幀遼濶、阡陌如雲、開辦雖已數月之久、而原種地戶、或因無力呈繳押荒、不願承領、或輕聽浮言、猶豫觀望、以致領戶寥寥、丈放尚未及半、現已仲夏、轉瞬即屆秋令、未放之地尚多、屆期爲難告竣、再四籌思、無可設法、祇有招至東路公司、盡行認領、以期早日蕆事、惟查本局定章、所有舊開熟地、先儘原種之戶承墾、如無力呈繳荒銀、或不願承領者、方由本局另行招墾、現雖招致東路公司認領、仍須先儘原種之戶承墾、以示體恤、該地戶中、如有情願承墾者、迅赴分局掛號認領、切勿遲延觀望、致被他人領去、後悔無及、除飭放地委員照辦外、合行出示曉諭、爲此示仰準格爾旗黑界地內原種地戶人等一體遵照、毋違特示、

光緒三十一年五月十一日

準噶爾旗資料　整理番號　三二　　五原墾務分局接收資料

欽命督辦蒙旗墾務大臣理藩院尚書銜綏遠城將軍貽

三〇

爲札飭事、照得頃據準格爾分局報稱該處蒙人聚衆滋事、並指爲首之人係們肯吉亞、及伊弟姪等、名那遜沁爾賽吉亞等、共聚有三十餘人、膽敢持械抵抗、與墾務爲難、殊屬不法已極、深堪痛恨、著派管帶口外續備軍步隊第二旗、兼帶馬隊第四旗、補用副將、胡管帶太才、即飭得力營哨、帶兵馳往、又派綏遠馬隊、委驍騎校札拉哈蘇、帶兵二十名、隨同彈壓、並嚴拿爲首之人們肯吉亞、及其弟姪等、聽候懲治、以儆刁風、除分行外、合行札飭、札到該局、即便遵照、此札、

右札仰包頭墾務局准此

光緒三十一年五月十二日

準噶爾旗資料	整理番號	三三

乙字第 五四 號

再伊克昭盟七旗報墾、以準格爾爲最後、該旗蒙衆、尙未能上下一心、故雖就範圍、有時仍懷疑懼、奴才正在因勢利導旋據前

乾清門行走、花翎三品台吉、拉蘇倫多爾濟之妻、愛新覺羅氏呈稱、竊命婦遠適藩封、涵濡

德化、何幸躬逢盛事、墾務宏開、變斥鹵爲膏腴、化窮荒於富庶、百世利賴、蒙實沾之、凡有知識者、莫不欣懽頂祝、是以各旗地畝、均已次第暢開、無如準格爾旗蒙人雖已報墾於前、間生疑阻於後、命婦本和碩定郡王之裔、分輝宗牒、世受

國恩、際此時局艱難、義當首先報墾、況旗事即如家事、利墾實以利蒙、敢不竭盡愚忱、以爲之倡、情願將本身自有旗下所屬柳清梁之地、報墾二千頃、遣繼子三品台吉福靈阿、呈報前來、査該命婦於衆情稍有觀望之時、立即報墾私田、爲全旗所倡率、在各旗王公貝子、且難敏決如斯、乃奉上急公、出之閨閫、洵屬深明大義、超越尋常、且所報至二千頃之多、尤足以資感勸、其子係該旗原任札薩克貝子、札那格爾廸之嗣孫、秉承閨訓、星夜來綏、年甫十餘齡、奔馳數百里、艱辛不避顧忌毫無、具此英資、尤成大器、其寡母孤子、忠義可風、一則無愧天潢、一則無慚世胄、擬懇傳

三一

旨嘉奬、以示激揚、所有命婦遺子報墾緣由、理合附片具陳、伏乞

聖鑒、謹

奏、

光緒三十一年五月二十四日

三二

準噶爾旗資料　整理番號　三四

五原墾務分局接收資料

包頭墾務局

稟欽憲準旗東圖薩拉齊、丹丕爾聚衆抗官、請派員分別嚴拏彈壓由

花翎鹽運使銜、總辦西盟墾務、署五原撫民同知、候補知府姚、謹稟

大人閣下、敬稟者、準旗自派兵隊前往彈壓後、胡旗官奉其統領札、諭令親往彈壓已往、二十日星夜馳赴矣、前赴準旗之差官回包云、該貝子已派人捉拏們旨巴亞、意甚着急、云拿獲即行送包、該差官回包、借前調之準旗蒙員赴

憲轅銷差、二十八日、據岳令鐘麟函稱、敬稟者、竊卑職叩辭就道、隨同譚旗官隊伍前進、於十九日、行抵準格爾中局、探聞我軍衛隊巡警二旗各馬隊雖到齊、而該蒙衆尚復盤踞們肯巳亞老巢、狡也思逞遂小住一日、作函遣譚營巳撤之王哨官長勝帶兵四名、兼程前往守提、該東圖薩拉齊丹丕爾迅來解散去後、卑職即同譚旗官於二十一日、馳抵沙梁、晤見與委員及各馬隊哨官、僉云該蒙衆雖不出巢擾掠、然聚而未散、蠢蠢欲動、譚旗官本擬即時整隊前往圍拿、卑職因思附近居民、驚惶失錯、玉石難分、莫若先遣土著前往開導、諭以脅從罔治之義、不意二十二霪雨終日、迨至二十三開霽、譚旗官率隊前往、而該蒙衆巳於夜半舍其巢穴、聞風遠颺矣、當經譚旗官指麾各馬隊、分投踹跡兜拿、刻巳陸續遄返、皆稱遠颺無踪、惟所調之丹丕爾、及前次

欽憲由包派人跟從蒙員、均未前來、該蒙員玩視因循、莫此爲甚、査此夥蒙衆、嘯聚滋事、皆丹丕爾所唆使、夫初九日之遇蒙衆、奥委員左手尚被槍砂轟傷、幸無妨碍、是以稟報時未曾叙列、恐廑

憲念、即此一端、該蒙古寸磔其身、亦不足惜矣、若不將丹丕爾嚴行參辦、並勒令拏獲們肯巳亞二達子等、盡法懲治、何以肅功令、而靖地方、且我局丈放、動輒被伊掣肘、不能放手辦理矣、況該旗蒙古狡黠非常、兵至則逃、兵去復聚、漢民不堪擾攘、視領地爲畏途、甚至有附近居民、棄田廬携眷屬、潛逃牌裡者、加之陜西沿邊州縣營汛、驟聽道路訛傳、時派兵役前來偵探、想督憲該省當軸矣、即如延榆綏鎭田軍門、已飭黃甫營房守備到哈寨、昨又派差官劉姓來沙梁、比比皆然若將丹丕爾等寬容輕縱、不獨黑界地不能丈放、即他旗蒙古難保不嘗試效尤、此番嘯聚抗衡未始非郡王旗姑息之所致耶、

總憲遠慮深謀、智珠在握、可否稟請

明

欽憲、將丹丕爾嚴參勒令將們肯巳亞等、拏獲盡法懲治之處、卑職爲綏靖墾務起見、即乞察奪辦理施行、至此夥蒙衆、雖云遠竄、難保不再乘隙滋鬧、卑職與譚旗官一再商榷、二旗張哨長、所帶二十騎官兵異哨、不受約束、恐難得力、擬請轉囑胡旗官、調換步隊二十名、留住沙梁、並將常川住局當差之四旗馬隊、派足一棚、無事則駐鎭彈壓、幫同丈放、有驚則合力兜拏、再將札隊官所帶之旗隊、撥住古城長灘等處駐紮、以資鎭懾、其應需餉項、就近由此借發、以免荷戈枵腹、並乞稟

欽憲、俟愚蒙效順、民心稍安、再令各歸原旗、至彭哨官所帶之隊、仍令隨同譚旗官前往郡局閉地、藉資臂助、事竣再令回包布置妥定、卑職擬於下月初、隨同譚旗官前赴郡旗、辦理閉地事宜、庶免顧此失彼、再正緝稟間、適王哨官長勝回稱、奉派往調東圖薩拉齊、行至該營盤半里許、瞥見蒙漢紛紛奔回其營、各執槍械、站立房頂、似有抗拒之意、長勝只帶四騎、從容前進、行至門首、有一河南人出爲盤詢、長勝答以爲東官府送信而來、請其前往沙梁解散蒙衆、將信投入說之再再、不容一晤、長勝責以來而不答、始給一片、並皆出言不遜、未便相强、只得按轡而行、回顧該營盤擁立之人、約有四五十

至前派押隨蒙員之二人、杳無影響等語、卑職竊思該東圖薩拉齊丹丕爾、抗違憲札、不遵調遣、又復聚集多人、意存負嵎而拒、其們肯已亟聚衆滋事、爲伊嗾使、槪可想見、似此情形、恐

欽憲差弁守提、亦不能也、況一紙札文乎、第們肯已亟一股、既云其逃竄、難保不投入丹丕爾夥內、果爾則愈聚愈多、愈多愈强、蒙衆一日不散、墾務一日不安、其應如何辦理、務祈指示方略、俾有遵循、是所切禱等語、卑府查丹丕爾們肯已亟聚衆抗官、阻撓墾務、當吳典史馳往開導之時、膽敢施放火槍、負嵎抗拒、實屬愍不畏法、罪無可逭、現在雖已散去、而仍聚於丹丕爾家、似此兵至則散、兵去復聚、致墾地不能丈放、地戶不敢承領、關碍墾事、實非淺鮮、亟應嚴行參辦、以儆其餘、惟思該蒙衆群聚丹丕爾家、似係畏罪自衛、若加之以兵、不難悉數伐獲、但其中不無受愚脅從之人、一經兵動、玉石俱焚、情有不忍、且恐挺而走險、別釀事端、卑府愚見、不如請

大人遴派明幹之員、率同該旗在城蒙員、馳往該旗、祇要們肯已亟一人、與丹丕爾無干、以安其心、或札飭丹丕爾、彈壓嚴拿爲首滋事之人、使其疑懼盡釋、則不久自散、然後再徐圖拿獲、以正其罪、似此緩急相權、於嚴懲頑蒙之中、仍不失憐憫愚蒙之意、是否有當、伏候

鈞裁、肅此具禀、恭叩

崇安、卑府學鏡謹禀、

一　禀

欽　憲

光緒三十一年六月初一日

準噶爾旗資料　整理番號　三五

五原墾務分局接收資料

包頭墾務局

緝拏準旗滋事蒙古們肯吉亞賞格由、

爲懸賞緝拏事、照得準格爾旗蒙人聚衆滋事、訪聞爲首之人、係們肯吉亞、及伊弟姪等、共三十餘人、持械挺抗、與墾務

爲難等情、卽經本局詳蒙

欽差督辦蒙旗墾務大臣貽　札派口外續備軍、前往嚴拏懲辦、而們肯吉亞等、已聞風瓦解、杳拏無獲、除派弁兵分路踹緝爲首

之們肯吉亞、務獲送局懲辦外、合行懸賞緝拏、爲此示仰諸色人等知悉、爾等如有將們肯吉亞拏獲送局者、賞銀　兩、知

共下落通風報信拏獲者、賞銀　兩、兵役拏獲、亦如之、此銀現在存局、隨到隨賞、決不食言、須至賞格者、

計緝拿

們肯吉亞、係準格爾旗蒙古、

光緒三十一年六月初四日

準噶爾旗資料	整理番號	三六

五原墾務分局接收資料

包頭墾務局

出示準旗煽惑蒙民滋事地戶賈凱等、如再滋生事端、卽行送交河曲縣懲辦由、

爲出示曉諭事、照得準格爾旗所報黑界地畝、前蒙

欽差督辦蒙旗墾務大臣貽　札飭招戶領墾、當由本局派員設局開辦在案、現在訪聞該處蒙人聚衆滋事、爲首之人、係門肯吉亞

及伊弟姪等、共三十餘人、持械挺抗、與墾務爲難等情、卽經本局詳蒙

欽差督辦蒙旗墾務大臣貽　札派口外續備軍、馳往嚴拏懲辦、而們肯吉亞等、已聞風瓦解、杳拏無獲、查此次聚衆滋事、固屬

三五

們昔吉亞起意爲首、然無蒙民附和、亦不敢如此挺抗、且訪聞行古城十里長灘一帶地戶賈凱、十大股等、從中煽惑、希圖
阻撓墾務、須知開墾一事、係奉
諭旨辦理、非尋常事件可比、乃們昔吉亞等、竟敢起意聚衆、挺抗爲難、實屬不法已極、除派弁兵分路躧緝、並懸賞購線查拏
爲首之們昔吉亞、務獲送局懲辦外、其地戶賈凱十大股、本應一併查拏懲治、姑念愚民無知、此後如能改過自新、安分守
業、則寬其既往、不予深究、倘怙惡不悛、復行滋事、即行派兵查拏、送交河曲縣嚴行究辦、以儆刁風、除移知河曲縣、
並飭岳令查照外、合行出示曉諭、爲此示仰該處地戶人等一體遵照、特示、

光緒三十一年六月初四日

準噶爾旗資料 整理番號 三七

乙字第 五四 號

咨準旗前台吉之妻、遣子報墾、奉 旨均著傳旨嘉獎欽此由

理藩院爲咨行事、旗籍司案呈、由內閣鈔出督辦墾務大臣綏遠城將軍貽穀片奏、據準格爾旗、前三品台吉、拉蘇倫多爾濟
之妻、愛新覺羅氏、遣繼子福靈阿、報墾私田二千頃、擬懇傳
旨嘉獎、以示激揚等因一片、於光緒三十一年、六月初一日、奉
硃批、均著傳旨嘉獎、欽此欽遵、鈔出到院、相應抄錄附片、恭錄
硃批、箚行伊克昭盟長、轉飭鄂爾多斯貝子旗、一體遵照外、並咨行
貴將軍查照可也、須至咨者、

右　　咨

綏　遠　城　將　軍

光緒三十一年六月十九日

準噶爾旗資料　整理番號　三八　　乙字第六〇號

敬禀者、竊査準旗倉房梁兵民互毆、致釀人命一案、前據岳令禀報到局、當將大概情形轉禀、並聲明俟委員査覆後、再行詳禀在案、兹據委員覆稱、準旗分收夏租、經岳令派令啓委員格、張委員金芬、劉司事世德、連日査勘、尙無阻撓、六月初六日、張委員因地畝甚多、議爲分段査勘、以期迅速、令劉司事赴倉房梁一帶、行抵該處地戶張姓家、聲稱、非有蒙古到場、不能査勘、劉司事再三開導、該地戶非特違抗不遵、且將隨兵毆打、劉司事見其兇横、未敢相强、回局商諸委員、該委員等、以事關抗阻毆差、非傳局中飭、誠恐紛紛效尤、當撥譚旗馬兵五名、令劉司事一同前往、反復理喩、該地戶仍藐抗不前、正在揪扭間、有張姓子姪多人、分持鏟刀犁頭、來自山腰、上前毆打、兵丁情急、抵格、劉司事竭力喝阻、被刀砍傷手指、査驗兵丁各受傷痕、旋卽回局、地戶張姓、卽于次日因傷殞命、現時各兵傷、均平復、業經該哨長看押、已死張姓、亦經府谷縣驗報等語、並准譚旗官湧發、以倉房梁之事、現據駐準該旗右哨毬哨長函稱、當日互毆時、山腰內有地戶二人、施放火槍、不知是蒙是漢、懇請査訊、並據岳令鏞麟覆禀、大致相同、卑府査已死地戶張姓、抗阻毆差、固屬罪有應得、然兵丁係在官人役、不應遽爾還毆、惟據稱爭毆之時、內有地戶二人、施放火槍、雖係一面之詞、然非傳集全案人證、解歸府谷縣質訊、不足以得成信讞、除移知府谷縣傳集全案人證相驗、並函致譚旗官、將該兵丁移解歸案訊辦外、理合將査覆準旗倉房梁、兵民滋事情形、禀請

大人査核、肅此具禀、恭請

勛安、伏乞

垂鑒、卑府學鏡、謹禀、

三八

文案處擬

批、稟悉、此案已派員詳查矣、仰即移知府谷縣傳集全案人證、驗訊詳辦、一面飭將釀事兵丁等、速行解交該縣歸案、毋或延袒、此繳

光緒三十一年七月初九日

準噶爾旗資料	整理番號	三九

乙字第六〇號

督辦蒙旗墾務大臣理藩院尚書銜綏遠城將軍貽

札委分省補用知府、姚世儀等、於未赴郡王旗之前、先赴準旗、將倉房梁兵民互毆情形、詳查稟覆由、

為札委飭事、案據西盟墾務局總辦姚守學鏡稟稱、竊卑府頃據準郡兩旗放地委員岳令鍾麟函稱、竊卑職於本月初十日、在郡旗罕台廟差次、接據準旗中局函稱、本月初七日、該員司等赴地分租、行抵倉房梁地戶張姓家中、因抗不遵查、飭派譚營兵丁往傳、該地戶逞兇毆差、並有從旁荷鋤多人、出而幫毆、兵丁情急抵格、以致互相受傷、地戶張姓旋即因傷殞命、經該屍親報知府谷縣相驗、究竟因何起衅、如何下手、原函不甚明晰、容即馳回準局、查明情形、再赴府谷縣會商、請其秉公核辦、再行函稟等語、卑府查民人墾種蒙地、未報墾以前、向歸各旗自行收租、報墾以後、理應歸局經征、該地戶張姓抗租毆差、固屬目無法紀、然當以理喻不應還毆、營兵鹵莽釀命、自係罪有應得、該員司等不能先時約束、亦屬咎無可辭、除函致岳令將滋事兵丁悉數管押、聽候查辦、一面派員馳赴該處、密查滋事情形、一俟查覆、再行稟報外、理合將準旗兵民互毆、滋事大概情形、先行稟請查核、等情據此、除批據稟稱準旗中局員司等、赴地分租、因倉房梁地戶張姓、抗傳毆差、並有幫毆多人、以致兵丁情急抵格、互相受傷、他戶張姓、旋即因傷殞命等情、仰即轉飭岳令鍾麟、將滋事兵丁、悉數管押、聽候查辦、一面由該局派員密往詳查、此案因何起衅、兵丁還毆、如何下手、及有無別情、務得確實情形、飛速稟覆

以憑核辦、並飭將該員司等、查取職名、先行記過外、此案關繫兵丁健租攸命、雖據稱該局派員往查、仍應由本大臣遴派公員再往該處查明實情、以昭愼重、查分省補用知府姚守世儀、山西候補直隸州呂直牧繼純、現經派往郡王旗查辦事件、應飭於未赴郡旗之前、先赴準格爾旗、將前案詳查明確、迅速稟覆、合行札委/飭、札到該員/局、即便遵照/知照此札、刻日束裝前往該旗倉房梁地方查悉確情、稟候核辦、切切此札、

右札仰　分省補用知府姚守世儀
　　　　山西候補直隸州呂直牧繼純　准此
　　　　包頭墾務局

光緒三十一年七月初六日

準噶爾旗資料　整理番號　四〇

五原墾務分局接收資料

包頭墾務局

稟欽憲、準旗東圖薩拉齊丹丕爾、聚衆抗墾、擬收十里長灘、什拉塔兩局、歸併沙梁分局、並請參覆由、

花翎鹽運使銜、總辦西盟墾務、署理五原撫民同知、候補知府姚、謹稟

大人閣下、敬稟者、竊準格爾旗東圖薩拉齊丹丕爾等、煽惑蒙衆、阻撓墾務情形、節經

憲台嚴札飭拿在案、昨據岳令鐘麟函稱、本月初二日、偕同郡王旗東圖薩拉齊、補音傑爾格朗、由中局馳抵十里長灘分局、卽派馬兵持函往請丹丕爾、來局妥商一切、旋具馬兵回稱、已允明日至局會晤、迨至次午、丹丕差人送到一函、藉詞推諉不肯前來、遂囑補音傑爾格朗函復、仍邀其來局晤面、次日復又來函、約補音傑爾格朗至柳林召相會、及補音傑爾格朗前往、而丹丕爾不見踪跡、直至初六日、杳無消息、卑職因新地事務緊要、不暇久候、只留補音傑爾格朗坐待、卑職於初

七日、返回中局、越宿、又接十里長灘分局來函、謂補音傑爾格朗、已赴南見丹丕爾、而近日丹丕爾肆意妄爲、有令蒙古率領多人、執持搶械、允交歲租之地戶馬姓挐出情事、以致委員辦理棘手云云、并聞們肯巴牙、現仍嘯聚一二十人、造謠興謗、恫嚇百姓、並不即該旗查挐懲辦、共爲丹丕爾唆使、已可概見、應如何辦理、伏乞酌奪等情、正在具禀間、又據岳令遣派王委員企芬、星馳來包、面稱、十一日、補音傑爾格朗回還中局、云丹丕爾已經晤面、據丹丕爾所言、黑界地並未報墾、何以派員丈放、分租、補音爾格朗答云、如未報墾、何以指界、丹丕爾又言、前晉

欽憲面論黑界地事、伊不過告以情形、何有報墾之事、並云

欽憲無故將其摘去頂戴、多言不遜、頗爲怨懟、補音傑爾格朗、再三勸導、始終執迷不悟、且聞丹丕爾嘯咐各地戶、如墾局委員再來收租、可將其足筋割斷、如有事故、有伊承當之言、十二日晚、接十里長灘分局函云、丹丕爾聚集蒙人六七十人、來至十長灘、擊放排槍、意欲槍刼分局、幸經該處舖戶出爲攔阻、雖未滋事、然勢甚洶洶、恐早晚不免又來騷擾、請速添派兵隊前往保護等語、卑府查該東圖薩拉齊丹丕爾、前蒙

憲臺摘去頂戴、稍示薄懲、冀其悔過遷善、此次復經岳令、偕補音傑爾格朗、善爲勸導、乃竟怙惡不悛、非第妄挐交租之良民、復唆抗租之刁民、聚衆滋事、而且出言不遜、又使們肯巴牙滋鬧西局、復敢聚集多人、謀搶東局、且前張姓之抗租、若非丹丕爾主使、何敢毆傷司事兵丁、蒙人又從而放槍、致釀事端、察其情形、非阻止墾務、不足以饜其慾、如出而問罪、必至激成事端、若姑息其事、又與墾務有碍、況該處隊伍無多、兵力單薄、一旦蒙衆復來謀搶局所、又恐難以抵禦、卑府無兵可派、只有巡兵十餘名、去亦無濟於事、再四籌思、丹丕爾既如此舉動、墾局斷不能再出來收租丈地、惟有暫時將十里長灘並什拉塔兩局、歸併沙梁分局、俾兵丁聚集一處、藉壯聲勢、一面仰懇

憲臺、迅將丹丕爾嚴行參處、並遴派精幹員弁、嚴密查挐們肯巴牙、從嚴懲辦、以爲阻撓墾務者戒、否則不獨準事萬難開辦、並據鄭令禀稱、爲事亦甚棘手、因該旗蒙衆聚於西邊、聲稱、地非口子所報、萬不能開辦、迄未解散、以卑府思之、

未始非與丹丕爾暗通消息、如不乘此作一榜樣、恐墾務艱阻、不僅準烏兩旗已也、烏審貝子受恩深重、不思圖報、乃私賣墾地、暗縱蒙人、辜恩負義、爲墾務第一罪人、非札薩公有可原可憫比也、五喇嘛函附呈

鈞鑒、除函致岳令照辦、並函致鄭令從緩布置、不必過於急切、以俟準事就緒、則烏事自易辦矣、所有丹丕爾等阻撓墾務情形理合稟請

大人査核、爲此具稟、恭叩

鈞安、卑府謹稟、

右　　稟

欽　　憲

光緒三十一年七月十一日

準噶爾旗資料　整理番號　四一

乙字第六〇號

標下管帶大同續備軍馬隊第四旗、兼帶口外馬隊第五旗、副將銜、兩江補用遊擊、譚湧發、謹稟

欽憲將軍閣下、敬稟者、竊標下前抵郡旗新地、接據右哨哨官賀畢達稟稱、標下在準旗西局、據卑哨分駐準旗中局正目報稱因佧房梁地戸張明順、抗不完租、司事劉世德、帶兵五名、往傳該地戸跡至其家、適張姓之子、在場圃篩草、傳其到局、伊不肯行、兵丁上前揪扭、伊父見扭其子、喊出十有餘人、手執鐮刀鍬棒等械、一齊打來、將劉司事右手無名指砍破、兵丁見勢兇悪、即用刀棒格鬬、正在倉猝之間、忽聞槍聲隆隆、回顧後面突有騎馬數人、不知是蒙是漢、手執火槍漸近、兵丁遂護同劉司事跑回局中、兵均被傷等情、標下輕騎即至局中、驗看兵丁傷痕、均係皮被血尚無大碍、及至初七日、聞張明順之弟、張羊羊中槍身死、伊姪赴縣控稱、局兵開槍擊斃、府谷徐令於初十日前往該村相驗、並到局中驗兵傷訖、回署

四二

訪查、此次隨同劉司事往傳張姓兵丁五名、祇帶來福窑槍二桿、其餘均帶馬刀、詢據兵丁僉稱、正被張姓十餘人圍打格鬬之際、忽聞槍聲漸近、遂同司事跪走、並未還擊、面詢劉司事所稱相同、理合稟請查核、等情前來據此、標下奉飭閉地、正值傳集商戶具結之際、未能親往查驗、遂派中哨哨長靳榮富、前往中局、確寔訪查去後、頃據該哨長回稱、與賀哨官所稟相符、玆查該處蒙漢雜居人心狡獷、卑旗奉派有彈壓之責、勢不能不極力保護、然亦不過虛張聲勢、使知有所畏懾、豈肯開槍轟擊、自釀事端、第眼見該地戶勢頗兇橫、司事受辱何能袖手旁觀、設有不測、是謂不善保護、咎將誰歸、其扭揪情形、在所不免、至若開槍進擊、而該地戶人衆、我兵數人、不獨不能與敵、卽能與敵、斷不肯與爲仇讎、反招辦理不善之過、此案之出、寔由該處地戶過於刁狡、恃地方官告示、寓有縱民話語、致有此故意阻抗情形、況是日揪扭、我兵只帶空槍二支、該地戶擁衆圍打、復聞槍聲隆隆、且退有不及之勢、至謂開槍擊斃、則未有也、乃該地戶呈報該縣以中槍斃命未始非藉此搆塞、以逞其刁、事關營兵被誣、非撤底訊究、不足以成信讞、除函請墾局總辦姚守轉移核辦外、理合將起衅情形、稟報

欽憲將軍查核、俯賜提集兵丁派員會訊、俾明曲直、至此案滋事處所、與標下及賀哨官駐紮地方、雖相距窵遠、然未能先事防範究屬辦理不善、應請將標下及賀哨官、嚴加議處、以爲疏庸不職者戒、再標下昨將郡旗閉地事宜、辦理完竣、業已稟報、並將甘結七十九張、呈送在案、於六月二十三日、由新地起程、二十六日、抵烏審旗之白河廟、中局訪聞該旗西界、聚有百餘人、兼有喇嘛、及教民在內、晤商鄭委員天馥、已將該旗五喇嘛調至、專候東西官府到齊、卽會同前往相機辦理、合併聲明、除分稟

護大同總鎮外、專肅寸稟、恭候

批示、虔請

鈞安、伏乞

垂鑒、標下湧發謹禀、

光緒三十一年七月初十日

文案處擬

批、據禀已悉、此案前據包頭墾務局暨府谷縣徐令先後禀陳、業經委員前往確査、並批飭山局移知該縣、傳集全案人證驗訊詳辦、一面飭將醸事兵丁等、速行解交該縣歸案審訊、仰卽遵照辦理、毋稍延袒、繳、

光緒三十二年七月十七日

準噶爾旗資料	整理番號	四二

五原墾務分局接收資料

郡王旗兼準格爾旗放地委員、候補知縣、岳鍾麟謹

禀

大人閣下、敬禀者、頃據什拉塔中局委員鄔崇德等、十里長灘東局委員倪樹勳等、會同函稱、七月十一日、有蒙衆來攻東局、經該處公行排解始退、臨行聲稱、還要定期開、仗嗣後警報頻來、局所已危若朝露、迨至二十二日、果有蒙衆約計二百名、携帶大礮擡鎗、快鎗火鎗等械、前來攻局、至街口先令公行送來戰書一紙、據稱如見陣出牌見、如不敢見、限三日內退出長灘則與局決一死戰、委員等見勢已岌岌不可終日、卽欲撤局、亦非有人接應不可、當請王委員棨芳、單騎迂道至中局商議、請賀哨官於二十四日早、先帶兵兩名、前往東局接應撤局去後、是日辰刻、卽有蒙人們肯吉亞、二達子、三達子等帶領蒙衆約計百名、携帶擡鎗兩桿、噴筒兩個、並馬毛瑟火鎗等械、分兩股來撲中局、一股在局後據山列陣、一股在局前河灘埋伏、委員等恐滋事端、一面約束兵丁趨避、一面設法退敵、鄔委員崇德、係本地口音、充作買賣之人、與房主陳飯舖之夥牛姓出見蒙衆、善辭排解、乃蒙衆不唯不聽、益加驕横、直云拏住局員、卽送南坪東官府丹丕爾處懲治、鄔委員見

四四

事不諧而回、甫至局、而蒙衆礮聲已四起矣、陳姓舖夥早皆逃散、蒙衆開放槍礮、聲振山谷、局中子落有聲、局門被大礮轟壞一塊、委員等惟飭兵丁嚴爲防守、不令還擊、旋有蒙古數人下山、並河灘伏蒙騎馬揮鎗、先後向局近逼均、經分兵抵禦、蒙衆連撲數次、見我準備至申、始退回五字溝吃飯、有夜間仍來破局之說、委員等、見勢難守禦乘蒙衆暫退鋪伙皆回之際、擬帶同兵丁馳回郡王旗罕太廟、再行商辦、因聞蒙人沿途設卡、必須經過之大石拉溝地方、亦多蒙人、不得已馳赴古城、倉卒離局、一物未帶、是夜三更後、始抵古城、該處亦有蒙人哨探、不便久留、遂星夜渡黄趨至河曲、暫爲駐紮、而東局自王委員赴中局後、二十三日、蒙衆復來、較前愈多、直上街北沙梁設帳豎旗、又於山巔、對局安放大礮、聲言二十四日、再不撤局、即開礮遙擊、入街決戰、委員等、激勵兵丁、晝夜守禦、正處力竭無援、幸賀哨官帶兵前來、蒙人疑有救兵、雖撤去旗帳、不過殘喘一時、不得不暫避其鋒、當因諸路伏蒙甚多、無從取道回包、祗得徑至河曲、與啓委員等、一同居住委員等、臨行時除兵丁隨帶軍裝外、其餘公私行李、概未帶出、中局局門暫行關鎖、託陳姓飯舖照管、馬步兵丁、本擬將委員等送出後、再行回取物件、距至中途、聞中局已於二十五日、被蒙衆搶掠一空、陳姓飯舖、亦失去物件甚多、東局所存物件、搶去與否、尚未可知、現聞蒙衆因毁甚熾、專與各佃戸爲難、凡向我局掛號領地各家、一概不能輕恕、倪委員等由十里長灘起身時、即有民人二名跪哭馬前、有幾不欲生之意、雖善言撫慰而去、而該民人之後患、何堪設想、且聞東圖薩拉齊丹丕爾有言、我之功名任聽參革、何足輕重、祗要將墾局打退、於願已足云云、理合據情轉稟

大人核奪、肅此具稟、恭請

勳安、伏乞

垂鑒、卑職鍾麟謹稟、

光緒三十一年八月　日

光緒三十一年九月初八日、具

奏爲準噶爾旗墾務、甫經開辦、蒙員聚衆抗阻、攻搶局所、據實奏請、嚴懲、恭摺仰祈

聖鑒事、竊査伊克昭盟七旗、惟準噶爾旗報墾最後、該札薩克貝子、珊濟密都布、孱年襲爵、闇弱無能、該旗事務、盡歸協理台吉丹丕爾所把持、丹丕爾復逞其老誖、任性妄爲、上年該旗因議定教案賠款、二萬九千兩、無可取償、以稜林窑子等六村熟地三百頃作抵、經奴才商允教士、由墾代償現款、復又爲其磋減款二千兩、將地贖回、奏明在案、嗣屢次派員勘丈該處地多磽瘠、除去沙鹻並不足三百頃之數、難以歸還墊款、飭由該貝子、另在報墾地內、設法籌還、已交之地、仍歸該旗、旋於本年正月間、據該貝子將該旗黑地一段、開明四至、以印文呈報、並請俟該地放出後、在該旗應得荒價內、扣還墊款、奴才即飭墾局、派員勘收界址、於五月間、在該旗什拉塔、十里長灘、沙梁川、三處、設局開辦、委令郡王旗放地委員知縣、岳鍾麟、分率員司會理丈放、詎料該協理台吉丹丕爾、於委員到地之始、即向蒙漢民戶、徧播謠言煽惑、禁制不許其向局掛號認地交納押荒、並聚集劣蒙多人分持兵械、到處抗拒、該委員等、甚爲涵容、經奴才札飭將丹不爾、先行摘去頂戴論其當時情狀、本應立即奏參、惟念蒙性顓愚、但使可以轉圜、必留其自新之路、是以於嚴檄責斥後、仍另派委員、並派曉事之蒙員、數向其覈開導、並曉諭各民戶、毋得信其煽誘、原冀該員漸知悔悟、尚可稍贖前愆、乃丹不爾狂悖性成、不明順逆、非惟抗不遵順、且敢糾約蒙人們青吉亞、助之爲惡、招聚匪徒兵械、愈集愈多、其敢於如此橫擅利益、蓋已多年、前此該貝子以旗地報墾、丹不爾已多所阻撓、迨報及此地、尤所深忌、愚弄貝子、箝束蒙民、百計敗之、務求中止而後快、及該貝子迫於大義迫於賠款、卒以此地呈報、既發其覆、又奪其利、丹不爾銜之刺骨、而陰謀秘計、無可復施遂以挺而走險出之、們青吉亞、本一著名匪徒、久欲藉端生事、有丹不爾爲之謀主、遂敢居戎首而不辭、本年七月十一日、

該蒙衆往攻十里長灘東局、聲稱定期開仗、二十二日、復投遞書函言、如不撤局、定卽將委員人等、逐出長灘、該處護局
兵勇、人本不多、遂議遷併什拉搭中局、二十四日、們肯吉亞、復率蒙衆百餘人、各攜抬槍馬槍噴筒等械、分撲中局、該
局僅有兵役數名、勢難抵禦、各員司等、被逐渡河、至河曲縣地方暫避、該蒙衆遂將局中文牘賬簿等件、概行焚毁、並將
委員等文物搶掠一空、現又開其將從前報墾之蒙員格什巴圖等、捆縛謀害、豈據西盟墾務局總辦知府姚學鏡、稟請究辦前
來、奴才査準格爾旗、旣已遵
旨報墾、復因賠教墊款無著、允於墾地荒價抵還
朝廷之待蒙部、不得謂非仁至義盡矣、丹丕爾身爲協理臺吉、自應輔助該貝子、竭力經營、乃竟聚集兵械、掯局逐官、視
國法如弁髦、實屬形同背叛、況於諸旗咸遵約束之後、首發亂端、思欲搖動墾務全局、其情事尤爲可惡、若不從嚴懲處、何
以昭烱戒、而儆效尤、相應請
旨將準噶爾旗協理臺吉丹丕爾、革去協理臺吉、與們肯吉亞、及從亂之蒙衆人等、一倂由奴才飭令嚴拏務獲歸案究辦、以爲大
干法紀者戒、該貝子珊濟密都布、未能禁約蒙衆、致令聚衆抗官、亦屬咎有應得、惟其秉性愚柔、丹丕爾久已玩諸股掌、
政柄下移、非復一日、此次肇事、實由權力未伸、並非出於本念、情尙可原、且該貝子平日於墾務事宜、亦未有心違抗、
應請暫免參處、飭其趕緊將丹丕爾、們肯吉亞一干人等、拏獲交案、俾期自贖、仍査看其能否力圖振作、管轄蒙衆、助成
墾事、再行奏明辦理、所有準噶爾旗蒙員聚衆阻墾、攻掯局所、請嚴行懲辦緣由、理合恭摺具陳、伏乞
皇太后
皇上、聖鑒訓示、謹
奏、本月二十一日奉
硃批著照所請、該衙門知道欽此、

準噶爾旗資料　整理番號　四四

祈奏請將前報之地作爲罷論等情由　　乙字第五四號

欽差大人閣下、竊氏夏初進謁
崇階、當承
面諭、將本身養膳之地、令行報墾、以作榜樣、而廣招徠、彼時思維至再、既承
勸諭、因即懇其
代辦、不料近日東官府賽崇阿等、布散流言、謂氏私行盗賣旗地、聲稱將來非除此害不可、因思此事、不過應
執事之命、並無他意、若因此令氏而得大禍、諒亦非
執事之初心、近來因此一節、反若無家可歸、且時時有性命之憂、籌維至四、他無計策、惟祈
執事、仍行　奏請、將氏前報之地、作爲罷論、庶旗下之人不至再有異言、一則後日飲食有原、一則當時可保性命、生生世
世感報大德、惟祈
允准、萬勿見駁爲荷、再賽崇阿、近日時以兵威助東官府爲害、又與貝子上過紙筆、不許放他、想
旌旗在邇、當亦必有所聞也、専此奉懇、敬請
勳安、伏乞
俯准爲感、

愛新覺羅氏百拜

光緒三十一年十月十二日

四七

光緒三十一年十一月初二日具
奏爲準旗蒙匪拒捕傷兵、現將拏獲各犯、分別審辦、仍嚴緝首要、以靖亂端、而維墾務、恭摺仰祈
聖鑒事、竊奴才前以準噶爾旗東協理臺(吉)丹丕爾、因該貝子籌付賠教墊款、報墾黑界地畝、有妨私計、立意阻撓、當奴才派
員收界後、於五月間、在該旗什拉塔、長灘沙梁等處、設局開辦、該犯丹丕爾、始則造謠煽惑、領戶不前、繼則招聚劣蒙
持械撓抗、論其當日情狀、已屬狂悖不法、然猶未敢公然搶局逐官也、奴才當念蒙性愚頑、義在開導、俾將該犯摘去頂
戴、俾知改悔、一面札令該貝子、派員諭解、並加派通曉蒙語之員、向其理喻、但使先逆後順、尚可寬其罪尤、詎該犯兇
悖性成、甘居戎首、膽敢糾約蒙人們肯吉亞、二達子、三達子等、聚集蒙人百餘名、分持槍械、於本年七月十一、二十二
等日、往攻長灘東局、逐出員司人等、方經遷併什拉塔中局、二十四日、們肯吉亞、復率蒙衆、向中局開礮攻撲、該局員
司人役等、力難抵禦、奔避河曲縣地方、幸未遽罹慘禍、所有局中文牘帳簿、及委員等衣物等件、均經該蒙衆焚搶一空、
遂更分股肆擾、不惟阻止準墾、並已搖動全墾大局、奴才查其情事重大、未便姑容、當經奏請將首犯丹丕爾即行革職、與
們肯吉亞、及從亂人等、一併嚴拏懲辦、奉
批著照所請、該衙門知道欽此、自應欽遵妥速辦理、惟奴才仍不欲遽煩兵力、復經嚴飭該貝子力行查拏首要各犯送案究治、
並經諭示蒙衆、速卽解散免蹈刑誅、原使其黨羽離心元惡、自無難投首、不致有勞師勦衆之舉、查該逆犯事在七月、奴才
遲至月餘始行參奏、正爲該逆留轉圜地也、此次奴才巡視西盟、首先馳赴準旗接見該旗貝子、及其他蒙官、均尚恭順、惟
一詰責該蒙犯、何以未經獲案、則均難形於色、及飭取丹丕爾拘禁之蒙員、格什巴圖兩次豫限、亦未取回、並因而加慮
該旗貝子、無可如何、實細於權力之未伸、而探訪丹丕爾、背叛情形、乃又日益鴟張、於其所居之南坪地方、築壘濬濠、

鑄造礮火、脅令所屬蒙民丁壯、四面還守、內爲負嵎拒官之計、外則主使們肯吉亞等、仍率蒙衆四出滋擾、復函唆烏審郡王達拉特各旗同力拒墾、烏審貝子、幾爲所惑、致將前報各地、亦迄今枝梧未放、不謂丹丕爾一老悖蒙官、敢於肆行不法撓亂全墾、橫決一至於此、若仍瞻顧寬容、後將不可收拾、奴才當與該旗貝子、商同及早攻拏、一面由奴才分飭駐防口外之大同續備軍、馬隊管帶譚湧發口外續備軍第四旗、步隊管帶胡太才、墾務衛隊管帶李得功、及綏遠常備軍管帶穆圖哩春秀等、分帶馬步各隊、一面由準旗貝子派出該旗東西梅楞納木達克色楞、索諾木色楞等、帶領蒙兵會同前往十里長灘、距丹丕爾所居之南坪三十里、擇要分紮、相機進隊兜拏去後、奴才由準旗西行、歷達旗郡旗、折向包鎮暫駐、料理西墾各事旋據管帶譚湧發等呈報、該各隊於九月十一日、抵至長灘分駐後、遣派蒙人致書丹丕爾、令即放出格什巴圖、解散蒙衆、自行投首、仍可予以生路、該犯不聽從、復經梅楞納木達克色楞、差領催奇落送信開導、並被該犯拘綑不放、遂於十三日管帶譚湧發等、率隊協同蒙員、分路開往南坪、我隊進距匪巢三四里間、突有大礮轟發而來、繼以槍擊、子如雨下、我隊奮力抵禦、一齊擁進、直撲丹丕爾住院牆根、差弁金升受傷陣亡、各隊正兵受傷者九名、鬨至是夜間、突見丹丕爾院內火起、詢據逃出蒙人、稱係子藥失火、延燒東西窰房等語、十四日、各隊奮勇猛進、撲入院內、救出被拘之蒙員格什巴圖、及送信之奇落等人、當有丹丕爾之次子、二臺吉依登甲、率其家屬、出墾投誠、蒙匪乘隙逃走百餘名、俘獲二十八名、搜出劈山礮一尊、抬礮槍枝二十餘件、惟丹丕爾徧搜不獲、詢據丹丕爾之次子次妻、均稱於十三日、開礮後、率領蒙衆十餘名、向北逃去、不知去向、所有搜獲馬匹車輛等項、點交東西梅楞、轉飭收存、各等情、同日又據準噶爾旗貝子、呈同前因奴才查丹丕爾身爲協理臺吉、不明順逆、乃敢違

旨阻墾、擅局逐官、並唆使遠順各旗群相撓抗牽掣全局、且於奴才

奏參革職後、人文勸諭、至再至三、毫無悛悔、此次派隊協同該旗往拏、復敢號令匪黨、開槍拒捕、傷亡我兵、實屬叛迹昭著、罪不容誅、除仍嚴飭各隊協旗搜緝、並通飭西盟各旗、暨咨會鄰近省分、一體嚴飭緝拏此案首犯丹丕爾、與同惡相濟之

們肯吉亞、二達子、三達子、一千人等、務獲治辦外、其拏獲丹丕爾之次子、依登甲、及匪黨二十七名、現已解送奴才行次、經調委署薩拉齊廳同知、余寶滋、署五原廳同知知府、姚學鏡、會同提案、隔别審訊、據審明取供禀請核辦前來奴才、覆查此案蒙犯内三札圪兎僧肯二名、實係前次從們肯吉亞攻搶墾局、得贜俵分、及此次拒敵官兵之犯、罪無可原、擬即行就地正法、以昭炯戒、二寨吉依登甲、係屬丹丕爾親子、雖於伊父逃逸後、立即投誠、並據供稱於丹逆起意抗拒、屢勸不聽、未從助惡、然難保非有心避就、達楞泰、係丹丕爾副管事人、雖訊無搶局分贜、持戒拒捕重情、亦未可信、擬均交薩拉齊廳、監禁待質、俟拏獲首犯到日、再行定擬案内民人賀雙來、係磚瓦工匠、訊無隨從抗拒情事、應飭取保開釋、其餘蒙犯二十三名均係丹丕爾所屬旗丁、被脅拒守、有到丹丕爾之家、僅一二日者、尚非甘心從逆、若竟一律駢誅、不無可憫、然若令脱身法外、又無以儆愚頑、擬飭從重責懲後、發交該旗屬、嚴行拘禁、俾知懲儆、而免效尤、除將錄取犯供咨明理藩院查照外至陣亡受傷各弁兵已分别卹賞、並已派委員司仍於長濼什拉塔等處、復立墾局、飭即會同凖旗蒙員、暨陜晋廳縣、妥速開辦、以重蒙墾、所有凖旗蒙匪拒捕傷兵、現將拏獲各犯、分别審辦、仍嚴緝首要、暨復立墾局開辦各情形緣由、理合恭摺具陳、伏乞

皇太后

皇上、聖鑒訓示、再奴才拜摺後、於十一月初二日、由包鎮起程旋綏、合併陳明、謹

奏、十一月十六日、奉

硃批、該衙門知道欽此

光緒三十一年十一月初二日附

再丹丕爾憑權藉勢、匪伊朝名、凖旗事務、久爲該逆所把持、任性妄爲、而莫敢誰何、其積威所致、可以喜怒制一旗之命故其肇事以來、蒙情惕惕、均不敢過問、即該旗貝子左右蒙官、明知該逆顯於法紀、無能爲贊助禁阻之力、並該旗一切公

件、亦因而廢擲、無敢辦理、此次奴才親蒞該旗、查其情形、立飭該貝子、將丹丕爾所遺協理台吉之缺、揀選妥員、經奴才、驗看擬補遞遺各缺、亦均驗補有人、飭各勤慎辦事、該旗事務始漸就緒、唯丹丕爾等、一日不獲、蒙旗一日不安、即墾務亦難遽順手、除由奴才分飭防守營隊、協同所屬各旗、跟踪躧緝、暨咨會鄰近省分、一體嚴拏外、擬請旨飭下理藩院、行令伊克昭烏蘭察布兩盟、阿拉善王旗、寧夏將軍、及察哈爾都統、庫倫辦事大臣、烏里雅蘇台、科布多將軍大臣等、一體嚴飭所屬、實力協拏此案蒙犯、首要丹丕爾、們肯吉亞、二達子、三達子等、務獲送案懲治、以靖亂端、理合附片陳請、伏乞

聖鑒訓示、謹

奉、本月十六日、奉

硃批、著照所請該衙門知道、欽此

準噶爾旗資料 整理番號 四六

蒙墾奏議

光緒三十二年正月二十四日具

奏爲準旗蒙匪首逆就擒、彙獲從匪多名、謹陳圍捕情形、並酌擬分別懲辦、恭摺仰祈

聖鑒事、竊前因準噶爾旗逆犯丹丕爾、由南坪在逃、經奴才續派兵隊往捕、於上年十二月間、將該首逆擒獲、並獲餘匪十九名鎗斃匪黨十數名、奪獲鎗砲多件、當將獲匪、及擬辦大概情形、電陳在案、查該逆丹丕爾、自南坪逃逸後、率領悍黨北竄到處勾結蒙漢奸民入夥、屯運糧草、鑄造槍械、遠招鄰境匪徒援應、其長子拉木巾、復助之爲虐、上年十月間、曾持刀謀刺該旗貝子未成、奴才以該逆煽亂猖獗、勢恐燎原、亟宜及早擒獲、遂飭各軍分投嚴密查拏、重懸賞格、示諭蒙漢人等協拏、復派已革典史楊守性、隨處購綫去後、旋於十二月初間、罍據該旗西協理台吉、額爾齊木吉爾噶勒、及該旗墾務分局

五二

委員直隸州知州呂纘純、林毓杜、暨楊守性等各報稱、訪悉該逆丹丕爾等、現逃往喇嘛洞地方、擁衆多人、竄在夜行搶局並分往該旗各司官家尋仇、是處負山面河、形勢極險、又復小徑歧出、不易圍攻、該員等得信後、即由林毓杜會同楊守性、率墾務衛隊、及歸墾務調遣大同馬隊四旗弁兵等、二三十人、先往分截要隘、因該匪深藏洞內、該出先有平民居住、恐及無辜、遂力謀圍困、不敢遽施攻擊、又以兵力太單、士卒閱至八九日、寢處霜雪漸已饑疲、該員等一面飛文約會大同續備軍管帶譚湧發、口外續備軍管帶胡太才、星夜親率兵丁接應、一面稟由奴才添濟快鎗子彈、迨譚湧發胡太才、由包頭防次馳至、該逆已於初四日、由小徑夜遁、各弁兵望影分追、獲匪五名、胡太才另獲長命子、即烏爾兔納素一名、楊守性率兵尾匪直抵豹子塔嶺成寨、該逆正在聚合徒黨負隅固守、楊守性率兵五名、衝入寨內、幾被困害、幸譚湧發、胡太才、林毓杜各、率辮兵於初九日辰刻同抵豹子塔、分路合圍、該匪遽開砲轟擊、我軍開鎗還擊、楊守性乘間得免於難、兵已受傷二名、是處地勢尤險於喇嘛洞、而鎗砲尤多、蓋其平日所恃爲巢也、我兵相持半日、勢難取勝、因合謀於△夜奪寨進攻、是夜五更時、月色沉暗、各軍均潛至寨門附近、大同四旗、口外二旗、及衛隊巡哨弁兵數人、乘隙鼓勇奪門餘兵由寨牆蟻附而入、且戰且進、戰至天明、各隊齊集、譚湧發、胡太才、督隊冒鎗直進、胡太才面腿均受鎗傷仍不少郤、該匪砲彈如雨、我軍奮勇猛擊、鎗斃蒙匪十數名、匪衆四散紛逃、陣擒丹丕爾、並擒獲從匪十九名、奪獲劈山砲四尊、牛腿砲兩尊、鎗數十枝、我軍受傷七名、先後由譚湧發、胡太才、林毓杜、楊守性、飛稟前來、奴才批飭將首從各匪、一併速解歸化審辦、鎗砲由局收存、旋據將丹丕爾等押解到城、奴才督飭署薩拉齊同知、餘寶滋、署五原同知、姚學鏡、提同前次捕獲之該逆次子依登甲、從匪達楞泰、長命子等、分別審訊、據丹丕爾供認煽或阻墾、招集蒙漢匪徒、聚著鎗械、並歷次開砲拒捕、傷亡官軍弁兵等情不諱、質之依登甲、亦於其倡亂搶局抗拒官軍各事、無從爲之遁飾、奴才以該首逆情罪重大、未便稽誅、當於審明後、將其就地正法、以昭炯戒、該逆次子依登甲、訊未從逆、且當其起事之時、曾經勸阻、本可即從寬宥惟此時遽爾疏釋、恐生枝節、擬仍暫交薩拉齊廳嚴禁、嗣後如察其果係畏罪守法、再行取具妥保開釋、從匪達楞泰、長命子、即烏爾兔納素兩名、在丹丕爾家辦事有年、多預詭謀、惟首惡伏誅、其他黨惡、均可以矜從曲宥、請代其一死、一併交廳永遠監禁、其矜從未久、情節稍輕之必得格等十八名、除奇濟、長有子、蒙濟圪什巴兎四名、因病先後身死外、餘均查照前次辦法、從重責懲、分交該轄該旗嚴行拘管、俾儆愚頑、年尚幼稚、及訊未從匪之二三金泉子、王石小子三名、應從寬准予保釋、此案該逆丹丕爾、以該旗協理臺吉、於奉

旨辦理事件、首先抗違、復縱令蒙匪們肯吉亞等、聚衆起事搶局逐官、並暗煽各旗劣蒙、群起爲難、烏審全旗報墾、年餘延不交地郡王旗已放之地、蒙衆肆出、分收押荒、抗違兩旗、亦於秋後在後套聚衆抗租、滋擾各局、一人倡亂、搖動全盟、去秋奴才巡閱伊盟各旗、實由於此、迨奏請將該逆革拏後、竟敢狡焉思逞、大肆披猖、拒捕傷兵、勢成滋蔓、奴才鑒於去年川藏巴塘夷變、及青海番族叛亂之案、不敢從事姑息、致令養癰、亦不敢遽施誅夷、稍鄰操切、於南坪未攻以先、遣使諭令投誠、至於十數復寬以時日、令其親族往招、乃該逆怙惡不悛、甘心爲亂、擁兵憑險、日益兇横、聞其由南坪逃走後、有遣人潛往西當搭子寺、勾引匪黨之事、若非刻日捕除、後患何堪設想、仰賴

聖主威福、用能殲厥渠魁未至釀成巨變、現在伊盟各旗亂蒙、昔教自十二月後、不交地者交地、不納租者交租、各墾局均已照常辦事、懲前毖後、愈征驚心、奴才於辦理蒙墾、原擬不參一官、不戮一人、不意吞匪之後、又有此案、但論其阻墾之罪、豈無一綫可原、而其擧亂稱兵、則既背叛

朝廷、亦實該旗之亂臣賊子、罪愈犯而愈重、愈貫而愈盈、直使欲未減曲從竟難仁寬法外、履霜冰至諸部望風實迫於事機之萬不容已、逸匪們肯吉亞等、及各犯供出之匪黨貫慣、仍分行各處、飭屬一體嚴拏務獲、按法懲治、以絶根株、其暗中助亂各蒙、亦札飭該旗嚴加管束、除將錄取犯供、咨送理藩院查照外、理合恭摺具陳、伏乞

皇太后

皇上、聖鑒訓示、謹

奏、

準噶爾旗資料 整理番號 四七　丙字 三七 號

五四

辦理準格爾旗墾務分局

報張貼告示由

爲申報事、光緒三十二年二月初五日、奉

欽憲札開、照得準噶爾旗、已革東土斯拉齊丹丕爾、從前聚衆倡亂、搶局逐官、經本大臣將軍、派兵拿獲、并獲從犯二十餘名業經訊明分別懲治在案、查該旗民蒙從逆、及暗中助亂漏網者尚多、本大臣將軍、皆能一一指名、但首犯既獲、姑且網開一面、俾各有自新之路、自茲以後、該民蒙等、倘能各安生業、改過遷善、本大臣將軍、決不究其既往、合亟出示曉諭、茲將繕就蒙漢字告示十張札飭、札到該分局、迅速分飭擇要張貼、俾衆週知、一面將收到日期、暨張貼處所、具報查攷、並札發告示十張、等因奉此、卑局遵即擇要張貼、理合將張貼處所、粘抄於後、申報

憲台查攷、須至申者、

右　　申

欽差墾務大臣理藩院尚書銜綏遠城將軍貽

光緒三十二年二月初九日

計開張貼告示處所

準旗分局一張

準旗營盤一張

丹丕爾南坪住家一張
丹丕爾南坪油房一張
丹丕爾古城什拉塔油房一張
古城大街一張
哈拉寨一張
沙梁大街一張
寶子塔一張
喇嘛洞一張

准噶爾旗資料　整理番號　四八　　丙字　三七　號

辦理準噶爾旗墾務分局、候補直隸州知州、林毓杜、謹

稟

欽憲將軍鈞鑒、敬稟者、竊卑職叩辭後、於初五日到局、當卽會議辦法、以期迅速程功、査黑界地勢、天然分爲五段、每段以川爲界、各四五六十里不等、擬編仁義禮智信五字爲號、第一段、從東河畔起、至長灘爲仁字號、責成秦委員望濂、馬委員世煦、續委員康、先往丈量、第二段、責成王委員渠芳、淸委員安丈放、閻委員毓善、間出監丈、卑職亦不時親往各地所査看、由東而西、循序辦理、現在長灘迤東掛號者、已十之四五、而各戶因章程未出、觀望者亦復不少、已由卑局出示曉諭、限以定期、俾知踴躍、惟各地旣高下懸殊、不能不多分等則、其有取水漑田者、爲園子地、數本無多、民皆爭購、卽定爲上上、價亦倍之、平川地爲上中、約十之二三、定價稍昂、民亦樂從、至山坡地肥瘠參差、率多沙鹵、各戶多不願領

是以又分下下一層、俾價廉而易售、竊閱輿論、民戶願出重價領川地、不願少出重價領梁地、將來清丈時、必須與川地一律搭放、冀無遺利、此酌量押荒等則、不能不稍爲變通者也、現因春耕在卽、是以擅擬章程、先行示諭、理合將分段辦理情形先行聲明、暨放地章程抄呈

憲鑒立案、是否有當、伏乞

批示祗遵、肅稟恭請

鈞安、伏乞

垂鑒、卑職毓杜謹稟、

外呈清摺一扣

光緒三十二年二月初九日

謹將卑局示諭放地章程、抄呈

憲鑒

爲曉諭事、照得準噶爾旗黑界地畝、由該旗報墾、奏奉

諭旨、設局大放、去年開局之始、曾經

欽差墾務大臣貽、出示曉諭、各原戶早來掛號領地、如原戶不領、卽另放別戶、並由本局會同河曲府各兩縣、出示曉諭各在案、現在春耕在卽、掛號領地者固多、而原戶觀望者、亦復不少、合再出示曉諭、爲此示仰黑界各地戶一體知悉、速來認墾、聽候丈量、按地作價、早繳押荒、由本局發給部照、卽爲永業、勿得再事玩延、致貽後悔、茲將本局放地章程、開列於後俾衆週知、各宜凜遵、毋違、切切特示、

計開放地章程八條

一、墾局章程、先儘原耕地戶認領、爲體恤民情起見、如原戶無力領種、或逾限不來掛號、卽將地另放別人、事後原戶不得翻悔、再求認領

一、新來領地各戶、須先將原戶問明、如原戶不領、再來掛號、勿得有意含糊、致生轇轕、

一、凡二十里以內各地戶、自二月初十日起、統限五日內、來局掛號、二十里以外、統限十日內、來局掛號、如逾限不到、卽撤地另放、

一、黑界地畝分上上、上中、中地、下地下下地、五則、園子地爲上上地、每畝繳納押荒銀一兩二錢、上中地每畝六錢、中地四錢、下地三錢、下下地二錢、

一、查黑界地畝、沙粱地居多、附近某戶粱地、卽由某戶報明四至、一併措收、如但領園子地、及平川地畝、將粱地隱匿不報、希圖便宜、一經查出、卽將所領好地、一律撤回另放、

一、凡山河道路、及沙城不堪耕種之地、丈明後、由委員酌量拋除、以免民戶受累、

一、領地各戶、自丈地之日起、分三限呈繳押荒、每限以四十天爲期、逾限不繳、撤地另放、如能於初限內、將押荒銀交齊、地在二十頃以上者、由本局稟明

欽憲、賞給頂戴、以示鼓勵

一、本局委員丈地、毫不騷擾民戶、如應用食物草料等項、不便自帶、向各地戶購取、亦公平發價、倘有徇私舞弊等事一經發覺、與受同科

文案處擬

批、據稟及清摺均悉、所擬分段派員監丈、各專責成、暨分別地則、酌定荒價、定期掛號各章程、尚屬妥協、仰卽先行試辦由該直牧督率各分段委員等、認眞勘丈辦理、至各旗地質難齊、應由各該分局臨時隨地酌分等次、前於三十一年三月、經

五七

本大臣陳奏聲明在案、此次該直牧所擬地則荒價章程、如行之並無窒碍、即按照現定等次、將分別徵納押荒、及將來如何徵收歲租、一併妥議具詳、以憑奏咨立案、仍候札飭行轅收支處、暨西盟總局知照、繳、清摺存、

光緒三十二年二月十八日

準噶爾旗資料　墾理番號　四九　　丙字 三七 號

伊克昭盟札薩克固山貝子、三吉密都布等呈稱、伏查本旗南邊、有黑牌子地內烏達齊廟、布爾噶圖阿貴召・烏巴什老爺昭、和雅爾烏蘇廟等四台廟前經每該各昭廟附近、有賞過零星糧地、以備呈献香燈、供應衆僧齋用等項在案、今既開放黑牌界地、理合據情呈報、仰懇

欽差督辦蒙旗墾務大臣、理藩院尚書銜、綏遠城將軍鑒査、仍賞所屬有名昭廟零星地畝、俾資呈献香燈、供應一切用項可否之處、恩准施行、

光緒三十二年二月二十六日　呈發

準噶爾旗資料　墾理番號　五〇　　丙字 三七 號

督辦蒙旗墾務大臣、理藩院尚書銜、綏遠城將軍貽

札準旂墾準局、將烏達齊等四召原有地畝併衆實數、並廟基廣狭、原有賞地案據、呈明稟覆由、

爲札覆飭事、案據準噶爾旂貝子、三吉密都布呈稱、伏查本旂南邊、有黑牌子地內、烏達齊廟、布爾噶圖阿貴召、烏巴什老爺昭、和雅爾烏蘇廟等四召廟、前經每該各昭廟附近、有賞過零星糧地、以備呈献香燈、供應衆僧齋用等項在案、今既開放黑牌界地、理合據情呈報、仰懇欽差督辦蒙旗墾務大臣、理藩院尚書衛綏遠城將軍鑒査、仍賞所屬有名召廟、零星地畝

俾資呈獻香燈、供應一切用項、可否之處、恩准施行、等情前來、查該旗黑牌子地內、烏達齊昭、布爾噶圖阿貴昭、烏巴什老爺昭、和雅爾烏蘇昭等四處、原有零星地畝、以備香燈僧徒用度、玆由該貝子等、呈請仍行賞給、自應量予體恤惟各召廟原有零星地畝、計每昭若干頃畝、並該昭徒衆若干、均未分晰報明、碍難酌定數目、仰準噶爾旗墾務分局、速將以上四處召廟、各原有地畝僧衆實數、並各召廟基址、估地廣狹、及有無原賞廟地案據、逐一切實查明禀復、聽候酌量賞撥、飭知辦理、除分行外、合行札復飭札到該貝子局仰即知遵照、此札、

右札仰 準噶爾旗貝子三吉密都布
準旗墾務分局 准此

光緒三十二年三月初八日

準噶爾旗資料 整理番號 五一

丙字 二 號

欽差督辦蒙旗墾務大臣、理藩院尚書銜、鎭守綏遠城等處將軍、兼管右衛歸化城土默特官兵調遣宣大二鎭綠旗官兵貽、爲咨行事、光緒三十二年三月二十三日、據署托廳通判詳稱、案蒙將軍札開、照得準噶爾旗議賠教款銀兩、由墾務公司交付該旗、將蔣倹窰子等六村熟地劃交、所有衆戶應納上年歲租、仍按去年成議、不論豐歉、每頃納租銀五兩、亟應查案催收批解、等因、遵奉在案、玆查卑兼護廳、徵齊光緒三十一年分、應納歲租銀、一百六十五兩、八錢九分、理合備具文批、專差解赴將軍轅下交納、俯賜查收、給發批廻備案、實爲公便、再下欠未完銀兩、一俟徵齊、即當另文批解、爲此備由具申、伏乞照詳施行、等情據此相應將該廳解到銀、一百六十五兩、八錢九分、除印發批廻外、爲此備文移交
貴墾務大臣、請煩查收辦理施行、須至咨者、

右 咨

五九

墾務大臣

光緒三十二年三月二十五日　丙字一七號

準噶爾旗資料　整理番號　五二

六〇

督辦蒙旗墾務大臣、理藩院尚書銜、綏遠城將軍貽

札飭西路公司、選擇準旗墾地、認領轉放、並札準旗分局查照由、

爲札飭事、照得準格爾旗放墾之地、自上年蒙匪倡亂、民戶被擾不堪、現雖亂事已平、而元氣未復、誠恐領戶力多艱窘、押荒未易徵收、且零星放墾、亦未免久延時日、著由該西路公司、按照承領抗錦地畝辦法、該旗之地、亦歸公司選擇認領、漸次轉放、以期簡易、而利推行、除分行外、合亟札飭、札到該分局公司、即便查遵照可也、此札、

右札仰　西盟墾務總局
準噶爾旗墾務分局　准此
西路墾務公司

光緒三十二年四月十七日

總辦補用道張光鼐
總辦補用道李雲慶
會辦直隸州知州陳光遠
主稿府經歷楊國英
主稿鹽庫大使銜喬桐蔭

掌案縣主簿胡　奇
掌案補用知縣于永泰
監用關防官五品頂戴候選府經歷楊國英

準噶爾旗資料　整理番號　五三

丙字　三七　號

辦理準噶爾旗墾務分局、候補直隸州知州、林毓杜、謹

稟

鈞憲將軍鈞鑒、敬稟者、竊卑局丈放黑牌子地畝、前經將分段辦法、稟報在案、現在第一段、已於月初丈竣、共得淨地、二百六十餘頃、遂丈遂放、由各戶分別認領、日內圖冊造成、地戶亦有交押荒者、査第一段丈放等事、由秦委員望瀛、一手經理、馬委員世煦、亦能和衷商辦、辦理尚爲妥速、第二段因王委員毓芳到局、已在三月初旬、到後即赴古城、清理去歲丈過之地、是以先由闞提調毓善、會同淸委員安丈放、於上月二十後丈竣、共得地一百五十六頃、合之西半段去歲丈過之地、約三百五六十頃、現已大半放出、地戶亦有交押荒者、圖冊由淸委員會同王委員辦理、已催令從速造齊、以免曠廢、現値播種之時、各戶急待勘丈、西面三段、不能早爲布置、査古城至哈拉寨、爲第三段、禮字號地、擬責成王委員毓芳、淸委員安、續委員康、會同丈放、第四段、由哈拉寨至沙梁、爲智字號地、擬責成秦委員主持、會同馬委員丈放、志司事廣、亦派其獨領一繩隨同丈量、以上兩段、地段較寬、地質較沃、或可多得地畝、均於本月二十前後開丈、以期早日竣事、再接辦五段也、惟古城迤西各地、均隸陝境、民俗亦較爲刁横、哈拉寨一帶、距局尤遠、策應較難、擬由卑職與闞提調輪往駐紮、古城地居中段、離局較近、常川往來、照料亦易、總期局無廢事、人無廢時、以仰副我

憲台實事求是之至意、所有卑局丈竣黑界第一第二兩段、擬責成各員接辦三四兩段各緣由、理合稟請

鑒核、批示祇遵、肅禀恭請

鈞安、伏乞

垂鑒、卑職練柱謹禀、

光緒三十二年四月十九日

准噶爾旗資料	整理番號	五四

丙字 三七 號

辦理准噶爾旗墾務分局、爲詳覆事、光緒三十二年、三月十六日、案蒙

憲台札開、據准噶爾旗貝子、三吉密都布等呈稱、伏查本旗南邊、有黑牌子地內、烏達齊廟、布爾噶圖阿貴昭、烏巴什老爺昭和雅爾烏蘇廟等四召廟、前經每該各召廟附近、有賞過零星粮地、以備呈獻香燈、供應衆僧齋用等項在案、今既開放黑牌界地、理合據情呈報、仰懇欽差督辦蒙旗墾務大臣、理藩院尚書銜、綏遠城將軍鑒查、仍賞所屬有名召廟零星地畝、俾資呈獻香燈、供應一切用項、可否之處、恩准施行、等情前來、查該旗黑牌子地內、烏達齊昭、布爾噶圖阿貴昭、烏巴什老爺昭、和雅爾烏蘇昭等四處、原有零星地畝、以備香燈僧徒用度、兹由該貝子等、呈請仍行賞給、自應量豫體恤、惟各召廟、原有零星地畝計每召若干頃畝、並該昭徒衆若干、均未分晰報明、碍難酌定數目、仰准噶爾旗墾務分局、速將以上四處召廟各原有地畝、僧衆實數、並各召廟基址、佔地廣狹、及有無原賞廟地案據、逐一確實查明禀覆、聽候酌量賞撥、飭知辦理等因奉此、卑局當卽轉飭丈地委員就近查覆去後、旋據仁字段委員秦州判望灝、函稱、該段共有廟地三處、烏達齊昭、有淨地三頃九十二畝、和雅爾烏蘇昭、有淨地一頃五十一畝零、烏巴什老爺昭、有淨地五頃三十四畝二分、均經丈過、其不堪耕種之地、不在其內、各廟基址、佔地均不廣、附廟之地其可耕者、業經開墾、其不可耕者、大都沙石山坡、亦難計其廣狹、烏達齊和雅爾烏蘇兩召、均有常年收租賬簿、烏巴什老爺昭則無、等語、卑局復卽派員前往烏巴什老爺昭、調查該

昭案據賬簿、據僧衆等呈出光緒五年重放界地時、該旗貝子賞給該召地畝四至簿、與現時所佔地址、大致相符、每年地租十四兩、該召得其半、已革東圖斯拉齊丹丕爾得其半、因該廟坍塌重修、丹丕爾墊有銀兩、以租攤還、截至光緒三十年爲止、云布爾噶圖阿貴昭、查在第三段、其附近新廟之梁地一塊、約二頃、附近舊廟之黃草西坪地、約四五頃、黃草坪地於重放界地時、經商人覇種、由丹丕爾收租、歷經該召僧衆懇求、光緒二十四年、丹丕爾字諭達慶達楞塔布、令將該廟原地查明撥給、因地商前往後套、地夥不作主、以致至今仍未辦理、字據亦經達楞塔布呈出、尚屬可信、卑局查各召僧徒、大約均常川有一二十人、其廟地於未放界地以前、佔地尚廣、至重放界地之時、由前該旗貝子、派人分撥、卽現今所佔之廟地、雖無賞地案據、大都可考而知、且地數不多、應若何加以體恤之處、伏乞

批示祇遵、所有遵飭查明廟地各情形、理合具文詳覆

憲台查核、須至詳者、

右　　詳

欽差督辦蒙旗墾務大臣、理藩院尚書銜、綏遠城將軍貽

光緒三十二年四月十九日

文案處擬

批、據詳已悉、該旗黑牌子地內台廟四處、附近零星地畝、既據該局派員查出實數、並驗過收租賬簿、核與各地相符、是雖無賞地案據、而地之隸於各台、自屬可信、且地數亦均無多、應准將各該台原有之地、就現在查出頃畝數目、仍行賞給、俾資香燈供養之需、仰卽由各段委員丈清界址、交給該喇嘛僧衆承領管業、以示體恤、仍查照杭錦旗辦過成案、飭該僧衆等、赴

將軍衙門領取印照、永遠收執爲憑、此繳

光緒三十二年四月二十六日　　六四

準噶爾旗資料　整理番號　五五

呈報由右翼征存押荒項下、已墊撥準旗賠教銀數、並印執交執移交軍署左司由、　　丙字　二　號

行轅收支處、爲呈覆事、本年二月二十八日、案奉

憲臺札開、案准

綏遠城將軍咨開、案查前經議定準噶爾旗賠教銀、二萬七千兩、立有合同、按三限由綏遠城將軍衙門交納、頭限前于光緒三十年、十一月底、業由墾務押荒項下、借付城平銀、九千兩、二限去年九月底、復由墾務押荒項下、借付城平銀、九千兩、均各在案、今三期將近、自應先行籌湊、以免臨期有悞、該教士南懷義、至限必來催討、仍希墾務大臣、札飭收支處查照前經兩次辦過成案、仍由押荒項下如數墊撥之處、相應移咨、爲此合咨貴大臣、請煩查照、轉飭收支處、以便遵照、盼切施行、等因准此、合行札飭、札到該處、即便遵照、迅速籌撥城平銀、九千兩、以備該教士來時付給毋悞、此札等因奉此、嗣於四月二十五日、始據南教士懷義、持具第三限印執、請領前來、案查該旗此項賠教地畝、於去歲冬間、甫經設局招墾丈放、尚未收有押荒、自應仍照前案、由征存察哈爾右翼押荒項下、提墊城平銀、九千兩、當於二十六日、如數發給該教士領訖、一俟準旗墾務分局、將此項地畝丈放完竣、收有款目、再行歸還、除將該教士繳回印執、移交綏遠城將軍衙門左司備案外、理合備文呈覆、爲此呈請

憲台鑒核施行、須至呈者、

右　　　呈

欽命督辦蒙旗墾務大臣理藩院尚書銜綏遠城將軍貽

光緒三十二年閏四月初三日

準噶爾旗資料 整理番號 五六

丙字 三七 號

督辦蒙旗墾務大臣、理藩院尚書銜、綏遠城將軍貽

西盟總局詳、郡旗報地、歸秦歸晉、彊界難分、擬將照內某道所屬字樣、暫行闕如、分別批示札飭準局遵照由

爲札飭事、案據西盟墾務總局詳稱、爲請示事、前蒙憲臺札發伊克昭盟、烏審札薩克郡王等旗、報墾蒙地部照六千張、飭令査收轉發、等因、當經卑局轉飭郡王烏審等旗墾務分局、隨時領發去後、玆據郡王旗墾務分局幫辦、岳令鍾麟、函稱、郡旗報墾之地、現已丈放過半、不久即可告竣、領地之戶、自應塡給部照、以資遵守、惟査所領部照、內有某某道屬字樣必須塡註明確、但郡旗報地、附於秦晉兩邊、廣漠無垠、又向屬旗地、歸秦歸晉、無一定界限、必分淸疆界、然後應隷某道始能照塡、應如何辦理之處、懇請轉爲請示、等語、卑府査各旗未報墾以前、地歸蒙旗、本無民社分隷地方管轄之說、自私墾之風日盛、負耒遷居、遂成鄰里、遇有鼠牙雀角、各就所近之地方衙門控訴、以息爭端、而地方承審者、祇同客民執理以斷、亦息事寧人之一道也、究之地屬蒙旗、人皆私墾、從未聞有一定界限、非內地之有版圖者可比、今雖報墾、而地未放完、於劃界分疆一事、尚無暇及此、而放過之地、又須隨時發給部照、以昭信守、此時如必拘定某地隷於某道、而界限有所難分、照內更難塡列、卑府擬將照內所開歸某道所屬字樣、暫付闕如、俟墾務告竣、疆界劃淸後、再行補塡、庶可兩全、是否有當、理合具文詳請憲臺核示、以便轉飭遵照、再烏審札薩克準噶爾三旗報墾情形、與郡旗相同、似應一律辦理、爲此備由具申、伏乞照詳施行、等情據此、除批據詳已悉、郡旗分隷秦晉之案、現在尚未奏定、所有該分局放墾各地、請將發給民戶部照、歸某道所屬字樣、暫行綏塡、自係爲愼重起見、應准如詳辦理、將照內某道廳縣字樣、均行暫空俟奏定隷於何處、即行補塡、以便歸該地方升科、其烏審札薩克兩旗、事同一律、亦即如此辦理、仰即轉飭遵照、至準噶

六六

爾旂地畝、分隸托克托、河曲、府谷、各廳縣、原有定疆、現甫請領部照、應俟領發到日、由該分局查明放墾地段、應隸何處、臨時分別塡註、必須審定確實、毋稍疏舛、仍俟遵札飭遵外、合行札飭、札到該分局、即便遵照、此札、

右札仰 準噶爾旗墾務分局 准此

光緒三十二年五月十七日

準噶爾旗資料 整理番號 五七

丙字 五 號

督辦蒙旗墾務大臣、理藩院尚書銜、綏遠城將軍貽

札派李道雲慶、赴準郡兩旗分局查看現辦墾務各情形、有無窒碍等情、並分札該分局等處遵照由、

爲札飭事、照得西盟墾務、現正分行暢辦之際、前經派委張道光第、會同姚守學鏡、馳往後套、週勘渠地、業據該道等查勘稟覆在案、其河西墾務、亦關緊要、仍應派員往查、即著派委行轅文案處總辦、分省補用道、李道雲慶、前赴準噶爾郡王兩旗各墾局、查看現辦情形、有無窒碍、統計每旗實放地若干、核收押荒銀若干、所收經費、除該各局實用外、是否尚有贏餘、並局事何時可竣、仰該道與林牧毓杜、飭令鍾璘、統盤籌畫、詳細稟覆、其員司人等、如查有不得力之人、亦即據實稟撤、毋或徇隱、除分札外、合亟札飭、札到該局道總局即便遵照可也、此札、

行轅文案處總辦分省補用道李道雲慶

右札 仰準噶爾旗墾務分局 准此

郡王旗墾務分局

西盟墾務總局

光緒三十二年六月二十三日

行轅文案處總辦、分省補用道、李雲慶辦
準爾旗墾務分局、候補直隸州知州林毓杜　謹

稟

軍憲大人閣下、敬稟者、竊職道雲慶、前奉

鈞札、飭卽前赴準噶爾郡王兩旗墾局、査看現辦情形、有無窒碍、統計每旗實放地若干、核收押荒銀若干、所收經費、除該各局實用外、是否尚有贏餘、並局事何時可竣、與卑職毓杜、會合鍾麟、統盤籌畫、詳細稟覆、其員司人等、如査有不得力之人、亦卽據實稟撤、毋或徇隱、等因奉此、卑道遵卽束裝起程、於月之十七日、馳抵準旗墾局、會同卑職、按照

札開各節、逐一詳査、敬爲

憲臺分晰陳之、査黑界地、由東至西、二百餘里、由南至北、八九里五六里不等、分仁義禮智信五段、仁義兩段、已丈放完畢、禮智兩段、雖已丈放、而未放定之地尚多、緣有數戶合領、而尚未劃分者、或一人承領、而旋生轇轕者、其信字一段、現在隨丈隨放、月底卽可竣事、綜五段地計之、約有淨地一千七百頃之譜、此界地之實在數目也、界地荒價、分上、中、中下、下四等、平均計之、每頃約合價銀、三十七八兩之譜、以千七百頃計算、約共合荒價銀、六萬數千之譜、此將來核收押荒之大致數目也、卽以六萬金計算、應得三成經費、一萬八千金、準局每月開支薪津工食局費車馬等費、約七八百金、自去冬開局之日起、至今年底止、需銀萬金之譜、明春卽可裁減人員、祇留徵收押荒造冊員司三四人、預計約需經費、二三千金之譜、卽可畢事、此準局經費、有贏無絀之情形、而局事完竣之日、亦可預決者也、職道等、伏査準旗經去歲滋擾之餘人心浮動、民情尤爲刁狡、界地則山多田少、無處非深巖絕壑、不易施繩、今春暢辦以來、在局員司、人本無多、而皆能通力合作、卑職不避嫌怨、復時加督催、雖不敢謂毫無曠廢之日、而其勇猛精進、用能迅速成功、實爲各處所無、其勞績

誠不可沒、此準局員司、尙稱得力之情形也、所有逐査各節、除地數押荒數目、另行開單呈

覽外、理合稟

聞、再職道於發稟後、即赴古城、哈拉寨、沙梁等處、藉以考證一切、事竣仍折回古城、取道赴郡旗墾局、合併聲明、肅稟

恭請

鈞安、伏乞

慈鑒、職道雲慶
卑職毓杜謹稟、

附呈清摺二扣

光緒三十二年七月二十四日

謹將卑局丈放黑界地、仁義禮智信五段地畝、已放並未放者各數目、繕具清單、呈請

鑒覈、

計　開

一、仁字段、放有地戶之地、二百五十九頃、八十七畝八分

一、仁字段召地、不納押荒、共地一十頃、三十四畝二分

一、義字段、共放有地戶之地、二百七十二頃、四十二畝八分

一、義字段、已丈未放定之地、四十五頃、七十五畝七分

一、禮字段、已丈已放暨未放定之地、約五百三十頃

一、智字段、放有地戶之地、二百一十七頃、九十九畝二分

一、智字段、已放未定妥地戶之地、共一百八十頃、一十一畝二分

一、信字段、已丈未丈之地、約二百頃

以上五段、約共有地、一千七百餘頃、

一、仁字段、約押荒庫平銀、九千一二百兩上下

一、義字段、約押荒庫平銀、一萬一二千兩上下

一、禮字段、約押荒庫平銀、二萬有餘

一、智字段、約押荒庫平銀、一萬六千兩

一、信字段、約押荒庫平銀、六七千兩

五段約共押荒庫平銀、六萬數千之譜

以上未放定之地、或因地戶人數分合未定、或因案轇轕未清、合併聲明

光緒三十二年七月　日

謹將卑局本年經費、自正月起、至六月底止、由押荒浮收項下動需各款項銀兩數目、理合繕單、恭呈

鑒覈、

計　開

一、收本年閏四五六等月押荒浮收、共入庫平銀、四千五百三十兩、以958仲湘平銀、四千七百二十八兩、六錢零一釐二毫五絲二忽五微八纖四沙

以上共收湘平銀、四千七百二十八兩、六錢零一釐二毫五絲二忽五微八纖四沙

一、除發還去歲臘月間、並今年三四兩月前後借到商號德興裕經費墊款包平銀、一千七百兩、以9644仲湘平銀、一千七百六十二兩、七錢五分四釐零四絲參忽零八纖六沙

一、除發本年閏四五兩月本局撥過經費湘平銀、二千零七十三兩、八錢二分八釐二毫八絲六忽七微六纖八沙

以上撥過經費、暨歸還墊款、共發湘平銀、三千八百三十六兩、五錢八分二釐三毫二絲九忽八微五纖四沙

總共開除外、淨存押荒浮收湘平銀、八百九十二兩、零一分八釐九毫二絲二忽七微三纖

光緒三十二年七月　　日

文案處擬

批、稟單均悉、查該局自去冬續行開辦、至今尚不及一年、已將準旗報墾地段、丈放將竣、辦理洵爲妥速、仰林牧毓杜、仍督率員司、兼營併作、早竟全功、以爲各局之望、此繳、單存、

光緒三十二年八月初二日

準噶爾旗資料	整理番號	五九

丙字　三七　號

辦理準噶爾旗墾務分局、爲申報事、案查卑局辦理黑界地、隨丈隨放、隨即分限催收押荒、以資應用、計自四月開征之日起、至十月底止、共收押荒庫平銀、一萬六千兩、亟應仿照察哈爾右翼墾局章程、分晰册報、以憑稽考、惟地戶交齊荒價者爲數無多、所收之款、皆零星浮存之銀、尚未便分別開報、所有浮收押荒、除勳支局用外、現存之款、擬即陸續解赴

憲轅收支處交納、理合將浮收總數、先行申報

憲台查考、爲此具申、須至申者、

右　　　　　　　　　　　　申

欽命督辦蒙旗墾務大臣、理藩院尚書銜、綏遠城將軍貽

光緒三十二年十一月十八日　幫辦　林毓杜

準噶爾旗資料　整理番號　六〇

辦理準噶爾旗墾務分局、候補直隸州知州、林毓杜、謹　　丙字　三七　號

稟

欽憲將軍鈞鑒、敬稟者、竊準旗經滋擾之餘、民情惶惑、地事棘手、不能不賴地方紳商開導、倡率以期丈放迅速、今春開辦之

初、曾經卑局諭令明白紳商、勸導各戶、以免疑慮、其有實能出力者、許以墾事竣後、稟請

賞給功牌、以示鼓勵、各紳商、或踴躍領地、以爲各戶之倡、或早繳押荒、以堅各戶之信、或馳驅地所、幫同議價、或調和

蒙漢、以免爭端、現在墾事將竣、未便沒其微勞、謹擇其尤爲出力者、開具清單、仰懇

鴻慈、分別賞給功牌、以示鼓勵各紳商克殫心力、卑局既臂助攸資、我

憲台俯賜頭銜、邊民將口碑不忘矣、所有準旗墾事將竣、擬請將出力紳商、分別

賞給功牌各緣由、是否有當、謹開單呈

覽、伏乞

批示祇遵、肅稟恭請

鈞安、伏乞

慈鑒、卑職毓杜謹稟、

計呈名單一紙

光緒三十二年十一月十八日

謹將在墾出力紳商開單、呈請

鑒核、

計開

監生德興額

監生王丕基

監生楊騰霄

監生賀喜泰

武生六品軍功牛文蔚

以上五名、擬請 賞給五品功牌

耆賓王憲章

監生趙炳文

商人王丕功

商人賀宏

商人王希治

商人王克昌

耆賓王英

以上七名、均擬請 賞給六品功牌

光緒三十二年十一月十八日

文案處擬

七二

批、據禀已悉、該紳商等、實力助墾、應准分別給予頂戴、以示鼓勵、惟査奬賞功牌向章、有七品者、方給六品、有六品者方給五品、仰候照章塡發、此繳、單存、

光緒三十二年十一月二十五日

準噶爾旗資料 整理番號 六一

丙字 三七 號

辦理準噶爾旗墾務分局爲詳解案査、卑局自本年四月起、至十月底止、所有徵收黑界地押荒銀兩數目、業經申報在案、自應陸續解赴

憲轅收支處交納、以重款項、茲派駐紮卑局親軍衛隊哨長海起鰲、押解庫平銀伍千兩、前往親交、伏乞

飭下收支處彈驗兌收、

俯賜批廻、實爲公便、須至詳者

計解批一紙、庫平銀伍千兩

右 詳

欽命督辦蒙旗墾務大臣、理藩院尙書銜、綏遠城將軍貽

光緒三十二年十一月十八日 幫辦 林毓杜

文案處擬

批、詳悉、候將解到押荒庫平銀五千兩、札飭收支處兌收具報、並鈔給批廻繳、

光緒三十二年十一月二十四日

準噶爾旗資料 整理番號 六二　　丙字 三七 號

辦理準噶爾旗墾務分局、候補直隸州知州、林毓杜、謹

稟

欽憲將軍鈞鑒、敬稟者、竊維闢地安民、則版圖日增、叙勞行賞、則人才愈奮、查準旗黑界地畝、自逆蒙擾攘以後、民情惶惑始終疑慮多端、措置甚難着手、春間由卑局責成各員、分段清丈、地戶多觀望不前、內外員司、體察輿情、百方勸導、瘏口曉音、冀開風氣、受墾者、始接踵而至、但以地多沙鹵、山盡梯田、壘峨層巒、施繩不易、各委員司共勇往勤劬、阡足荒山、雖人迹所不至之地、亦皆搜括靡遺、卑職嘗赴地所、親見勘丈之難、計自二月間開丈、至七月底、一律丈竣、共得淨地一千六百餘頃、維時有隨丈隨放者、有原戶觀望於前、丈地後與新戶相爭者、有一地而數人分領、仍求劃分復丈、或領地而希圖減價、一時未能驟定者、糾紛滋蔓、訟案亦多、隨時清結、冀得其平、於八月底、將各段地畝放竣、共得押荒銀六萬有奇、曾將分段辦理各情形、暨地數押荒大略、先後稟明在案、現惟一面嚴催押荒、一面將交清各戶、陸續發給部照以期閭風踴躍、核計仁義兩段押荒、已交三分之二、共禮智信三段丈放較遲、又經雹災、收成稍歉、仍責成各員分駐地所催收、約計年終不能掃數全清、亦可徵收過半、在局員司無多、或清理圖冊、或綜核度支、一人數差、兼營並作、總冀人無曠時、款無糜費、早日掃數全清、以免

憲廑、竊查準旗附近內地、蒙情習於狡猾、兼隸陝邊民俗、尤爲强悍、一有不慎、枝節便生、今春重理就緒、幾若措手無從

仰賴我

憲台威福之宏、各同仁經營之力、未及一年、幸克蕆事、就地而論、雖屬無多、然辦理之難、較察界套地、實數倍過之、伏

念積勞得宜、在

朝廷雖更新例、而錄賢薦士、我
憲台自有權衡、各同仁在墾數年資勞、久在
洞鑒到準一載、辛苦尤異尋常、可否仰懇
鴻慈、從優給獎、以勵將來之處、謹分別擬單呈
覽、聽候
恩施、所有準旗墾事、大致完竣、擬請將在事各員司書、分別給豫獎叙各緣由、是否有當、冒昧具陳、伏乞
批示祇遵、肅禀敬請
鈞安、伏乞
慈鑒、卑職毓杜、謹禀、

計呈各員司書銜名清摺一扣

光緒三十二年十一月十八日

謹將擬獎卑分局員司書手等銜名、開列於後呈請
鑒核、

計　開

提調、兼主稿。候選知縣、闕令毓菁
繩丈兼承寫、山西試用通判、王倅渠芳
繩丈兼承寫、分省試用州判、秦望濂
繩丈兼承寫、分省試用府經歷、馬世煦

收支委員、候補筆帖式、博卿額
以上五員、擬請按照異常勞績核奬
差遣委員、綏遠城領催、擬陪驍騎校清安
以上一員、擬請侯補驍騎校後、以防禦卽補
國史館謄錄官績康
以上一員、擬請存記襃奬
司事、土默特驍騎校、阿瑪噶
擬請以佐領記名補用
司事、綏遠城驍騎校文興
擬請以防禦記名補用
司事、藍翎六品頂戴、前鋒普廉
擬請以驍騎校記名補用
司事、七品頂戴、馬甲志廣
擬請以前鋒領催卽補
書手、藍翎五品頂戴、前鋒文華
擬請以驍騎校記名卽補
書手、六品頂戴、馬甲錫贒
書手、馬甲景昌

七六

以上二名、均擬請以前鈐領催卽補

書手、六品軍功、湯疇階

擬請 賞給五品、

光緒三十二年十一月十八日

文案處擬

批、據禀已悉、準旗墾務、經該員率同員司、實力經營、妥速蔵事、殊堪嘉尚、所有在事出力人等、應候分別核給獎叙、以勵賢能、此繳、單存、

光緒三十二年十一月二十五日

準噶爾旗資料	整理畨號	六三

丙字 三七 號

辦理準噶爾旗墾務分局、爲詳報事、案據伊盟鄂爾多斯、札薩克貝子、珊濟密都布、協理台吉等、爲咨行事、復准貴局咨開、貴旗界內查有已墾地畝、未經丈放、亦無地價、暨有未開荒地、早爲申報、由敝局酌核開辦、以清債累、於旗下仍有裨益、希卽迅速咨報、以備辦理、萬勿支吾遲延、等因准此、查敝旗地勢隈僻、田土缺少、除昔年業經撥給各台吉兵丁等戶口生計充差地畝外、其餘再無堪墾曠土、旗員等、熟爲查察、別無可抵此款之地、查敝旗南境白界一帶之地、原係租給民人耕種、今將此地報墾、呈請貴局希卽轉禀開辦、俯賜除消債款、祈將租資官粟、仍復紓濟台吉兵丁等生計充差、闔旗感激無旣施行、等因准此、於光緒三十二年、十一月二十五日、由該旗出具印文、呈報前來、查該旗南境白界地畝、橫二百餘里、縱四五十里不等、自康熙年間、招內地民人租種、由該旗收租、爲數甚微、當時每銀一兩、折錢八百文、至今不易其數、歲租之輕、實各處所無、狡黠民戶、尚多拖欠不交、且地無定數、等則不分、民無印據、眞僞莫辨、葛錯無紀、久應清理、

七八

現在黑界地畝、既丈量完竣、發給部照、白界包黑界之內、與內地接壤、自應早日勘丈、以歸一律、惟此項白界地畝、民人互相售賣、相沿日久、私買不貲、將來酌收地價、可否較黑界輕減、以示軫恤、而便推行、是否有當、理合詳請

憲台批示飭遵、伏乞

照詳施行、須至詳者、

右　　　　詳

欽命督辦蒙旗墾務大臣理藩院尚書銜綏遠城將軍貽

光緒三十二年十一月二十八日

文案處擬

批、詳悉、此項白界地畝、既據該旗續報、指抵賠教墊款、即着安速勘收丈放、惟該地向係招有民人承種、應仍准原種原領、另發部照、俾其永為世業、至應如何酌收地價、及分定歲租數目、仰即體察情形、妥議覆奪、此繳、

光緒三十二年十二月初五日

准噶爾旗資料　整理番號　六四

丙字　三七　號

督辦蒙旗墾務大臣、理藩院尚書銜、綏遠城將軍貽、

准旗分局林幫辦稟、黑界地墾事完竣、請將各員司書等、分別給獎、咨行綏遠城將軍、歸化城副都統查照由、

爲咨行事、案據辦理准噶爾旗墾務分局幫辦、林直牧毓杜稟稱、所有准旗墾務、大致完竣、擬請將在事出力員司書、分別給予獎敘、計呈各員司書銜名清摺一扣、等情前來、查摺開在事出力人等自應分別核給獎敘、以勵賢能、除批示並分行外、相應將摺開在事出力之土默特驍騎校阿瑪噶一員、酌以佐領補用、咨行綏遠城領催擬陪驍騎校清安等八員名、分別酌給獎勵、開單咨行

貴副都統、
綏遠城將軍、請煩查核施行、須至咨者、

右　咨

歸化城副都統

計開

綏遠城駐防廂白旗滿洲、達林泰、
佐領下、五品頂戴藍翎、擬陪驍騎校、領催清安酌擬俟補驍騎校後以防禦即補
土默特驍騎校、阿瑪噶、酌以佐領補用
綏遠城駐防正白旗滿洲、
哈布爾札布參佐領下、藍翎驍騎校文興酌以防禦補用
綏遠城駐防、廂藍旗滿洲、恩廣
佐領下、藍翎六品頂戴、前鋒普廉酌以驍騎校補用
綏遠城駐防正藍旗滿洲
春秀、佐領下、七品頂戴馬甲志廣酌以前鋒領催即補
綏遠城駐防正黃旗蒙古、觀瑞
佐領下、藍領五品頂戴、前鋒文華酌以驍騎校即補
綏遠城駐防、廂白旗蒙古、景秀
參佐領下、六品頂戴、馬甲錫賢酌以前鋒領催即補
綏遠城駐防廂白旗滿洲
達林泰、佐領下、七品頂戴、馬甲景昌酌以前鋒領催即補

右　咨

綏遠城將軍

光緒三十二年十一月二十九日

七九

準噶爾旗資料　整理番號　六五　　丙字　三七　號

辦理準噶爾旗墾務分局、爲申報事、案查卑局自本年四月、開征黑界地押荒、自十月底止、共收押荒庫平銀、一萬六千兩前經申報在案、計自十一月初一日起、至十二月初十日止、陸續收到押荒庫平銀、一萬二千餘兩、共計收押荒庫平銀、二萬八千餘兩、除將交清押荒、發給部照各戶、另單分別開報、以憑查考外、所有現在收到押荒銀兩總數、理合先行申報、至此項押荒銀兩、除動支局用外、擬即陸續解赴

憲轅收支處交納、以重公款、爲此具申、須至申者、

右　　申

欽命督辦蒙旗墾務大臣、理藩院尚書銜、綏遠城將軍貽

光緒三十二年十二月十五日　　幫辦　林毓杜

準噶爾旗資料　整理番號　六六　　丙字　三七　號

辦理準噶爾旗墾務分局、爲詳解事、案查卑局徵收黑界地押荒、自本年四月起、至十二月初十日止、所有收到押荒銀兩數目、業經申報在案、自應陸續解赴

憲轅交納、以重公款、兹由卑局提調閻令毓善、押解押荒庫平銀一萬兩、親往交納、伏乞

飭下收支處彈驗兌收

俯賜批廻、實爲公便、須至詳者、

計解批一紙、庫平銀一萬兩

八〇

右　　詳

欽命督辦蒙旗墾務大臣、理藩院尚書銜、綏遠城將軍貽

光緒三十二年十二月十五日　幫辦　林毓杜

文案處擬

批、詳悉、所有該分局解到押荒庫平銀一萬兩、仰候札發行轅收支處、彈兌驗收、印發批廻、具報査考、此繳、

光緒三十二年十二月二十三日

準噶爾旗資料　整理番號　六七　　丙字　三七　號

督辦蒙旗墾務大臣、理藩院尚書銜、綏遠城將軍貽

準旗分局申報、續收押荒銀兩、總共數目、札飭收支處査核由

爲札飭事、案據辦理準噶爾旗墾務分局申稱、爲申報事、案査卑局自本年四月間、徵收黑界地押荒、自十月底止、共收押荒庫平銀、一萬六千兩、前經申報在案、計自十一月初一日起、至十二月初十日止、陸續收到押荒庫平銀、一萬二千餘兩、共計收押荒庫平銀、二萬八千餘兩除將交淸押荒、發給部照各戶、另單分別開報、以憑査考外、所有現在收到押荒銀兩總數、理合先行申報、至此項押荒銀兩、除動支局用外、擬卽陸續解赴憲轅收支處交納、以重公款、等情據此、合行札飭、札到該處卽便査照、此札、

右札仰行轅收支處准此

總辦補用道張光藻

光緒三十二年十二月二十四日

八二

會辦直隸州知州陳光遠
額外會辦知州景‧禔
幫辦直隸州知州黃桂棻
主稿府經歷楊國英
主稿補用知縣宋乃栱
主稿府經歷喬桐蔭
掌案候選縣丞白垚
監用關防官五品頂戴候選府經歷楊國英

準噶爾旗資料　整理番號　六八　　丁字　三四　號

準噶爾旗、預保記名貝子、二等臺吉、賽崇阿、謹呈
欽差大臣將軍鈞安、敬稟者、前經本旗撫恤外國教民銀兩、請由墾務局借交教堂、後因此項銀兩無法還給、雖將黑牌子之地、指給墾務局、又未清還債累、卑臺吉愚思本旗西界、與郡王旗毘連、請將本旗阿札拉木地一塊、添給墾務局開放、以淸債累、伏乞
欽差大臣將軍洞鑒恩施、俯准辦理施行、
光緒三十三年二月　　日

準噶爾旗資料　整理番號　六九　　丁字　三四　號

督辦蒙旗墾大務臣、理藩部尚書銜、綏遠城將軍貽

準旗賽春阿、呈報該旗西界阿吉爾瑪地畝、札飭該旗出具印文呈交、以便派員收地由、

爲札飭事、案查現在黑牌子地畝、業經辦竣、該旗所得押荒、不敷前墊賠款之數、未便日久虛懸、去年冬間、飭名東土斯拉齊、納遜達賴來城面稱、該旗西界、阿吉爾瑪地、前與郡王旗屢有爭執、迄未劃清界址、該旗兩土斯拉齊、均願將此地呈報開墾、俟回旗時、與兩土斯拉齊會商、貝子呈報等語、現在已逾年關、尚未據呈報前來、想係東土斯拉齊多病、西土斯拉齊又遠在西偏、不易會齊、以致呈報稍遲、現在該旗和碩齊賽春阿、來城面稱、該旗貝子、情願將阿吉爾瑪地、呈報開墾、司官等、均無異詞、並由該和碩齊、先行呈報前來、該和碩齊、呈報開地、無非爲旗下清還債累、濬闢利源、具見心地明白、現在春耕之時、此項阿吉爾瑪地畝、亟應由該旗出具印文呈交、以便派員收地、茲蒙員札克登巴、此次隨賽春阿來綏、業由本大臣面諭該蒙員、早回該旗、傳諭東西土斯拉齊、即早會商貝子、出具印文、地圖四至、一併呈交、以便開辦、若再事觀望、致郡旗呈交於先、則是郡王旗地、非該旗所有矣、理之所在、彼時本大臣亦不能爲該旗袒庇也、切切此札、

右札仰　準噶爾貝子珊濟密圖布　准此

光緒三十三年二月十二日

準噶爾旗資料　整理番號　七〇

丁字　三四　號

伊克昭盟鄂爾多斯、札薩克固山貝子、三吉密都布、協理台吉等、爲呈報事、先後接奉

欽差大臣將軍札文內開、迅速將該旗全圖呈復、現在黑牌子地畝、業經辦竣、該旗所得押荒、不敷前墊賠款之數、未便日久虛懸、此項阿吉爾瑪地畝、亟應由該旗出具印文呈交、以便派員收地、並地圖四至、一併呈交、以便開辦、若再觀望、致郡王

旗呈交於先、則是郡王旗地、非該旗所有矣、理之所在、彼時本大臣亦不能爲該旗袒庇也、等因蒙此、伏查前定辦賠教堂撫恤銀二萬七千兩、卑旗無力備給之時、將旗下官中所屬黄河柴林窑子等六處有名地畝賠還後、呈報開墾本旗南界黑牌子地、該旗所得押荒、呈請抵還教堂、贖回黄河地畝在案、於去年準噶爾旗墾務局、因黑牌子地押荒銀數不敷、所稱另行辦理、妥爲付還經本處將該旗牌子內地租銀粮、加添付還、以除托累、所得利益、可否幇辦窮旗等因、咨行墾務局各在案是以據情呈報外、今遵札應報本旗西界之阿吉爾瑪等處之地、惟本旗西界、係毘連幇辦盟長郡王旗爲界、托蘇圖額肯之綽克圖巴雅鄂博、什灰額肯胡瓦拉阿札爾噶額肯剛珠爾碩隆察漢托羅蓋塔拉布拉噶布爾圖之阿木那噶布拉克之錫力柴金河博維鄂博、巴拉斯召等處地畝、毗連爲界、將此有名界址、東邊本旗阿吉爾瑪等處地畝、前已遵奉

諭旨、以郡王旗台吉等居住爲游牧、郡王與本兩旗台吉人等雜住游牧耕種、養命當差、並諷誦

萬壽經卷、呈献沙特魯普達爾哲依凌寺香燈、凡有應用道場經卷、有度牒班第等衣服盤費、修理房院、建新等項、之處、如將此界址地畝、以致開墾、兩旗各台吉人等、並無游牧耕種地畝、諷誦

萬壽經卷、一切均行斷悞、誠恐生繁托累、謹據實情呈明、伏乞

欽差大臣將軍鑒核、體恤恩施、爲此呈報施行、

光緒三十三年三月十五日

準噶爾旗資料　整理番號　七一

丁字　三四　號

督辦蒙旗墾務大臣、理藩部尚書銜、綏遠城將軍貽

札復準旗貝子等、速將阿吉爾瑪等地畝、呈報開墾田、

爲札覆事、案據該貝子等呈稱、該旗阿吉爾瑪等處地畝、係郡王旗與該旗台吉人等雜住游牧、並呈献沙特魯普達爾哲依凌

寺香燈、如將此地開墾、兩旗台吉人等、並無游牧耕種地畝、及諷誦經卷一切均行斷誤、伏乞鑒查、體恤恩施、等情前來査該旗原報之黑牌子地、因該旗所得押荒、不敷賠教之款、是以該旗肥名貝子賽春阿、深恐賠款未淸、則教案終屬未結、卽該旗河套川二百餘頃之地、亦永遠不能收回、是賽春阿以阿吉爾瑪等處地畝、呈報開墾、實欲爲該旗了結教案、以免日後拖累、以面上諭、似爲其將來承襲後計、實則爲該旗久遠計、並非賽春阿私將該旗地畝擅自報墾、該貝子等、亟應照此辦理、乃爲深明事體、玆閱來呈、所有阿吉爾瑪等處地畝、該貝子等、尙有不欲報墾之意、該貝子等、須知既不報地、卽不能得押荒、既無押荒則教案一日不淸、卽拖累一日不去、河套川地將何時能收回、其所關於該旗者、實非淺鮮、如該貝子等、果能另行設法、將所欠賠款速行淸還、卽不報地、亦有何不可、無如該貝子等、既不能設法淸還、則惟有速將阿吉爾瑪等處地畝呈俾開墾、俾墾局及早開辦、該旗亦可早得押荒、而教款卽可早日完結、該旗從此以後、永無教案之累、本大臣將軍、爲該旗籌畫再三、計固莫善於此者、仰該貝子等速卽呈報、倘再遲疑觀望、致郡王旗呈交於先、則是郡王旗地、非該旗所有矣、彼時該旗卽欲出而與之爭本、大臣將軍、亦必不能爲該旗袒庇也、再如不報此地、本大臣亦卽將河套川地、奏明收作賠款尾欠、惟該貝子等熟籌之、勿致後悔、至呈內所稱沙特魯普達爾哲依凌寺、應川香火等項、應俟呈報後、再行飭局査酌該寺情形、從寬辦理、以示體恤、合亟札覆、札到該貝子等、卽便遵照、切切此札、

右札仰準噶爾旗貝子珊吉密圖布等准此

光緒三十三年四月初九日

準噶爾旗資料	整理番號	七二

丁字四一號

辦理準噶爾旗墾務分局、爲詳請給發印照事、案査準旗黑界地召廟四處、共原有附近零星地畝、前經卑局査明詳覆、蒙批應准仍行賞給、俾資香燈供養之需、仍査照杭錦旗辦過成案、飭該僧衆等、赴

八五

將軍衙門領取印照、永遠收執爲憑、等因蒙此、去秋丈地畢、即由各委員劃清界址、交給該喇嘛等照舊管業、並諭令前赴
軍署領照、遷延至今、迭據該喇嘛等來局禀稱、該召僧衆無多、且皆貧乏、難於遠出、懇請由局代領轉發、實爲德便、等情
據此、玆派卑局司事普廉、書手錫賢、景昌、前往領取此項印照、並將各召原有地畝頃數四至、開列清單、可否飭令繕發
之處、伏乞
核示祗遵、再査杭錦旗辦過成案、領照一張、須繳費銀若干兩、該四召地畝無多、須費若干、亦乞
核示、俟印照到日、即由卑局如數收取轉呈、所有請領印照各緣由、是否有當、理合備由具詳、伏乞
照詳施行、須至詳者、

計呈清單一紙

右　　詳

欽命督辦蒙旗墾務大臣理藩部尚書銜綏遠城將軍貽

光緒三十三年四月十日．　幫辦　林毓杜

謹將黑界地召廟四處附近地畝頃數四至、開呈

鑒核

計　開

烏巴什老爺召地一段、正地一六頃、三十九畝六分、除不勘耕種地、一十一頃、零五畝三分八厘、淨地五頃三十四畝、二分二厘、東至姚姓、西至碾槽溝、南至棗林溝、北至召梁、

烏達齊廟地一段、正地七十一畝、除不堪耕種地一畝、淨地七十畝、東至李六、西至溝、南至張姓、北至官道、

又地一段、正地二十六畝八分、除不堪耕種地八分、淨地二十六畝、東至溝、西至溝、南至溝、北至大道、

又地一段、正地三頃一十一畝八分、除不堪耕種地、二十七畝八分、淨地二頃八十四畝、東至溝、西至廟溝、南至張姓、北至張七十一、

又地一段、正地二頃零五畝七分、除不堪耕種地、八十五畝七分、淨地一頃二十畝、東至史家溝、西至廟溝、南至蕭姓、北至李姓、

和雅爾烏蘇廟正地一段、一頃五十一畝三分、無除、東至天溝、西至溝、南至全姓界、北至溝、

布爾噶圖阿貴召地一段、正地一頃、九十五畝三分、無除、東至溝、西至本主、南至本主、北至溝、

又地一段、正地一頃五十畝、無除、東至本主、西至溝、南至本主、北至溝、

又地一段、正地三十六畝三分、無除、東至本主、西至溝、南至廟後、北至本主、

又地一段、正地五頃三十七畝一分、除廟址地一頃五十畝、淨地三頃八十七畝一分、東至溝、西至路、南至山坡、北至溝、

以上召廟四處、共正地三十三頃、二十四畝九分、共除不堪耕種地、一十三頃、七十畝零六分八厘、共淨地、一十九頃五十四畝二分二厘

文案處擬

批、據詳已悉、該旗召廟四處、留給香燈地畝、應領執照、仰候咨明

綏遠城將軍衙門、按照原開頃畝四至清單、繕填發交該局、轉給各該召喇嘛收執、至應繳照費銀兩、仍候

將軍衙門咨案核覆後、由該局轉飭遵交、此繳、

光緒三十三年五月十七日

準噶爾旗資料　整理番號　七三　　丁字　四一　號

辦理準噶爾旗墾務分局、爲轉詳事、案准伊克召盟鄂爾多斯、札薩克固山貝子、珊濟密都布、協理台吉等文稱、前奉
欽差將軍札文內開、將歲租歸入各旗、俟丈放完竣、歸入各地方官經理等因、懇祈將歲租一項、卑旗自行向民戶徵收外、現在
黑界地、業經丈放完竣、請將歲租恤蒙、以備存公之處、相應呈報貴局査照、等因准此、査
憲台奏定章程、墾放蒙地歲租、由地方官代徵、除報効二成外、餘仍歸還蒙旗、原爲恤蒙安民起見、各旗皆同、今準旗懇請
自行向民戶徵收之處、是否可行、卑局未敢擅擬、理合據文轉詳、伏乞
批示飭遵、實爲公便、須至詳者、

右　　詳

欽命督辦蒙旗墾務大臣、理藩部尚書銜、綏遠城將軍貽

光緒三十三年四月十二日　　署辦　林緘杜

文案處擬

批、據詳已悉、査伊盟各旗放墾章程、所有應收歲租一項、前經
奏明地隸何廳、卽由何廳徵收、除提三成歸公、及曾報効二成、照案提出外、餘悉按年撥歸該各蒙旗、以示體恤、玆準旗擬
請自行徵取歲租、核與原案不合、無論何處、從未有此辦法、所請未便准行、仰卽轉行該旗、仍遵照定章辦理、此繳、

光緒三十三年五月初二日

準噶爾旗資料　整理番號　七四　　丁字　四一　號

辦理準噶爾旗墾務分局、候補直隸州知州、林鍼札、謹

稟

軍憲大人鈞鑒、敬禀者、三十二年十二月十三日、案奉

憲臺批。卑局詳報準旗呈請開放白界地、即牌界地情由、飭即體察情形、妥議覆奪、等因蒙此、卑職遵即採訪輿情、徵諸庶論、並就民蒙現況、牌界情形、熟思審處、僅擬其事如左、一經費、牌界成熟已久、輾相授受、價亦不貲、則押荒名目、於實不符、徒使民多此疑慮、擬改名爲經費、或名爲照稅、如稅契之意、上地每頃三十兩、中地二十兩、中下十五兩、下地十兩、如有零星荒地及園地、擬仍歸公司領放、荒地臨時酌定、園地每畝一兩、以期整齊迅速、經費所入、除一切費用外、以一半歸公、一半歸蒙、或留四成作局用、以三成歸公、三成歸蒙、蓋牌界數倍於黑界、用人既多、而所取又廉、既不同於徵收押荒、則不宜執舊章以相繩者也、一歲租、牌界耕種有年、地氣發洩、瘠腴等差、亦判若天淵、誠宜詳審以規久遠、況民所慮者、不在一時之押荒經費、而在亘古不易之賦則、擬上地每畝徵租銀一分八厘、中地一分四厘、中下一分、下地六厘、庶日後無逃糧之患、而目前有輸將之樂、查蒙人舊租、每頃不過數百文、但其間苦樂不均、以致徵收不齊、從此整頓、於旗有裨、於民無傷、一安民

憲批謂該地向係招有民人承種、應仍准原種原領、另發部照、俾其永遠世業、誠爲安民起見、欽佩莫玆、更引伸之、如地主自種之地、別人固不得攙越、如地主招夥墾種之地、應儘地主承領、夥戶不得爭報、如係典地過期不贖者、地即歸典戶承領、未過期者、應聽原戶贖回自領、不贖者、不得以原戶論、如此分晰核定、遇有糾葛紛爭、即可執此以判、庶豪强無兼併之謀、而良懦保固有之產、或亦息事寧人之道乎、一恤蒙、查牌界不盡該旗公產、吃租之戶口地廟地、所在皆有、蒙人所最慮者、失其租斗、應照黑界地例、由地方官徵收歲租、以二成報効歸公、其餘於每年底徵齊、彙交該旗收領、不得短欠、由該旗按照向日蒙戶召廟吃租之數、仍各給予、至開辦之初、歲租未能遍徵、而廟產所入爲香火之資、難令其無着、擬每

年於經費內、各按吃租原數、減成發給、以示體恤、而資養贍、一辦法、査牌界四至、東至黃河、西抵郡旗、南至河曲府谷兩縣之邊墻、北與黑界接壤、東西二百餘里、南北四五十里不等、事體重大、擬專設局於河曲、或令卑局移駐接辦、惟須添設總會辦各一員、繩丈數員、以重事權、而資策應、仍仿黑界地分五段辦理、先從河曲境內兩段試辦、再以次遞推期以三年可望有成、竊謂準旗墾事、以地土人情而論、皆較他處爲難、牌界尤非可以造次、任事之人、苟非眞能樸實耐勞、而近於脆弱浮誇者、難望其克終厥事、事在人爲、故用人尤關緊要者也、以上五端、其宗旨在正經界、定世業、俾便民蒙各得其所、其關鍵則在輕取而不擾、管見所及、是否有當、謹遵

批議覆、恭候

鈞裁、祗稟虔請 、

鈞安、伏乞

慈鑒、卑職緘杜謹稟

光緒三十三年四月　日

文案處擬

批、稟悉、所擬辦法數則、具見情形熟悉、籌畫周詳、仰候咨商

晉
陝撫部院會

奏後、再行酌核辦理、事體重大、且界在兩省邊疆、不能不審愼以圖也、此繳、

光緒三十三年四月十九日

滿鐵調査資料 整理番號 七五

丁字 三四 號

伊克昭盟鄂爾多斯、札薩克準噶爾旗貝子、珊計密都布、協理圖斯拉格齊等、爲呈報事、茲蒙
欽差大臣將軍札飭內開、此項阿吉拉木之地、應由該旗備具印文呈報、以便派員收地、等因、本旗再四遵飭、案查將西界阿吉拉木等處之地、由補哈河東邊補爾洞口起、過補哈河水、至克潮河口止、隨過克潮水口、跟細河源路、從巴爾哈格圖河源繞水口出、從席亥河到西邊庫克札巴口、再由庫克札巴根源出去、到察汗桃拉蓋、即至札薩克郡王旗、與我旗之交界烏拉烏達素往前、隨烏拉烏達素、有塔力補拉克、即至補爾洞河口、今將此內之地、呈報開墾、此內應得押荒銀兩、有敝旗牽連、再此地自古札薩克郡王旗台吉等、與我旗之台吉等、互相居處生活養命、又有色特魯巴達爾哲依令召內衆廟香火會地之處先爲具情懇請、呈報
欽差大臣將軍大人明鑒查核、分別裁楚、勿容牽址、恩准施行、

準噶爾旗資料　整理番號　七六

丁字　三四　號

督辦蒙旗墾務大臣、理藩部尚書銜、綏遠城將軍貽
札飭準局、將在準旗石灰等處游牧郡旗台吉開散等報地、查明有無轇轕等情、並札西盟札郡局查照由
爲札飭事、案據郡王旗協理台吉、布音吉爾噶勒稟稱、爲呈報事、溯查乾隆年間、欽差大臣前來、將本七旗界址、分別定擬辦理有案、卑旗下三百餘口台吉開散人等、令在準噶爾旗下石灰等處游牧爲生、今此地之台吉開散等養命之地、誠心情願呈報開墾、將原呈由卑協理台吉、轉呈恩准、仰懇欽差大臣將軍鑒查、請將此地收取辦理、爲此謹稟、等情據此、查輸誠報地、恐後爭先、出之衆衆、尤屬難得、惟呈內指報地段、是否可耕之地、共有若干頃畝、有無別項轇轕、將來能否招放、亟應逐一詳查、以憑核辦、除札飭西盟墾務總局、準噶爾旗墾務分局、暨郡王旗墾務分局、將以上各節查明稟復、暨札飭西盟總局、郡王旗墾務分局知照外、合亟粘抄台吉梅楞札滾帕爾保等原呈札飭、札到該分局、總局即便遵照、知照、迅將以上各節、查明稟復、勿延切切、此札、分此札、

計粘抄原呈壹紙

光緒三十三年五月二十一日

右札仰

準旗墾務分局
西盟墾務總局　准此
郡旗墾務分局

九二

準噶爾旗資料　整理番號　七七

丁字　四一號

督辦蒙旗墾務大臣、理藩部尚書銜、綏遠城等處將軍、兼管歸化城土默特官兵、調遣宣大二鎮綠旗官兵、貽、爲咨送事、頃准
貴大臣咨開、準噶爾旗黑界地召廟四處香火地畝、應領執照、查案辦理、核覆等因、除原文有案不復重叙外、茲將繕就蒙漢合璧執照四張、備文咨送、希爲飭發、相應咨覆貴大臣、請煩查收轉發施行、須至咨者、

計咨送蒙漢合璧執照四張

並粘連照錄執照底一紙

右　　咨

墾務大臣

光緒三十三年六月二十二日

爲發給執照事、准墾務大臣咨開、案據準噶爾旗黑界地召廟四處、共原有附近零星地畝、前經墾務分局查明詳復批准、仍行賞給召廟、俾資香燈供養之需、仍查照杭錦旗辦過成案、飭該僧衆等、赴將軍衙門領取印照、永遠收執爲憑、去秋丈地畢、即由各委員劃淸界址、交給該喇嘛等、照舊管業、並諭令前赴軍署領照、迭據該喇嘛等來局禀稱、該召僧衆無多且皆

貧乏、難於遠出、懇請由局代領轉發、實爲德便、等情、具詳伏乞照詳施行、等情、除批據詳已悉、該旗召廟四處、留給香燈地畝、應領執照、仰候咨明綏遠城將軍衙門、按照原開頃畝四至清單、繕塡發交該局轉給各該召喇嘛收執、至應繳照費銀兩、仍候將軍衙門查案核復後、由該局轉飭遵交外、相應咨行查照、等情、查烏巴什老爺召地一段、正地一十六頃三十九畝六分、除不堪耕種地、一十一頃零五畝三分八厘、淨地五頃三十四畝、二分二厘、東至姚姓、西至碾槽溝、南至棄林溝、北至召梁、烏達爾廟地一段、正地七十一畝、除不勘耕種地一畝淨地七十畝、東至李六、西至溝、南至張姓、北至官道、又地一段、正地二十六畝八分、除不堪耕種地八分、淨地二十六畝、東至溝、西至溝、南至溝、北至大道、又地一段、正地三頃一十一畝八分、除不堪耕種地、二十七畝八分、淨地二頃八十四畝、東至溝、西至廟溝、南至張姓、北至張七十一、又地一段、正地二頃零五畝七分、除不堪耕種地、八十五畝七分、淨地一頃二十畝、東至史家溝、西至廟溝南至蕭姓北至李姓、和雍爾烏蘇廟正地一段、一頃五十一畝三分、無除、東至天溝、西至溝、南至全姓界、北至溝、布爾噶圖阿貴召地一段、正地一頃九十五畝三分、無除、東至溝、西至本主、南至溝、北至溝、又地一段、正地一頃五十畝、無除、東至本主、西至溝、南至本主、北至溝、又地一段、正地三十六畝三分、無除、東至本主、西至溝、南至廟後、北至本主、又地一段、正地五頃三十七畝一分、除廟址地一頃五十畝、淨地三頃八十七畝一分、東至溝、西至路、南至山坡北至溝、該四處廟所留香燈地畝無多、既稱清苦、未便多收照費、查杭錦照費報効、係歸置公用、此項地畝、固宜仿照、但地質相差太殊、自宜從減定擬、每頃著收照費銀二兩、以之幫貼學堂、不無小補、除飭立案外、合行發給執照、仰該召廟喇嘛收執、以昭憑信、而杜假冒、須至執照者、

丁字四一號

督辦蒙旗墾務大臣、理藩部尚書銜、綏遠城將軍貽

九四

札發準旗分局廟地執照、並飭該局核收照費、運解將軍衙門、分行綏遠將軍等處查照由、

爲咨行札飭事、案准

綏遠城將軍咨開、爲咨送事、頃准貴大臣咨開、準噶爾旗黑界地召廟四處香火地畝、應領執照、查案辦理、核覆等因、除原文有案不復重叙外、玆將繕就蒙漢合璧執照四張、備文咨送、希爲飭發、相應咨覆查收轉發、計咨送蒙漢合璧執照四張並粘連執照底一紙、等因准此除粘抄執照底、札飭準噶爾旗墾務分局、合行粘抄執照底札飭、札到該局、即便查照備案、暨將咨送到執照四張一併札發該局、飭令該旗黑界地內、烏巴什老爺召等四廟喇嘛、承領收執、並飭各該召喇嘛、按照照內所載、酌定每頃應交照費銀二兩核計迅速呈繳該局核收、由該局運詳解、

綏遠城將軍衙門、以備幫貼學堂之用外相應咨行合粘抄執照底一紙札飭、札到該局處即便查照、此札、

綏遠城將軍、請煩查照施行、須至咨者、毋違此札、

右　咨

綏　遠　城　將　軍

計粘抄執照底一紙

右札仰　西盟墾務總局　行轅收支處　准此

計粘抄執照底一紙、並札發蒙漢合璧執照四張、

右札仰　準噶爾旗墾務分局　准此

光緒三十三年六月二十三日

丁字　三四　號

督辦蒙旗墾務大臣理藩部尚書銜、綏遠城將軍貽

札飭準旗派員指交報墾阿吉爾瑪地界、並札準局派員驗收、暨飭西盟總局査照由

爲札飭事、案據準噶爾旗貝子、珊濟密都布、協理圖斯拉格齊等呈稱、爲呈報事、玆蒙欽差大臣將軍札飭內開、此項阿吉拉木之地、應由該旗備具印文呈報、以便派員收地等因、本旗再四遵飭、案査將西界阿吉拉木等處之地、由補哈河東邊、補爾洞河口起、過補哈河水、至克潮河口止、隨過克潮水口、跟細河源路、從巴爾格圖河源、繞水口出、從席爻河到西邊庫克札巴口、再由札巴根源出去、到察漢桃拉蓋、即至札薩克郡王旗、與我旗之交界、烏拉烏達素往前、隨烏拉烏達素有塔力補拉克、即至補爾洞河口、今將此內之地、呈報開墾、此內應得押荒銀兩、有敵旗承運、再此地自古札薩克郡王旗台吉等、與我旗之台吉等、互相居處生活養命、又有色特魯巴達爾暫依令名內衆廟香火會地之處、先爲具情懇請呈報欽差大

合行札飭、札到該旗、即便遵照、迅速派員會同墾務局委員、指除札

臣將軍明鑒査核、分別裁處、勿容紊址、等情據此、飭該旗派員、除

札飭準局派員、

明界址驗收、此札、

指交該局委員驗收外、合行札飭、札到該局、即便遵照、迅速派員前往該旗、會同派出蒙員、指明界址、驗收具報、此札、

會同該旗蒙員指明界址驗收外、合行札飭、札到該總局、即便査照、此札、

準噶爾旗貝子珊濟密都布

右札仰　準噶爾旗墾務分局　准此

西盟墾務總局

光緒三十三年七月二十日

準噶爾旗資料 整理番號 八〇

丁字 四一號

九六

督辦蒙旗墾務大臣、理藩部尚書銜、鎮守綏遠城等處將軍、兼管歸化城土默特官兵、調遣宣大二鎮綠旗官兵、貽、爲咨覆事、光緒三十三年、八月初一日准

墾務大臣咨開、光緒三十三年、七月二十三日、據行轅收支處呈稱、爲呈復事、本年七月十八日、奉憲台札開、案據準噶爾旗墾務分局詳稱、爲詳解事、案照準旗黑界地召廟附近地畝、前蒙批准每廟撥給餘地、兹據該召廟管事喇嘛等呈稱、爲請領執照、以資永守、並願報効銀兩事、緣敞廟隸準旗黑界地界、自準旗報墾歸公、由官局丈放、召廟幾少餘地、方慮養贍無資、乃蒙欽憲將軍、垂念喇嘛等、格外加恩、撥給四處召廟正地、三十三頃、二十四畝九分、共除不堪耕種地、一三頃、七十畝零六分八厘、共淨地一十九頃、五十四畝、二分二厘、惟有恩無據、恐難存久遠、懇祈頒發執照、鈐用欽差墾務大臣將軍關防印信、俾資遵守、庶敞喇嘛等、恩施永戴、再喇嘛等、食租衣税、感激實深、圖報無路、近聞綏遠城新立學堂、情愿四召廟每地一頃報効銀二兩、烏巴什老爺廟一段、淨地五頃三十四畝二分二厘、應報効銀一十兩零六錢八分四厘四毫、烏達齊廟四段、淨地五頃、應報効銀十兩、和雅爾烏蘇廟一段、淨地一頃、五十一畝三分、應報効銀三兩零二分六厘、布爾噶圖阿貴召四段、淨地七頃、六十八畝七分、應報効銀一十五兩三錢七分四厘、共報効銀三十九兩零八分四厘四毫、惟敞召廟人家無多、難於遠出、前曾稟明在案、兹將銀數備齊、仍懇局憲轉詳解欽憲、並將印照轉速頒發等云、査該召廟請將執照、曾由卑局派司事普廉等、領辦在案、兹該喇嘛等將報効銀兩備齊、仍復請由卑局轉呈解前來、自應准如所請兹將該召廟報効庫平銀、三十九兩零八分四厘四毫、兌交存義公商號、赴行轅交納、伏乞飭下兌收、並將印照發下、以便轉給、實爲公便、等情據此、除批據詳已悉、査此項執照、前已飭發、所有解到該各召呈納照費庫平銀、三十九兩、零八分四厘四毫、候飭行轅收支處兌收後、呈候咨解綏遠城將軍査照飭收外、合將該分局解到該召呈納照費庫平銀、三十九兩、

零八分四厘四毫札交、札到該處、卽便查照兌收後、咨解綏遠城將軍查照飭收、此札、等因奉此、職處遵將該分局解來召廟報効庫平銀、三十九兩、零八分四厘四毫、如數兌收、理合將解到銀兩、一併備文呈復、爲此呈請鑒核、俯賜咨解綏遠城將軍衙門查照飭收、實爲公便、計呈解庫平銀、三十九兩、零八分四厘四毫、等情據此、相應將該處呈解到前項庫平銀、三十九兩、零八分四厘四毫、備文派員解交綏遠城將軍衙門、請煩查照飭收、見復施行、等因准此、除飭左司轉飭器械處查收奏買槍價外、相應咨覆

貴大臣、請煩查照施行、須至咨者、

右　咨

墾務大臣

光緒三十三年八月初九日

準噶爾旗資料　整理番號　八一

丁字　四一

辦理準噶爾旗墾務分局、直隸候補知府、姚、謹

稟．

欽憲將軍鈞座、敬稟者、竊前奉

鈞札、郡旗梅楞札滾帕爾保等將石灰溝等處地段呈報、地若干可耕、有無轇轕

飭令逐一詳查稟復、等因遵此卑府當卽馳抵該旗呈報地所、函知郡局、傳集原報地蒙員、帕爾保等、並郡旗蒙員、飭其指界、

逐段一一勘查、謹將情形詳陳

憲座、伏查郡旗所報之地、長約六十餘里、寬則二十里、十餘里不等、梁地溝地居多、地質則以哈喇沁梁爲上、木多合少納

林梁等次之、阿吉爾瑪等地又次之、阿　吉爾瑪者、地實非沃壤、當年兩旗此地構衅、釀成命案、因而出名耳、次如蔓菁
梁島老代梁等地、則觸目沙蒿等諸自鄶以下矣、約計如全數開放、除溝渠及沙梁、淨地可得八百餘頃、可耕之地原自不少、
第其間轇轕太多、兩旗互爭各執一詞、準云此地初原郡旗借住、郡旗則謂初撥札薩克旗地時、此段實經準旗撥與郡旗、準
旗則云撥地事誠有、非此地、姑無論借住許撥、事關兩旗、必有公案界址、似不難據原案判斷、否則飭令所得荒價、日後
均分、似亦可行、總之必須兩旗允定、方能辦理、而其轇轕尤顯者、則哈喇沁梁、其地坡平地衍、自屬上腴、地雖爲郡旗
所報、而質之該指界蒙員等、亦不敢確指此地、是屬郡旗、準旗則向卑局瀝陳蒙情、乞邀
憲恩免開此地、應如何辦理之處
憲台自有權衡、査地間、嗣又奉
憲札、準噶爾旗貝子、珊濟密都布、呈報阿爾吉瑪等地、飭卑局驗收、地則卑府已曾親驗、當飭令繪圖備考、旋該旗具圖前
來、卑府詳加考證、以東、則兩旗大致相同、以西、則哈喇沁梁左右地、準旗均未呈報、以該旗所報界內計之、地約少郡
旗三分之一、此又郡準兩旗報地不同之情形也、謹將兩旗所報繪爲一圖、恭請
鑒覈、全圖郡旗所報紅道以內、則準郡同報者也、又郡旗幫辦岳令鍾麟、繼來地所、與之斟詢、所見亦同、此次郡旗蒙等、
又乞地如開放、地上蒙民戶口地、懇
恩多給、合併代陳、所有遵
飭詳査各節、理合備稟、虔請
鈞安、伏乞
垂鑒、卑府世儀謹稟、
九八
計附呈地圖一紙

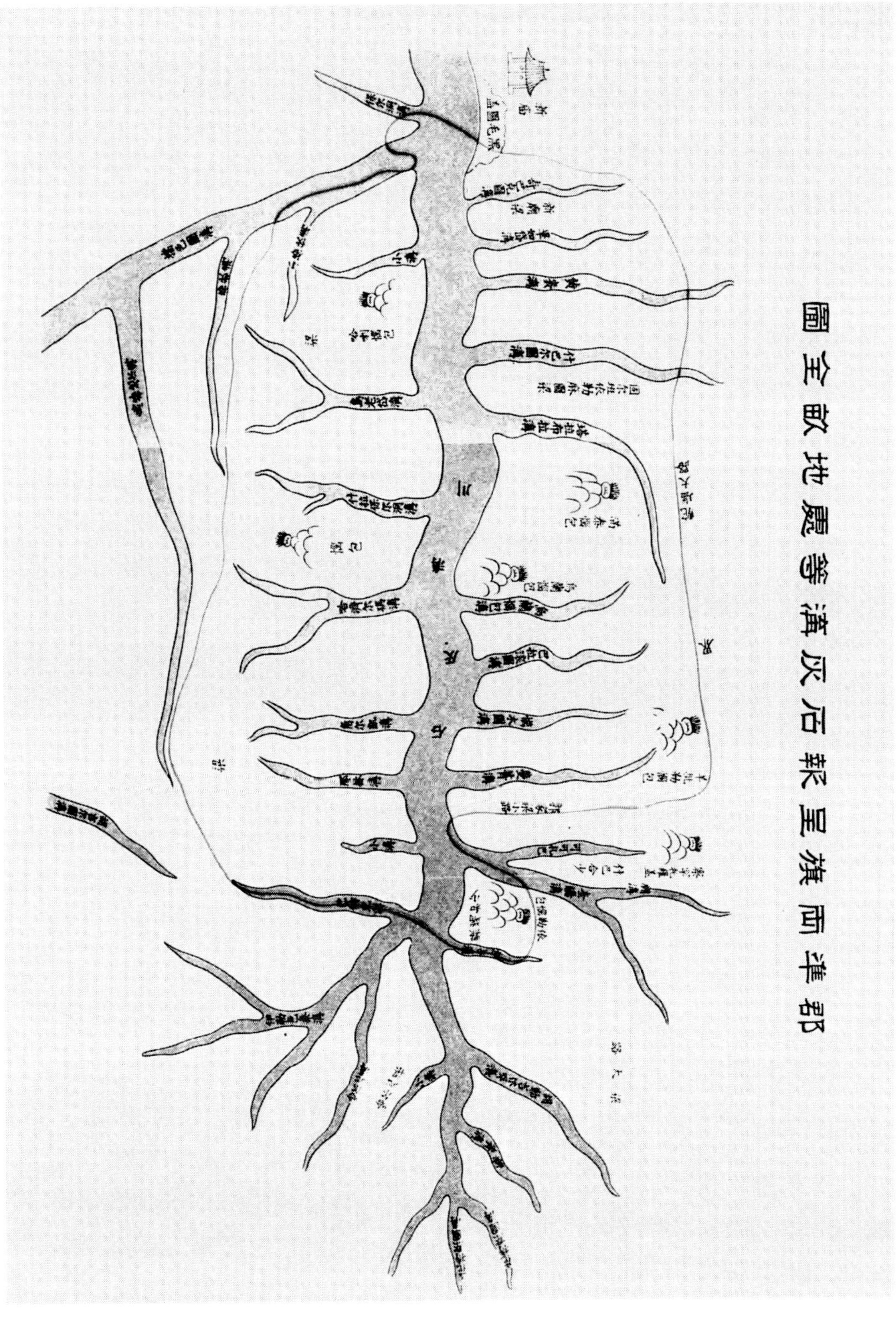
郡準而旗呈報石灰溝等處地畝全圖

光緒三十三年九月初五日

文案處擬

批據稟已悉、該員查明郡準兩旗所報阿吉爾瑪等地、兩旗互相爭執、轇轕甚多、而準旗所報約少郡旗三分之一、且向局瀝陳
免開此地等情、本大臣將軍、奉
命督墾以來、伊盟各旗、無不爭先報墾、惟準旗狡詐多端、百計阻抗、後以賠教墊款無從歸補、無已乃將黑牌子地報出、以所
得押荒、抵還賠教之用、與他旗報墾情殷、已難相提並論、且所欠此項賠款、除其本旗應得押荒相抵外、仍短銀六千餘兩
此次又以郡旗已報之地、復行呈報、且匿其膏腴、滋其轇轕、又託求免放、種種情形、較之從前顯然抗墾、亦復奚殊若經
本大臣將軍據實
奏參、試問該旗各員、能當此重咎耶、仍仰該局責成該旗妥爲籌畫、迅將轇轕理清、照郡旗原報界址、一律開墾、無論如何
總以清還賠款爲要、如該旗員仍復推延、及喇嘛等或相撓阻、本大臣將軍、惟有指定該旗河套川、及新報阿吉爾瑪極腴之
地
奏明放墾、以還墊賠欠款、仍治該旗各員以應得之罪、否則須該旗員及該廟喇嘛、將未歸墊賠教尼欠、籌款赶緊了清、此項
已收已報之地、卽作罷論、至郡旗欠款、亦有未清、所報之地、既有轇轕、應另行札飭西盟墾務總局、轉飭郡旗各員妥籌
辦法、並會同該局辦理、以清積欠、而免拖延、此繳、
光緒三十三年九月二十四日

準噶爾旗資料	整理番號	八二

丁字 三四 號

伊盟準噶爾札薩克固山貝子、珊吉密都布、協理臺吉等、爲呈報事、前奉

欽差大臣將軍札飭照抄梅楞台吉札瀼等衆原呈、粘連文尾、札到該旗、即便查照等因札飭前來、伏查所住本旗什灰等處辦理盟長事務、郡王旗下台吉人等、前經叠次與本旗官兵人等、雖經爭報游牧地方、致起轇轕、當蒙神木部員盟長、及神木委員查明兩旗官員等、將近無人等所餘地方、飭發該旗及各台吉人等設立堆憑分別辦理、各有案、現今郡王旗下台吉梅楞札瀼等官員人等、反撥前經辦結之案、查任意指報本旗原有衆台吉甲兵人等養命當差之地、及舒嚕布達爾齊凌寺廟、各吉斯所管地畝、以强越分欺壓敝旗、如致將此開墾、敝旗實屬寃抑、各人丢失養命游牧、斷悞瀝誦

聖主萬壽經卷諸款、恐生轇轕擾累、除將所有情形、聲明呈報外、謹將居住該旗西界地方游牧之台吉梅楞巴札爾等官兵一百二十三員名、連名簽報、爲呈請事、卑奴僕百有餘戶、台吉人等、在該旗托索圖額肯哈爾沁錫里花特莫格圖多和秀庫克札巴巴彥溫都爾喇嘛鄂博胡吉爾圖察汗阿固勒札爾蔓菩河彥不勒鄂博阿吉瑪布爾敦河托羅太錫里什灰河鄂郭多爾等處、世居游牧耕種、賴以牧養牲畜、存放軍駝馬匹、充當諸差養命咽喉、前因郡王旗下台吉人等、與本旗游牧什灰等處所住兩旗官員人等、叠次爭執游牧地方、滋生轇轕巨案、經神木部員盟長、延榆綏道、府谷縣等齊集會盟辦理、又令兩旗官員神木委員等查明爭執轇轕之地將郡王旗下近無人等所餘地方歸旗發給我等設立堆憑、分別辦理遵行、安居樂業爲生、忽於本年八月十間、郡王旗下、剽悍梅楞銜、薩爾賚台吉、梅楞札瀼等、任意將卑台吉人等游牧戶口地畝、呈報開墾等情、遂即跟隨墾局官兵、指行此地、若開此地、我等衆台吉阿拉巴圖人等、無棲身游牧地、無法當差養命、是以將强橫欺壓苦情、實屬怨恨、前已據情呈明等語、又據舒嚕布達爾齊凌寺執事人等呈稱、原本寺三十餘廟、吉斯各喇嘛徒弟、瀝誦

聖主萬壽經卷道場所用香燈以來、年已深久、哈爾沁錫里花特莫格圖莫多和秀庫克札巴佈爾圖額肯鄂郭多爾胡吉爾圖阿拉蘇太什灰河等處地內、將所有之地、忽於八月十間、有郡王旗下梅楞銜、薩爾賚等將本寺廟吉斯之地、包攬湊報開墾、遂即跟隨墾局官兵、將指有地段、如致開墾此地、不但有斷悞

聖主萬壽道場香燈、卑寺衆徒弟無法養命、雖將此地給與開墾情由、前已聲明呈報、求祈鑒查辦理、賞賜等情、呈懇前來、相

一〇〇

應照錄各呈呈報、仰懇

欽差大臣將軍鑒杳、俯准恩施辦理、賞賜施行、

光緒三十三年九月十七日

準噶爾旗資料　整理番號　八三　丁字　三四　號

伊盟準噶爾旗、札薩克固山貝子、珊吉密都布、協理台吉等、爲呈報事、適奉

欽差大臣將軍札、據行轅放地處詳文內稱、該旗應得一半押荒銀、六千零七兩有餘、該旗短賠之款、惟欠一萬九千五百餘兩、等因、札飭前來、案查去年八月十九日、接奉辦理準旗墾務局來文內稱、已經丈妥黑牌子地、惟由大丈出地一千六七百頃有餘、所有押荒銀六萬餘兩、當蒙

欽差大臣奏定以三成出用、以一半應歸旗下銀、二萬餘兩等語、伏杳發給旗下黑牌子地押荒銀數、互相不合、而照依墾局來數核算、績教堂銀、雖欠數千兩、核計黃河崔林窑子等處租銀、約面數常年一萬七千兩[illegible]、[illegible]數、將此核减明、呈報

欽差大臣將軍求祈鑒杳施行、

準噶爾旗資料　整理番號　八四　丁字　三四　號

督辦蒙旗墾務大臣、理藩部尙書銜、綏遠城將軍貽

札飭準旗貝子、再爲設法彌補綏遠墊付賠教之款由、

爲札飭事、案據準噶旗、札薩克固山貝子、珊吉密都布呈稱、爲呈報事、適奉欽差大臣將軍札、據行轅放地處詳文內稱、

該旗應得一半押荒銀、六千零七兩有餘、該旗短賠之款、惟欠一萬九千五百餘兩等因、札飭前來、案查去年八月十九日、接奉辦理準旗墾務局來文內稱、已經丈妥黑牌子地、惟山大丈出地、一千六七百頃有餘、所有押荒銀六萬餘兩、當蒙欽差大臣奏定、以三成出川、以一半應歸旗下銀、二萬餘兩等語、伏查發給旗下黑牌子地押荒銀數、互相不合、而照依墾局來數核算、給教堂銀、雖欠數千兩、核計黃河稚林窑子等處租銀、給與教堂銀、二萬七千兩銀數、似屬足敷、將此情聲明、呈報欽差大臣將軍、求祈鑒查施行、等情、查前札聲叙該旗應得一半押荒、六千七兩有餘、係指該墾局已收解到押荒而言、若未經徵收之銀、仍應俟該局收齊解到後、方能抵款、至黃河稚林窑子等處租銀、截至本年六月止、僅由托廳陸續解到銀、一千二百兩有零、詳核借墊該旗賠教銀、二萬七千兩、以之劃抵所欠之數尚鉅、況綏遠庫存無款、此項代墊先付教堂兩萬七千金之賠款、均屬息借商號、暗中賠累已多、當應由該旗彌補、本大臣將軍、前已面向該旗司官言之屢矣、應如何籌借之處、仍仰該旗再爲設法、合行札飭、札到該旗、即便遵照、此札、

右札仰　準噶爾旗貝子珊吉密都布　准此

光緒三十三年十月初一日

準噶爾旗資料　整理番號　八五	丁字　三四　號

督辦蒙旗墾務大臣、理藩部尚書銜、綏遠城將軍貽

札飭準局責成準旗、將阿吉爾瑪地轇轕清理、照郡旗原報界址開墾、札準旗遵照由、

爲札飭事、案據伊盟準噶爾札薩克固山貝子、珊吉密都布、協理台吉等呈稱、爲呈報事、前奉欽差大臣將軍札飭、照抄梅楞台吉札瀕等禀原呈、粘連文尾、札到該旗、即便查照等因、札飭前來、伏查所住本旗什灰等處、辦理盟長事務、郡王旗下台吉人等、前經叠次與本旗官兵人等、雖經爭執游牧地方、致起轇轕、當蒙神木部員、盟長、及神木委員、查明兩旗官

员等、將近無人等所餘地方、飭發該旗、及台吉人等設立堆憑、分別辦理各有案、現今郡王旗下台吉梅楞札讓等官員人等
反廢前經辦結之案、查任意指報本旗原有衆台吉甲兵人等養命當差之地、及舒嚕布達爾齋凌寺廟、各吉斯所管地畝、以强
越分欺壓敝旗、如致將此地開墾、敝旗實屬寃抑、各人丢失養命游牧、斷愰諷誦
聖主萬壽經卷諸款、恐生轇轕擾累、除將所有情形、聲明呈報外、謹將居住該旗西界地方游牧之台吉梅楞巴札爾等官兵一百二
十三員名、連名簽報、爲呈請事、卑奴僕百有餘戶、台吉人等、在該旗托栗圖額背哈爾沁錫里花特莫格圖莫多和秀庫克札
巴巴彥溫都爾喇嘛鄂博胡吉爾圖察罕阿固勒札爾蔓菁河彥不勒鄂博阿吉瑪佈爾敦河托羅太錫里什灰河鄂郭多爾等處、世居
游牧耕種、賴以牧養牲畜、存放軍駝馬匹、充當諸差、養命咽喉、前因郡王旗下台吉人等、與本旗游牧什灰等處、所住兩
旗官員人等、疊次爭執游牧地方、滋生轇轕巨案、經神木部員、盟長、延榆綏道、府谷縣、等、齊集會盟辦理、入令兩旗
官員、神木委員等、查明爭執轇轕之地、將郡王旗下近無人等所餘地方、歸旗發給我等設立推憑、分別辦理遵行、安居樂
業爲生、忽於本年八月十間、郡王旗下剽悍梅楞銜、薩爾賚台吉、梅楞札讓等、任意將卑台吉人等游牧戶口、地畝、呈報開
墾、等情、遂卽跟隨墾局官兵、指行此地、若開此地、我等衆台吉、阿拉巴圖人等、無棲身游牧地、無法當差養命、是以
將强横欺壓苦情、實屬怨恨、前已據情呈明等語、又據舒嚕布達爾齋凌寺執事人等呈稱、原本寺三十餘廟、吉斯各喇嘛徒
弟、諷誦
聖主萬壽經卷道場、所用香燈以來、年已深久、哈爾沁錫里花特莫格圖莫多和秀庫克札巴佈爾圖額背鄂郭多爾胡吉爾圖阿拉蘇
太什灰河等處地內、將所有之地、忽於八月十間、有郡王旗下梅楞銜、薩爾賚等、將本寺廟吉斯之地、包攬奏報開墾、遂
卽跟遂墾局官兵、將指有地段、如致開墾此地、不但有斷愰
聖主萬壽道場香燈、卑寺衆徒弟無法養命、難將此地給與開墾情由、前已聲明呈報、求祈鑒査辦理、賞賜等情、呈懇前來、相
應照錄各呈呈報、仰懇欽差大臣將軍鑒査、俯准恩施辦理、賞賜施行、等情、呈請前來、查該旗郡王旗所報阿吉爾瑪等地

一〇四

兩旗互相爭執、轇轕甚多、而該旗所報、約少郡旗三分之一、又向準旗墾務局瀝陳免開此地、茲又呈請免放前來、本大臣

奉

旨督墾以來、伊盟各旗、無不爭先報墾、惟該旗狡詐多端、百計阻抗、後以賠款墊款、無從歸補、乃將黑牌子地報出、以所得押荒、抵還賠教之用、與他旗報墾情殷、以難相提並論、且所欠賠教墊款、除該旗應得押荒相抵外、仍短銀六千餘兩、此次呈報阿吉爾瑪地畝、又將哈喇沁梁好地匿不報墾、且與郡王旗交界不清、諸多轇轕、又復呈請免放、種種情形、較之從前顯然抗墾、亦復奚殊、若經本大臣將軍、據實

奏參、試問該旗能當此重咎耶、除札飭準旗墾務分局、責成該旗妥爲籌畫、迅將轇轕理清、照郡旗原報界址、一律開墾外、合行札飭、札到該旗、卽便遵照辦理、如該旗或復推延、或喇嘛等相率阻撓、本大臣將軍、惟有指定河套川、及新報阿吉爾瑪極腴之地

奏明放墾、以還賠墊欠款、否則須該旗員、暨該廟喇嘛將尾欠墊款、赶緊設法了清、此項已報之地、卽作罷論、無論如何、總以清還墊款爲要、如再抗延、定治該旗各員以應得之罪、切切此札、

右札仰　準噶爾旗貝子珊吉密都布　准此

光緒三十三年十月初二日

準噶爾旗資料	整理番號	八六

丁字　四一號

督辦蒙旗墾務大臣、理藩部尚書銜、綏遠城將軍貽

姚守世儀稟、準旗墾界地址、分隸陝晉等情、分別批示、咨明山陝西撫查照轉飭施行、並札飭河曲府谷兩縣遵照辦理、由、

咨明爲札飭事、案據辦理準噶爾旗墾務分局、直隸候補知府、姚守世儀、稟稱、竊卑局於三十二年五月、恭奉鈞札、準旗升科

期限、即於丈放給領之次年、一律飭繳歲租、以杜取巧、而恤蒙情、等因、欽遵在案、準旗黑界地、於三十二年陸續放竣歲租、隸於何廳縣、即宜今年由各廳縣起征、伏查準旗黑界地、延長二百餘里、黑界近陝西府谷、山西河曲兩縣、當日地屬私租、何處應歸何縣、本無從考、詢諸士人、遇有詞訟案件、則居是界者、兩縣人民、各赴兩縣判斷、以人分、未以地分、此歷來情形也、黑界報墾以後、地分五段丈放、當時擬以古城河分界、仁義兩段隸晋、禮智信三段隸秦、嗣後卑局遇有地事、亦即照此辦理、刻間黑界一帶、墾事將竣、交納押荒者、陸續前來、必須劃清界址、方克塡寫部照、又升科在卽應否照卑局前擬辦法、兩省邊界覷理所關、伏乞批示、并乞札飭各縣、以便祗遵、實爲公便、等情據此、除批稟悉、該旗報地將次放竣、固須分清界址、以便塡發部照、而升科在卽、尤須分隸各縣、俾得即時起征、應如何擬照原擬以古城河分界、仁義兩段隸晋、禮智信三段隸秦、以清疆理、而便徵收、仰候咨明

山陝西撫院、暨分飭河曲府谷兩縣遵照外、相應咨明貴撫部院請煩查照轉飭遵照辦理施行須至咨者

合行札飭、札到該縣、即便遵照辦理、此札、

右　咨

山西巡撫部院

陝西巡撫部院

右札仰　河曲縣　府谷縣　准此

光緒三十三年十月初十日

準噶爾旗資料　整理番號　八七	丁字　三四　號

督辦蒙旗墾務大臣、理藩部尚書銜、綏遠城將軍貽

札飭姚守世儀、嚴催準旗、將前欠賠敎墊款六千餘兩、在河套川及阿吉爾瑪地內籌款清還由、

爲札飭事、照得準噶爾旗賠敎墊款、除將應得黑界地押荒、暨河套川租銀抵還外、計尚短欠六千餘金、前由該旗呈報阿吉爾瑪地、據該守稟稱、轇轕甚多、該旗又呈請免放等情、業經批飭在案、査此項墊款、拖延數年、該旗能設法還清、本大臣亦不願放該旗之地、若欠款既不清還、所報之地、又不能及時開放、在將軍衙門、則利息日多、在該局亦經費不給、日復一日、共何能支、著責成該守、傳集該旗司員等、嚴催欠款、自文到之日起、限一月內、將前欠六千餘金、在河套川及阿吉爾瑪等地內、籌款清還、不准有絲毫拖欠、事關公款、勿得再事玩延、致干重咎、至各旗均報地甚多、均霑利益、惟準旗狡詐多端、所報地畝、以之補償墊款、尚苦不敷、仍與未報何異、現在屢奉

諭旨、飭令推廣蒙墾、以期兩利、該旗私墾甚多、於

國家既未盡報効之忱、於旗下又未享報地之利、若此次限滿後、不能淸償墊款、本大臣惟有照前批辦理、將河套川及阿吉爾瑪極腴之地

奏明開放、并治該旗以應得之罪、該守共認眞嚴催、勿得徇情見好、代人受過、切切此札、

右札仰辦理準旗墾務分局姚守世儀准此

光緒三十三年十月初十日

準噶爾旗資料　整理番號　八八　　丁字　三四　號

辦理準噶爾旗墾務分局、直隸候補知府、姚世儀、謹

稟

欽憲將軍鈞座、敬稟者、竊卑府、十月二十四日、恭奉

鈞札、準旗賠教墊款、除應得押荒、暨河套川租銀抵還外、尚欠六千餘金、飭傳集該旗司員等、限文到一月內、將欠款備齊、

等因奉此、當即傳知該旗西土斯拉齊依爾克木、暨納遜達賴前來、卑府示以

札憲如何緊迫、墊款如何拖延、此次必須依限如數清還、不準絲毫再欠、飭其即速設法、以便稟復、連日催促、據依爾克木

等聲稱、哈喇沁地、前呈請免放、河套川地、呈款後、准即歸旗

憲恩高厚、感戴無似、第蒙

恩准、令在兩處地內、籌款清還

憲亦知蒙旗窘況、未能自措、必須向漢蒙地戶收取也、各戶零星、按戶去收、斷非十餘日所能即集、又以河套川地、近年歸

公收租民戶、已不認蒙旗爲主、倘須

憲台札飭托城地方官、暨準旗、准其歸還旗下、方能就地籌措、計

憲札來時、又須月半、轉瞬臘初、歲暮年盡、集款愈難、春正亦不能催款、有此不得不延緩各情、擬以年內竭力去催、明年

三月內、一准措齊、赴

轅交納、卑府當語以限內必須措足得半之數、方得稟請

鈞示、再爲施恩、依爾克木等又云、

憲既有此體恤、敢不竭力以圖、惟刻值歲逼、力實不逮、許以年內交一千、餘待來年、査此項還款、係奉

飭限之件、卑府嚴催至再、絕不敢徇情見好、而與之反復磋商、度其情事、尚俱屬實、可否仰邀

恩施、稍寬時日、准該旗於明春三月、歸清欠數、兩處地仍歸該旗、並飭依爾克木等、具結一紙、附呈

鈞覽、是否可行、應如何辦理之處、伏乞

憲酌批示、俾蒙

一〇七

恩允、所收租之河套川地、交還準旗之處、應請
札飭托廳、暨該旗祗遵、實爲公便、專肅虔請
鈞安、伏乞
垂鑒、卑府世儀謹禀、
附呈依爾克木等結一紙、
光緒三十三年十一月初九日

一〇八

準噶爾旗札薩克貝子、聊吉密都布、爲出具甘結事、本旗黑界地畝情形、丈放完竣、除虧欠賠款銀兩外、尚欠銀六千餘兩之譜、今派本旗協理台吉、依爾克木、記名協理台吉、納遜達賴等、與準旗墾局姚守世儀會商、將敝旗哈爾沁渠地、及前報黄河迤北之寨凌窑子等六處之地、遞退與旗下、所有虧欠六千兩之譜、由本年十二月十五間、遞還一千兩、其下欠銀兩於明年三月底、如數交清、恐口無憑、爲此出具甘結、伏乞
欽憲將軍賜准施行

光緒三十三年十一月

依爾克木
納遜達賴

文案處擬

批、據禀已悉、該旗所欠之款、既由該旗西土斯拉齊、允認年内先還一千兩、其餘准於明年三月歸清、並出具甘結在案、均屬可信、自應准如所請、將歸公收租之河套川地、仍交還該旗、候飭托克托廳遵照辦理、惟至來年三月、倘該旗不能交清欠款、仍將河套川地收回歸官、自行租放並治該土斯拉齊等、逾限行欺之咎、此繳、

光緒三十三年十一月十六日

準噶爾旗資料 整理斋號 八九　丁字四一號

辦理準噶爾旗墾務分局、直隸候補知府姚世儀、
會辦墾務陝西榆林府谷知縣楊映霄、謹
稟

欽憲將軍鈞座、敬稟者、竊卑府等、先後奉到
鈞札、準旗黑界地、卽照擬以仁義兩段隸晋、禮智信三段隸陝、以清疆理、而便征收、等因遵此、卑職映霄、當卽馳赴準局會同卑府世儀、前赴古城辦理分界一切事宜、竊查黑界地五段、中有一河、足清交界、惟是介於義禮兩段之間、而地居舊牌界上者、有古城一鎭、地屬陝西、歷有年所、該處屬邊墻外、且鎭學額、舊係府谷、士食舊德、農服先疇、相安已久、此地以段論、則居界中、以河論、則在岸東、岸東卽晋界也、舊牌界尚未放墾、古城似可不論、而實逼處此、若不先時劃清、日後兩省交界互爭、勢必大生枝節、卑府等互相酌詢、古城西門以北、有五貝喜梁、梁側由東迤西、直通古城河、有好賴溝、擬以溝以北、分屬山西、溝以南劃歸陝西、梁則以脊分坡、向古城者歸陝、餘均歸晋、卑府世儀、卑職映霄、公同閱勘、以溝以梁、義字段地、墩子坪、放馬窑子等地、應歸劃出、卑府世儀、伏查古城原係陝西、自應仍歸陝西、以順民情若山好賴溝劃清、則順溝因河界限更清、在古城可得唇齒之相依、在山西可免轇轕之後起、尙屬合宜、謹將所勘擬者、
繪圖恭呈
鈞覽、倘蒙
鑒准、乞並
飭下山西河曲縣遵照、會同府谷縣勘分、分立界石、實爲公便、抑卑府等更有請者、前次稟請以仁義兩段、禮智信三段、分

二〇

界、實因細察地勢、大河中横、係屬天然界限、又以以前卑局辦理各事、均依此辦、由來已久、卑職映奪、則細察府谷屬地、在黑界地者、由伏路塌起、至鎖二家墕止、中有南北大路、詢諸甲頭等呈稱、當日山西河府兩縣、係以此路分界、有此一說、則界由河分、似山西、地稍多占、屬晉屬秦、均係

朝廷土地、何論此疆彼界、特既有所知、不敢不陳、應如何之處、並乞

鈞酌批示祇遵、又界地既分、界外蒙地、遇有漢蒙詞訟、似亦宜兩省分清、以免淆亂、是否有當、合併附陳、恭候

憲示、專肅敬叩

鈞安、伏乞

垂鑒、卑府世儀、卑職映奪、謹禀、

附呈圖一紙

光緒三十三年十一月十九日

文案處擬

批、禀圖均悉、古城舊係府谷、自應仍歸陝屬、該守等禀請劃分義字段地各情、尚屬妥允、即著如擬辦理、以清交界、並仰候札飭山西河曲縣遵照、至於原界有以南北大路分界之說、蒙旗以路分界者甚多、界限究屬不清、何如以河分界、形勢天然、且義字段、已將古城一隅劃出歸陝、亦不盡屬山西、界關兩省疆理、仰仍照前議辦理、以後庶免轇轕、此繳、圖存、

光緒三十三年十一月二十三日

准噶爾旗資料 整理番號 九〇　　丁字 三四 號

督辦蒙旗墾務大臣、理藩部尚書銜、綏遠城將軍貽

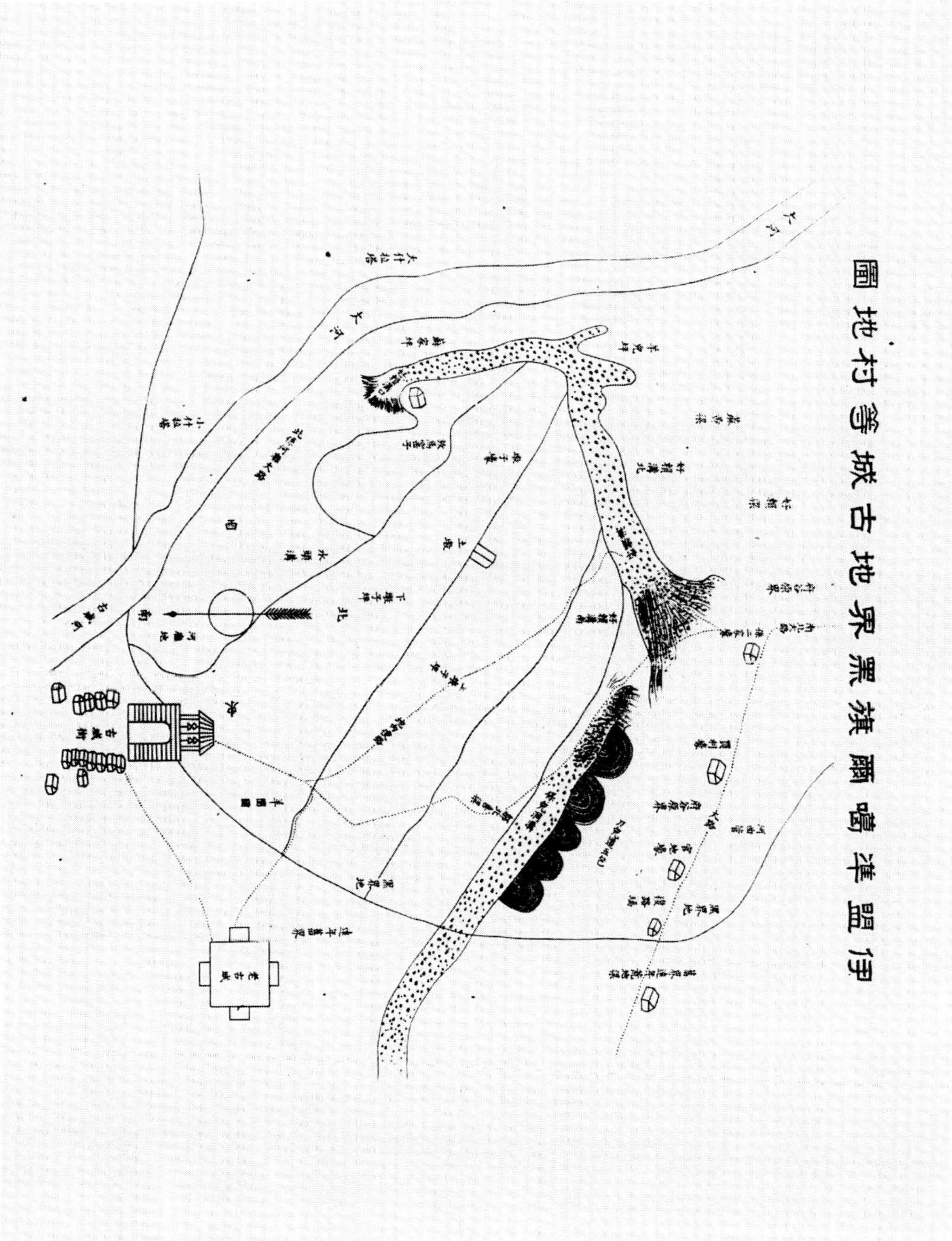
伊盟準噶爾旗黑界地古城等村地圖

姚守世儀、稟復遵札飭催準旗歸還賠教墊款等情、分別批示、分行綏遠將軍等處查照由、

爲咨行札飭事、案據辦理準噶爾旗墾務分局、直隸候補知府、姚守世儀稟稱、竊卑府十月二十四日、恭奉鈞札、準旗賠教墊款除應得押荒、暨河套川租銀抵還外、尚欠六千餘兩、飭傳集該旗司員等、限文到一月內、將欠款催齊、等因奉此、當即傳知該旗西土斯拉齊、依爾克木、暨納遜達賴前來、卑府示以憲札如何緊迫、墊款如何拖延、此次必須依限如數清還、不准絲毫再欠、飭其即速設法、以便稟復、連日催促、據依爾克木等聲稱哈喇祕地、前請免放、河套川地、呈款後、准即歸旗、憲恩高厚、感戴無似、第蒙恩准令在兩處地內、籌款清還、憲亦知蒙旗窘況、未能自措、必須向漢蒙地戶收取也、各戶零星、按戶去籌、斷非十餘日所能即集、又以河套川地、近年歸公收租、民戶已不認蒙旗爲主、尚須憲台札飭托城地方官、暨準旗、准其歸還旗下、方能就地籌措、計憲札來時、又需月半、轉瞬臘初歲暮年盡集款愈難、春正亦不能催款、有此不得不延緩各情、擬以年內竭力去催、明年三月內、一准措齊、赴轅交納、卑府當語以限內必須措定得半之數、方得稟請鈞示再爲施恩依爾克木等、又示憲既有此體恤、敢不竭力以圖、惟刻值歲逼、力實不逮、許以年內交一千、餘待來年、査此項還款、係奉飭限之件、卑府嚴催至再、絕不敢徇情見好、而與之反復磋商、度其情事、尚俱屬實、可否仰邀恩施、稍寬時日、准該旗於明春三月歸清欠款、兩處地仍歸該旗、並飭依爾克木等、具結一紙、附呈鈞鑒、是否可行、應如何辦理之處、伏乞憲酌批示、倘蒙恩允、所收租之河套川地、交還準旗之處、應請札飭托廳、暨該旗祇遵、實爲公便、等情據此、除批據稟已悉、該旗所欠之款、既由該旗西土斯拉齊允認年內先還一千兩、其餘准於明年三月歸清、並出具甘結存案、均屬可信、自應准如所請、將歸公收租之河套川地、仍交還該旗、候飭托克廳遵照辦理、惟至來年三月、倘該旗不能交清欠款、仍將河套川地收回、歸官自行租放、並洽該土斯拉齊等、逾限行欺之咎外、相應咨行處、合行札飭、札到該旗、即便遵照、此札 仰該廳、即將河套川
綏遠城將軍請煩查照施行、須至咨者、
地、交還該旗、惟須傳集蒙民、告以至來年三月、如該旗交款不清、此地仍收回歸官租放、並先將本年應收之租、一律徵齊後再行交還以免牽混、合亟札飭、札到該廳遵照辦理可也、此札、

三

右　　咨

綏遠城將軍

一二

行牘收支處

右札仰　準噶爾旗貝子珊濟密都布　准此

托克托廳

光緒三十三年十一月二十日

準噶爾旗資料　整理番號　九一

丁字四一號

督辦蒙旗墾務大臣、理藩部尚書銜、綏遠城將軍貽

辦理準旗墾務分局姚守世儀、府谷縣知縣楊令映胥稟請以好賴溝、分山陝交界等情、分別批示分行山西陝西撫、河曲縣、勘界分立山、轉飭勘分並札府谷

爲咨行札飭事、案據辦理準噶爾旗墾務分局、直隸候補知府、姚守世儀、兼辦墾務、陝西榆林府、府谷縣知縣、楊令映胥稟稱竊卑府等、先後奉到鈞札、準旗黑界地、卽照擬以仁義兩段隸晋、禮智信三段隸陝、以淸釐理、而便徵收、等因遵此、卑職映胥、當卽馳赴準局、會同卑府世儀、前赴古城辦理分界一切事宜、竊查黑界地五段、中有一河、足濟交界惟是界於義禮兩段之間、而地居舊牌界上者、有古城一鎭、地屬陝西、歷有年所、該處邊墻外、巨鎭學額、舊係府谷士食舊德、農服先疇、相安已久、此地以段論、則居界中、以河論、則在岸東、岸東卽晋界也、舊牌界尚未放墾、古城似可不論、而實逼處此若不先將劃淸、日後兩省交界互爭、勢必大生枝節、卑府等互相酌詢、古城西門以北、有五貝喜渠、渠側由東迤西、直通古城河、有好賴溝、擬以溝以北分屬山西、溝以南劃歸陝西、渠則以脊分坡、向古城者歸陝、餘均歸晋、卑府世儀、卑職映胥、公同閱勘、以溝以渠、義字段地、墩子坪、放馬窰子等地、應歸劃出、卑府世儀、伏查古城原係陝西、至應仍歸

陝屬、以順民情、若由好賴溝劃清、則順溝因河界限更清、在古城可得唇齒之相依、在山陝可免轇轕之後起尙屬合宜、謹所勘擬者、繪圖恭呈鈞覽、倘蒙鑒准、乞並飭下山西河曲縣遵照、會同府谷縣勘分、分立界石、實爲公便、抑卑府等更有請者、前次稟請以仁義兩段、禮智信三段分界、實因係察地勢、大河中橫、係屬天然界限、又以以前卑局辦理各事、均依此辦、由來已久、卑職映胥、則細察府谷屬地、在黑界地者、由伏路堳起、至鎖二家塊止、中有南北大路、詢諸甲頭等呈稱、當日山陝河府兩縣、係以此路分界、有此一說、則界山河分、似山西、地稍多占、屬晉屬秦、均係朝廷土地、何論此疆彼界。特既有所知、不敢不陳、應如何之處、並乞鈞酌批示祇遵、又界地既分、界外蒙地、遇有漢蒙詞訟、似宜兩省分清、以免淆亂、是否有當、合併附陳、附呈圖一紙、等情據此、除批稟圖均悉、古城舊係府谷、自應仍歸陝屬該守等稟請劃分義字段地各情、尙屬安允、卽著如擬辦理、以淸交界、並仰候札飭山西河曲縣遵照、至於原界有以南北大路分界之說、蒙旗以路分界者甚多、界限究屬不淸、何如以河分界、形勢天然、且義字段已將古城一隅劃出歸陝、亦不盡屬山西、界關兩省疆理、仰仍照前議辦理、以後庶免轇轕外相應合行粘抄原呈圖說、咨行札飭、札到該局知照、縣卽便遵照、此札、會同府谷河曲縣勘分、分立界石、此札

貴護撫部院、請煩查照、轉飭河曲府谷縣、會同府谷河曲縣勘分、分立界石「須至咨者

計粘抄原呈圖說一紙

右　　咨

護理山西巡撫部院

陝西巡撫部院

西盟墾務總局

一一三

右札仰河曲縣准此
府谷縣

一一四

光緒三十三年十一月二十五日

準噶爾旗墾務 整理番號 九二 丁字四一號

督辦蒙旗墾務大臣、理藩部尚書銜。綏遠城將軍貽

辦理準旗墾務姚守世儀稟、黑界地升科歲租、請三十四年並徵、分別批示、分行山西撫等處査照由

爲咨明札飭事、案據辦理準噶爾旗墾務分局、姚守世儀稟稱、竊卑局前奉札飭、奏章伊盟各旗報墾地、丈放給領之次年、無論曾否繳完荒價、一律飭繳歲租、等因遵此、黑界地係三十二年丈放、本年即應升科、惟尙有窒礙各情、謹爲憲台陳之、黑界地名爲去歲全數出放、實則局發小條、至今尙有未換局照者、實與今年所放無異、刻正力爲催換小條、不足恃以係草條地畝或有轇轕、以及彼此更名推地、必須持換局照後、始能定准、刻尙未也、今歲黍地一帶、俱屬豐收、粟賤妨農、糶粮每石尙不足一金、比稀崇墉、論粮則可變、現項則難、所欠荒價、卑府極力督催、不容稍緩、民戶已竭蹶不堪、若再加歲租、不惟有妨荒價、且亦實力不能給顧、或謂歲租不過分毫、何至難於交納、不知分固見少、合亦見多、統計黑界地五段歲租、約二千餘金之譜、加以耗羨秤餘等等名目、均須出在民戶、一金斷不止一金也、民窮財匱勢必追催愈急、而正課愈虧、定章歲租歸地方官徵收、黑界地分隸山陝十月間。年稟明批准、此時即照冊催收、年內日限太促、亦斷不能催齊、以上數節、均係實在情形、卑府不敢安於緘默、奏章雖係次年升科、可否仰邀憲恩、暫緩擬以光緒三十四年上忙、徵收三十三年歲租、三十四年下忙徵收、三十四年歲租、改爲明年並徵、庶正賦不誤、民力可紓、是否可行、伏候鈞示、倘邀恩准、即由卑局移知河曲府谷二縣遵辦、等情據此、除批據稟已悉、今年粟米狼戾、持粟一石、難易一金、荒價歲租、同時

並繳、民力實有未逮、且於荒價有妨、所擬今年歲租、緩至三十四年分上下忙代徵、洵爲妥洽、仰卽由該守移知河曲府谷二縣查照辦理外相應咨明、合行札飭、札到該局、卽便查照此札、

貴護撫部院、請煩查照、轉飭施行、須至咨者、

右 咨

護理山西巡撫部院

陝西巡撫部院

右札仰 西盟墾務總局 准此

行轅收支處

光緒三十三年十一月二十五日

準噶爾旗資料 整理番號 九三

戊字七號

督辦蒙旗墾務大臣、理藩部尚書銜、綏遠城將軍貽

札飭準旗貝子、將前借賠款銀兩、按限掃數交清由

爲札飭事、照得準噶爾旗哈拉沁渠地畝、前經該墾局代爲賣墾、將該地劃留不放、當經批令將前借賠款銀兩、迅卽還清、免其開放、玆據該旗於上年底、將此項欠款還銀一千兩、尚不失信、所有哈拉沁渠地畝、自應免其開放、仍仰該旗將欠款按限掃數交清、如稍延緩、定惟該旗是問、毋得自悞、切切此札、

右札仰準噶爾旗貝子珊濟密圖布准此

一一五

光緒三十四年正月十七日

準噶爾旗資料　整理番號　九四

督辦蒙旗墾務大臣、理藩部尙書銜、綏遠城將軍貽　　戊字 三〇 號

札飭準旗貝子、或將前借賠教欠款、照數還銀、或具文報地、具文呈覆由

爲札飭事、照得準噶爾旗前借賠教銀兩所欠尙鉅、原擬開放哈拉沁梁地畝抵還、經該局代爲稟懇停放、當批令將前項借款限令於本年三月一律清還、乃准停放僅於上年年底、續交銀一千兩、而所欠尾數仍鉅、轉瞬卽屆限期、萬難再事延宕、茲限至本年三月初十日、仰該旗卽將此項欠款、掃數繳清、如至期延不交納、本大臣將軍、定將該旗河套川、稽林窰子一帶之地、收界歸公、以抵還此項尾欠、迨至將該地歸公之後、旣無押荒可分、更無歲租可得、此項地畝、便與其旗永無干涉該西土薩拉齊、額爾奇木吉爾噶勒、心地明白、向來於墾務及旗務均持平辦理、至東土薩拉齊、丹必林、係由本大臣將軍補放之人、亦素知大體、其旗貝子秉性長厚亦復心乎

國家、此事於該旗大有關係、賠教之尾欠、尙未歸清、而兩盟各旗均已報墾、獨該旗向隅、於理於情、均有未順、當此墾務收束之際、貝子應於東西土薩拉齊等、詳細籌商、速自爲計、或照數還銀、或具文報地、總須於三月初十日以前辦定、方不致悞、墾局日需開支經費、難以坐耕、決不能爲該旗久待、定以前項地畝抵償、毋謂言之不早也、爲此札仰該梅楞額爾德呢達賚巴特瑪色楞、持回該旗、限一箇月內、該旗具文呈覆、毋延毋悞、此札、

右札仰準噶爾旗貝子珊濟密圖布准此

光緒三十四年正月二十二日

一一六

準噶爾旗資料　整理番號　九五

戊字　三〇　號

督辦蒙旗墾務大臣、理藩部尚書銜、綏遠城將軍貽

札準旗貝子、轉飭前三品台吉那蘇倫多爾濟、將前報柳清渠地土質如何、地畝若干、查明聲叙由

爲札飭事、案查前據準噶爾旗、前

乾清門行走、花翎三品台吉、拉蘇倫多爾濟之妻、愛新覺羅氏、將本旗柳清渠之地、二千頃報墾、經本大臣將軍奏明、奉

旨嘉奬在案、該地至今尚未丈放、現當墾務收束之時、凡未經辦結之事、均須逐一查勘、此項柳清渠報墾地畝、究竟土質如何

地畝若干、亟應查明以待勘辦、事關奏案、將來墾務報結、所有丈放情形、仍須據實報部、即或與原報稍有不符、亦必須

將其中情由、詳約聲叙、不得稍事含糊、爲此仰該旗、轉飭原報柳清渠地之前

乾清門行走、花翎三品台吉、拉蘇倫多爾濟之妻、愛新覺羅氏、即行遵照、此札、

右札仰準噶爾旗貝子珊濟密圖布准此

光緒三十四年正月二十二日

站地局總辦直隸州知州　王德榮
署總辦補用知府　陳光遠
署會辦直隸知州　黃柱棻
署幫辦知縣　閻毓善
額外幫辦府經歷　楊國英
掌案委員知縣　李鴻穗

一一七

一一八

監用關防官五品頂戴候選府經歷　楊　國　英

準噶爾旗資料　整理番號　九六　　戊字　七　號

督辦蒙旗墾務大臣、理藩部尚書銜、綏遠城將軍貽

收支處呈報、準旗解到賠教銀一千兩、兌收歸還前墊賠教之款、咨行綏遠將軍、轉飭該旗知照由、

爲咨行事、案據行轅收支處呈稱、爲呈報事、光緒三十三年、十二月二十九日、案奉憲台札開、案據辦理準噶爾旗墾務分局詳稱、爲詳解事、案據準旗教案欠款陸千餘兩、前由依爾克木等具結、由該旗備還、茲該旗先將城平銀一千兩、送到卑局、理合備文詳解、由卑局派收支委員文興、鶴年、司事普廉、解送前往、伏乞飭下收支處、彈驗兌收、轉解將軍衙門、抵還墊款、並俯賜批迴、實爲公便、等情據此、除批詳悉、該局解到準旗教案欠款城平銀一千兩、仰候札交收支處、彈驗兌收、鈐給批迴、並候咨明

綏遠城將軍衙門査照外、合行札飭、札到該處、即便査照、彈驗兌收、並鈐給批迴具報、等因奉此、職處遵將該局解交準旗教案欠城平銀一千兩、眼同解款委員文興、鶴年等、彈驗兌收、數目相符、如數歸還前墊準噶爾旗賠教之款、伏乞咨明

綏遠城將軍衙門、轉飭該旗知照、實爲公便、除逕由職處印給批迴、移覆該局外、理合備文呈報憲台鑒核施行、等情據此、相應咨行

綏遠城將軍、請煩査照、轉飭該旗知照、須至咨者、

右　咨

綏　遠　城　將　軍

光緒三十四年正月二十五日

戊字七號

行轅收支處、爲呈報事、光緒三十三年、十二月二七四日、案奉

憲台札開、案據辦理準噶爾旗墾務分局詳稱、爲詳解事、案查卑局自本年四月起、至十二月止、所有徵收黑界地押荒銀兩數目、業經申報在案、自應解赴憲轅收支處交納、以重款項、玆派收支委員文興、鶴年、司事晋廉等、解送庫平銀一萬零八百兩、前往交納、伏乞飭下收支處彈驗兌收、俯賜批廻、實爲公便、等情據此、除批據詳已悉、仰候將該局解到押荒庫銀一萬零八百兩、札交收支處彈驗兌收、並鈐給批廻具報、等因奉此、職處遵將準局解交押荒庫平銀一萬八百兩、眼同解款委員文興、鶴年等、彈驗兌收、數目相符、案查該旗放墾章程、於徵收押荒銀兩內、除提三成經費外、以一半歸公、以一半歸蒙、等因、奏明在案、玆該局解到此項款、內除劃出一半歸公押荒庫平銀、五千四百一十八兩八錢二分六厘五毫歸入該局批解押荒正款外、共一半歸蒙押荒庫平銀、五千三百八十一兩一錢七分三厘五毫、係該旗應得之款、復查職處前由右翼押荒項下、籌墊綏遠將軍衙門、擬賠該旗教案城平銀、二萬七千兩、聲明由該旗地價內歸還、除由將軍衙門所收該旗歲租、幷該旗遐還之款、均已陸續解交職處、抵還墊款外、綜計尚欠銀、一萬八千九百二十九兩三錢六分一厘二毫六絲四忽八微、當即查照前案、將該局此次解交給蒙之一半押荒庫平伸合城平銀、五千三百九十六兩二錢八分三厘九絲二忽八微、儘數劃留歸還前墊、截至本年正月二十四日、計欠城平銀、一萬三千五百三十三兩七分八厘一毫七絲二忽、

擬請咨明

綏遠將軍衙門、轉飭該旗、速即歸還、以清借款、而免周折、實爲公便、除遐由職處印給批廻、移複該局外、理合備文呈

報

憲台鑒核施行、須至呈者、

右　　　　呈

欽命督辦蒙旗墾務大臣理藩部尚書銜綏遠城將軍貽

光緒三十四年正月二十六日

二〇

準噶爾旗資料	整理番號	九八

戊字 三〇 號

伊盟準噶爾旗札薩克固山貝子、珊濟密圖布、協理台吉等、爲呈報事、適奉

欽差大臣將軍札文內開、凡未經辦結之事、均須逐一査勘、此項柳清梁報墾地畝、究竟土質如何、地畝若干、亟應査明以待勘

辦、不得稍事含糊、爲此札仰該旗、轉飭原報柳清梁地之前

乾前門行走、花領三品台吉、拉蘇倫多爾濟之妻、愛新覺羅氏、即行遵照、等因奉此、遵査本旗柳清梁地內、所有七道茂鄂博

克薩濠窰子、特格太河、土地爺等處地畝、將似有六十頃、除有山沙石諸爾之地、謹將所有情形、聲明呈報外、一面轉飭

原報前任已故台吉、拉蘇倫多爾濟之妻、愛新覺羅氏、旋據呈覆、竊本身有股分地、在河套川之榆林窰子、一段七十頃地

據稱已經補給柳清梁之地、呈報開墾、將所有情形、合併聲叙、仰懇

欽差大臣將軍鑒照施行、

光緒三十四年三月十一日

準噶爾旗資料	整理番號	九九

戊字 三〇 號

伊盟準噶爾旗札薩克固山貝子、珊濟密都布、協理台吉等、爲呈報事、適奉

欽差大臣將軍札飭尾開、決不能爲旗久待、定以前項地畝抵還、毋謂言之不早也、爲此札仰該梅楞額爾德呢達賚巴特瑪色楞持回

該旗、限一箇月內、該旗具文呈覆、毋延毋悞、等因奉此、當卽應遵札飭、將此項銀兩、按以限內備出足數、正遇牲畜米糧均各價少、而因卑窮旗無力備出銀兩、前經由本旗出報河套川、有報林窰子地一段、所餘拉巴爾托輝等有名五十之里、又由馬吉爾舖賁巴庫倫楊禮郭窰子等、幾處有名之地、東自雅裡胡盧頭起、西至東白靑窰子止、南出莫泰愛曼數至當祥號所種沙爾庫倫之地、北至舊黃河乾溝止、與土默特旗地毘連界址此內可有六百頃地畝、相應呈報開墾、仰懇

欽差大臣將軍衙門鑒核、恩准體恤窮旗、得沾恩惠施行、

光緒三十四年三月十一日

準噶爾旗資料	整理番號	一〇〇

戊字 二〇 號

欽命陸軍部侍郎銜、兼都察院副都御史、巡撫山西兼管提督鹽政印務、節制太原城守尉、寶 爲咨明事、據山西布政史、丁寶銓呈、案查前蒙準

墾務大臣咨、據辦理準噶爾旗墾務分局、直隸候補知府、姚守世儀、兼辦墾務、陝西榆林府、府谷縣知縣、楊令映肯稟準旗黑界地段、擬以仁義兩段隸晉、禮智信三段隸陝、以淸疆理、而便征收、等因一案、令卽轉飭河曲縣、會同府谷縣查明辦理、仍將辦理情形、詳由該司核詳請咨、等因到局、當經轉飭查辦去後、玆據河曲縣范令稟稱、伏查此案、前准辦理準旗墾務姚守、並府谷縣楊令、先後移會、因値封印期內、未及前往、旋於正月二十五日、束裝馳往古城鎭、會同府谷縣楊令、勘明仁義兩段、分隸晉省地畝、計上則六十五頃、一十九畝五分、中則二百零六頃、七十六畝二分、中下則一百五十三頃、五十二畝八分、下則一百一十頃、六十七畝七分、統共上中下則地、五百三十六頃、一十六畝二分、劃歸河曲縣內共計二十餘小村、每村多則三四家、少則一二家不等、並無上著民人、其貧家小戶、卽携家久住耕種、其餘均係各處客民每年、俟布種之時携帶牛犋前來、秋後刈獲、之後、則又歸去每年統計應征歲租七百五十六兩一錢一分九厘八毫、每兩

三三

一二三

加耗銀五分、共銀三十七兩、八錢零五厘九毫九絲、內除二成銀、一百五十八兩、七錢八分五厘一毫五絲八忽、撥歸黑界地建造之費外、其餘均撥歸蒙旗、至於界址按照札飭事理、古城原隸陝西、仍應歸陝、自古城迤西、則以古城河分疆、河南屬陝、河北屬晉、古城東北、則以小好賴溝分界、溝北屬晉、溝南屬陝、卑職與楊令映晉、會商明悉、分派甲頭、遇有詞訟、各有專司、兩省界限劃清、毋許混淆、除將三十三年、並三十四年歲租銀兩、統於本年分上下忙征收外、所有黑界地分清界址緣由、稟請査核前來、理合據情轉詳、伏候察核咨明

墾務大臣核復飭遵、等情據此、擬合咨明、爲此合咨

貴大臣、請煩査照、核復飭遵施行、須至咨者、

右　　　　咨

護　理　墾　務　大　臣

光緒三十四年五月初一日

委　員　林　陽　炳　校　對

監　印　官　候　補　縣　丞　宋　化　民

準噶爾旗檔案　整理番號　一〇一

戊字　二一　號

辦理準噶爾旗墾務分局、爲申報事、竊査卑局於光緒三十一年十月、經

憲台派員丈放準旗呈報黑界地畝押荒內、除提三成經費、以一半歸公一半歸蒙每畝上地六錢中地四錢中下地三錢下地二錢均經奏明札飭遵辦在案、査卑局開辦之始、係派前山西候補直隸州林直牧毓杜充當幫辦三十三年六月、林直牧奉省委署歸化廳同知、續委同知姚世儀接辦、所有卑局收過押荒及解績歸公歸蒙銀兩、開支車馬薪津等費自開局起、至三十四年四月十

一日止、謹將收發各款、分別繕具清册、呈請

憲台鑒核、以備交代、爲此具申、伏乞

照驗施行、須至申者

計申送各項清册十本、表一分

右　　　　　　　　申

前督辦墾務大臣貽

光緒三十四年六月十四日

準噶爾旗分局收放地畝表

自光緒三十一年開辦起至三十四年四月底止

項別＼單位＼等則		上地	中地	中下地	下地	總數	備考
地數	頃	三四·0六八	七五五·七六八	四0九·七0九	一六八·七三五	一三六八·三五五	
押荒	錢	0·六00	0·四00	0·三00	0·二00	一	
合銀	兩	一三四三·四八0	三一0三0·三三0	三三九一·二五0	三五七四·五一0	六0三三九·六八0	
已發照地	頃	一五七·四九三	五0八·六六八	二六八·九三三	三八·0五四	一0七一·一八六	
已清押荒	兩	九四四九·五三0	三0四四七·三二0	八二0八·八二0	二三六一·0八0	四0六六六·三六0	

一二三三

項目	單位					
三成經費	兩	—	—	—	—	一二一九九·九四
一半歸公	兩	—	—	—	—	一四二三三·三0三
一半歸蒙	兩	—	—	—	—	一四二三三·三0三
未發部照地	頃	六六·五六六	二六七·0八0	一三二·七四七	五0·六七一五	五一七·0六四五
未收押荒	兩	三九九五·九六0	一0六八三·二00	三九八二·四一0	一0一三·四三0	一九六七五·000
浮收押荒	兩	—	—	—	—	九0六一·八九0
未收押荒	兩	—	—	—	—	一0六一一·一一0

準噶爾旗分局收發銀兩數目表

自光緒三十一年開辦起至三十四年四月底止

收發款	項目	銀數	總數		備
收款	已發部照押荒銀	四0六六六·五六000	總數	四九七二八·四七000	表列各項款目銀數均以兩爲單位特此註明
	未發收部照浮押荒銀	九0六一·八九000			
發	新津局費心紅銀	一四四三0·四七一00	總		
	車馬費銀	二九九0·六九三九八			

款	數
隊兵津貼銀	三四八·三九五一六
部照費銀	一五·五五〇〇〇
批解收支處歸公銀	二〇四六·八六五〇
發給歸蒙銀	二三六八·八三二三六
長發不敷 由一五火耗並公司地價暫墊銀	八四一·五一七〇〇
總數	五四六九·九九七〇〇
備考	

準噶爾旗分局代放公司地價表

地數	地價	合銀	已收	未收
單位頃	單位錢	單位兩	單位兩	單位兩
一〇·五四七	〇·六〇〇	六三二·八二〇	五四四·五六〇	八八·二六〇
備考	表列已收銀兩盡數借留開支無存			

一二五

準噶爾旗分局動用經費並解發歸蒙歸公銀兩表

三成經費	收款	三成經費 三二九·九七四〇〇
	發款	薪津局費心紅 一四四五〇·四七四〇〇
		車馬費 二九九〇·六九二九六
		護兵津貼 三四八·三九三二六
		部照費 一三六·三三〇〇〇
	借墊款	借浮收押荒 九六一·八九〇〇〇
		借歸蒙銀 二九〇四·九二三四
		借公司地價 五四·三六〇〇〇
		借一五火耗 三六六·六六七〇〇
	實餘款	除月押浮收押荒 六一八五·五三二五〇
		餘存荒價解收支處
一半歸公	收款	歸公 一四三三五·三〇五〇〇
	發款	無
	實批解	盡數批解行轅收支處 一四三三五·三〇五〇〇
一半歸蒙	收款	歸蒙 一四三三五·三〇五〇〇
	發款	給蒙押荒 二三三六·六六一三六
	實撥經費項	二九〇四·九二三四
	餘下	
浮收押荒	收款	浮收押荒 九六一·八九〇〇〇
	發款	無
	實撥經費項	九六一·八九〇〇〇
	餘下	
批解收支處	批	歸公餘存 一四三三五·三〇五〇〇
	解	預解浮收押荒 六一八五·五三二五〇
批解數目		二〇四一八·八三六五〇
備考		表列各項款目銀數均以兩為單位特此註明

準噶爾旗資料　整理番號　一〇二　　戌字　八四　號

欽差督辦墾務大臣、暫行兼署綏遠將軍信、

咨行事、光緒三十四年、七月二十一日、據托廳通判詳稱、案蒙將軍札開、準噶爾旗議賠教款銀兩、由墾務公司交付該旗爲將蔣俊窰等六村熟地劃交、所有柴戶應納上年歲租、仍按舊年成議、不論豐歉、每頃納租銀五兩、飭廳齊案催收、批解等因遵奉在案、玆查卑廳應徵前項歲租銀兩、現已徵齊、光緒三十三年分歲租銀、一百十六兩九錢四分、並三二年分歲租銀五十一兩八分、三十一年分歲租銀、四十兩七錢五分、先行備文批解、下欠未完銀兩、現在勒限催交、一俟徵齊、即當另文批解外、理合將徵齊銀兩、備具文批、專差妥役解赴將軍轅下交納俯賜查收、給發批廻備案、實爲公便、等情據此、相應將該廳解到光緒三十一年分歲租銀、四十兩七錢五分、三十二年分歲租銀、五十一兩八分、三十三年分歲租銀一百一十六兩、九錢四分、一併備文移咨

貴大臣、請煩查收見覆、以憑給發批廻施行、須至咨者、

右　咨

欽差墾務大臣

光緒三十四年七月二十七日

準噶爾旗資料　整理番號　一〇三　　戊宗　二〇　號

校對委員浙江候補知縣桿興

監印官候選縣丞吳震

署理山西保德州河曲縣知縣、范繼先、謹

稟

軍憲大人閣下、敬稟者、竊卑職接奉

憲札、欽悉榮膺

簡命、

專閫邊疆、幸叨隸夫

仁帡、實倍深於孺慕、寸衷傾仰、莫可言宣、伏念卑職於去年十月十八日、奉飭到任後、旋奉

前軍憲貽、札委會辦準旗墾務事宜、査新放準旗黑界地畝、分爲仁義禮智信五段、禮智信三段隸秦、歸陝西府谷縣代征歲租、仁義兩段隸晋、歸卑縣代征歲租、仁義兩段地分四則、統計共地五百三十四頃、九十六畝二分、共征租銀、七百五十四兩一錢九分九厘八毫、每正銀一兩、隨征耗銀五分、共征耗銀、三十七兩七錢九厘九毫九絲、以八成歸準旗蒙古、以二成留作黑界地建造之用、並擬於光緒三十三年起征歲租、緣去歲押荒、民欠甚多、若一時並征、深恐有碍押荒、是以飭令於三十四年上忙、征三十四年租銀、下忙征三十四年租銀、等因、伏思黑界蒙地、並非膏腴、雖連豐稔、而穀賤傷農於一年併征、民力恐有不逮、正擬肅稟代懇、適值

前軍憲卸篆交替之際、局面大變、謠言四起、民心惶惶、雖已開征、地戶均抗不完納、祇有暫爲停辦、恭候新章、所有已征歲租正銀、二百一十八兩四錢六分三厘二毫、又隨征耗銀、十兩九錢二分三厘一毫六絲、暫由卑縣存儲、聽候撥用、所

幸

軍憲業經履任、定有一番整頓、以上各節、應如何辦理之處、伏乞

批示祇遵、實爲公便、專肅具稟、恭請

勛安、伏乞

鑒鑒、卑職繼先謹稟

光緒三十四年九月初十日

奎奏定章程、該旗地畝、於丈放給領之次年一律飭交歲租、以杜取巧、而恤蒙情、奉准行知在案、該地多係三十二年放竣

應於三十三年起征歲租、當時恐碍押荒、令於三十四年上忙、征三十三年租銀、下忙征三十四年租銀、是已展緩半年、現

在上忙征銀無幾、若於下忙併征三十三三十四兩年歲租、民力確有未逮、應准現屆下忙、征收三十三年全租、兼征三十四

年上忙歲租、共三十四年下忙歲租、歸入三十五年上忙帶征、是於體恤蒙情之中、仍留民力周轉地步、仰即遵照辦理、仍

將未完押荒、迅速催收報解、毋延、繳、

準噶爾旗資料 整理番號 一〇四　　巳字 五〇號

欽命兼署綏遠城將軍信、爲

咨行事、適據伊克昭盟鄂爾多斯、札薩克固山貝子、三濟密圖布等報稱、光緒二十九年間、遵奉

欽差將軍大臣衙門札開、定辦給與教堂撫恤銀二萬九千兩、當因卑旗無力備給現銀、呈懇以本旗黃河稻林窰子等六處地畝三百

頃、抵給銀款、業蒙將軍照准、旋於光緒三十年間、奉准

欽差督辦墾務大臣貽　札開、向教堂酌議、由原定之款裁去銀二千兩、下欠銀二萬七千兩、由官代給教士、擬將黃河地畝、歸

局開放、並令另行添給好地、現在各旗所報之地、均以開墾、爾旗指報黑牌子地畝、如再延緩、定行嚴參治罪、等因屢次

派員嚴催、是以本旗無法、即將南界之地指報、所有本旗應得押荒銀、歸給教堂款項、等情、當經放地各委員等、將黑牌

子地畝、分放民戶、致滋事端、所收押荒銀、有數萬兩、伏查黃河稻林窰子等處地租並黑牌子地押荒銀、共合銀數萬兩歸

一二九

給教堂、似足敷數、未見分別飭覆公文、又査前經本旗屢年遭災、餓死窮苦人等甚多、仰蒙本旗前任已故札薩克貝子、札那格爾廸、設法撫救、續開南界地畝、歸還債累等情、呈報

理藩部、當經大部准其開墾、以地租糧石、賑濟窮蒙有案、惟南界地畝、每年地租微少、請將黃河稽林窖子等處地畝、可否賞賜卑旗賑濟窮蒙、得沾恩惠、伏乞

欽差大臣將軍鑒査指飭、體恤恩施施行、等情前來、査此案、原因二十九年、議由該旗出給撫恤教堂銀二萬九千兩、嗣因該旗現款缺乏、曾以稽林窖子等六處地租、並黑牌子地押荒銀兩、抵作出給教堂款項、而教堂收銀在急、迫不容緩、當經前任將軍墾務大臣、擬商該旗、先由墾務項下、暫與該旗墊付教堂銀二萬七千兩、再由該旗所報稽林窖子、黑牌子等處地畝、應得租銀、並押荒銀兩、陸續歸還墾務墊款、一俟還清、再將稽林窖子等處地畝、退還該旗玆據該旗報稱、所收押荒、並地租銀、共合數萬兩、似足欠款、請將稽林窖子等處地畝、可否賞還、祈請指飭等情、惟査該旗所欠墾務墊款、現在曾否歸還完結、案卷皆在墾務、本處無從査悉、相應咨行、爲此合咨

墾務大臣、飭査明確、詳細開列見覆、以憑轉飭遵辦施行、須至咨者、

右　咨

墾　務　大　臣

宣統元年正月十八日

監印官候選縣丞　奐　震

校對官同知職銜　陳　敷　詩

[illegible]　墾理番號　一〇五

戊字　二〇　號

伊克昭盟長所屬鄂爾多斯、札薩克貝子、三濟密圖布等公文、謹呈

欽差督辦蒙旗墾務大臣、兼署綏遠城將軍衙門、當堂開折、爲再行懇恩呈請事、竊稽査光緒三十四年、十二月初九日、呈請
欽差大臣將軍蒙文內稱、査前經本旗年遇災荒、窮苦蒙衆饑餓、奄奄待斃、蒙前任已故貝子、札納格爾第、設法接濟、將南邊地開放、以淸債項等情、咨報 理藩部、蒙 大部准其開墾、當將租錢糴米散給、撫卹貧蒙在案、是以具實懇請將南邊地每年應收租項、以及黃河畔稽林窖子等處地、發給回本旗、由敝旗作爲體恤窮蒙之資、出自鴻慈、等情、不揣冒昧、懇請亦在案、現今卑旗旗小、別無進項、債負實大、諸般拮据、困苦已極、懇恩將本旗黃河畔稽林窖子等處地、發交回本旗外、並將南邊黑牌子地、每年應收租銀、近年以來、河曲縣衙門徵收、似以將此確情、再行具實呈明、懇請
欽差大臣將軍電鑒、逾格賜恩、將 此租銀、以及稽林窖子等處地、一併發交回本旗施行、

宣統元年四月十三日　　繙譯署叅領諸蒙格呼勒

一三一

準噶爾旗資料	整理番號	一〇六

已字 三九號

欽差督辦墾務大臣稿

一件委胡令懋鉞、會同河曲府谷等縣、催收準旗荒價、並籌議放地由

爲札委事、照得準旗先後指報河北等地段、前次委員勘收招墾、僅放過地、一千五百八十餘頃、收過押荒、四萬九千七百餘兩、未放地段甚多、卽放而未收地價、亦尙萬餘、亟應委員會同地方官、先將未完押荒、迅速催完、未收未放之地、何者應速收放、何者應從緩議、自應査看情形、籌議稟辦、以竣全墾、除分札河曲府谷兩縣遵照外、合亟札委、札到該員、卽便遵照束裝馳赴準旗、會同該地方官、將民欠荒價尅日掃數收清、報而未放之地何者可放、何者可緩、亦卽察看地質、

民蒙情形、妥議籌辦、並將到地後辦理節要、先速馳報、現値庫欵艱窘、暫月支薪水銀三十兩、俟辦有成效、收有經費、再行酌量加給、夫馬照章開支、先由墾樻墳發銀二百兩、俾資應付、該委員即具領請領、按月核實報銷可也、此係特委之件、如能辦理得法、不負委任、定當另爲擢用、並即知照、此札、

一札委胡令懋鉞

爲飭遵事、云云以完全墾、除委胡令懋鉞、馳往會辦外、合就札飭、札到該縣、即便遵照會委、遴派幹差、將民欠荒價尅日催收、一面將未放地畝、會同察看蒙民地情、妥議籌辦、並將催辦情形、先速馳報察核、如能辦有成效、催收有欵、當於應分經費項下、量予該縣辦公津貼、并即知照、此札、

一札河曲縣

府谷縣

宣統元年十二月二十二日

欽差督辦墾務大臣節制沿邊道廳兼署綏遠城將軍信、

準噶爾旗資料	整理番號	一〇七

庚字一號

催收準旗民欠押荒、並查看未放地畝委員、山西候補知縣、胡懋鉞、謹

稟

欽憲將軍閣下、敬稟者、竊蒙

檄委、會同地方官、催收準旗民欠押荒、並報而未收未放之地、何者可放何者可緩、亦即察看地質、民蒙情形、籌議稟辦、先由墾樻墊發經費湘平銀二百兩、以資應付等因、蒙此、除經費另行具領請領外、查準旗已放之地、應交押荒、向設分局征

收、並未歸由地方官經理、卷宗皆無、且分隸山西之河曲、陝西之府谷兩縣、中隔黄河、所欠押荒、多係疲累之戶、倘卑
職一人會同催收、並查看未放之地、事務殷繁、實在分顧不及、當此庫款艱窘、曷敢鋪張、亦不得不於樽節之中寓以權變
之法決、擬於河曲府谷兩縣、各立公所一處、每處派委員一員、書手一名、夫役一名、共計委員二員、擬請
委派綏遠驍騎校廉濟、綏遠駐防、山西候補縣主簿喜祿、幇同分催、每員月擬暫支薪水銀十六兩、書手二名、擬請由調查局
分撥綏遠正白旗二甲馬甲松秀、紅旗蒙古馬甲崇秀充當、每月擬暫支工食銀六兩、隨到地所分佈、以資臂助、俟辦有成效
收有經費、再請
酌量加給、夫馬查照舊章、委員有行坐之分、每員行日支銀一兩、坐日八錢、書手不分行坐、每名日支銀三錢、夫役二名、
每名月擬支工食銀三兩、到地招募、此外擬請
加派綏遠廂白旗二甲馬甲常貴、隨帶馬匹護送卷照、再帶同查看未放之地、月擬支津貼銀三兩、馬干不分行坐、照章日支銀
二錢、加之卑職應支薪水夫馬、暨房租筆墨紙張油燭柴炭雜支、合計每月約共需銀、二百兩之譜、按月核實報銷、並請
飭將準旗先後報墾已放未放之地、全案卷表圖冊報銷、並押荒領照號簿、以及部照、一併檢發、以憑劃分携帶查核開辦、押
荒既分有帮催、卑職便可抽身會查未放之地、事竣仍當往來合力催收、不至顧此失彼、有負
委任、惟閱此項未放之地、分隸托城河曲府谷三廳縣、綏遠原派防禦德耆爾巴、會商勘報、應請
委持
札調準旗原派報墾蒙員格什巴圖之文、先往催同到托、並飭托廳遴照、俟卑職路經、即便會同指勘、籌議稟辦、再赴河西查
催、免爲等候躭延、多滋耗費、繪圖毋庸添人、擬由分催員書內、抽撥兼顧、以省經費、共德防禦蒙員、應如何支給薪水
夫馬津貼、未敢妄擬、伏乞
裁定飭遵、所有擬請添派員弁書役、開支銀數、並請分札廳蒙、領帶全案卷表圖冊號簿部照等項各緣由、是否有當、理合稟

一三三

懇
欽憲將軍察核、批示行遵、肅此具稟、恭叩
鈞安、伏維
垂鑒、卑職懋鉞謹稟、

紅稟由

稟擬請添派員弁書役開支銀數、並請分札廳蒙領帶全案卷表圖册號簿部照由、

一　稟

欽命督辦蒙旗墾務大臣兼署綏遠城將軍信

宣統二年正月初四日

催收準旗押荒委員胡

欽差督辦墾務大臣節制沿邊道廳兼署綏遠城將軍信、批據稟已悉、準旗已放地畝、分隷河曲府谷兩縣、此次催收押荒、暨察地情、相機招放、一人兼顧爲難、自屬實情、所請添派驍騎校康清、候補縣主簿菁祿、幫同辦理、並派馬甲松秀、崇秀、充當書手、馬甲常貴、護案卷、隨卽帶同看地、均准照辦、仰候札飭調査局、檢發案卷、並飭松秀崇秀等、隨同前往、一面札調蒙員格什巴圖、先到托城指界、及札托廳遵照、隨時照料、至防禦德普詩巴、另有重務、姑准暫時調往、月給夫馬津貼、共二十兩、其餘薪水車馬、均如所稟給發、惟車馬均應分別行坐、閑日扣除、以昭核實、此繳、

準噶爾旗資料　整理號番　一〇八

庚字　一　號

催收準旗民欠押荒委員、山西候補知縣、胡懋鉞、謹

稟
欽憲將軍閣下、敬稟者、竊於宣統二年、三月二十三日、奉
批、據卑職稟報到托蒙員未來、擬先赴河曲府谷催收押荒、起程各日期由、蒙批據稟已悉、蒙員既未調到、自難在托久候、
仰即速赴河曲府谷等縣、會商催收民欠押荒、勿再稍事寬緩、一面知會德防禦、速往準旗催調主事蒙員來托指界、以資招
放而拓墾政、繳、等因蒙此、遵査到河會同地方官、設立墾務辦公所日期、並催收民欠押荒銀兩緣由、業經會稟在案亦惟
民欠押荒河曲祇王天癸一戶、欠銀五百六十餘兩、分留嵩主簿祿、帶同書手松秀、在此坐催、現將王天癸傳到、已交銀一
百兩、下欠分限完納、取具保狀亦在案、其餘均欠、在府谷爲數一萬有零、並査府谷距河曲兩站、計程一百二十里、亦中
隔黃河、所欠押荒民戶、大半離河曲相近、離府谷較遠、舍遠求近、是願來河曲交納、而不願赴府谷完繳、且府谷太銀色
低、不如河曲色足、如府谷民戶王秉鈞、未待傳催、亦來河交清押荒銀、二百九十餘兩、換領部照、於此已可概見、事關
兩省、不得不變通辦理、擬令距河近者、在河交、距府近者、在府交、以順輿情、適德防禦普詩巴、由準旗而來、據稱所
調蒙員、計期月杪到河、卑職自應稍候、卽於三月二十四日、分遣廉驍騎校清、帶同書手景昌、先往府谷會商設立辦公
所、一面分差傳催無論在河在府交納、均可兌收、聽由民便、或卽踴躍輸將、不至觀望、玆奉前因、蒙員竟又未到、當遵
移請德防禦、於三月二十九日、復往準旗催調速來、再同赴托指界、察看地質、民蒙情形、會籌定議、稟請
憲示核辦、卑職將河曲一切部署如妥、擬於四月初七日、赴府谷會同催收押荒、勒限全清、決不稍事寬緩、有負
委任、所有蒙員未到、移請德防禦復往催調速來、並分飭公所員書變通催收押荒、及赴府谷起程各銜名日期緣由、理合稟呈
欽憲將軍査核、再河曲公所夫役、招募郝玉魁、府谷公所夫役、招募呂世厚、均於設立之日起支工食、合併聲明、肅此具稟、
恭請
鈞安、伏乞

一三五

垂鑒、卑職懋錢謹稟

紅稟由

稟蒙員未到、移請德防禦復往催調速來、並分佈公所員書、變通催收押荒、及赴府谷起程各銜名日期由

一 稟

欽命督辦蒙旗墾務大臣兼署綏遠城將軍信

宣統二年四月初六日

催收準旗押荒委員胡

準噶爾旗資料 整理番號 一〇九

庚字 四 號

山西候補知縣胡懋〇

署理山西榆林府府谷縣知縣李裕〇 謹

過缺即補協領擬補佐領防禦德普詩〇

稟

欽憲將軍閣下、敬稟者、竊蒙

憲檄、以準旗先後指報河北等地段、前次委員勘收招墾、僅放過地、一千五百八十餘頃、未放地甚多、亟應委員會同地方官將未收未放之地、何者應速收放、何者應從緩議、即當察看地質民蒙情形、籌議稟辦、等因蒙此、遵查此項報而未收未放之地、係阿吉爾瑪、白界地、河套川、柳青梁、四段、分隸山西之托城、河曲、陝西之府谷、三廳縣、卑職普詩巴、催調準旗主事蒙員、梅楞衔、筆帖式、那木札勒、於四月二十日、馳抵府谷縣、會同卑職裕△懋△、按照所報各地、與該蒙員訂期指界、察看何者可放、何者可緩、再行籌議稟辦、據該蒙員那木札勒聲稱、原報阿吉爾瑪之地、係爲補還教堂欠款、因地

質磽瘠、仍舊退回、飭令準旗給銀、此未收阿吉爾瑪地之情形也、又報白地界、係請加租、因已開放有年、恐農民滋生事端、率累準旗、亦復退還、此未收白界地之情形也、又報河套川之地、連托廳所收租地在內、共六百頃、係補還欠教堂之款、並非報墾、今擬請將準旗應得黑界地押荒歲租、並托廳所收租銀、撥抵教堂之款、結算清楚、如有短欠、由準旗另行設法呈繳、並請免再放地、此未放河套川地之情形也、又柳青梁之地、係四奶奶另自報墾、旋因山地磽薄、又以河套川稆林窖子一段之地、七十頃、呈報更換、伊現遠在京城、碍難代報、此未放柳青梁、更換河套川、稆林窖子地之情形也並呈準旗印文、請代遲懇

恩施各等語、復加查核、阿吉爾瑪白界兩段之地、均非沃壤、其中亦轇轕甚多、又四奶奶更換報墾稆林窖子之地、爲數無幾現不在旗、無人代爲指界、均應從緩議、惟所報河套川一地、原係補還教款、自應收放、一再商之該蒙員、堅以算明應得押荒歲租地租、撥抵應給教款、如果不敷、另卽設法補繳、懇請免放河套川之地爲詞、牢不可破、事關重大、卑職等既未敢擅專、亦未便再事勉强、除由卑職普詩巴帶同蒙員印文、親赴

憲轅投交面稟、請

示聽候飭遵辦理、以期迅速外、所有催調蒙員到府邑、商據請免放地緣由、理合會稟、呈請

欽憲將軍查核、併乞

批示祇遵、再托廳河曲縣、均相距窵遠、不及會銜、合併聲明、肅此具稟、恭請

鈞安、伏乞

垂鑒、卑職裕懋 普詩巴 謹稟、

計呈準旗印文一角、

一三八

紅稟由

會稟催調蒙員到府邑、商據請免放地、並由卑職齎詩巴帶同蒙員印文、回綏請示遵辦由、

一　稟

欽命督辦蒙旗墾務大臣節制沿邊道廳兼署綏遠城將軍信

宣統二年四月二十九日

山西候補縣正堂胡

府谷縣正堂李

擬補佐領防禦德

準噶爾旗資料　整理番號　一一〇

政字　二五　號

欽命綏遠城將軍兼辦墾務事宜、節制沿邊道廳、吏部右侍郎瑞

一件札府谷縣、將催收準旗尾欠荒價、及應征禮智信三段歲課銀兩、迅速報解由、

爲札飭事、案查準噶爾旗蒂欠荒價銀兩、隸該縣者、尚有六千九百餘金、及禮智信三段、自光緒三十三年起、至宣統元年底、計三年、所有應征歲課銀兩、並未據該縣報解前來、殊屬玩延、合亟札飭、札到該縣、卽將尾欠荒價、赶緊催收、連應征歲課銀兩、迅速一併報解、勿再宕延干咎、勿違此札、

右札仰陝西府谷縣准此

宣統二年十二月十二日

監印委員吏部八品錄事趙士哲

準噶爾旗資料 整理番號 一一一

財字 九八 號

伊克昭盟長所屬鄂爾多斯、札薩克旗貝斯、三吉密圖布等、公文呈請

欽差大臣將軍衙門、爲懇請事、竊查卑旗前於光緒三年、時逢災歉、貧蒙十分苦累、是以將南界地畝開放、以舒民困、嗣於光緒三十一年間、蒙前任

欽差大臣將軍貽、又將此地復行開放與民、彼時飭卑旗檄文內開、俟蒙旗之地開竣後、當將押荒一半、並每年應收地租銀兩、歸蒙旗收取等因、檄飭前來、迨後將卑旗應得押荒銀兩、已經撥給教堂抵作賠款在案、惟每年應收地租銀兩、前由本處數次懇請

欽差大臣將軍、迄今未蒙撥給現今卑旗被災債負甚重、苦累萬分、諸般拮据、理合將此情由、據實備文再行呈請、懇乞

欽差大臣將軍鑒核、希將南界黑界地、每年應收地租銀兩、賜恩撥給卑旗施行、

宣統三年正月二十六日

準噶爾旗資料 整理番號 一一二

辛字 九 號

伊克昭盟長所屬鄂爾多斯、札薩克旗貝子、三吉密圖布等、公文呈請

欽命綏遠城將軍、墾務大臣衙門、爲呈請事、查前經由本旗懇請將南畔黑界地、每年應收地租銀兩、賜恩發給卑旗緣由、疊次呈請在案玆據承領黑界地之衆民戶等、投具情願將每年應交地租銀兩、就近呈交本旗、祈請代轉呈明收取、等情、投遞渋字聯名呈詞前來、相應將原呈、備文轉呈

欽差大臣將軍鑒核、賜恩發給卑旗施行、

一三九

宣統三年二月初三日

具公禀府谷縣屬、古城川地戶、王天熒、吳振蜂、智成業、哈拉寨川地戶、張中元、王勳、王憲章、沙梁川地戶、劉克明、閻喜高、等、爲呈明下情、懇請轉詳事、緣於光緒三十二年、墾局開墾旗地、定押荒銀數、每頃上地六十兩、中地四十兩、下地二十兩、價無不實、至旗下地土、俱係山坡溝渠、下地甚多、墾局將下地改名中地、中地改名上地、花戶之受累、已不堪言、更有甚者、每頃以百畝爲數、委員不識地理、所丈之地、每頃不過七八十畝、地已虛矣、所以押荒已累、而又加以歲租之重、萬民實難爲生、切思國家開墾地土、原爲富國足民、如此價實地虛、不惟不能足民、而民之貧窮、已伏其中矣、去歲委員來催押荒、縣主出票催調如不交者、有撤地另放等語、花戶情願歸退、不然懇請復丈、因委員推諉、民心已荒、又聞歲租歸府谷縣經管催收、民心更荒且歲租雖未起收、現有收押荒銀者可比、委員住河曲縣收者、由錢舖過賬、每兩銀與錢舖加色平銀二分、合算百兩之數只吃二兩之虧、住府谷縣收者、由官銀匠代收、一經官銀匠之手、總以入鍋爲事、每兩銀入鍋有傷至三四錢者、雖係足銀二錢之傷不足、似此遺害匪淺、委員聞之、莫不代爲傷心、花戶身受其害、想押荒與歲租、俱係交庫之銀、押荒如此難交歲租之難交、不言可知、花戶耕旗下地、歷有年所、深知王爺愛花戶如赤子、先年收租、實屬恩寬、花戶感戴不淺、懇祈恩施格外、俯蒙庇護萬民、能將歲租原歸旗下經收、萬民莫不喜悅、則感戴鴻慈於無旣矣、爲此叩乞

貝爺恩准設法施行、

宣統三年正月二十七日

[illegible] 整理番號 一一三	財字 九八 號

欽命署理綏遠城將軍倉場侍郎桂稿

一件準旗請領墾地歲租等情、查該旗尙欠賠款、三千二百五十二兩零、仍待扣抵、碍難准領札該旗知照由

爲飭知事、案據該旗呈請將報墾地內、每年應得歲租銀兩給領、等情到轅、據此、卷查準噶爾旗共放地、一千五百八十八頃二十五畝五厘、共應征押荒庫平銀、六萬三百三十九兩、五錢八分、照章除三成經費銀、一萬八千一百一兩、八錢五分九厘外、共計銀四萬二千二百三十七兩七錢二分一厘、應歸該旗一半押荒銀、二萬一千一百一十八兩八錢六分五毫、惟墾局代該旗墊發教案賠款城平銀、二萬七千兩、以九九七二折合庫平銀、二萬六千九百二十四兩四錢、查貽大臣任內、收過該旗應得一半押荒庫平銀、一萬七千四百二十兩、八錢六分五厘、內除該旗還西盟局本利庫平銀、七百五十兩、一錢六分七厘六毫八絲、又格什巴圖、支用庫平銀、一百四十七兩、八錢五分六厘、一毫六絲又除自還城平銀、一千兩、內補平加色庫平銀、四十九兩、一錢八分四厘二毫外、計一半押荒庫平銀、一萬六千四百七十三兩、六錢五分六厘九毫六絲、又該旗自還庫平銀、九百九十七兩二錢、又貽大臣任內、據托廳征解歷年河套川翟林窖子等處歲租庫平銀、一千八百零三兩、一錢七分、又丹丕爾案內存糧、變價庫平銀二百四十七兩、六錢九毫四絲六忽八微、又信大臣任內、據托廳征解河套川翟林窖子等處歲租庫平銀、一千五十八兩、八錢七分、又續征歸蒙押荒庫平銀、一千三百六兩、五錢二分九厘、又瑞將軍任內據河曲縣征解歲歲租、八成歸蒙庫平銀、一千七百八十五兩、二錢六分七厘六毫一絲九忽二微、計收過押荒歲租兩項統共二萬二千六百八十五兩、二錢七厘一毫六絲六忽、又自還庫平銀、九百九十七兩二錢、除抵還前墊歸款外、該旗尚欠墾局墊庫平銀發教案賠款庫平銀、三千二百五十二兩、一錢五厘四毫七絲四忽、公款攸關、仍待扣抵、碍難准領、合亟札知、札到該旗、即便知照毋違、此札、

右札仰噶準爾旗准此

宣統三年二月二十八日

欽命署理綏遠城將軍桂
倉場侍郎

準噶爾旗資料　整理番號　一一四　　辛　九號　　一四二

欽命綏遠城將軍、督辦墾務事宜、節制沿邊道廳堂

準旗呈送地戶吳振鱗等、呈請歲租徑交該旗等情、札委防禦綳倫額、會同府谷縣詳查此項歲租、應如何辦理稟復由

爲札委事、案據準噶爾旗、呈送陝西府谷縣、古城川等處地戶、吳振鱗等、呈請將每年歲租銀兩、徑交該旗兌收、等情到轅、據此、查該旗共放地、一千五百八十八頃有奇、共應征押荒庫平銀、六萬三百三十餘兩、照章除三成經費銀、一萬八千一百餘兩、共計銀、四萬二千二百三十餘兩、應歸該旗一半押荒銀、二萬一千一百一十餘兩、因墾局前代該旗墊發教案賠款城平銀、二萬七千兩、該旗報墾之地、係隸山西托廳、河曲縣、陝西府谷縣、三處管轄、屢年收解到押荒歲租兩項共庫平銀、二萬二千六百八十餘兩、又自還城平銀一千兩、除抵還前墊歸款外、今該旗尚欠墾局墊發教案賠款庫平銀、三千二百五十餘、兩府谷縣所轄禮智信三段地戶、尚欠交押荒庫平銀、六千九百餘兩、及歷年應征歲租銀兩、未據收解分文究係因何轇轕、亦未據稟報、上年曾經

前署將軍瑞、札催在案、玆據呈各節、究竟與蒙旗及該花戶等、有無利益、並有無窒碍、非派員查明、未便懸斷、除分札府谷縣、會查稟復外、合行札委、札到該員、立即遵照、束裝啓程、馳往府谷縣、會同該縣詳查情形、此項歲租、究應如何辦理、使民蒙有益無損、彼此相安、據實稟復、以憑核辦、勿稍偏徇、是爲至要一面催令該縣、將民欠押荒銀、上緊征收報解、毋再任令延欠、切速、至該員應需車價銀兩、姑先由局費項下墊發湘平銀、五十兩、應俟差竣開報核銷可也、凛遵此札、

計札發原呈一紙、仍繳、

右札仰蒙務科科副綳防禦倫額准此

宣統三年三月二十日

準噶爾旗資料　整理番號　一一五　　辛字　九號

墾務總局蒙務科科副、綳借頭額、謹
府谷縣知縣、李裕勳、謹
稟
欽憲將軍閣下、敬稟者、竊卑職等、恭奉
鈞札、會查準旗呈送地戶奐振麟等、請將歲租徑行兌交一節、究竟與蒙旗及該花戶有無利益窒碍、據實稟復核辦等諭、奉此
卑職額、遵即叩辭就道、於四月初五日、馳抵府谷、會商卑職裕勳、差傳奐振麟等、齊集到縣、查古城川等三處、距城在
百里之外、給限五日、一面究詰官銀匠、去年清銀每兩、所傷實係若干、不料昨初十日、傳差回稱該地戶奐振麟等、前兩
日均已奔叩
憲轅等語、是否屬實、抑或該花戶畏事潛匿斯情、自應再行剴切推誠出票、明諭限期再傳外、復擬請
準旗速派明理曉事蒙員、剋日來縣、會商各節、卑職等、深恐該地戶等、有心違抗、遷延時日、有煩
慈系、謹將會商大概情形、先行稟陳、倘該花戶等、再不到案、卑職等、斷不敢強迫從事、恐生枝節。卑職額、即行回轅面
陳欽憲、衡裁示遵、肅此具稟、恭請
鈞安、伏乞
垂鑒、卑職借額 裕勳 謹會稟
宣統三年四月十一日
據稟已悉　查地戶奐振麟等、並未來轅該印委等、應即遵札體察此案確情、明白稟復、以憑核辦、毋稍含混稽延、切切此檄、

二十五日、

清晩蒙旗資料 整理番號 一一六

辛字 九 號

墾務總局蒙務科科副、防禦、綳僧額
補用直隸州署府谷縣知縣、李裕勳謹

稟

欽憲將軍閣下、敬稟者、竊卑職等、於本月十一日、謹將會商大概情形、稟陳在案、十四十九等日、蒙員準只罕、地戶王天燮
閻喜高、先後到府、王勳、張中元。均巳赴綏求
恩、共乗振麟等、因事未到、卑職等、當即分別會商詳詰、研議禮智信三段歳租、徑行兌交與蒙旗、及該花戶等、有無利益
窒碍、並復加諮訪、揆其情節、在該花戶等應交歳租銀兩、由官征收報解、照章足色庫平、而加之火耗等費、此不利於民
如徑行兌交、以通行色銀、及百貨均可交收、以免加平補色等費、自係該花戶等意圖取巧、此利於民也、在蒙旗急於見利
由地方官征收報解、發領、輾轉有需時日、徑行交收、以期便捷、此利於蒙、然蒙旗不慮該花戶等未盡誠實、若旗徑收惟
恐拖欠、日後爭較、似難解釋、此不利於蒙也、卑職等、蒙飭會査、據實稟陳、應如何辦理之處、均出自
欽憲衡裁、卑職額、査王天燮等供詞、不無虛謬之處、一經深究、拖累難堪、是以連日與卑職裕勳再四嗟商、惟有仰體我
欽憲將軍、保蒙衛民之慈懷、請免究前情、以施
鴻仁、卑職等、更有陳者、謹就愚昧之見、分列五條、可否之處附呈
慈核、除取得蒙員暨地戶官銀匠各供稟、卑職額親呈外、所有遵査各緣由、謹肅會稟、虔請
鈞安、再卑職額、遵
飭府谷縣、將民欠押荒銀兩征解、今該令竭力征收銀五百餘金、委因去歳秋收歉薄、現値青黃不接、民鮮蓋藏、容俟夏麥成

一四四

熱、上緊征收報解、以重
國課、合併聲明、伏乞
垂鑒。卑職份穎、裕勤謹稟、
宣統三年四月二十五日
謹呈五條
一　歲租自開征起、至本年止、仍歸府谷縣上緊征解、毋再任令延欠
一　蒙員地戶、請將歲租徑行兌交一節、可否該旗將墾局墊款還清、再行核辦、抑或仍由地方官催征及額、應歸公家之款
照章辦理、其歸蒙旗若干、由地方官飭知、徑行兌交、以順輿情
一　交銀不准下爐、只准銀匠看其有無眞假、統收足色實銀
一　辦公火耗平色紙筆、傳役口食各雜費、可否仍照舊章、庶期承辦人無賠累枵腹之虞、踴躍催收
一　地戶如請經官派差催收、多寄少益、可否責成該地戶王天焚、王勳等、分段經催各散戶、依限報交、倘有拖欠、定以
王天焚王勳等八人是問
計稟呈狀八紙
具訴稟府谷縣、官銀爐、劉寶魁、爲無中生有、揑詞謗毀、祈天傳究、以別眞僞事、緣有古城紳士臾振麟、麻地溝富戶王
天焚等、呈明下情、等情、計稟書等、於準噶爾旗貝王旗下、該旗據詞申詳軍憲、茲　仁天奉委來縣查辦、書不得不訴
明原委、去夏墾務委員胡、於河曲府谷設局征收押荒歲租、派差催交、隨時喚書吩咐、凡墾戶交到之銀、俱要入爐鎔化、煉
成足色、打成戳印、方許收納、每兩給書火工銀二分五釐、書奉命之下、適有墾戶祈有旺、持銀六兩二錢、書觀其銀色太
低、着伊抽換好銀、再爲入爐、奈伊好歹不換、口稱從家中帶來之銀、人地兩生、難以抽換、虧失多寡、並不嗔怨、及至

煉就出鍋、秤之每兩失耗一錢有零、此後凡交碎銀者、如色過低、俱着伊等抽換成色略高之或珠或攤、鎔煉出鍋、有失六七分者、亦有失四五分者、不等、至交寶者、如張中元、閻希高、共交寶銀四百有零、爐煉之後、每兩只失一分、此皆經書承辦煉銀實在之情形也、該紳等、揑稱碎銀每兩、失耗三四錢、寶銀每兩、失耗二錢、祈天傳集伊等、當堂對質、務將受害之人指出喚案、果有多耗情弊、書情甘領罪、倘屬子虛、伊等任意毀　、想仁天自有公斷、似此恃矜撚陵、以莫須有三字妄加、情實難甘、為此具訴叩

俯准傳集訊究、以別眞僞施行、

被訴　吳振鱗、王天癸、智茂業、王勳、王憲章、張中元、閻希高、劉克明、

宣統三年四月　日

具公禀地戶王天癸、張仲元、劉克明、吳振鱗、王勳、閻希高、智成業、王憲章、等、為禀明原由、緣正月間、準噶爾旗

王爺、差委把讀麻先生、向黑界地衆地戶商議、據爾云四奶奶於去年赴京、向軍機大臣計議、將每年歲租、經交該旗征收等情、不知衆地戶意向若何、衆等細思玆情、為

軍憲大人轉詳一禀、禀內衆等更為歲租維重、以交該旗經收、所禀是實、為此叩乞

諭旨是遵、奚有不從、因與

俯准、詳察施行、

宣統三年四月　日　王勳、張仲元、去城上

具懇狀文生閻希高、為懇請代求事、今因墾務ㄥ禀、實係王天癸受人之愚、今蒙

委憲　兩次會訊明確、纔知前禀一切情節、均屬虛無、甘願代懇

委憲
父台大人、轉求
欽憲將軍、俯念鄉愚、恩施格外、從寬免究、至歲租可否歸蒙歸官輕減之處、出自
鴻施、生與衆地戶自當感戴
大德於萬萬世矣、謹此代懇、伏乞
委憲
老父台案下、俯准免究施行、
宣統三年四月日

準噶爾旗資料　整理番號　一一七　　政字　二五　號

欽命綏遠城將軍、督辦墾務事宜、節制沿邊道廳堃
一件札粮餉廳庫兌收府谷縣解到押荒銀兩、並將收足平銀數申報由
爲札發事、案據陝西府谷縣、解到征收準旗黑界地、禮智信三段押荒府平銀、五百七十五兩、二錢八分七釐四毫、等情到
轅、據此、查該縣此次解到征收押荒銀兩、並未註明庫平若干、合亟札發、札到該廳、即便遵照、仍按庫平兌足收庫、並
將兌收庫平銀數若干、尅日申報、以憑核批、切速此札、

右札仰粮餉廳准此

宣統三年五月初六日

準噶爾旗資料　整理番號　一一八　　政字　二五　號

署理綏遠城粮餉理事同知、爲申報事、宣統三年、五月初九日、蒙

欽憲札開、案據陝西府谷縣、解到征收準旗黑界地、禮智信三段押荒府平銀、五百七十五兩、二錢八分七釐四毫、等情到轅據此、查該縣此次解到征收押荒銀兩、並未註明庫平若干、合亟札發、札到該廳、卽便遵照、仍按庫平兌足收庫、並將兌收庫平銀若干、剋日申報、以憑核批、切速此札、等因奉此、卑署廳、遵將飭發陝西府谷縣、解到準旗黑界地押荒原平銀五百七十五兩二錢八分七釐四毫、共計元寶四錠、尾碎六包、當堂逐平彈兌、較紅封庫平每百兩、小一兩一錢五分、共折合庫平銀五百六十八兩、六錢七分七釐四毫、所有銀色稍有參差、合併聲明、當將原銀另款儲庫、理合將收到銀兩緣由具文

申報

欽憲查核、爲此備由具申、伏乞

照驗施行、須至申者、

右　　申

欽差督辦墾務大臣塈

宣統三年五月十二日　署同知保謙　政字二五號

準噶爾旗資料　整理番號　一一九

欽命綏遠城將軍、督辦墾務事宜、節制沿邊道廳塈

一件札府谷縣、將民欠荒價銀兩、赶卽催收報解由

爲飭催事、案查該縣尚有民欠荒價銀六千餘兩、前已屢飭催征在案、查本年口外各廳、雨暘時若、田稼豐收、征催荒價、當必踴躍、合在札催、札到該縣、卽便遵照、赶緊實力催收、以清蒂欠、一俟征有成數、隨時詳解、勿再延玩、致干未便毋違、切切此札、

右札仰府谷縣准此

校對官廣東候補鹽大使瑞灝

宣統三年八月二十一日

准噶爾旗資料 整理番號 一二〇　　財字 九八 號

准綏遠城將軍咨、據準旗呈請歸黑牌子地租、發給該旗呈懇轉前墊該旗銀兩、是否還清請查核由、

欽命鎮守綏遠城等處將軍、並督辦墾務事宜、節制綏旗沿邊道
廳兼管右衛歸化城土默特官兵、調遣宣大二鎮綠旗官兵堃爲移咨事、頃據伊克昭盟、鄂爾多斯、札薩克固山貝子、三濟密
都布等、蒙文呈稱、伏查卑旗南界黑牌子地、於光緒三年間、因遭災歉、救養窮苦台吉人等、賠還債累、業將此地開放、
忽於光緒三十一年間、經前
欽差大臣將軍貽、將此地畝、復行仗於民人、札文內開、以押荒一半、及每年地租、發交卑旗等因、當以押荒銀兩、呈報賠還
撫恤教堂之需、所有每年收取租銀、請發給旗下等情、屢經呈報在案於本年春間、該地農民等、欲將每年租銀、徑交旗下
當經據情呈報
欽差將軍大臣衙門、迄未奉飭覆、刻值卑旗應付一切官差款項甚屬不敷、且債負累累、一切甚爲竭蹷、將此情形、再爲呈報
欽差將軍大臣鑒查、請將黑牌子地、每年所收地租、徑行就近發交卑旗、懇祈恩准施行、等情前來、查此案、該旗前將應得一
半押荒及常年地租、質由墾轅墊付撫恤教堂銀兩在案、今據該旗請將每年地租、發給該旗收取、惟前墊銀兩、是否還清、
應請就近查明核辦、除札覆該貝子、仰候移咨墾轅查明核辦外、相應移咨爲此合移
貴大臣、請煩查照、轉飭辦理施行、須至咨者、

右　　　咨

垦务大臣

宣统三年九月初二日

一五〇

成紀七三五年十二月　（非賣品）

蒙古聯合自治政府
地政總署

張家口市長淸路
地政總署土地制度調査室

編輯兼發行人　古屋素五郎

大連市東公園町三十一番地
印刷人　池田芳介

大連市東公園町三十一番地
印刷所　滿洲日日新聞社印刷所

绥远垦务总局资料（伊克昭盟·王爱召）

成紀七三五年十二月
整理墾務資料第六號

（伊ノ六）

前綏遠墾務總局資料

（伊克昭盟・王愛召）

蒙古聯合自治政府

地政總署

凡例

一、本資料は前綏遠墾務總局に保存せられてゐた墾務關係文書中、伊克昭盟王愛召に關するものを集錄し、之に解説を附したものである。

一、資料の配列は、杭錦旗資料と同じく、歷史的順序を尊重し文書の日附順に依つたが、解説は資料の持つ內的聯關を尊重し、特定の項目を設けて墾務情形を概述し、其の全貌の把握に便ならしめた。

一、資料に附した整理番號（例へば王愛召資料整理番號七等）は、整理竝びに解説の必要上、當調査室が新たに附した整理番號であるが、其の下に附した「癸字一〇號」等の番號は、從來保存整理の爲附せられてゐた保存番號である。從つて、原資料を參照せんとする方はこの保存番號によつて當署厚和廳舍に保存されてゐる原資料を檢索せられたい。

一、本資料集に集錄した資料は、其の數もすくなく、資料の一貫性にも缺けた部分が尠くない爲めに、解説は難澁を極めたが、部分的に五原作戰に從軍中接收された文書によつて補足し、辛うじて一冊の資料集にまとめあげた。或は、郡王旗の資料集に織り込んで整理すべきであつたかも知れない。

一、本資料の整理に當り滿鐵調査部囑託天海謙三郎先生の御指教を辱うし、且左記諸氏の御協力を得た事を深く感謝する次第である。

滿鐵調査部　太宰松三郎　　滿鐵調査部　佐野利一
滿鐵調査部　大井格三　　滿鐵調査部　小沼正
善隣協會　前川坦吉　　善隣協會　小林七郎

善隣協會　前島重男　蒙古政府　內藤潮邦

一、本資料の整理は當署囑託安齋庫治氏の指導の下に當署土地制度調査室之を行ひ、解說は安齋囑託の勞になるものである。

成吉思汗紀元七三五年十二月

地政總署土地制度調査室

王愛召墾務資料解說

解説目次

一、東面地の報墾と丈放……一頁
二、召廟に於ける軋轢の激化……六頁
三、西牛地の報墾と丈放……一二頁

前綏遠墾務總局資料（伊ノ六）

（伊克昭盟・王愛召）

一、東面地の報墾と其の丈放

蒙古に於ける喇嘛寺は、一定の位階を持ち、且つかなりの土地と人民とを領有してゐるものが少くない。伊克昭盟に於ても、各所に喇嘛寺が建立されてゐるが、就中、郡王旗の所管に屬し、郡王・達拉特兩旗の旗界に所在する王愛召は、全内蒙に於いても、最も著名な名廟として知られてゐる。

この王愛召は、數十里に亙る香火地を持ち、兼ねて三百餘の人民を領有してゐたと指摘されてゐるが、（資料一－三）これらの土地、人民は、何れも伊克昭各旗の王公によつて寄進せられたものの如くである。清末に於ける伊克昭盟副盟長・沙克都爾札布は、次の如く、この寄進を明らかにしてゐる。

竊敝盟所轄郡王旗王愛召、舊有香火地數十里、皆係蒙旗捐施以供香火養贍之需。（資料三五）

王愛召は、ワンギン召、（王の召）の意であり、正しく其の寺名を云へば烏哈格泥巴達爾古拉乾齊廟となる。譯せば、廣慧寺（又は叡智寺）である。俗に、この王愛召は伊克昭とも云はれてゐるが、伊克は大であり、昭は西藏語の寺を意味する。

この王愛召には、呼畢力汗喇嘛一人、達喇嘛一人、德目齊、格司貴等の執事喇嘛數人が置かれ、六十數名の喇嘛が常住してゐたと云はれてゐるが、光緒二十九年六月二十日、この王愛召の胡畢拉漢喇嘛・圖布登札勒山は、蒙文を墾務大臣に送り、其の寺領地の報墾を呈請した。（資料一－二）

この呈請をうけた墾務大臣は、同年七月一日、包頭墾務局に札飭して報墾地の勘收を命じたが、（資料三）この地に進出してゐた漢人農民と原住の蒙古人は、この報墾を聞いて可成りの動揺を示したやうであり、報墾を呈請した圖布登札勒由は、七月初七日、其の對策として曉諭の必要を進言した。（資料四）墾務大臣はこの進言を聴いて農民の宣撫を命じたが、（資料五）漢人農民と蒙古人が、如何に動揺し、如何に報墾に對して抗争したかは、こゝでは解説しない。たゞ其の動揺が、報墾の當初から見られたことは指摘して置かねばならない。

二

包頭墾務局は、墾務大臣の札飭に從つて、巡檢・鄭輝祖を王愛召に派遣し、郡王旗協理台吉・補音傑爾格朗と協同してこの地の勘收に當らしめた。彼等は、七月初二日、包頭を出發して黄河を渡り、王愛召に赴き、この地の勘收を遂行したが、其の報告は資料六に詳しく記されてゐる。曰く、

査得昭内地址、西面大沙梁、沙坡高而最多、南面地亦不平、高次之、惟東北兩面地低、自南至北、内有烏蘭溝河一道、計昭地毎面十五里、毎面約地一千二百頃、東面地平、能得烏蘭溝水利、南面沙坡、熟地甚屬寥々、西北兩面、盡皆荒草、沙梁墚灘間、有墾熟之地、然亦無多、惟東面熟地、計上地約有二百頃、中地約有四百頃、下地約有六百頃之譜、其餘叢地、卽擇其能耕種者、開墾成熟、恐至多不能到二千頃之數、（資料六）かくして勘收は終了したが、この勘收に基いて、押荒、歳租の等則が、墾務大臣行轅文案處によつて決定された。卽ち、次表の如くである。

王愛召押荒歳租等則

等則	每畝押荒	每畝每年歳租
上地	四錢	二分
中地	三錢	一分六厘
中下地	二錢	一分二厘
下地	一錢	一分

（資料六の批）

且つ、押荒、歳租の分劃と徵收とに關しては、暫定的に次の如く決定した。

至放地經費、應於所收押荒銀內、劃提一半、以裨局用、卽將來地方衙門代收歳租、亦不無工食紙張之費、並著於該寺租銀項下、每百兩提出一成、除津貼收租書役四分外、餘款按年另存、留作地方辦公之用。(資料六の批)

かくして、勘收が終了し、押荒歳租等則が決定された。光緒二十九年九月、包頭墾務局はこの地の丈放に着手したが、先づ候補府經歷・張嘉穀、試用府經歷・張企芬、試用巡檢・張克勤を丈放委員に任命し、試用知縣・元令愷の統轄下に丈放を進めた。(資料七)既に指摘した如く、東面地には當時既に千頃近くの熟地が所在し、可成りの支那農民が進出してゐたから、丈放は極めて順調に進行した。併し、其の反面に、土地關係は可成りに錯綜した樣相を示してゐた。召廟が私かに私放した土地、借錢の抵當に入れた土地と竝んで、召廟地の內部に居住する蒙古人、散喇嘛等が、任意に放出し收租してゐた土地等も混在してゐた。從つて、土地に關する權利關係と利害關係は、決して單純ではあり得なかつた。然るに報墾と、報墾に基く丈放は、からして古くから胎生して來た權利關係と利害關係とを寸斷に破碎し、それを其の根底から震動せしめた。かくして報墾によつて、其の收租權を剝奪される恐れのあつた喇嘛竝びに蒙古人達は、秘かに土地の現實的占有者であつた農民と相結託して蠢動し、かなりに丈放の進展を阻げたようである。

併し、元令愷は、よくこれらの阻止的要因をのり越へ、遂に同年十二月、この地の丈放を完遂した。この丈放の成果は、資料一三に詳しく述べられてゐる。

これに據れば、測量された實面積は一七三五頃一〇畝五分に達したが、其のうち六頃六四畝を社地として劃留し(資料一二)更に山河、道路、沙石、堿灘等の耕作不能の土地五六一頃三三畝七分を除き、他は悉く丈放し終へた。等則別の丈放面積と徵收すべき押荒銀を、表によつて示せば次の如くである。

四

等則	每畝押荒	丈放面積	應徵押荒銀
上地	四錢	二五七・二二・一 頃畝	一〇、二八八・八四 兩
中地	三錢	二四五・八一・二	七、三七四・三三
中・下地	二錢	一五三・六五・六	三、〇七三・一二
下地	一錢	六一〇・四四・〇	六、一〇四・四〇
合計		一二六七・一二・八	二六、八四〇・六九

(資料一三)

かくして、王愛召東面地の丈放は完了した。墾務大臣は續いて押荒の徴收を督促すべきこと、歳租は便宜上、一時墾務局に於て徴收すべきことを札飭したが、(資料一四) 光緒三十年六月には、既に二萬一千兩の押荒を徴收し、約八十%の徴收を終へた。(資料二〇) この押荒の納入者に對しては、執照を發給し其の所有權を公證しなければならなかつたが、六月先づ百張の執照が發給され、(資料二〇) 九月には八百張の執照が補發された。(資料二二) 執照費は三錢と規定され、押荒を納入した者は、一張に付き三錢の執照費を納付して執照の交付を受けた。(資料二〇) 尙ほこゝで注意すべきことは、此地に發給せられた執照が、戸部から發給せられた部照でなく、墾務大臣から發給せられた特殊な廟地執照であつたことである。かゝる特殊な執照を發給したことについて、墾務大臣貽穀は次の如く上奏してゐる。

惟査此項放墾之地、係屬廟產、與各旗報地歸墾者不同、不能發給領戸部照、而各戸備價領地、本爲事業、又豈可無執守之據、復由奴才另行刊印廟地執照、飭交該局按戸塡發、以昭信守。(資料三一)

押荒の分割は、前述の如く一半歸公、一半歸廟と決定せられた。召廟に支給せらるべき押荒は、一萬三千兩の巨額に達する。この押荒銀は、共の徴收が完了しない前に、既に土不當札勒生に支給せられたものゝ如くで、光緒三十年二月、彼は其

のうちから一千兩を扣除し、召廟の修築費として班廸達格旺喇嘛德呢嘛に贈つてゐる。（資料一五）

一半歸公と決定された押荒は、光緒三十二年四月、墾務大臣貽穀によつて「所得地價、報效一半、作爲經費」（資料三二）と上奏され、墾務局の經費に充當せられる豫定であつたが、戸部の修正を受け、察哈爾左右兩翼墾務章程に倣つて、二割を墾務局の經費に充て、殘額は留保せられることに改訂せられた。（資料四二）然るに丈放機關であつた包頭墾務局は、この修正の更改を主張し、再び押荒の一半を墾務局の經費に充當せらるべきことを要望した、（資料四二）この要望は、光緒三十四年一月再び墾務大臣によつて上奏され、遂に押荒の一半は、悉く墾務局の經費に充當せられることゝなつた。（資料四二）以上、主として押荒、部照について解説したが、次に歳租の分割について述べることゝしよう。

歳租の分割は、前述の如く、其の當初に於ては「一成歸公、九成歸廟」と定められた。（資料六）然るに、光緒三十一年二月初七日、胡畢拉渼喇嘛・土不當嘉勒生は、更に二成を報效して、三成歸公とすることを呈請した。（資料二四）この呈請によつて、歳租の分割は「三成歸公、七成歸廟」と更改されたが、更に同月、土不當嘉勒生は、二百兩を綏遠城の武器購入費として報效し、歳租を受領する憑據となるべき歳租執照の下付を求めた。（資料二五、二九）併し、この分割は再度更改されて、廟に歸屬する七成の內一成と、歸公と定められた三成の內一成計二成は、胡畢勒汗喇嘛・土不當嘉勒生個人に支給せられることゝなり、更に歸廟と定められた七成の內一成は、郡王旗に與へられることゝなつた。かくして、歳租の分割は、二成歸公、二成歸土不當嘉勒生、一成歸郡王旗、五成歸廟と決定された。（資料二六）土不當嘉勒生と郡王旗はこの決定に基き光緒三十一年二月、三十一年度の歳租を綏遠城に報效し、歳租の領租執照の發給を求めた。（資料二九）

このように、歳租の分割は、極めて複雑に決定されたが、（一）土不當嘉勒生に歸公歳租の一成を與へたこと（二）郡王旗に歸廟歳租の一成を與へたことが留目される。前者は、資料二八によつて知られる如く、土不當嘉勒生の開墾に對する協力を賞する爲め與へられたものであり、後者は、召廟が原來郡王旗に屬し、其の大部分の召地が郡王旗によつて寄進せられたと云ふ歴史的事實に基くもの丶如くである。（資料二八）尙ほこ丶で興味をそ丶ることは、土不當蒸勒生が、彼に支給せられることに決定された二成歳租の相傳を希望してゐることである。

此二成歳租、即是卑佾世業、世代相傳勿替、謹將卑佾徒達爾濟姓名、先此呈報、伏乞轉請將軍衙門存案、並懇札知薩廳、以後師弟代傳有案可憑、永遠爲據、再請以後無論代傳何人、由廳發交租項、似此認照不認人爲妥、爲此伏乞恩准施行。（資料三〇）

然らば、歳租の高さは、如何に決定され、且つ其の徴收は、如何なる機關に委ねられたであらうか。歳租は押荒と同じく四等則に分けられた。高さは、上地毎畝二分、中地一分六厘、中下地一分二厘、下地一分と決定され、徴收機關については「由墾局就近徴收交付、如撤局後、再交由薩拉齊廳、照章代徴」と決定された。（資料三一）かくして、墾務局が存置されてゐた間は、包頭墾務局によつて徴收されてゐたが、宣統二年五月、包頭墾務局の五原移轉に際して地方衙門たる薩拉齊廳に移管せられたやうである。（資料五〇）

尙ほこ丶で觸れて置かねばならぬことは、阿片栽培地に特殊課税を課したことである、この問題は光緒三十四年に至つて表面化して來たが、光緒三十四年の實測に據れば、罌粟の栽培せられてゐた畑地は、四頃十二畝三分を占め、この畑地からは、畝捐として特に一畝當り八錢六分四厘を徴收し、且つ「禁種執照」を發給して、其の生產を登錄せしめた。（資料四三）併し、同年に於ける水災によつて、十九畝五分は其の收穫を失ひ、畝捐を免除せられたやうである。（資料四五）

二、召廟に於ける軋轢の激化

東面地の丈放は、前述の如く、僅か三ケ月の短期間に完遂された。速度を問題とすれば、正に無類の速度で丈放されたと云ひうる。併し、この地の報墾と丈放は、決して平和のうちに、何等の社會的對立と軋轢を惹起することなく進展したのでない。報墾と丈放は、古い利害關係を寸斷した。古くからこの地に定着し、現實にこの地を耕種し占有してゐた多くの農民達は、新たに押荒と歳租の負擔が課せられた。農民に土地を私放して收租してゐた若干の蒙古人と喇嘛の權利も覆滅の危險にさらされた。しかも、東面地を報墾した胡畢勒汗喇嘛・土不當嘉勒生のみは、他の犠牲に於て、報墾による利益を壟斷し、押荒の半額と二割の歳租が彼一人に與へられた。かくして順調に進展したかに見へる丈放の背後をのぞけば、其處に利害の對立によつて惹起された、鋭い社會的對立と複雜な社會的軋轢が伏在する。この對立と軋轢は、最も酷しい犠牲を要求された原住の農民と蒙古人の大衆行動の中に集中的に表現されてゐる。

原住の蒙古人と支那農民の動きは、報墾の當初から既に警戒されねばならぬ危險が伏藏されてゐた。胡畢勒汗喇嘛・土不當嘉勒生は、光緒二十九年七月初七日、次の如く警戒してゐる。

愚維現在時勢下、愚民蒙此次開辦之事、倘有奸民出有謠言、不無似有抗違、自應預先曉諭辦理。（資料四）

薩拉齊撫民同知・清治もまた、光緒三十年二月三十日、土不當嘉勒生の報告によつて、農民の不穩な動靜を指摘し、次の如き稟文を墾務大臣に送つてゐる。

光緒三十年二月二十八日、據王愛召喇嘛・土不當嘉勒生、來局面稱、該召地畝、自去年報墾後、承種舊地戶、即有與召爲難之議、因事屬傳聞、不敢遽信、近日新地戶、正在播種之時、各舊地戶、聚集無賴數十人、揚言與召爲畔、喇嘛聞信後、連夜來局、懇請迅速彈壓等情。（資料一七）

墾務當局は、最も農民の大衆行動の發展を恐れた。何故なら、丁度この頃、五原、臨河の後套地方には、激しい農民の武裝蜂起が勃發し、其の勢は猖獗を極め、なかなか鎭壓されさうにも見へなかつたからである。のみならず、この農民蜂起は、漸次に五原以東にも波及し、ます〱多くの農民を、この運動に、まきこむ怖れが看取された。王愛召の農民も、これに合流する危險があつた。かくして包頭墾務局會辦・清治は、大同續備三旗に所屬する馬兵十名を動員して農民を彈壓し、且つ

楊守性を派遣して農民の鎭撫にあたらしめた。(資料一七)

然らば、何が農民を闘争に驅りたてたか？報墾と丈放は、幾度も指摘した如く古い土地關係を寸斷にした。土地の丈放と拂下げは、原則的に原住の農民に優先權を認めたが、土地の拂下げを受けるには、其の對價として押荒を納入しなければならなかつた。押荒を納入し得た者は、古くから占有し耕種してゐた土地を、丈放後も其のまゝ占有し耕種することが出來たが、押荒を納入し得ない者は、古くから占有し續けて來た土地をとり上げられて他に賣却せられた。かくして、丈放と共に、古くから土地にこびりついてゐた農民達は、押荒を納めなければ、唯一の生活手段たる、土地を奪はれねばならなかつた。かゝる農民がいくばくに達したかは明らかでない。だが、彼等は王愛召に對して、また彼等の土地の拂下げを受けた新たな農民に對して事を構へた。そして、土地の開放と取り上げに對して闘争した。併し、この闘争は、決して支那の農民のみによつてたゝかはれたのではない。支那の農民と蒙古人は、民族的な障壁をのりこへて報墾に反對した。蒙古人の首魁は郡王旗の波羅梅楞であり、支那農民の先頭に立つた者は、樊二子素、樊三子素であつた。この騷擾の鎭壓に赴いた楊守性は次の如くに指摘してゐる。

査得爲首者、爲郡王旗蒙員・波羅梅楞、民人・樊二子素、樊三子素、因挾王愛召報墾之嫌、意圖與召爲難。

だが、この農民の騷擾は、兵力によつて彈壓され屛息した。(資料一八)

以上の如く、報墾と開放は、古くからこの土地に定着してゐた農民、殊に押荒を納めることが出來ず土地を奪はれた貧農を闘争に驅りたてたが、軋轢は、さらに召廟の内部にも燃へ上つた。

既に指摘した如く、王愛召の召廟地は、召廟の喇嘛及び召廟地に居住してゐた一般蒙古人(黑人)によつて、少からざる部分が私放され、且つ彼等によつて一定の地租が徵收されてゐた。だが、この私放と私租の徵收は、胡畢勒汗喇嘛・土不當嘉勒生の報墾によつて現實に覆滅された。彼等は報墾と開放によつて、從前受けとり得た地租を喪はねばならなかつた。かくして喇嘛を代表する單木氣・達喇嘛が報墾に反對した。（資料八）俗人蒙古を代表する加格爾氣・漳報、梅楞・土默等も立ち上つた。彼等は官憲の追求を受けたが、（資料九）問題を郡王旗札薩克に控訴し、其の裁斷を求めた。（資料一〇）蓋し、王愛召は郡王旗の所轄に屬し、俗人蒙古は勿論のこと、胡畢勒汗喇嘛を除く他の喇嘛、即ち達喇嘛、德日齊、格司貴等の執事喇嘛も該王の任命に係るものであつたからであらう。郡王旗札薩克はこの控訴を受理すると共に、光緒三十年七月初十日、調停員を王愛召に派遣したが、結局、問題は郡王旗札薩克の駐營する營盤に移され、札薩克の調停によつて、達喇嘛、加格爾氣、梅令等の各司官に對しては四千兩、一般喇嘛に對しては各十兩、其の他の雜用に從事する者には若干兩の賞懇銀が與へられることによつて、問題は一應の解決に到達した。（資料一一）

では、如何なる理由から、郡王旗の加格爾氣竝びに梅楞達は、達喇嘛及び其の他の喇嘛と同じように、賞懇銀の分與を受けたのであらうか?

この間の秘密を解く資料は、殘念乍ら墾務資料の中には殘されてゐない。たゞ資料二三に掲げた、郡王旗札薩克、特克斯阿勒胡雅克圖の呈報は、この秘密を解くに役立つ若干の示唆を含んでゐる。曰く、

査本扇王愛召沙布隆圖布丹札勒散呈報、該召附近之地、開墾辦理、尙屬可嘉、惟該召地内、有敝王本身之水地甚多、先祖時因每年我家中收管貨物粮食不少、因此情、不向敝王達一言、竟然隻身嚬主。（資料二三）

即ち、この資料に示された郡王旗札薩克の云ふところに據れば土不當札勒生の報墾した東面地の中には、郡王旗の領有下に置かれ、古くから郡王旗の官員——恐らく加格爾氣、漳報等によつて收租せられてゐた土地が所在してゐたことが明らかにされる。然るに土不當札勒生は、郡王旗札薩克に一言の挨拶もなく東面地を報墾し、しかも押荒の一半を召廟に收めた。かくして郡王旗恐らく現實には加格爾氣、梅楞等は土地に對する收租權を土不當札勒生の報墾によつて喪失した。右の賞懇銀は、恐らくこのような理由によつて、この土地の收租權に對する對價として、彼等に與へられたものであらう。以上は單

なる推測に過ぎない。併し、郡王旗札薩克は歳租に關しても、「毎年租銀等項、不准沙布隆圖布丹札勒散經理、交該召管事人等管理」（資料二三）と述べ、土不當札勒生の壟斷を拘制してゐるが、これも、達喇嘛、單木氣等の歳租に對する持分を確保せんとする意圖に出でたと見ることが出來る。

如斯、報墾によつて、獨り其の利益を壟斷した土不當札勒生と、召廟地に居住する喇嘛竝びに俗人蒙古との間には、利害の對立に基く、深い溝渠が掘られてゐたが、この對立は、其の後も依然として緩和されず、三十二年四月、再び鋭い對立となつて表面化した。

對立は、土地の私放によつて激化した。即ち、圖布丹札勒散の呈文に據れば、該召の巴雅爾貢楚克等が、ひそかに柴達木德勒蘇に所在する一塊の土地を敎民に私放し、租銀を徵收してゐたことに原由するものゝ如くに述べられてゐる。この私放を探知した達拉特旗台吉・藏布拉什、札薩克旗・根丕勒、鄂托克旗・布音德勒格爾等は、互に徒黨を組み、先づ召廟に屬する札蘭衙・孟克を究斷せんとしたが、四月十四日には、章蓋衙・綽拉孟嚕丕爾、根丕勒、藏布什拉等は、其の徒衆十二人と共に、武器を携へて召廟に至り巴雅爾貢楚克を逮捕し去らうとした。越へて閏四月三日には、召廟から達拉特旗衙門に派遣された孟克が、其の道途に於て章蓋・嚕丕勒等の徒に待ち伏せられ、其の騎乘した騾子を奪ひ去られ、更に「騾子ばかりか、貴樣の命も貰うぞ」（不但拏去騾子、欲要你命）と脅迫された。かくして、土不當札勒生と其の配下の者は、絕へず蒙古人の脅迫の前におかれてゐた。土不當札勒生は其の苦痛を次の如くに訴へてゐる。

現今似此聚衆、以致侵害搶奪財物牲畜、卑喇嘛不能召上居住、辦理寺廟道場經卷事件、諷誦舉十萬壽皇經、而性命難存、

（資料三二）

併し、副盟長・沙克都爾札布の呈文によれば、土不當札勒生は、報墾によつて得た押荒銀を、召廟の費用には用ひず、專ら女色其の他の消費生活に費消し、且つ牧地を任意に私放して私腹を肥やしてゐたものゝ如くに摘發せられてゐる。（資料三

(三) この兩者の呈文は、各々其の一方的な利害によつて、甚だしく事實が粉飾され歪曲されてゐるようであるが、墾務大臣は光緒三十二年七月初八日、この紛爭に關する公平な處理を副盟長・沙克都爾札布に札飭した。(資料三四)

副盟長・沙克都爾札布は、同年八月、この問題に對する回答を寄せてゐるが、この回答の中で、胡畢勒汗喇嘛・土不當札拉散が、報墾によつて得た押荒銀を、如何に費消し、且つ如何に召廟の土地を私放したかを摘發して、次の如くに難じてゐる。

該召喇嘛・圖布登札拉散、將召地一半報效開墾……所收一半押荒銀一萬餘兩交給、乃該喇嘛、得此鉅欵、除少分召中公用餘盡泥沙浪費、荒淫無度、穢亂淸規、以致徒衆苦累、蒙民交怨、方議驅逐、該喇嘛自度不能容留、乘間逃跑、潛匿於外、冶遊漁色、無所取資復將未報一半北邊柴達木地段、私自盜賣、在民蒙知爲召中公産、或多不敢私購、該喇嘛又勾結教民、賣給洋堂。(資料三五)

胡畢勒汗喇嘛の生活が、果してこれ程迄に頽廢したものであつたか否かは疑問としても、彼の消費生活が押荒、歲租の入手によつて、異常に昂まつたことだけは推測される。報墾と開放は蒙古人竝びに支那農民の大衆的犧牲に於て遂行された。それだけに、彼に對する憤懣も激しかつた。遂には、胡畢勒汗喇嘛の驅逐に迄激化したようであるが、こゝにも召廟内の封建的ヒエラルキーの解體化が鋭く内攻してゐるのを見ることが出來る。

副盟長・沙克都爾札布の摘發によつて、ひそかに教民に私放してゐた土地は、墾務局によつて丈放せられることに決定され、且つ胡畢勒汗喇嘛の私放盜賣の罰は、嚴重に究問せられることゝなつた。(資料三五) 併し、蒙古人の上訴と爭擾に手を燒いた土不當札勒生は、この私放地を教民から回贖し、光緒三十二年八月、問題の西面地を報墾した。(資料三六)

この報墾によつて、土不當札勒生の私放盜賣の罪は、次の如くに許されることに決定され直ちにこの地の勘收が札飭された。

玆該喇嘛既自行報墾、並聲明出租教民之地、能自收回、應准不咎既往、仰卽速行派員勘收、仍遵前札辦理。(資料三七)

以上、我々は資料の示すところによつて、報墾と開放を契機として激化し表面化した軋轢と紛争を明らかにした。要約すれば、報墾と開放は(一)押荒、歳租の徴收によつて、貨幣を持たない獨立的な零細農を破滅に陥れ彼等を闘争に驅りたて、(二)古い封建的土地所有と地代の收取を覆滅して、蒙古の小地主を沒落せしめ、(三)かゝる土地關係の再編成の過程に於て、蒙古の封建的ヒエラルキーは、内部的に分裂し、漸次に解體せしめられたことが理解せられる。また、押荒の徴收による土地の開放は、一定の貨幣を蓄積した階層への土地の集中を喚び起した。かくして、(四)地商による覇地——暴力による土地の獨占が表面化して來た。

資料三九によれば、王愛召の領戸(土地の拂下げを受けた者)の中には、後套に於ける大地商・王同春の如き者も介在した。筆抄された資料だけでは、彼が承領(拂下げ)した土地の廣さは明かでないが、可成りの土地を承領したようである。(丈放地圖に載せられた數字を集計すれば二一二頃九一畝七分に達する)彼は同心東牛犋と呼稱される牛犋を開き、且つ、其の近くにあつた天生渠を天成太と共に開挖したが、(資料一六)漸次にこれを自己の私渠とし、其の勢を恃んで近隣の土地を簒奪してゐたと云はれる。彼の用ひた暴行は、これのみに止まらない。彼は無頼の徒を使嗾して納税に赴く百姓に凌辱を加へた。(資料三九)勿論、この一片の資料によつて、事の眞否を確かめることは出來ない。だが、後套に於ける「土皇帝」が、敢てこうした暴行を恐れなかつたことは充分に推察される。

三、西半地の報墾と丈放

既に指摘した如く、胡畢勒汗喇嘛・土不當札勒生は柴達木等の地、即ち庫倫塔拉、博洛霍碩の地を教民に私放し地租を收取してゐた爲め、原住の蒙古人からは執拗な攻撃を受け、伊克昭副盟長・沙克都爾札布からは鋭い摘發を受けねばならなかつた。この攻撃と摘發に耐へ兼ねた土不當札勒生は、先づこの私放地を回贖し、光緒三十二年八月、改めてこの西半地を報墾した。（資料三八）　この呈報に基いて、包頭墾務局は直ちに收支委員・沈克莊を勘收委員に任命して同地の勘收にあたらしめた。三十二年九月十七日、勘收委員は包頭を出發し、翌十八日王愛召に到着、報墾者たる胡畢勒汗喇嘛・土不當札勒生を訪ねたが、彼は當時、原住の蒙古人の攻擊を恐れ、他に避難して王愛召から姿をかくしてゐた。勘收委員は、止む無く王愛召の執事喇嘛と共に同地の勘收を開始したが、この勘收中に土不當札勒生も姿を現し、更に報墾地の地界を擴げて、凡そ百五十餘方里に當る面積を報墾するに至つた。其の四至、廣狹は次の如くである。

地名	東界	南界西界	北界	計廣寬
西半地	王子大道爲界	達旗牧地爲界	前放東半地爲界	一百五十餘方里

（資料三八）

新たに報墾された土地は、以上の如く、面積の點から云へば、可成りの廣さを持つてゐたが、多くは沙質の丘陵地帶並びにアルカリ地帶が其の大半を占め、曩に報墾した東半地と比較すれば、地味其の他の條件が比較にならない程低劣であった
報告に曰く

雖地數較原報加倍、然沙梁鹼灘居其大半、若由烏蘭河溝開渠、引灌山水、使之淤澄、或可耕種、然相距太遠、地質過劣、亦難變斥鹵爲膏腴、而該召尚有地畝、更不如此、倘照上屆中下則及下則地價、或易招放。（資料三八）

この勘收報告を受けた包頭墾務局は、この地の地味其の他の條件を考慮し、上中下の三等則に分け上地毎頃三十兩、中地二十兩、下地十兩の押荒を徵收することに定め、この旨を墾務大臣行轅に具陳した。（資料三八）

かくして、等則は決定された。併し、西半地の丈放は、其の儘据へ置かれ宣統元年まで放置せられてゐた。蓋し、墾務の進展は、この荒蕪地の丈放に手を染める暇を、墾務局に殘さなかつたからである。併し、墾務局は、成すことなく放置して

おいたのではない。墾務局は、報墾から丈放まで、即ち光緒三十二年から宣統元年迄、既に熟地に轉化してゐた若干の土地から歳租を徴收した。歳租は五等則に分れ、上々地毎頃十二兩、上地十兩、上次地八兩、中地六兩、下地六兩と定められてゐた。（資料四四）光緒三十四年度に於ける歳租徴收地畝數は、四十頃四十五畝と報告せられてゐるが丁開徭浪片、任三、齊富銀、土獸、馮成泰、王先揚、劉大、格什達賴、劉三、蒙昔白彥、等々の十六家に包租せしめてゐたようである。（資料四八）

この地の丈放は、墾務大臣・貽穀の失脚後、即ち宣統元年に至つて、始めて具體的にとり上げられた。この年八月、押荒歳租等則が審議されたが、一等を減じて次の如く決定された。

	毎頃押荒	毎畝歳租
上　地	三〇兩	一分六厘
中　地	二〇	一二
下　地	一〇	一〇（資料四六）

丈放は、烏拉特墾務坐辦・吳樞外四名によつて十二月初旬から進められたが、（資料四七）十二月十四日には、ほゞ其の測量を完了した。等則別地畝數竝びに徴收せらるべき押荒は次の如くである。

等則	毎頃押荒	丈放地畝數	應徴押荒銀
上地	三〇兩	三・七四・八頃畝	一一二・四四兩
中地	二〇	九・四六・七	一八九・三四
下地	一〇	一四一・四七・七	一四一四・七七
合計		一五四・六九・二	一七一六・五五

（資料四八）

右の如く、等則別の測量は終了した。併し、古くからこの地を耕種してゐた農民達は、この地の拂下げを希望しなかつたもの〻如くで、包租してゐた曹富銀等の內、十四家迄は「逞刁觀望、推延不領」と報告せられてゐる。（資料四九）かくして、この地の丈放は、農民達の消極的反抗に遭つて、押荒徵收の見込みが立たなかつたが、曩にこの地を報墾した王愛召の胡畢勒汗喇嘛・土不當札勒生等の喇嘛達は、各々この地を分領（別々に拂下げを受けて）して戶口地となさんことを希望するに至つた。（資料四九）この希望は、墾務局に受け容れられ、喇嘛達は各々押荒を納入して、其の分領地を入手したが、其の具體的數字は資料四九に明らかである。

以上の承領地（拂下げを受けた土地）を除く外、更に四九頃七六畝二分の未放地が殘されてゐた。この未放地は、土地の自然的豐度が最も低く、到底押荒を納入して承領する者を見出すことは困難視されてゐたが、等則を引き下げ、土地の地畝數を減じて、これも同じく王愛召の喇嘛達に承領せられるに至つた。かくして、この地の丈放は、宣統三年正月、漸く收束するに至つたが、（資料五一）この丈放を通じて王愛召には喇嘛の個人的所有地——戶口地が形成された。

王愛召の召廟地は、單にこれのみに止まらない。伊克昭各旗の中にも、なほいくつかの香火地が寄進せられてゐたようであり、具體的には準噶爾旗舊牌子地內の窑子灣等の土地が擧げられるが、（資料四〇）殘された資料は僅かな斷片に過ぎず、解說をなしうるだけの資料がのこされてゐないからこゝではこれらについては觸れないことにする。

王愛召墾務資料

王愛召資料目次

整理番號	資料字號	事由	頁數
1	癸 47	廣智寺喇嘛圖布登札勒山稟報該寺地畝由上開墾呈報恩准	一
2	〃 〃	廣智寺喇嘛圖布登札勒山稟請將該寺報墾內東面八百丈寺牧仍留該寺餘均開墾	一
3	〃 10	廣慧寺喇嘛稟該寺共三十里地現在由上開墾懇恩施札包局派員查驗稟覆核辦	二
4	〃 〃	廣慧寺喇嘛圖布登札勒山稟此次開墾之事倘有奸民出有謠言不無假有違抗請預先曉諭嚴飭辦理	三
5	〃 〃	廣慧寺喇嘛稟開墾事應先曉諭札飭包局飭發嚴禁造言生事示諭擇要張貼	三
6	〃 〃	包局詳覆廣慧寺報墾地派員查驗情形及送圖說詳請核辦	四
7	〃 〃	包局詳報派員丈放廣慧寺報墾地畝請備查	六
8	五原墾局接收資料下列號	包頭墾務局移請鄂爾多斯札薩克多羅郡王嚴拏爲首倡議阻撓墾地之大喇嘛當不垂送局懲辦	七
9	〃	包頭墾務局移達拉特旗請派蒙員辦前往王愛召會同彈壓不准地商大成太再向喇嘛索詐滋鬧	八
10	〃	王愛召大喇嘛等結報本廟沙布隆喇嘛將廟地呈出開墾前因蒙衆愚昧而令得悉此情衆喇嘛等情願遵辦	九
11	〃	郡王旗咨復因廣慧寺地開墾該寺喇嘛等聚衆一案業經嚴示該寺喇嘛等勿再滋生事端咨行查照	一〇
12	〃	地戶耆賓等公稟承領廟地請免除荒租銀兩	一〇
13	癸 10	包頭墾務局詳送王愛召地丈放地圖並請歲租由薩廳征可否請批示	一一
14	甲 50	包局詳報王愛召地畝丈放告竣仰將應徵押荒依限催交札飭總局查照	一三
15	〃 〃	王愛召喇嘛呈報捐一千兩修王班第廟	一四

二

33	丙	61	伊克昭盟長呈據達拉特旗台吉等呈報王愛召沙布隆圖布棟札勒散將餘剩牧地任意主持私放所得銀錢嫖混婦女與清規未合請嚴究辦理	二九
34	〃	〃	札飭伊克昭副盟長札薩克旗公察究王愛召喇嘛控案秉公辦理呈覆	三〇
35	〃	〃	伊克昭副盟長呈報王愛召喇嘛圖布登札拉散盜賣該召地畝等情札該正副盟長查拏	三一
36	〃	〃	西盟墾務總局詳報王愛召喇嘛圖布登札勒散報墾該召西面一半地畝詳册	三三
37	〃	〃	西盟總局詳報王愛召喇嘛圖布登札勒散報墾該召西面一半地畝等情分別批示札飭伊克昭副盟長遵照	三四
38	〃	〃	西盟總局詳派員勘收王愛召喇嘛報地並擬定荒價請示遵	三五
39	丁	68	土默特旗蒙古自來保呈控王同春覇種民地請傳究	三七
40	〃	17	廣慧寺執事得木齊等呈報準噶爾旗地內窑子灣等地方有本寺五十二牛犋地並灘地一併呈報開墾	三八
41	〃	68	西盟墾務總局詳請核查將王愛召一半地價銀兩仍悉數撥充卑局經費	三八
42	戊	29	貽大臣奏王愛召一半地價仍請悉數撥充墾局經費	四一
43	戊	16	西盟墾務總局詳報派員查勘王愛召地界內墾案地畝並造册移送薩廳會卡徵收畝捐詳報查核	四二
44	〃	〃	西盟墾務總局詳報派員勘丈王愛召西面庫倫碩洛崔等處青苗地畝造册詳請查核	四三
45	〃	〃	西盟墾務總局詳報派員勘丈王愛召善人圪堵等村墾熟地畝被水成災詳報查核	四四
46	〃	〃	代理西盟墾務總辦謝鑑清稟籌議招放王愛召續報西面地畝押荒歲租辦法領地執照應否仍前刊發請示遵	四五
47	〃	〃	丈放王愛召報地分局坐辦吳樞稟報於十二月初一日偕同王委員等馳赴王愛召丈放報地日期稟請查核	四七
48	〃	〃	丈放王愛召報地分局坐辦吳樞稟報勘丈王愛召西面地畝數目請查核	四八
49	〃	〃	丈放王愛召報地分局坐辦吳樞稟報因地質磽薄招放不易茲據該喇嘛懇請分領應否准其分領之處繕摺送請查核示遵	五〇

三

四

50　戊　16　總辦西盟墾務崇蔭禀查明王愛召東面地圖冊遺失無法移交地方官經理請查核飭抄……五三
51　辛　8　西盟墾務總局詳王愛召所報西面地畝因地瘠價昂無人承領擬請酌減頃畝歸還該召作爲牧廠可否之處請查核示遵……五四

王愛召資料整理番號　一　癸字四七號

御賜廣智寺沙布隆坎布喇嘛圖布登札勒山謹

稟

欽差大臣閣下出據原由事、向來濟農汗所設此寺、係我上輩喇嘛、至卑我三輩、爲該寺西勒根喇嘛矣、今蒙

欽差大臣、上查其情、所以節錄情形、呈報者、所有濟農汗、設立大小兩召、已歷二百九十餘年、而該寺則達拉特旗內、與寺

一面定地數、一十五里、統共三十里地內、本旗三百餘戶人等駐紮、應付該寺經典香火等費、由來久矣、一切情形今由本

札薩克多羅郡王處、派來圖薩拉克齊等必須知悉原定緣由歟、現在由

上開墾承辦事務願懇一切恩施、爲呈報

欽差大臣恩准、鑒察施行、

光緒二十九年六月二十日

文案處擬

批據稟該寺地畝、由上開墾等情、具見能明大體、深堪嘉尚、應即准如所請、仰候飭行包頭墾務局派員詳爲查驗後、再行

核辦、呈存此批、

光緒二十九年六月二十八日

王愛召資料整理番號　二　癸字四七

御賜廣智寺沙布隆坎布喇嘛圖布登札勒山謹

二

稟

欽差大臣閣下、爲呈報開墾事、濟農汗原設大小二召、係在達拉特旗境内、所以寺之一面、各定一十五里、縱横各有三十里内、
向有本旗三百餘戸等駐紮、應付該寺經典香火等費等情、前已呈報、今蒙
欽差派員査驗該寺田牧、現在喇嘛卑身、欽遵
皇上深厚德意、願該寺、周圍三十里地之内、開墾熟地四界邑維西至包頭大路北至蘇爾達拉特旗境、東至經過中和銀達拉特旗
境、南鄂拉遜達拉特旗境、以上地土應似種植之處、分別呈報之内有寺東面周圍八百丈寺牧、仍留該寺、其餘均行入於開
墾辦理外、喇嘛我商上有經費一切、原有養贍地畝五十頃之處呈報、又此項開墾地内、現在黄黑衆人駐牧、如何酌量施恩
欽憲鑒核仁慈、喇嘛黑人衆奴、深厚恩典、施行

光緒二十九年七月初七日

王愛召資料整理番號 三 癸字一〇號

督辦蒙旗墾務大臣、理藩院尚書銜、兵部左堂貽
廣慧寺喇嘛稟該寺共三十里地現在由上墾應懇恩施和包局派員査驗稟覆核辦由

爲飭事、案據
御賜廣慧寺喇嘛沙布隆坎布喇嘛圖布登札勒由稟稱、出據原由事、向來濟農汗所設此寺、係我上衆喇嘛、至卑我三衆、爲該寺
西勒根喇嘛矣、今蒙欽差大臣上査其情、所以節錄情形呈報者、所有濟農汗設立大小兩召、已歷二百九十餘年、而該寺則
達拉特旗内、與寺一面定地數一十五里、統共三十里地内、本旗三百餘戸人等駐紮、應付該寺經典香大等費、由來久矣、
一切情形、今由本札薩克多羅郡王處、派來圖薩拉克齊等、必須知悉原定緣由歟、現在由上開墾承辦事務、願懇一切恩施

爲呈報欽差大臣恩准、鑒察施行、等情據此、除批、據禀該寺地畝、由上開墾等情、具見能明大體、深堪嘉尙、應即准如所請、仰候行包頭墾務局、派員詳爲査驗後、再行核辦、呈存外、合行札飭、札到該局、即便遵照、剋即派員詳爲査驗、迅速禀覆、以憑核辦、此札

右札仰包頭墾務局准此

光緒二十九年七月初一日

王愛召資料整理番號　四　　癸字一〇號

御賜廣慧寺沙布隆坎布喇嘛圖布登扎勒山謹

禀

欽差大臣閣下、爲呈報事、今本寺開墾事宜、已派委員歷勘、興辦新田之際、愚維現在時勢、下畏民蒙、此次開辦之事、倘有奸民出有謠言、不無似有抗違、自應預先曉諭辦理之處、據情呈報、伏祈

欽憲鑒察、嚴飭辦理、以便現辦墾務無悞施行、

光緒二十九年七月初七日

王愛召資料整理番號　五　　癸字一〇號

督辦蒙旗墾務大臣、理藩院尙書銜、兵部左堂貽

廣慧寺喇嘛禀開辦墾事應先曉諭札飭包局飭發嚴禁造言生事示論擇要張貼由

爲札飭事、案據

御賜廣慧寺沙布隆坎布、喇嘛圖布登扎勒山禀稱、爲呈報事、今本寺開墾事宜、已派委員、歷勘興辦新田之際、愚維現在時勢、

三

下愚民蒙、此次開辦之事、倘有奸民有謠言、不無似有抗違、自應預先曉諭辦理之處、據情呈報、伏乞欽憲鑒察嚴飭辦理、以便現辦墾務、無悞施行、等情據此、合行札飭包頭墾務局、即由該局迅速出示曉諭、嚴禁奸民造言生事、飭發該寺擇要張貼、俾衆週知、切切此札

右札仰包頭墾務局准此

光緒二十九年七月初九日

四

王愛召資料整理番號　六　　癸字一〇號

包頭墾務局、爲遵札詳覆事、案蒙

憲台札開、案據

御賜廣慧寺喇嘛沙布隆坡布、喇嘛沙布登札勒山稟稱、出具原由事、向來濟農汗所設此寺、係我上輩喇嘛至卑我三輩、爲該寺西勒根喇嘛矣、今蒙欽差大臣上查其情、所以節錄情形呈報者、所有濟農汗、設立大小兩召、已歷二百九十餘年、而該寺則達拉特旂內、與寺一面定地數十五里、統共三十里地內、本旂三百餘戶人等駐紮、應付該寺經典香火費、由來久矣、一切情形、今由本札薩克多羅郡王處、派來圖薩拉克齊等、必須知悉原定緣由賬、現在由上開墾、承辦事務、願懇一切恩施、爲呈報欽差大臣恩准、鑒察施行、等情據此、除批、據稟該寺地畝、由上開墾等情、具見能明大體、深堪嘉尚、應即准如所請、仰候飭行包頭墾務局、派員詳爲查驗後、再行核辦、呈存外、合行札飭、札到該局、即便遵照、剋即派員詳爲查驗、迅速稟覆、以憑核辦、此札、等因蒙此、卑局遵即派委鄉巡檢輝祖、會同郡王旂協理台吉補音傑爾格朗、按照指飭各節、詳細勘驗、旋據該巡檢等稟稱、於七月初二日起程、前赴王愛召廣慧寺、將四面地址親歷查勘、查得召內地址、西面大沙梁沙坡高而最多、南面地亦不平、高次之、惟東北兩面地低、自南至北、內有烏蘭溝河一道、計召地每面十五里、每面約地一千二百頃、東面地平能得烏蘭溝水利、南面沙坡熟地、甚屬寥寥、西北兩面盡皆荒草、沙梁壤灘間有墾熟之

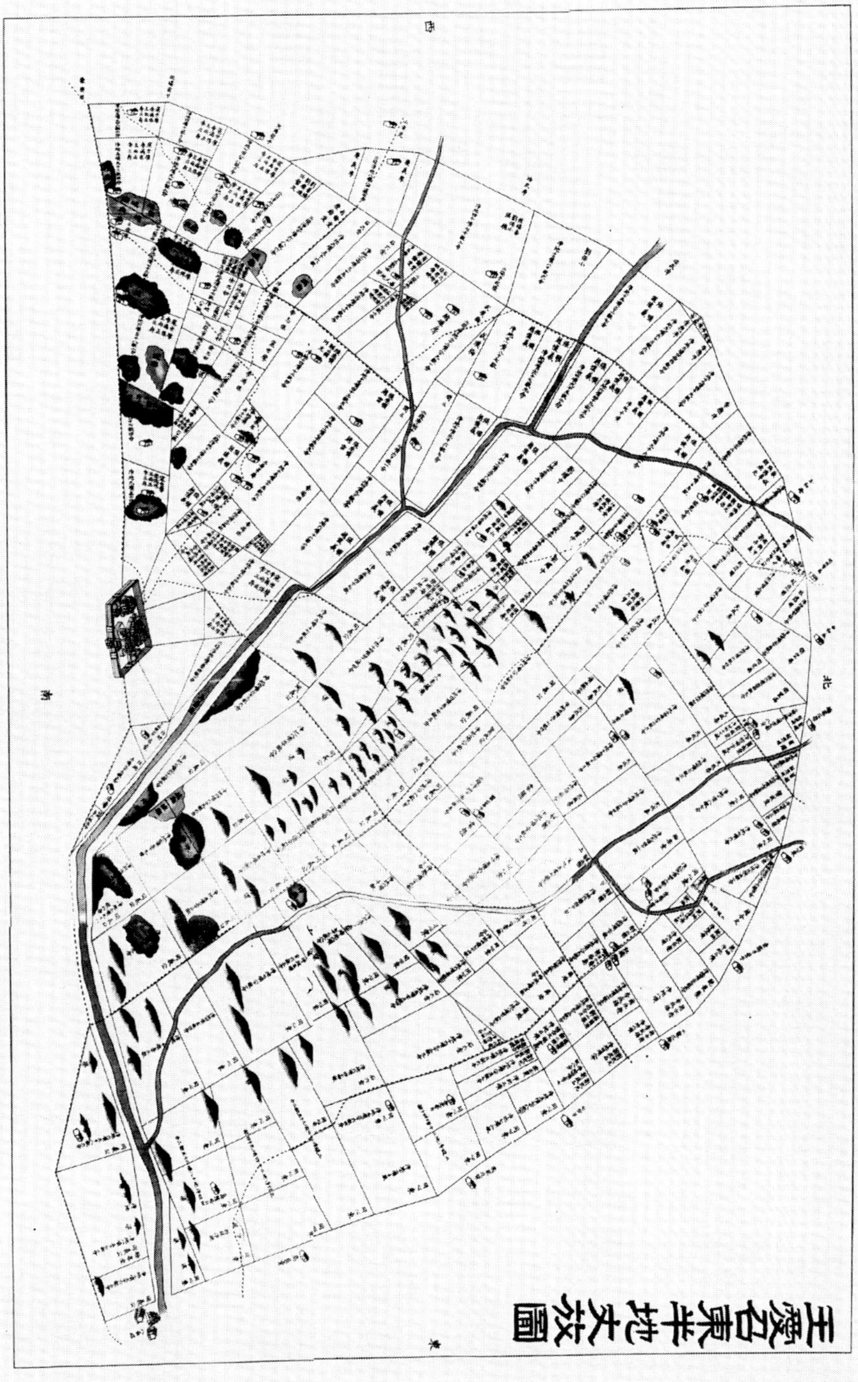
王愛召東半地丈放圖
西
北
南
東

地、然亦無多、惟東面熟地、計上地、約有二百頃、中地約有四百頃、下地約有六百頃之譜、其餘荒地、卽擇其能耕種者開墾成熟、恐至多不能到二千頃之數、共召廟四面、每面共留神地八百步、該寺報墾之地、均庫落達拉特旂界內、等情稟覆、並繪具圖說前來、理合將該員査驗召地情形、及呈送圖說、詳請

憲台核辦、爲此備由具申、伏乞

照詳施行、須至詳者

右　　詳

欽命督辦蒙旗墾務大臣理藩院尙書銜　國史館副總裁鑲藍旗蒙古副都統兵部大堂貽

光緒二十九年七月初七日

總辦　姚學鏡

會辦　淸治

文案處擬

批詳悉、廣慧寺報效地畝、旣據査明該寺每面十五里、除留廟基每面八百步外、約共可墾之地二千頃之譜、此次由官報墾、自應按照圖內所列四等地則、分別酌定押荒歲租、俾資經辦、査該寺報地開墾、係籌久遠生計、利在速放、尤利在歲不失租、所有地價租則、未便過求盈餘、致悞事機、姑定爲上地押荒、每畝四錢、中地三錢、中下地二錢、下地一錢、歲租則亦區分等次、上地每畝每年納銀二分、中地一分六厘、中下地一分二厘、下地一分、此係審勢度事、酌中定擬、當可利於推行、卽著該局遵照、妥速辦理、其未盡事宜、或仍須稍有變通之處、統由該局隨時相機酌辦、至放地經費、應於所收押荒銀內、劃提一半、以裨局用、卽將來地方衙門代收歲租、亦不無工食紙張之費、並著於該寺租銀項下、每百兩提出一成、除津貼收租書役四分外、餘欵按年另存、留作地方辦公之用、仰卽遵辦、毋悞此繳圖存

光緒二十九年七月十五日

五

王愛召資料整理番號　七　　癸字一〇號

包頭墾務局爲詳報事、案查前據王愛召
御賜廣慧寺沙布隆坎布、喇嘛圖布登札勒山、報墾該寺地畝、當蒙
憲台札飭、卑局派員驗收、詳報在案、查該寺報墾地畝、利在速放、現在天氣靜如、亟宜派員前往丈量、以便招戶領墾、茲由卑局、遴派前山西候補府經歷張嘉穀、指分山西試用府經歷張企芬、山西試用巡檢張克勤、定於本月十一日帶同書手人等、前赴該地、查照原指界址、逐段丈量、先儘原戶呈繳荒銀、承領耕種、如或不願、再行另招、以示體恤、惟此次開辦係屬創首、如辦理得法、則各旗報墾之地、於丈放時、均可有所依仿、雖將丈放各員派定、而維持一切、正自需人、非一得力之員前往察看情形、妥爲經理、不足以悅蒙情、而免貽悞、查有試用知縣元令愷、辦事精詳、且於墾事甚爲熟悉、堪以派往、業已照會該令、前往維持一切、相機辦理、以期早得蕆事、帮提調署直牧慶、本宜駐局、照料局務、惟據面稱初到包鎮、於墾務情形毫不知悉、現在開辦王愛召地畝、情願前往監視、以資閱歷等語、查該牧年強質樸、心地明白、既願前往、足見留心事務、應如所請、已由卑局移請監視、以資閱歷、而長見識、除俟該地丈放告竣、造冊另行詳報外、合將派員丈放王愛召地畝緣由、具文詳請
憲台備查核、除分詳墾務總局外、爲此備由具申、伏乞
照詳施行、須至詳者

光緒二十九年九月十一日

總辦姚學鏡
會辦清治

六

王愛召資料整理番號　八

五原墾務局接收資料

包頭墾務局

移請額爾多斯札薩克多羅郡王査拏爲首創議阻撓墾地之大喇嘛當不垂等送局懲辦由

爲移請査拏送局懲辦事、竊照前據王愛召廣慧寺喇嘛圖布登札勒山報墾地畝、當蒙
欽憲札飭査勘驗收、並派試用知縣元令愷等、於九月十一日、前往丈量招墾、嗣聞該召散喇嘛與蒙民人等、妄生疑慮、有出頭阻撓之說、即經本局派委包頭巡司鄭輝祖帶領練勇、馳赴該召査拏懲辦各在案、茲訪聞阻撓一事、係大喇嘛當不垂等爲首創議、査開墾地畝、本爲該召開濟利源、有益無損、且蒙
欽憲奏明辦理、非同兒戲、豈能中止、而當不垂等不知情形、竟敢爲首創議、煽惑散喇嘛與蒙民人等、出頭阻撓、實屬大干法紀、若不査拏懲辦、勢必紛紛效尤、於墾事大有妨碍、相應移請、爲此合移
貴郡王、煩査文內事理、希將後開大喇嘛當不垂等、査明住址、逐名査拏移送來局、以憑稟明
欽憲從嚴懲辦、幸勿遺漏寬縱、望速切速施行、須至移者

計　開

大喇嘛當不垂

廠索喇嘛掌木素

札克魯克齊銜諸布藏布

勉利銜土味、勉利銜補令

右　移

七

額爾多斯札薩克多羅郡王

光緒二十九年九月二十三日

王愛召資料整理番號　九

五原墾務局接收資料

移達拉特旗、請派蒙員弁、前往王愛召、會同彈壓、不准地商天成太、再向喇嘛索詐滋鬧由

包頭墾務局

爲移請事、案查前據王愛召廣慧寺喇嘛圖布登札勒山報墾地畝、當蒙
欽憲查勘驗收、並由本局派委試用知縣元愷等、帶領書手人等、前往丈放在案、茲聞地商天成太、以索欠爲名、向該召訛詐不遂、意欲率人恰封喇嘛、赴地攔丈、滋生事端、實屬目無法紀、查天成太商人烏木德、係
貴旗人、除派馬隊前往彈壓外、合亟移請、爲此合移
貴旗、希即酌派蒙弁、馳赴王愛召、會同本局所派馬隊、妥爲彈壓、不准該商烏木德、再向該召滋鬧索詐赴地攔丈、如果實有欠項未清、祗許請人處說、亦不准逞兇滋事、如敢不服彈壓、乞將烏木德、及聽糾之人、一併拏解押交馬隊、押解來局、以憑稟明
欽憲、從重懲辦、幸勿庇護、是爲至要、望速切速施行、須至移者

右　　移

達拉特旗

光緒二十九年十月十三日

八

王愛召、大喇嘛達木吹、圖勒普喇嘛那木囉
格斯貴登咱、德木齊吉木楚克、綽爾濟喇普咱布
謹呈
欽憲辦理墾務老爺、爲結報事、竊本廟沙布隆喇嘛、前將廟地呈出、呈報
欽憲歸入開墾、車沁喇嘛聯名具呈、大喇嘛札爾古齊諸爾布咱布等、轉行呈報王老爺是實、嗣經梅楞圖們前來、王老爺寄信喇嘛等衆、會同丈收地址等語、遵照差派喇嘛索木喇什、管理衙布林濟爾噶勒委員等丈收、又將衆人聯名具呈情節、帶領商佐廸札木蘇、令我閱看、言係王老爺呈取、竊身以共言遵行者、愚昧之至、而今得悉此情、竊大喇嘛會同衆喇嘛等、情願
遵照
欽憲墾務所行、此後廟宇喇嘛等、並無爭收情事結報外、從前喇嘛等、稭具爾狀之事、懇免株累等因、甘懇、具呈

大喇嘛達木吹
圖勒普喇嘛那木囉
格斯貴登咱
德木齊吉木楚克
綽爾濟喇嘛咱布

光緒二十九年十月十八日

王愛召資料整理番號　一一　　五原墾務局接收資料

鄂爾多斯札薩克多羅郡王特古斯阿勒坦呼雅克圖　爲
咨覆事、本年九月三十日、准貴局文開、前據廣慧寺喇嘛圖布登札勒山、呈報開墾地段、蒙
欽憲札飭、將地查收、派委試用知縣元令等、於十一日履勘開墾地段、聞得廟宇喇嘛等、有蒙民護禁等情、經本局札飭包頭宋
司景輝確、赴召查拏辦理在案、今聞救護此事、是大喇嘛達木吹等所生等語、查開墾之事、係屬得利裨益、而並無窒礙蒙
古之處、已蒙
欽憲具摺奏辦、豈如兒戲中止乎、達木吹等、罔識情節、所生會聚衆人救護者、有干定律、若不預爲辦理、遵循效尤、碍於開
墾事務、日後眩惑大喇嘛達木吹等、查其何處居止、逐一按名查拏、解送來局等語、是以本處特派領催查拏去後、據該領
催覆稱、竊身赴召、持信全行拏帶、適大喇嘛達木吹、因身患病不管理、諸爾布咱布梅楞圖們、梅楞布林等、遽行潛逃、
前赴達拉特貝子衙門、未經遵傳前來、聲明呈報前來、相應據情咨行外、本處出示該召、仰地內喇嘛黑人等、勿得再行聚
衆、滋生事端之處、嚴行曉諭、出示該召、合併咨行、希祈
貴局查照辦理可也、爲此咨行
光緒二十九年十月二十四日

王愛召資料整理番號　一二　　五原墾務局接收資料

具公稟　耆賓、寇世厚、地戶　李滿保　何元　李映泮
張來順　薛三　王上正

李三存　趙懷義　武湊梅
石六斤　年籍不同，爲

公同擬議、懇
恩援案開除社廟地畝押荒租銀、以備日後建立公所事、緣地戶等、本年認到王愛召地、均係瀕野河灘、不堪耕種者甚多、認領時、意待將來汙墾、現今灘內並無居民、既放官地、難免常有公事辦公人等到地、尚能尋往別村住宿、散漫驚遠、諸凡不便、卽至此地汙墾、地戶等建立火房牛犋在彼居住、暫且雖有寬大房屋、衆戶等公同擬議、日後公建社廟一所、商覓看守神廟之人、常川虔敬神靈、耕種社地爲養贍、就爲支應辦公、不惟遇公有集聚之所、且免流離他村、呼應不靈、擾累衆戶、然雖有此意、只得懇乞憲局施格外之鴻恩、將認到社廟沙城河灘下地、預先懇請開除押荒租銀、以備日後建立公所庶辦公不至爲難、如蒙允許、地戶等均感大德無旣矣、爲此具禀、叩乞
委員大老爺恩准開除施行

光緒二十九年十二月　日

督辦蒙旗墾務總局　委員　批
據禀已悉、前據該地戶等具懇、已開除社地六頃六十四畝、所有押荒租銀、准照畝數開除可也

王愛召資料整理番號　一三　　癸字一〇號

包頭墾務局、爲詳報事、前據王愛召、廣慧喇嘛、報墾地畝、當蒙
憲台札飭卑局、委員驗收、並於九月十一日、遴派試用知縣元令愷等、帶同書手馬隊人等、前往丈量、招戶領墾、曾將一切
情形、詳明

二

憲鑒在案、玆元令等、於十二月初六日回局面稱、該召地畝、業已丈放告竣、並呈送圖冊、懇請詳報前來、卑職查該召地畝早經地戶墾種者、計有千頃之譜、或該召自行出放、或因假款將地指押、其間蒙民之與散喇嘛從而私放、據爲己產、歷年已久、轇轕殊多、前於丈放之時、蒙民及散喇嘛等、聽信謠傳、遂生疑慮、勾串地商、明以索債爲詞、實欲聚衆阻撓、其勢洶洶、幾釀巨患、幸經元令等、動之以威嚇、導之以利害、又復使人多方曉譬、從中和解、始得衆情畏服、俯首無詞、卑職查核圖冊、共計丈地、一千七百三十五頃、一十畝、五分、內除衆花戶聯名懇請、公留社地、六頃六十四畝外、實丈正地、一千七百、二十八頃、四十六畝、五分、內除山河道路、沙石壕灘、不堪耕種外、實計生熟淨地、一千二百、六十七頃、一十二畝、八分、內上地、二百五十七頃、二十二畝、一分、應徵押荒銀、一萬二百、八十八兩、八錢四分、中地二百四十五頃、八十一畝、一分、應徵押荒銀、七千三百、七十四兩、三錢三分、中下地、一百五十三頃、六十五畝、六分、應徵押荒銀、三千七十三兩、一錢二分、下地、六百一十頃、四十四畝、應徵押荒銀、六千一百、四兩、四錢、統計共應徵押荒庫平銀、二萬六千八百、四十兩、六錢九分、現在各地戶、已陸續遵限呈交押荒銀兩、約計來年二月底、始能徵收清楚、共領地花戶圖冊、除另文造送外、合將丈放地畝數目、並送到圖說、先行具文詳送

憲台查核、再王愛召地方、向歸薩拉齊廳管轄、每年歲租、是否由薩廳徵收、抑仍歸卑局暫收之處、伏乞

批示祗遵、除分詳墾務總局外、爲此備由具申、伏乞

照詳施行、須至詳者

計詳送

王愛召丈放地圖一紙

光緒二十九年十二月十七日

總辦姚學鏡

會辦清治

王愛召資料整理番號　一四　甲字五〇號

督辦蒙旗墾務大臣、理藩院尚書銜、綏遠城將軍貽

包局詳報王愛召地畝丈放告竣仰將應徵押荒依限催交札飭總局查照由

爲札飭事、案據包頭墾務局、詳稱、爲詳報事、前據王愛召廣惠寺喇嘛報墾地畝、當蒙憲台札飭卑局委員驗收、並於九月十一日、遴派試用知縣元令愷等、帶同書手馬隊人等、前往丈量、招戶領墾、曾將一切情形、詳明憲鑒在案、玆元令等、於十二月初六日回局、面稱、該召地畝、業已丈放告竣、並呈送圖冊、懇請詳報前來、卑職查該召地畝、早經地戶墾種者、計有千頃之譜、或該召自行出放、或因假款將地指押、其間蒙民之與散喇嘛、從而私放、據爲已産歷年已久、轇轕殊多、前於丈放之時、蒙民及散喇嘛等、聽信謠傳、遽生疑慮、勾串地商、明以索債爲詞、實欲聚衆阻撓、其勢洶洶、幾釀巨患、幸經元令等、動之以威嚇、導之以利害、又復使人多方曉譬、從中和解、始得衆情畏服、俯首無詞、卑職查核圖冊、共計丈地一千七百、三十五頃一十畝五分、內除衆花戶聯名懇請、公留社地、六頃、六十四畝外、實丈正地、一千七百、二十八頃四十六畝五分、內除山河道路、沙石鹹灘、不堪耕種外、實計生熟淨地、一千二百六十七頃、一十二畝、八分、內上地、二百五十七頃、二十二畝一分、應征押荒銀、一萬二百、八十八兩、八錢四分、中地、二百四十五頃、八十一畝一分、應徵押荒銀、七千三百、七十四兩、三錢三分、中下地、一百五十三頃、六十五畝、六分、應徵押荒銀、三千七十三兩、一錢二分、下地、六百一十頃、四十四畝、應徵押荒銀、六千一百、四兩四錢、統計共應徵押荒庫平銀、二萬六千八百、四十兩、六錢九分、現在地戶、已陸續遵限呈交押荒銀兩、約計來年二月底、始能徵收淸楚、其領地花戶圖冊、除另文造送外合將丈放地畝數目、並送到圖說、先行具文詳送、憲台查核、等情、除批、據詳已悉、仰將應徵押荒銀兩、上緊依限催交並領地花戶名冊、從速造送、至王愛召地畝、每年應納歲租、卽由該局、就近徵收、以期便利、而免周折、並

候札飭總局查照外、合行札飭、札到該局、即便查照、此札

右札仰墾務總局准此

一四

光緒三十年正月初五日

王愛召資料整理番號　一五　　甲字五〇號

王愛召啦嘛呈報捐一千兩修王班第廟由

胡畢力幹坎布、喇嘛圖布旦、札勒參、謹呈

欽差將軍衙門、爲呈請事、伏思本廟牧地、應種東邊、上地以備開墾呈報

欽憲仁慈專派委員繩丈辦理在案、將此押荒銀、分給本廟、一萬八千兩、惟因此事始終有被、今　班廸達格、更王整修該召、

卑喇嘛情愿由此銀內、助施銀、各一千兩之處、呈請

欽憲將軍鑒核、俯允所請、施行

光緒三十年二月初九日

王愛召資料整理番號　一六　　甲字五〇號

包頭墾務局、爲詳請立案事、竊照王愛召地畝、前據喇嘛土不當札勒生、報墾、業經卑局、派員丈放、墾種在案、茲據地戶、天成太、同心東、禀稱、王愛召地內、舊有烏蘭溝水一道、修渠築垻、上游之地、向係該地戶等租種、並按股攤錢、修渠築垻、輪流使水、今地經官放、地戶非止伊等兩家、現擬邀集各地戶商議、渠道仍歸上游各地戶、攤錢興修、橫河築垻、以便灌溉上游地畝、懇請示遵、等情、竝據下游地戶、寇世厚等、以上游橫河築垻、下游不能分澆春水、或夏秋之間、山水陡發、上游開垻決水、下游所種禾苗、難免淹沒之害、懇請明定章程、出示曉諭、以均苦樂、等情、繪圖具禀前

來、卑局査王愛召地內、自東至西、舊有渠水一道、計可漑澆上下兩游之地、地畝既歸各地戶墾種、其渠水亦應歸上下各地戶輪流澆漑、惟渠水湍急、非横河築壩、上游不能得其水利、現在卑局議定、自本年爲始、准上游地戶横河築壩、每年自驚蟄日起、至春分止、歸於上游閉壩阻水澆漑上游之地、自春分日起、至清明日止、應令上游啓壩放水、以漑下游之地、以後統年任水自流、再不准閉壩阻水、以均苦樂、而昭公允、至每年修浚渠費、上下兩游地戶、各修各渠、均勻攤派惟築壩之費、則歸上游地戶分攤、與下游無涉、除出示諭令各地戶遵辦、所有卑局議定王愛召地內渠水、應歸上下兩游公用、並議定輪流日期、理合具文、詳請

憲台査核、俯賜立案、實爲公便、除分詳墾務總局外、爲此備由具申、伏乞

照詳施行、須至詳者

光緒三十年二月二十三日

總辦　姚學鏡

會辦　清治

文案處擬

批詳悉、所擬王愛召地內、漑水築壩章程、尙屬允協、應卽如詳立案、並示諭各地戶等、一體遵辦、毋得使上游過期阻水、致碍下游澆漑、其下游亦不得預先決壩、致啓爭端、務宜各守定章、以均利益、繳

光緒三十年二月三十日

王愛召資料整理番號　一七　　甲字五〇號

會辦西盟墾務署薩拉齊撫民同知清治謹

一六

稟

大人閣下、敬稟者、光緒三十年、二月二十八日、據王愛召喇嘛土不當、嘉勒生、來局面稱、該召地畝、自去年報墾後、承種舊地戶、即有與召爲難之說、因事屬傳聞、不敢遽信、近日新地戶、正在播種之時、各舊地戶聚集無賴數十人、揚言與召尋衅、喇嘛聞信後、連夜來局、懇請迅速彈壓、等情據此、查上年開放王愛召地畝、原係先儘舊佃、因該地戶無力承領始行另放、並非有所偏徇、今該地戶聚集多人、意在向召滋事、値此東作方興、西事未艾、若不彈壓解散、誠恐狡焉思逞釀成事端、姚承學鏡、現住舍太往商需時、當由卑職、就近稟蒙歸綏道、派撥隨帶大同續備三旗、馬兵十名、前往彈壓、並由局照會渠工委員、楊典史守性、馳赴開導、以期解散、而遏亂萌、所有王愛召舊地戶、揚言尋衅、派兵彈壓、緣由、

理合馳稟

憲台查核、肅此具稟、恭請

勛安、伏乞

垂鑒、卑職湍治謹稟

光緒三十年二月三十日

文案處擬

批據稟已悉、王愛召舊各地戶、因無力承領地畝、另放他戶、輒敢聚衆逞刁、揚言尋衅、此風萬不可長、仰轉飭楊委員、認眞彈壓、切實開導解散、仍將爲首滋事之人、查明傳案究懲、以遏刁風、此繳

光緒三十年三月初二日

王愛召資料整理番號 一八

甲字五〇號

報已將王愛召鬧事地戶解散由

敬稟者、竊卑職昨以王愛召舊佃、與召爲難、派員彈壓情形、由驛稟陳、計邀
鈞鑒、玆據楊典史守性、函稱、査得爲首者、爲郡王旂蒙員、波羅梅楞、民人樊二子素、樊三子素、因挾王愛召報墾之嫌、意圖與召爲難、並有達拉特旂蒙員、罕將台吉、因地事糾葛、偕拉民人李滿寶牛隻馬匹、兵到時、均已聞風遠颺、現將牛馬點交佃戶李二收管、但期春耕完畢、當可無事、至所派馬兵、因歸綏道飭調、未便留川、等情據此、當經卑職在於留包大同續備四旂內、選派馬兵八名、前往接替、並飭楊典史、認眞辦理、一面分別咨傳波羅梅楞等到案訊究外、理合將王愛召地戶解散情形、稟請
憲台査核、藉抒
慈廑、肅此具稟、恭請
勛安、伏乞
垂鑒、卑職淸治謹稟

王愛召資料整理番號 一九

甲字五〇號

包頭墾務局、爲詳請執照事、案査王愛昭地畝、丈放完竣、當經卑局詳報、蒙
憲台批飭、據詳已悉、仰將應征押荒銀兩、上緊依限催交、並領地花戶名冊、從速造送、至王愛昭地畝、每年應納歲租、仰由該局、就近征收、以期便利、而免周折、並候札飭總局査照、繳地圖存、等因蒙此、遵卽督飭局員、卽將押荒銀兩、陸續催交、共收庫平銀、二萬一千餘兩、現已將次收齊、惟前項銀兩、所欠無多、自應發給執照、以昭信守、俾各地戶、有所觀感、而催收欠項、亦較易爲力、一面換照、一面造具王愛召歲租淸冊、就近征收、方足以免周折、而期迅速、所有地

戶名冊、業已赶造齊全、理合一併呈送、詳請
憲台鑒核、迅賜頒發執照、以便發給、再所發執照、每張需費若干、並請明定章程、俾可遵辦、合併聲明、除分詳墾務總局
外、爲此備由具申、伏乞
照詳施行、須至詳者

光緒三十年六月十一日

一八

總辦姚學鏡
會辦清治

文案處擬

批據詳王愛召放墾地畝、應繳押荒、業經陸續收齊、呈送地戶名冊、詳請發給執照、自應照准辦理、前於胡縣丞懋錢、差使
赴包、已飭發執照一百張、帶交該局收領、仰即按戶塡發、俾昭信守、如不敷用、再行稟請補發、至每照一張、應收工費
銀三錢、並仰隨時收解可也、此繳

光緒三十年六月二十四日

王愛召資料整理番號　二〇　　甲字五〇號

督辦蒙旗墾務大臣、理藩院尚書銜、綏遠城將軍貽

包局詳王愛召押荒銀兩將次收齊併呈送地戶名冊請發執照分別批示咨行綏遠將軍並札收支處咨照由

爲咨明/札飭事、案據包頭墾務局、詳稱、爲詳請執照事、案查王愛召地畝、丈放完竣、當經卑局詳報、蒙憲台批飭、據詳已悉
仰將應征押荒銀兩、上緊依限催交、並領地花戶名冊、從速造送、至王愛召地畝、每年應納歲租、仰由該局、就近征收、

以期便利、而免周折、並候札飭總局、查照、繳、地圖存、等因蒙此、遵卽督飭局員、卽將押荒銀兩、陸續催交、共收庫平銀、二萬一千餘兩、現已將次收齊、惟前項銀兩、所欠無多、自應發給執照、以昭信守、俾各地戶、有所觀感、而催收欠項、亦較易爲力、一面換照、一面造具王愛召歲租清册、就近征收、方是以免周折、而期迅速、所有地戶各册、業已赶造齊全、理合一併呈送、詳請鑒核、迅賜頒發執照、以便給發、再所發執照、每張需費若干、並請明定章程、俾可遵辦、合併聲明、等情據此、除批據詳王愛召放墾地畝、應交押荒、業經陸續收齊、呈送地戶名册、詳請發給執照、自應照准辦理、前於胡縣丞懋鉞、差便赴包、已飭發執照一百張、帶交該局收領、仰卽按戶塡發、俾昭信守、如不敷用、再行稟請補發、至每照一張、應收工費銀三錢、並仰隨時收解可也、繳、分行外、相應咨明合行札飭、札到該處、卽便查照可也、此札

綏遠城將軍、請煩查照可也、須至咨者

右　咨

綏遠城將軍

右札仰行轅收支處准此

光緒三十年七月初四日

王愛召資料整理番號　二一　甲字五〇號

包頭墾務局、爲詳請立案事、案據王愛召大喇嘛、罩木氣、郡王旂、加格爾氣、㑊爾析報、梅令、土默、梅令𣐊燕、甲浪根慶等、稟稱、爲遵處承賦息訟情甘具結、乞恩轉詳立案、以杜後患事、緣王愛召、前放地畝、係本召香火養贍、委因歲租無幾、於去年秋間、經本召呼必勒罕喇嘛、土不當嘉勒生、將該召地畝、呈報欽憲開墾在案、前蒙派委設局丈放、本召事官喇嘛等、誠恐放地失贍、分投呈報、等因、現蒙本旂王爺、派委前來息處、並蒙欽憲銀地分潤外、將該地歲賦仍予本召、永遠香火養贍、該召喇嘛事官等、感德無暨、玆遵處承賦息訟、情甘具結、乞恩轉詳

欽憲立案、以杜永遠實爲公便、爲此叩乞、恩准施行、又據王愛召、沙布隆坎布喇嘛、土不當嘉勒生、稟稱、王愛召闔口衆喇嘛司官等、于七月初十日、郡王委差來昭、與衆同赴郡旂王爺案下、一口同音、久後再不與喇嘛商爭論地土、諸等、情願具領甘結、遵奉王爺案下、每司官賞懇銀四十兩、每喇嘛賞銀十兩、共喇嘛一百名、有令支更坐夜人、每名領銀若干、諸等、仍歸伊克昭當差、再無返悔、日后返悔、按例究辦、祈恩准鑒察施行、各等情據此理合具文、詳請

憲台查核立案、爲此備由具申、伏乞

照詳施行、須至詳者

計詳送

甘結一紙

光緒三十年八月二十三日

總辦姚學鏡

會辦清洽

二〇

具甘結王愛召大喇嘛、單木氣、加各氣漳報、梅令白彥、梅令土牧、甲浪公曲圪等、今於八月十九日、與甘結事、依奉結得、喇嘛等因、上年本召呼必勒罕喇嘛土不當嘉勒生、將召地報墾、喇嘛恐牧地失贍、分投呈控一案、現蒙本旂王爺、派委前來調處、分給喇嘛等銀兩、現已輸服、情願遵處息訟、永斷葛藤、不敢再翻、此後該地歲租、仍歸本召作爲養贍、所具甘結是實

單木氣大喇嘛

加格氣漳報

梅令白彥

梅令土牧　立

大清光緒三十年八月十九日　　甲浪公曲圪

王愛召資料整理番號　一二二　　甲字五〇號

督辦蒙旗墾務大臣理藩院尚書銜綏遠城將軍貽
鎮守綏遠城等處將軍兼管右衛歸化城土默特官兵調遣宣大二鎮綠旗官兵貽

包局詳請補發王愛召墾牧地畝執照再行會印執照八百張札發該局查收塡給由

爲札發事、案據包頭墾務局、詳稱、爲詳請補發事、案蒙憲台批飭、據詳王愛召墾牧地畝、應交押荒、業經陸續收齊、呈送地戶名冊、詳請發給執照、自應照准辦理、前於胡縣丞懋鉞差便赴包、已飭發執照一百張、帶交該局收領、仰卽按戶塡發俾昭信守、如不敷用、再行稟請補發、至每照一張、應收工費銀三錢、併仰隨時收解可也、此繳、等因蒙此、遵查前項執照、除收到一百張外、尚屬不符應用、自應預爲多備、以便隨時塡發、理合備文詳請、憲台查核、迅將執照補發八百張、俾得按戶塡給、以昭信守、實爲公便、等情據此、除批詳悉仰候再行印發執照八百張、以資應用外、合亟再行刷印執照八百張、會印札發、札到該局、卽便查收、按戶塡給、以昭信守、此札

計發執照八百張　　右札仰包頭墾務局准此

光緒三十年九月初九日

王愛召資料整理番號　一二三　　甲字五〇號　　二

郡王旗呈報本屬王愛召附近之地有本身水地懇請每年租銀不准沙布隆圖布丹札勒散經理由

札薩克郡王特古斯阿勒坦胡雅克圖、呈

欽差督辦蒙旂墾務大臣、理藩院尚書銜、綏遠城將軍衙門、爲報事、查本屬王愛召、沙布隆圖布丹扎勒散、呈報該召附近之地

三

開墾辦理、尚屬可嘉、惟該召地內、有敝王本身之水地甚多先祖時、因每年我家中收管貨物糧食不少、因此情不向敝王達

一言、竟然隻身强主

上憲仁慈、給該召一半押荒銀、於香燈諷經費用、無益妄廢、爲此祈請、現今所剩微須銀、並每年租銀等項、不准沙布隆圖

布丹扎勒散經理、交該召管事人等管理、准前定規有稗諷念

皇上萬壽經典、項費等因、伏乞

欽憲將軍鑑查、恩准照請由

光緒三十年十二月初四日

王愛召資料整理番號 二四

乙字三六號

王愛召胡畢拉渼喇嘛圖普丹扎拉桑、謹呈

欽差大臣將軍、爲呈報事、前於光緒二十九年間、卑將該召地畝呈報開墾、當蒙墾務局派出委員開辦、令將押荒銀兩全行催收

清結、今該召每年應得租銀、揣計有一千六百餘兩、共內以三成、情願呈請歸公、如蒙恩准、請賞發部照、再所餘七成、

如何酌分、該扎薩克王及召廟卑等、俾資受恩深重、誠心萬懇

欽差大臣將軍鑒察定奪示覆遵照施行、

光緒三十一年二月初七日

王愛召資料整理番號 二五

乙字三六號

王愛召胡畢拉漢喇嘛、土不當嘉勒生、謹呈
欽差將軍麾下、竊據王愛召廟地、於光緒三十年、蒙
飭局代放已盡、其常年所收地租、已呈懇每年按三七分收、七成歸召、三成歸公、業經批准在案、惟此七成租項、既經薩
拉齊廳代收、交召領取、若無領取執照、何憑交領、俾敝僧謹備二百金、情願報効綏遠城、作爲購槍之費、請
欽差將軍賞發執照、俾召廟持此按年赴薩廳領取、爲此理合呈請
欽差將軍恩准施行
光緒三十一年二月初八日

王愛召資料整理番號　二六　　乙字三六號

具呈王愛召胡畢拉漢喇嘛、土不當嘉勒生、爲報效歲租領取五成執照事、竊敝召地畝、於光緒三十年、蒙
飭局代放、其常年地租、訂以三七分收、以三成歸公、以七成歸召、共
體恤敝召、實爲至厚、迨卑僧來城、呈請以敝召歲租分給一成、歸於卑僧自用、復蒙
恩准、並於歸公之三成內
賞給卑僧自用一成、重疊
優恩、出諸望外、卑僧感激無已、惟有亟圖報效、以答
高厚、査原訂七成歸召地租、除卑僧自用一成、本旗郡王經收一成、敝召每歲尙實收五成、足敷徒衆度用之需、卑僧情願將
今年一年五成歲租、以二成報效綏遠城購槍之用、並請
札知薩拉齊廳、俟發交敝召今年歲租時、扣留二成、徑解綏遠、俾遂報效微忱、竝請

將軍衙門發給五成歲租執照、以後敝召按年領租、永遠爲據、實爲公便、伏乞

將軍大人恩准施行、須至呈者

光緒三十一年二月　　日

王愛召資料整理番號　二七　　乙字三六號

督辦蒙旗墾務大臣、理藩院尙書銜、綏遠城將軍貽

王愛昭喇嘛土不當嘉勒生呈報、將今年五成歲租、以二成報效綏遠購搶、咨行將軍並由札包局査照

爲咨行札知事、案據王愛召胡畢拉漢喇嘛土不當嘉勒生呈稱、爲報效歲租、領取五成執照事、竊敝召地畝、於光緒三十年蒙飭局代放、共常年地租、訂以三七分收、以三成歸公、以七成歸召、體恤敝召、實爲至厚、迨卑僧來城、呈請以敝召歲租分給一成、歸於卑僧自用、復蒙恩准、並於歸公之三成內、賞給卑僧自用一成、重疊優恩、出諸望外、卑僧感激無已、惟有亟圖報效、以答高厚、査原訂七成歸召地租、除卑僧自用一成、本廟王經收一成、敝召每歲尙實收五成、足敷徒衆度用之需、卑僧情願將今年一年五成歲租、以二成報效綏遠購槍之用、並請札知薩拉齊廳、俟發交敝召今年歲租時、扣留二成、徑解綏遠俾遂報效微忱、暨請

將軍衙門發給五成歲租執照、以後敝召按年領租、永遠爲據、實爲公便、等情前來、除札知咨行包頭墾務局外、相應咨行

貴將軍請煩査照、賞發執照、以昭信守、須至咨者

綏遠城將軍、請發執照外、合行札飭札到該局、即便査照可也、此札

右　　咨

綏遠城將軍

光緒三十一年二月　日　　右札仰包頭墾務局准此

王愛召資料整理番號　二八　　乙字三六號

督辦蒙旗墾務大臣、理藩院尚書銜、綏遠城將軍貽

王愛召喇嘛呈報、情願將應得歲租三成歸公、並發部照、札飭包局査照由

爲札飭事、照得光緒三十一年二月初七日、據王愛召胡畢拉漢喇嘛、圖普丹札拉桑呈稱、爲呈報事、前於光緒二十九年間、卑將該召地畝、呈報開墾、當蒙墾務局派出委員開辦・令將押荒銀兩、全行催收清結、今該召每年應得租銀、揣計有一千六百餘兩、共内以三成情願呈請歸公、如蒙恩准、請賞發部照、再所餘七成、如何酌分該札薩克王、及召廟、卑等俾資受恩深重、誠心萬懇欽差大臣將軍鑒察定奪、示覆、遵照施行、等情前來、該喇嘛所請、除以歲租三成歸公、所餘七成、由墾局酌分、本大臣詳加參酌、應以五成歸公、以一成歸該喇嘛本身自用、再以一成歸郡王經收、以其地本屬王旗、又係郡王所捨於廟、從前該召按年尚以歲租分之該旗、酌理準情、自宜如此分定、該喇嘛出家淸苦、且其地究係廟產、與別項報墾者微有不同、本大臣格外體恤、擬從歸公三成之內、再分給喇嘛一成、以爲倡開蒙地者勸、除俟奏明辦理、並咨由綏遠城將軍頒發執照、俾歲持以赴廳取租外、合行札飭札到該局遵照、並飭行幘巡捕、即日傳知該喇嘛遵照、此札

光緒三十一年二月十二日　　右札仰包頭墾務局准此

王愛召資料整理番號　二九　　乙字三六號

督辦蒙旗墾務大臣、理藩院尚書銜、綏遠城將軍貽

郡王旗郡王呈請、將王愛召墾地、歸王今年一成歲租、報效綏遠城購械之需、咨明綏遠城將軍由
札包局査照

二五

二六

爲札知事、案據郡王旗郡王、特古思阿勒坦呼雅克圖呈稱、爲報效歲租、請領執照事、敝旗所屬之王愛召地畝、於光緒三十年、蒙飭局代放、其常年地租、訂以三成歸公、七成歸召、又於七成中、提出二成、以一成歸該喇嘛圖布登札勒桑自用以一成歸王本身經收、仰見欽差將軍體恤本王之至意、感激實深、惟此一成歲租、業已歸王、自應呈請發給執照、以便按年憑照領租、永遠遵守、再本王情愿在每年租銀內、將今年一年歲租、報效綏遠城購枪之需、並懇轉請將軍賞發執照、札知薩廳、將本王今年應得一成歲租扣留、徑解綏遠、俯賜賞收、俾遂報效微忱、爲此具呈、伏乞恩准札飭施行、等情據此、除札飭包頭墾務局外、相應咨行貴將軍、請煩查照、賞發執照、以昭信守、須至咨者

右札仰包頭墾務局准此

綏遠城將軍、請發執照外、合行札飭札到該局、卽便查照可也、此札

右　咨

綏遠城將軍

光緒三十一年二月十二日

王愛召資料整理番號　三〇　　乙字三六號

督辦蒙旗墾務大臣、理藩院尙書銜、綏遠城將軍貽

王愛召喇嘛土不當嘉勒生、呈報徒弟達爾濟姓名、咨行將軍衙門、並札包局查照由

爲札知事、案據王愛召胡畢拉漢喇嘛、土不當嘉勒生呈稱、爲領執照取租報明傳世事、竊卑僧已將敝召歲租、呈請分給卑僧自用一成、又蒙恩於歸公地方之三成內分賞卑僧一成、實屬恩德莫大、惟旣承賞給用印取租執照、此二成歲租、卽是卑僧世業、世代相傳勿替、謹將卑僧徒弟達爾濟姓名、先此呈報、伏乞轉請將軍衙門存案、並懇札知薩廳、以後師弟代傳

有案可憑、永遠爲據、再請以後無論代傳何人、由廳發交租項、似以認照不認人爲妥、爲此伏乞恩准施行、等情前來、除

札知包頭墾務局　相應咨行
咨行綏遠城將軍查照立案外、合行札飭札到該局、即便查照可也、此札、
貴將軍、請煩查照存案施行、須至咨者

右　咨

綏遠城將軍

右札仰包頭墾務局准此

光緒三十一年二月十二日

王愛召資料整理番號　三一　　丙字六一號

督辦蒙旗墾務大臣、理藩院尚書銜、綏遠城將軍貽、

附片西盟局代放王愛召地畝情形一片由、

再郡王旗所屬之王愛召、舊有香火地圍附該召四面、縱横計三十里、向係招集民蒙各戶分佃納租、藉供香火、於二十九年秋間、據該召有神靈胡畢拉漢喇嘛圖布登札拉桑、以民蒙租種召地、任便交租、歲入無幾、無法清釐、呈請奴才飭由墾務局代爲放墾、以所得地價、報效一半、作爲經費、並請酌定地價租章、放墾後、由墾局代收租項等情、奴才查此次辦理西盟蒙墾、凡各旗所報地內、有大小召廟、均須酌留廟地、俾資養贍、茲王愛召喇嘛、以自有之地、呈請爲之租放、並不需用墾局經費、自未便拒其所請、當飭西盟墾務局、於墾員事簡之時、派往勘辦、一面取具該召事官喇嘛人等、遵辦文結、一面酌分地則、招戶認領、已於上年丈放完竣、計共丈放生熟淨地、一千二百六十七頃一十二畝八分、內上地二百五十七頃二十二畝一分、每畝徵銀四錢、應徵地價銀、一萬二百八十八兩八錢四分、中地二百四十五頃八十一畝一分、每畝徵銀三錢、應徵地價銀、七千三百七十四兩三錢三分、中下地一百五十三頃六十五畝六分、每畝應徵銀二錢、應徵地價銀、三千七十三兩

二七

二八

一錢二分、下地六百一十頃四十四畝、每畝徵銀一錢、應徵地價銀、六千一百四兩四錢、統計共應徵地價銀、二萬六千八百四十兩六錢九分、此項地價銀兩、陸續徵收、按照所收數目、以一半撥歸該召、以一半充作墾局經費、以符原議、其常年歲租、定以土地每畝每年徵銀二分、中地一分六厘、中下地一分二厘、下地一分、一律自今年起租、暫先由墾局就近徵收交付、如撤局後、再交由薩拉齊廳、照章代徵、惟徵收不無耗費、即於所徵租銀內、每百兩提取一成、藉以津貼辦公、嗣復據該召喇嘛呈請、將應收歲租、每年報效歸公二成、撥歸郡王旗一成、所餘七成、爲該召供奉香火、及該喇嘛度用之需、亦經奴才詳爲核定、分行知照、並分別發給領租執照、俾每歲持以取租、無虞冒領、惟查此項放墾之地、係屬廟產、與各旗報地歸墾者不同、不能發給領戶部照、而各戶備價領地、本爲事業、又豈可無執守之據、復由奴才另行刊印廟地執照、飭交該局按戶塡發、以昭信守、除飭局造具領頃畝清冊、與截留照根、一併呈送備案、暨將歲收歸公二成租銀、另款存儲、按年造報外、所有西盟墾務局、代放王愛召地畝情形緣由、理合附片陳明、伏乞

聖鑒訓示、謹

奏

光緒三十二年四月二十四日

王愛召資料整理番號　三二

丙字六一號

王愛召喇嘛沙普隆圖布丹札拉桑、謹呈

欽差大臣將軍、爲據情呈明結讐被欺粮窘事、竊卑喇嘛、於光緒二十九年間、遵重

朝命、呈報該召地畝、應開墾一半在案、査該處黑人等、於前年間、私行得收利入已、是以伊等不願開墾、與喇嘛懷讐、自去年共

黑人等、將留召所有之地、兩次放給巴噶諸爾洋堂教民、所得之利、入於他們本身、卑喇嘛將苦累之事、差人與洋堂商議

雖則他們所得利益退回完結、將他等召上所屬地畝、終久耗費被謀、與喇嘛商議、在召西柴達木德勒蘇往下有地一塊、値斑梅楞巴雅爾賈楚克等、租與教民金鳳梧、經巴雅爾賈楚克書給約據、召上執事尙卓特巴雅爾賈楚克收取過租銀、於本年四月初七日、達拉特旗下台吉藏布拉什、召上徒衆、札薩克公旗下根丕勒、鄂托克旗下布音德勒格爾塔爾渾托和齊等、勾通結黨、聲稱說我們召沁札蘭衛盖克、口出謠言情形、聲叙呈報備斑處、經喇嘛曉諭値斑處、傳提訊問等語、續於十四日章盖衛綽拉孟鑑丕勒、札薩克公旗下喇嘛根丕勒、達拉特旗下台吉藏布拉什、台吉哈拉坍、梅楞衛阿拉坦桑等、倡率十二人均持鎗械來到召上、在卑喇嘛房內、將値斑巴雅爾賈楚克等拏去、又聲稱將喇嘛拏走、經本召執事人等勸說、始行解散、當即得空脫出、在該札薩克衙門、將所有情形呈明後、有成全和睦之意、經沙畢郎巴藏布、到來聲稱、將召廟大有擾累、命喇嘛旋回去、到達拉特貝子衙門、呈報所有情形、孰是孰非、聽候辦理、於本月初三日、喇嘛差札蘭衛盖克、前往達拉特衙門去報、有章盖鑑丕勒塔爾渾托和齊結黨邀截路、將孟克乘騎青騾搶去、聲稱不但拏去騾子、欲要你命、當將所說情由、出首呈報達拉特衙門、遂即派員往向他們索要騾子、仍未給還、章盖鑑丕勒台吉藏布拉什喇嘛根丕勒等、聲稱均是富戶慣起毒意傷害之法、捜說請唐古特喇嘛、與你們幾人咒詛黑經、作爲見證、將一切評告、捏造邪法、在副盟長衙門這等人們、自二十九年間、與喇嘛懷讐、各處屢次呈告、花費銀錢甚鉅、現今似此聚衆、以致侵害搶奪財物牲畜、卑喇嘛不能召上居住、辦理寺廟道場經卷事件、諷誦

聖主萬壽皇經、而性命難存、謹據實情呈報、懇恩鑒査、以解卑喇嘛艱窘苦累、催命該召仍作道場、懇恩定章、俾資永遠徒衆平安、再自二十九年、屢次勾通懷讐、將所費之款、未盡事件、另行補呈、合併聲叙施行、

光緒三十二年閏四月初十日呈

王愛召資料整理番號 三三　丙字六一號

二九

三〇

已辦札覆該旗査辦由、

伊克昭盟長、沙克都爾札布、呈

欽差大臣將軍、爲稟報事、現據該盟達拉特旗台吉贊木布拉什等聯名呈報、王愛召沙布隆圖布棟札勒散重情前來、査該沙布隆圖布棟札勒散前經呈報開墾地畝、所得押荒銀一萬餘兩、伊召念經滓事未用、竟以混亂事故妄費、而且易得將餘剩牧地、仗其所學經卷、任意主持私放、所得銀錢召廟無益、給婦女耗費嫖混、請唐古特喇嘛佐道迷亂心意、起惡端念黑經等、各項亂爲査實、在屢世胡畢勒罕、況且出家僧人、亦屬與清規未合、爲此卽便傳提兩造面質、自應嚴究辦理、現聞奸沙布隆圖布棟札勒散、前往歸化城

欽差大臣將軍衙門、據情呈訴、等情據此、爲此歸關係教堂要案辦理、亦或轉交副盟長究辦之處、呈報

欽憲將軍鑒察、指示遵辦施行、

光緒三十二年六月十三日

王愛召資料整理番號 三四

丙字六一號

督辦蒙旗墾務大臣、理藩院尙書銜、綏遠城將軍貽

札飭伊克昭副盟長、札薩克旗公察究王愛召喇嘛控案、秉公辦理呈覆由

爲札飭事、案據伊克昭副盟長、沙克都爾札布呈稱、爲呈報事、現據該盟達拉特旗台吉贊木布拉什等、聯名呈報王愛召沙布隆圖布棟札勒散重情前來、査該沙布隆圖布棟札勒散、前經呈報開墾地畝、所得押荒銀一萬餘兩、伊召念經滓事未用、竟以混亂事故妄費、而且易得將餘剩牧地、仗其所學經卷、任意主持私放、所得銀錢、召廟無益、給婦女耗費嫖混、請唐古特喇嘛佐道迷亂心意、起惡端念黑經等、各項亂爲査實、在屢世胡畢勒罕、況且出家僧人、亦屬與清規未合、爲此卽便傳提兩造面質、

自應嚴究辦理、現閱訐沙布隆圖布棟札勒散、前往歸化城欽差大臣將軍衙門據情呈訴、等情據此、爲此歸關係教堂要案辦理、亦或轉交副盟長究辦、等情據此、又先於閏四月十五日據王愛召喇嘛沙普隆圖布丹札拉桑、以結仇謀命擾害各情、呈控達拉特旗下台吉藏布拉什、率衆蒙官共十二人、於前四月十四日持鎗來召、在該喇嘛房內、將値班巴雅爾賈楚克拿去、聲言要拿該喇嘛、幸躲避逃出、及閏四月初三、該喇嘛派札蘭衙孟克、前往達拉特貝子衙呈報、又被章蓋滕不勒塔爾渾托和齊等、於半道將孟克所騎青騾搶去、等情在案、查本大臣將軍辦墾、撥給各召廟押荒銀兩、原以備念經奉佛養贍徒衆之需、乃該王愛召喇嘛竟敢任意妄費、並有交結婦女、邀請唐古特喇嘛誦念黑經各種不法情事、洵屬有玷清規、爲此札仰該副盟長、嚴禁該喇嘛沙布隆圖布棟札勒散、務令恪守清規、毋許再有從前不法情事、遇有關繫教堂之事、尤宜詳愼調處、至該台吉章蓋等、是否挾嫌誣控、有無持鎗擾害搶去騎騾各情、亦當悉心察究、倘該喇嘛所禀不虛、卽予該台吉章蓋等、以應得之咎、勿稍回護、札到副盟長、務須秉公辦理、嚴飭兩造各安本分、毋得妄滋事端、致干懲究、仍將辦理情形、呈覆核奪、切切此札

右札仰伊克昭副盟長札薩克齊公、沙克都爾札布、准此、

光緒三十二年七月初八日

王愛召資料整理番號　三五　　丙字六一號

督辦蒙旗墾務大臣、理藩院尚書銜、綏遠城將軍貽

伊克昭副盟長、呈報王愛召喇嘛、圖布登札拉散、盜賣該召地畝等情、札該正副盟長查拏由、

爲咨覆札飭事、案准

綏遠城將軍咨開、爲咨行事、項據伊克昭副盟長、沙克都爾札布呈稱、竊敝盟所屬郡王旗王愛召、舊有香火地數十里、皆係蒙旗施捐以供香火養贍之需、二十九年、經該召喇嘛圖布登札拉散召地一半報效開墾、當蒙大人嘉其效順、飭由墾局將所

三二

報召東邊地、代爲招放、旋將所收一半押荒銀、一萬餘兩交給、乃該喇嘛、得此鉅款、除少分召中公用、餘盡泥沙浪費荒淫無度穢亂清規、以致徒衆苦累、蒙民交怨、方議驅逐、該喇嘛自度不能容留、乘間逃跑、潛匿於外、冶遊漁色、無所取資、復將未報一半北邊柴達木地段、私自盜賣、在民蒙知爲召中公產、或多不敢私購、該喇嘛又勾結教民、賣給洋堂、若不嚴加懲禁勢必廢盡召地、徒衆何以爲生、其召且將蕩廢、且盤賣之地、召中不知、將來原主與洋堂爭相管業、誠恐激成事端、以上各情、迭據各蒙人及召中徒衆、稟請懲究、本副盟長、以事體重大、未敢擅便、惟有呈請大人查核、應如何使召地不失、預弭事端、出自鈞裁、飭遴辦理、等情據此、相應咨行貴大臣、請煩查照辦理施行、等情據此、咨行查照辦理前來、查王愛召香火地畝、皆係該各蒙旗捐施之地、前經該召喇嘛圖布登札拉散將召地東邊一半、呈請由局代爲放墾、報效押荒一半、作爲經費、其餘一半押荒、當於放墾後、議飭該喇嘛及該召管事喇嘛等、分別承領、並酌定歲租章程、原爲該召供奉養贍之計、乃該喇嘛得款之後、浪費荒淫、苦累徒衆、復將所留一半之地、私行盜賣、乘間逃逸、殊屬有玷清規、前據該盟長呈報前情、業經札令將該喇嘛嚴行約束、不得任其妄爲、茲復據呈請查辦、此項廟產、俾資生計等情、查所留柴達木地段、本屬召中公產、該喇嘛乃敢私自盜賣、若不及時清查、必至尺土無存、徒衆何以爲生、著該盟長、立將該喇嘛圖布登札拉散嚴密查拏、勒令將私賣地價銀兩、如數追出交還原主、一面將此項地畝、交歸西盟墾務總局、由該局派員前往接收、仍查照上屆招放該廟地章程、一律丈放、俟丈放清完、核計所得荒價、酌撥該召、以資召中公用、並應得常年租銀、按年由地方官照章徵收、飭令該召收領、爲永遠供奉養贍之需、如此辦理、庶於該召有裨、除分飭遴辦外、相應咨覆爲此合咨
除咨覆合亟札飭、札到該盟長
局卽便查照文內事理、妥速遴辦具報、此札
綏遠城將軍查照辦理施行、須至咨者

右　　咨

綏遠城將軍

光緒三十二年八月二十三日

右札仰　伊克昭正副盟長察克都爾色楞沙克都爾札布准此
西盟墾務總局

王愛召資料整理番號　三六

丙字六一號

西盟墾務總局、詳報王愛召喇嘛、圖普登札拉散、報墾該召西面一半地畝詳冊由、

西盟墾務總局、爲詳報事、案據王愛召沙普龍喇嘛、圖普登札勒散呈稱、爲呈報事、光緒二十九年間、喇嘛竊身謹遵

諭旨、該召之地由東一半、當經將地呈報、迄至於今、衆蒙古人等、與喇嘛懷仇、在各處迭次控告、窘迫銀錢、陷害匪小、且如今援引衆人前來、致於廢命悖逆大衆人等、頻頻被欺各情、復加另行呈報一分外、現在本召所遺由西面一半地址、所有梁臺交界、庫倫塔拉博洛霍碩五百頃之地、似應工作官田、今喇嘛竊身誠心、分別呈報、伏乞體恤由上鑒查轉報、其押荒租銀、恩施照舊體恤可也、再地之疆界、派員辦理時、分別呈報之處、合併聲明、等情據此、卑府查此項地畝、前經該喇嘛出租於教民、蒙民因此與其滋鬧、曾赴副盟長處控告有案、轇轕殊多、恐難開放、當傳該喇嘛來局面詢、據稱地實出租教民、惟業經倩人說合、教民已允全數退還、由渠自行備價收回、情願報效歸公、並稱蒙民於赴副盟長處控告該喇嘛時、牽去騾子一頭、懇請追還等語、卑府復加訪察、尙非虛詞、教民租地、該喇嘛既能備價收回、應請准其報墾、至蒙民興訟一節、因爲地歸教民而起、現在地既報墾、自不准再行滋鬧、擬請札飭伊克昭盟副盟長、札薩克旗輔國公、沙克都爾札布銷案、並令蒙民退還騾頭以斷葛藤、除飭該喇嘛候示外、所有王愛召喇嘛報地緣由、理合具文詳請

憲台查核批示、以便派員勘收、爲此備由具申、伏乞

照詳施行、須至詳者

光緒參拾貳年捌月貳拾捌日　三四

總辦姚學鏡

會辦元愷

王愛召資料整理番號　三七

丙字六一號

督辦蒙旗墾務大臣、理藩院尚書銜、綏遠城將軍貽

西盟總局、詳報王愛召喇嘛、圖布登札拉散、報墾該召西面一半地畝等情、分別批示、札飭伊克昭副盟長遵照由、

爲札飭事、案據西盟墾務總局詳稱、爲詳報事、案據王愛召沙音嚨喇嘛、圖普登札勒散呈稱、爲呈報事、光緒二十九年間、喇嘛竊身謹遵

諭旨、該召之地由東一半當經將地呈報、迄至於今、衆蒙古人等、與喇嘛懷仇、在各處迭次控告、窘迫銀錢、陷害匪小、且如今援引衆人前來、致於廢命悖逆大衆人等、頻々被欺各情、復加另行呈報一分、現在本召所遺由西面一半地址、所有梁台交界、庫倫塔拉博洛霍碩五百頃之地、伊應工作官田、今喇嘛竊身、誠心分別呈報、伏乞體恤、由上驗查轉報、共押荒租銀、恩施照舊體恤可也、再地之疆界、派員辦理時、分別呈報之處、合併聲明、等情據此、卑府查此項地畝、前經該喇嘛出租於教民、蒙民因此與其滋鬧、曾赴副盟長處控告有案、轇轕殊多、恐難開放、當傳該喇嘛來局面詢、據稱地實出租教民、惟業經債人說合、教民已允全數退還、由渠自行備價收回、情願報効歸公、並稱蒙民於赴副盟長處控告該喇嘛時、牽去騾子一頭、懇請追還等語、卑府復加訪察、尚非虛詞、教民租地、該喇嘛既能備價收回、應請准其報墾、至蒙民興訟一節、因地歸教民而起、現在地既報墾、自不准再行滋鬧、擬請札飭伊克昭副盟長、札薩克旗鎮國公、沙克都爾札布銷案、並令蒙民退還騾頭、以斷葛藤、除飭該喇嘛候示外、王愛召喇嘛報地緣由、理合具文詳請查核批示、以便派員勘收、等情據此、除批、據詳已悉、查此案、昨據札薩克公、呈報該喇嘛浪費荒滛無所取賚、將所留召中柴達木地私行盜賣、呈請查辦等情、業經札飭

該公、將圖布登札拉散立卽查拏、勒令將私賣地價銀兩、如數追還原主、一面將此項地畝、交歸該局仍行查照上屆辦法、
一律丈放、分飭遵辦在案、玆該喇嘛旣自行報墾、並聲明出租敎民之地、能自收回、應准不咎旣往、仰卽速行派員勘收、
仍遵前札辦理、並候札飭伊克昭盟副盟長遵照外、合行札飭、札到該副盟長卽便遵照、此札

右札仰伊克昭盟副盟長、鎭國公銜、札薩克旂頭等台吉沙克都爾札布准此、

光緒三十二年九月初五日，

王愛召資料整理番號　三八　丙字六一號

西盟總局詳報派員勘收王愛召喇嘛報地、並擬定荒價、請示遵由、

西盟墾務總局、爲詳報事、案查前據王愛召沙普鼉喇嘛、圖普登札勒散、報墾該召西面庫倫塔拉博洛霍碩等處地畝、詳蒙
憲台批據詳已悉、查此案、昨據札薩克公呈報該喇嘛浪費荒資、無所取資、將所留召中柴達木地、私行盗賣、呈請查辦等情、
業經札飭該公、將圖木登札拉散、立卽查拏、勒令將私賣地價銀兩、如數追還原主、一面將此項地畝、仍行查照上屆辦法、
一律丈放、分飭遵辦在案、玆該喇嘛旣自行報墾、並聲明出租敎民之地、能自收回、應准不咎旣往、仰卽速行派員勘收、
仍遵前札辦理、幷候札飭伊克昭盟副盟長遵照可也、此繳、等因、當經派委卑局收支委員沈縣丞克莊、前往勘收去後、玆
據沈縣丞稟稱、敬稟者、竊奉憲飭、以王愛召沙普鼉喇嘛、圖普登札拉散、續報梁臺庫倫塔拉博洛霍碩召地五百頃、現奉
欽憲批飭、查照上屆辦法、派員勘收丈放、委令卑職馳赴該處、飭將所報西面一半地段、盡數指交、查明共有若干頃畝、是
否耕種成熟、抑係未闢荒地、勘明界址、繪具圖說稟覆、等因奉此、遵於九月十七日、束裝起程、次日行抵王愛召、探悉
該喇嘛、近因蕩檢踰閑、爲蒙衆所不容、避赴他處、當派從兵前往尋覓、一面帶同該召執事喇嘛、馳赴指報地所、勘得該
地坐落召之西北、形屬三角、與前報界址相連、而土脈遠不能及、歷年租與民間、不過擇種一二、可放之地、寥寥無幾、

三六

正在履勘間、適該喇嘛回歸、當飭於原報外、再行展界、俾地數稍多、可以酌量揀放、磋商至再、該喇嘛允以王子大道爲界、南界西界、均以達旂牧地爲止、北以前放之地爲界、約計寬廣一百五十餘方里、出具交地甘結前來、雖地數較原報加倍、然沙梁鹽堿、居其大半、若由烏蘭河溝開渠引灌山水、使之淤澄、或可耕種、然相距太遠、地質過劣、亦難變斥鹵爲膏腴、而該召尚有地畝、更不如此、倘照上屆中下則及下則地價、或易招放、所有奉委勘收王愛召續報地畝緣由、理合繪具圖說、並取具交地甘結、稟覆查核轉詳、計稟呈圖說二紙、甘結一紙等情、具稟前來、卑府查該喇嘛圖音登札拉散、原報本祗庫倫塔拉博洛霍碩等處地五百餘頃、嗣沈縣丞以地質過劣、當面磋商該喇嘛允於原報之外展界、以便酌量揀放、現經沈縣丞勘收地界、約計寬廣一百五十餘方里、雖較原報倍蓰之多、而其間沙梁堿灘過多、約計可耕之地、仍與原報之數無多軒輊、且土脈極次、較前報之地大相懸殊、如照上屆押荒章程辦理、恐領戶不前、招放匪易、卑府審度情形、惟有酌量核減、庶不致於觀望不前、此項報地、擬請區分上中下三等、上地每頃徵收銀三十兩、中地二十兩、下地一十兩、如此辦理、地質雖劣、而領戶以荒價較廉、或可相率承領、除將甘結暫存卑局備查外、所有派員勘收王愛召喇嘛報地、並擬定押荒緣由、是否有當、理合具文詳請

憲台核示、以便派員設局招放、爲此備由具申、伏乞

照詳施行須至詳者

計詳送

圖說一紙

光緒三十二年十月十九日　　總辦姚學鏡

文案處擬　　會辦元愷

批、據詳已悉、王愛召喇嘛圖布登札拉散、續報之地、經該局委令沈縣丞克莊、前往勘收、以地質過劣、商允該喇嘛於原報

勘收王愛召續報地畝圖

外、再行展界、約計寬廣一百五十餘方里、取具交地甘結、辦理倘屬得宜、惟旣據稱此項地畝土脈極次、較上屆所放之地、大相懸殊、所收押荒、應准如擬核減、以期易於招領、仰卽查照、并候飭行幀收支處査照、此繳、圖說存、

光緒三十二年十月二十八日

王愛召資料整理番號　三九

丁字六八號

具呈人土默特旗披甲蒙古自來保、年五十二歲、係德佐領屬下人、住薩廳屬包鎭、爲惡佔一方、久慣覇地、乞思派委勘丈拘案驗照斧斷事、緣于光緒二十九年丈放王愛召地畝、小的承領地五頃六十一畝、領有部照爲憑、臨審呈驗、承種二年、毫無異說、不料前在後套久慣覇地惡徒王同春、亦來此處領地、設立同心東牛犋字號、伊與小的雖在一村居住、地畝尙不挨連、小的西界有天生渠一道、委員丈放時、留此渠令衆戶澆地、無人承領、而王同春于去春竟丈素惡、將天生渠重行開挖、覇爲己產、復將小的西界地畝、覇種八十餘畝、小的向其較論、自知理曲、言明秋後包糧退地、及到秋成、除不包糧地亦不退、復向較之、有觸兇性、喝人捆綁、意謀塡河、小的見勢兇惡、設法逃赴包鎭局具禀、蒙批委員勘明傳究等因、迄今數月之久、未蒙勘驗、今春小的因短欠糧銀、赴地運糧、以便出售納糧、詎伊聞知、卽率惡棍數十名、各拏快炮一擁撲來、意欲捆綁塡河、恨仇小的聞知、急騎快馬逃命、始脫虎口、若非馬快、性命難保、以致驚得痢疾、至今未愈、小的逃後、有消氷水、由天生渠流下、衆戶皆澆、惟小的被其派人阻堵一畝未澆、伏査伊虎踞後套、久慣覇地、稍不遂意、咬人謀殺塡河抑或挖眼、山陝兩省百姓、聞其姓名、均皆落胆、如此之案、薩廳約有數起、差拘永不赴案、伊用手下惡徒赴案、以爲得計、舊年秋間、有小的地伙蒙古長命子、因與爭此地畝、被其挾仇、赴套至今未回、再聞被其謀害未確、現在東作之際、小的本屬軟弱孤人、實不敢赴地播種、今逢

大人蒞臨包鎭、小的聞知、匍匐投轅、泣懇派委勘丈、一面多派兵役、拘其到轅、立法懲辦退地、如蒙允准、不但小的愚

蒙感恩、則山陝兩省、萬民聞風、均感大德不盡矣、爲此泣懇

俯准派員勘丈、並選兵役拘究施行

光緒三十三年三月　日

文案處擬

批、據呈控地商王同春、霸種該披甲地八十餘畝、並堵大生渠水、不令該披甲澆地各等情、查王愛召尚有續行放墾之地、該呈是否屬實、或有別項情節、仰候設局開放王愛召地畝時、一併飭局詳查辦理、此批、掛發、

光緒三十三年三月二十八日

三八

王愛召資料整理番號　四〇　丁字一七號

伊克昭盟郡王旗、

勅建廣慧寺執事得木齊等、　呈

欽差大臣將軍、爲呈報事、準噶爾旗舊牌子地、地內窑子灣等地方、有五十二犋牛地、並灘地、所收租銀、本寺管理、作爲該寺諷經之費以來、現將此地呈報

欽差將軍歸墾開放辦理、伏祈恩准押荒、並按年租銀、照前分給該本寺、以濟諷念

皇上萬壽經典、並合計此地頃畝一百五十七頃五十畝熟地、據情呈報

光緒三十三年九月二十八日

王愛召資料整理番號　四一　丁字六八號

西盟墾務總局、爲詳請核咨事、案查前蒙
憲台札開、案准
戶部咨開、爲欽奉事、山西司案呈、本部議覆墾務大臣貽奏、郡王旗屬王愛召香火地、呈請由墾局代爲放墾等因一片、
光緒三十二年七月十九日具奏、奉
旨依議、欽此、相應抄錄原奏、恭錄
諭旨、行文墾務大臣可也、等因准此、合行粘抄原奏札飭、札到該局、卽便查照、計粘抄原奏一紙、內開
戶部片、再墾務大臣貽奏、郡王旗屬之王愛召香火地、以民蒙租種、任便交租、無法清釐、呈請由墾局代爲放墾等因一
片、光緒三十二年四月初四日、奉
硃批戶部知道、欽此欽遵、由內閣抄出到部、查原奏內稱、當飭西蒙墾局勘辦、於上年丈放生熟淨地、一千二百六十七頃一十二畝八分、共應征地價銀、二萬六千八百四十兩六錢九分、此項地價、陸續征收、以一半撥歸該召、以一半充作墾局經費、其常年歲租、定以上地每畝每年征銀二分、中地一分六厘、中下地一分二厘、下地一分、自今年起租、將由墾局征收交付、如撤局後、交由薩拉齊廳代收、於所收租銀內、每百兩提取一成、藉以津貼辦公、嗣復據該召喇嘛、呈請將應收歲租、每年報效歸公二成、撥歸郡王旗一成、所餘七成、爲該召供俸香火、及該喇嘛用度之需、惟此項放墾之地、係屬廟產、與各旗報墾不同、另行刊印廟地執照、飭交該局按戶塡發、以昭信守等語、查西盟墾局、代放郡王旗屬之王愛召香火地畝、旣據該大臣奏稱、已於上年丈放完竣、另行刊印廟地執照、飭局按戶塡發、常年歲租撤局後、由薩拉齊廳照章代收、於所征租銀內、每百兩提一成津貼辦公、其歸公二成租銀、另款存儲、按年造報、均應如所奏辦理、至此項一半地價、係出報效、卽應全數歸公、惟委員勘丈、以及刊發執照、不無耗費、應照墾務章程辦理、查該大臣前次奏定察哈爾左右翼墾務章程、每畝收押荒二錢、加收辦公一錢、而加收之中、以六分留充局費、四分作各該旗協同辦公之用、

四〇

是局中所得者、亦不過十成之二也、臣等公同商酌、擬請於此項報效銀兩內、以二成撥入墾局、作爲辦公經費、餘應另
款存儲、聽候撥用、其所請悉數撥充墾局經費之處、碍難照准、至放過頃數畝數、民戶花名清冊、暨截留照根、應一併
送部、以憑查核所有臣等核覆緣由、理合附片具陳、伏乞
皇太后
皇上聖鑒、謹
奏等因、伏查王愛召報墾之地、於光緒二十九年冬間、經卑局派員丈放完竣、計生熟淨地、一千二百六十七頃一十二畝八
分、共征地價銀、二萬六千八百四十兩六錢九分、以一半撥給該召、以一半充作卑局經費、業蒙
憲台具
奏、並頒發執照、由卑局塡給各地戶收執在案、嗣奉
戶部議覆、令照察哈爾左右兩翼墾務章程、以二成撥入卑局作爲辦公經費、餘應另款存儲、聽候撥用、本應遵照辦理、
惟開辦該召報地之時、風氣未開、蒙情疑沮、地戶觀望、以致曠日持久、與察哈爾左右兩翼情形、大不相同、開支經費
殊非二成所能敷用、且卑局於二十八年秋間卽開創一切、至三十一年十一月初一日以後、又蒙
奏明改爲總局、並添設分局、所派員司、多至一百餘員、截至本年底止、核計薪津車馬費等項、所需已屬不貲、而各旗所
報地畝、又肥磽不一、照章征收經費、均不敷開支、卑府再四籌思、不得不通盤籌畫、酌盈濟虛、擬請將王愛召一半地
價銀兩、仍悉數撥充卑局經費、以事補苴、則大局幸甚、除將截留照根、另文詳送外、所有擬請將王愛召一半地價銀兩、
仍悉數撥充卑局經費緣由、理合具文詳請
憲台核咨、爲此備由具申、伏乞
照詳施行、須至詳者

光緒三十三年十一月　日　總辦姚學鏡　會辦元　愷

文案處擬

批、詳悉、王愛召一半地價銀兩、上年

奏請撥充墾局經費、經部議覆、准以二成作爲辦公經費、餘欵另儲候撥、玆據詳稱該局經費不敷、擬將此項銀兩、仍儘數撥歸該局、以資辦公、自係實情、仰候札飭收支處　核議呈覆

奏准後、再行札飭遵辦繳、

光緒三十三年十一月初十日

王愛召資料整理番號　四二

茂字二十九號

督辦墾務大臣貽穀跪

奏、爲王愛召一半地價、仍請悉數撥充墾局經費、以資辦公、恭摺仰祈

聖鑒事、竊杳郡王旗所屬之王愛召香火地、前據該召喇嘛呈請清釐、奴才飭由西盟墾局代爲放墾、所得地價、於光緒三十二年四月間、奏請以一半撥歸該召、以一半充墾局經費、部議奏令照察哈爾左右翼墾務章程、於此項地價內、以二成撥入墾局、作爲辦公經費、餘款另儲候撥等因、奉

旨依議、欽此欽遵、由部咨行到墾、當經行令西盟墾局遵照去後、復據該總局詳稱、開辦王愛召報地之時、風氣未開、蒙情疑沮、地戶觀望、以致曠日持久、需款浩繁、與察哈爾左右兩翼情形大不相同、開支經費、殊非二成所能敷用、且查察哈爾開放廟地章程、係令照章繳納押荒一半、以濟公用、奏准有案、此項王愛召地價、以一半充墾局經費、核與察哈爾

四一

廟地辦法、亦屬相符、而西盟放墾之難、開支之鉅、則較東墾更有過之、若遵照部議辦理、所用經費不敷、勢須設法挪用、且亦無可籌之款、挹注無從、擬請將王愛召一半地價、仍悉數撥充經費、以資辦公、由該局懇請具奏前來、奴才覆核無異、合無仰懇

天恩、敕部准照察哈爾廟地繳納押荒一半章程、仍將該召歸公一半地價、悉數充作墾局經費、俾濟公用、除將放地頃畝數目、及花名清冊咨部查核外、理合恭摺具陳、伏乞

皇太后

皇上聖鑒訓示、謹

奏

光緒三十四年正月二十五日

王愛召資料整理番號　四三

戊字一六號

西盟墾務總局、爲詳報事、竊照河西王愛召報墾界內、所種罌粟地畝、向由卑局派員勘丈、按畝收捐、本年五月底因墾務停辦、不便再行過問、而地屬薩廳、應由劉丞瀛、會同薩包統捐分卡、爲之經理、卽經卑局備文知會、旋准劉丞覆稱、王愛召報墾地畝、並未奉到接管明文、無案可稽、所有界內煙地、仍由卑局先行派員查勘、以資熟手、而免延誤、等情當經卑局派委稽查、兼辦收支委員、張府經濟清、前往查勘去後、玆據該委員勘明王愛召界內、共種罌粟、四頃一十二畝三分、均係下地、每畝照章折收銀、捌錢六分四釐、共應折收庫平銀、三百五十六兩二錢二分七釐、造冊呈送前來、卑局覆核無異、惟查種植罌粟一事、前奉

諭旨、明定章程、飭由地方官會同統捐局、於查勘時、發給執照、分年禁種、定章綦嚴、不容參差、王愛召地畝、雖經卑局派

員查勘、而此項罌粟畝捐、自應由薩廳會同薩包統捐分卡徵收、業已造具花名細數清册、移送薩廳會卡歸入統捐案內、一併徵收詳報、至查勘此項地畝時、因未有禁種執照、仍照舊製給卑局照票、用備查考、茲將截存照根、六十八張一併移送薩廳、俟各花戶完納畝捐後、由薩廳更給禁種執照、以符定章、而免歧異、除傳諭各花戶外、所有派員查勘王愛召界內罌粟地畝、並造册移送薩廳會卡徵收畝捐緣由、理合造具清册、具文詳報

憲台查核、轉飭薩廳並薩包統捐分卡、一併知照、實爲公便、爲此備由具申、伏乞

照詳施行、須至詳者、

總辦焦連城

光緒三十四年七月初八日

王愛召資料整理番號　四四　　戊字一六號

西盟墾務總局、爲詳報事、竊查河西王愛召、西面、庫倫碩洛霍等處地畝、於光緒三十二年間、據該該喇嘛土不當加勒生

具呈報墾、蒙

前憲台貽、札由卑局派員前往收界、繪圖具報、旋因各旗墾務殷繁、無暇兼顧、未及設局丈放、招令原戶照舊種植、秋後由局按畝收租、所有三十二、三十三兩年徵收租銀、均經開報在案、本年查辦事起、墾務停止、前項地畝、仍照去年辦法、招令原戶、照舊種植、並擬將該地區分五等、徵收歲租、上上地每頃徵收庫平銀、一十二兩、上地一十兩、上次地八兩、中地六兩、下地四兩、於青苗出土時、出示曉諭、一面派委卑局委員、試用府經歷張濟清、前往勘丈去後、嗣據該府經勘丈明確、共計青苗地、四十頃四十五畝、並聲明其中並無上上地、造具花名淸册申送前來、卑局覆核無異、除備令各地戶呈繳租銀外、所有派員勘丈王愛召、西面庫倫碩洛霍等處、青苗地畝緣由、理合造具花名細數淸册、具文詳報

憲台查核、爲此備由具申、伏乞

四三

照詳施行、須至詳者

計詳送

清冊一本

光緒三十四年九月二十五日

四四

總辦焦連城

據詳及清冊均悉、仰即將勘明王愛召、續報西庫倫碩洛窩等處青苗地畝、迅速按則徵租報解、勿任延欠、此繳、冊存

王愛召資料整理番號　四五　　戊字一六號

西盟墾務總局、爲詳報事、竊照本年王愛召墾地界內、所種罌粟地畝、前經卑局派員勘丈、共計四頃一十二畝三分、均係下地、每畝照章折收八錢六分四釐、共應折收庫平銀、三百五十六兩二錢二分七釐、因種植罌粟一事、明定章程、應由地方官、會同統捐局辦理、卑局不便徵收畝稅、當即造具清冊、移送薩拉齊廳、會同薩包統捐局、歸入統捐案內、一並徵收報解、並具文詳報在案、嗣據王愛召善人圪堵、二安圪堵、六大股、烏蘭溝、四大股等五村地戶、稟報地內所種夏禾秋苗、於六月二十一、七月初一、二十等日、被烏蘭溝水淹沒、懇請勘驗體恤、等情、查各該村地內、所種夏禾秋苗、既均被水成災、而其中所種罌粟地畝、亦必盡被淹沒、自應派員履勘明確、免徵畝稅、即飭查勘水災委員、試用府經歷張濟清、順便查勘、去後、茲據張府經申稱、勘明善人圪堵等村、罌粟地畝、被水成災、毫無收成者、共計一十九畝五分、造具清冊申送前來、卑局覆查無異、自應免徵畝稅、以示體恤、除造冊移薩廳會同薩包統捐局查照外、所有派員勘丈王愛召善人圪堵等村、罌粟地畝、被水成災、緣由、理合造具清冊、具文詳報

憲台查核、爲此備由具申、伏乞

照詳施行、須至詳者

計詳送

清册一本

光緒三十四年九月三十日　　　　總辦　焦　連　城

詳册均悉、所有勘明被水成災罌粟地、既竟無所收、應徵畝稅、准予蠲免、仰即分別移命、示諭遵照、並飭該地戶、嗣後不得再種罌粟、如敢故違、無論來年有無成災、按則加徵、此繳、

王愛召資料整理番號　四六　　戊字一六號

代理西盟墾務總辦、山西試用知州謝鑑清、謹

稟

欽憲將軍大人閣下、敬稟者、竊據烏拉特墾務分局坐辦、吳樞詳稱、案奉照會、以王愛召西邊一半地畝、現飭該局兼放、所有押荒等則、及歲租章程、如何給照、如何歸公、前開召廟地畝、歸公押荒、統作經費、此次是否仍照成案辦理、抑須另議、均須一一籌及、應由該局議覆到日、以便核明、詳請

欽憲奏咨等因、溯查王愛召前報東面之地、於光緒二十九年間、經前總辦姚、派員丈放、所收之銀、不名押荒、而曰地價、以一半歸召、一半充作西墾經費、地則區分、上、中、中下、下、四等、上地每頃徵收地價銀、四十兩、中地三十兩、中下地二十兩、下地一十兩、其常年歲租、亦分四等、上地每畝每年徵銀二分、中地一分六釐、中下地一分二釐、下地一分、自光緒三十三年起、由總局暫行徵收交付、俟撤局後、再交由薩拉齊廳、照章代徵、於每年所收歲租銀內、每百兩提取一成、藉以津貼辦公、其餘仍作十成、曾經該召喇嘛、呈請每年報効歸公二成、撥歸郡王旗一成、所餘七成、作爲該召供奉香火、及該喇嘛度用之需、又因地係廟產、與各旗報地歸墾者不同、不能發給

部照、係由
墾務大臣、會同
綏遠城將軍、刊發廟地執照、以昭信守、一切情形、均經
貽前大臣奏明有案、玆査該召所報西面庫倫碩洛霍等處地畝、前經派員勘收、其押荒等則、早經詳定、分作上中下三等、
上地每頃擬徵銀三十兩、中地二十兩、下地一十兩、業經出示招墾、應俟烏拉三公報地、丈放完竣、再行設局開辦、惟該
召地多屬沙梁、碱灘、其中堪以耕種者、爲數無多、所收銀兩、擬請援照從前辦法、一半歸召外、其餘一半、是否仍充作
西墾經費、領地執照、是否仍由
欽憲、會同
綏遠城將軍憲、刊發之處、應請核議具詳、請示辦理、至該地常年歲租、擬請比照東面地畝章程、上地每畝每年徵銀一分
六釐、中地一分二釐、下地一分、以歸一律、所有遵飭核議王愛召報地、常年歲租緣由、是否有當、理合具文詳請核辦、
等情、據此、卑職悉心核議、査該召前報東面之地、於光緒二十九年間、派員丈放、其地價一半歸召、一半充作西墾經費
地則區分四等、與夫常年歲租、亦分四等、凡提撥餘成、及刊發廟地執照各辦法、均經
貽前大臣奏明有案、此次招放該召續報西面庫倫碩洛霍等處地畝、其押荒前經詳定、分作上中下三等、上地每頃擬徵銀三
十兩、中地二十兩、下地一十兩、該處地質較劣、應徵押荒、亦屬有限、擬請仍照東面地價、一半歸召、一半仍充西墾經
費、藉資辦公、至地屬廟産、本與各旗報地歸墾者不同、似未便遽請
部照、應否如前刊發廟地執照之處、伏乞
憲台核示飭遵、再常年歲租、擬請比照東面地畝章程、上地每畝每年徵銀一分六釐、中地一分二釐、下地一分、以歸一律、
所有籌議招放王愛召續報西面地畝、押荒歲租辦法、及領地執照、應否仍前刊發各緣由、理合稟請

大人鑒警、批示祇遵、肅此謹稟、恭叩

勛安、伏乞

崇鑒、卑職鑑淸謹稟

宣統元年八月二十二日

郡旗王愛召續報地畝、較初報地質稍差、押荒旣議減一等、則常年歲租、自可從減核定、准如稟、每年每畝上地征銀一分六厘、中地一分二厘、下地一分、仍照章以二成歸公、一成歸旗、下餘七成、悉歸該召、分撥香火食用、仰卽由該總局、酌撥員司、勒限年內放竣、造冊移交薩廳、於宣統二年起征、每百兩准其提取一成、爲征收之需、並候會同將軍衙門、刊給廟地執照給領、惟該地本已有人租種、且爲數無多、認領較易、不必另設專局、以節糜費、其所收押荒、以一半歸蒙、一半充作經費、一俟征收有款、連同正款、隨時繳解、並將辦理情形、具報察核、此繳、初十日

監印官候選縣丞　吳　震

王愛召資料整理番號　四七

戊字一六號

辦理烏拉特墾務、兼放王愛召報地分局坐辦、山西試用府經歷吳櫃、謹

稟

欽憲將軍大人閣下、敬稟者、竊卑職前蒙西盟墾務總局札飭、接放烏拉三公報地、一俟完竣、卽赴王愛召開放該召所報西面庫倫碩洛霍等處地畝、等因、蒙此、遵查烏拉特三公所報河西河東兩處地畝、前經卑職、督同員司勘丈完竣、於十月初八日撤局回包、辦理未竟事宜、業經稟報在案、嗣因天氣忽塞忽暖、河水久未堅凍、未能過渡、現在烏地各事、辦理漸有就緒黃河亦已凝凍、自應乘間開放王愛召報地、以收地利、惟査該處、半屬沙城、堪放之地、爲數無多、事務較簡、員司亦應

減少、卑職擬偕同王委員林、李委員鈞義、任書手得祿、並招募局夫一名、暨口外巡防馬隊四名、於十二月初一日啓程、馳赴王愛召、查該處距包九十里、不得不賃居民房、暫行辦公、毋庸專設局所、以節經費、所有應用紙張柴炭等項、擬由烏局局費項下開支、實用實銷、不敢稍事浮濫、除至該處查勘情形、隨時稟報外、所有卑職偕同王委員等、馳赴王愛召丈放報地日期、理合先行稟請

大人查核、除分稟西盟墾務總局外、肅此具稟、恭請

勛安、伏乞

垂鑒、卑職樞謹稟、

宣統元年十一月二十九日

據稟已悉、王愛召報放地畝、既經酌定員司、於十二月初一日、前赴丈放、仰西盟總局、飭即妥速趕辦、一切費用、概從減省、押荒如限徵收報解、仍將辦理情形、隨時馳報察核、繳

四八

王愛召資料整理番號 四八

戊字一六號

辦理烏拉特墾務、兼放王愛召報地分局坐辦、山西試用府經歷、吳樞、謹

稟

欽憲將軍大人閣下、敬稟者、竊卑職、前奉西盟墾務總局札飭、接放烏拉三公報地、一俟完竣、即赴王愛召開放該召所報西面地畝、等因、嗣因烏拉墾事、辦有端倪、於十二月初一日、偕同王委員林等、馳赴王愛召開放報地、業將啓程日期稟報在案、卑職自抵王愛召後、即會同該召大喇嘛、土不當加勒生、勘得該召所報之地、坐落召之西面、東至鵬召地、南至戶口地、西至達拉地、北至前報地、西寬東窄、形若扇面、周圍四十餘里、約地有五百七八十頃之多、第其中以沙梁鹹灘、居其大

牛、可耕之地、爲數無多、連日督飭玉委員等、分路勘丈、至十四日、一律完竣、共三十二號、計淨地一百五十四頃、六
十九畝二分、內計上地三頃七十四畝八分、中地九頃四十六畝七分、下地一百四十一頃、四十七畝七分、按照詳定三等章
程、徵收押荒、共可收銀、一千七百一十六兩五錢五分、惟查該地、向經地戶、丁開益、浪片、任三、曹富銀、土默馮成
泰王先揚、劉大、格什達賴、劉二、蒙肯白彥、田毛三丹經楊大、劉生財、逢素等、一十六家、包租耕種、歷年已久、卑
職於勘丈完竣後、仍令租戶丁開益等、先行承領、乃該租戶等、或逞刁觀望、推延不前、或實在貧苦、無力呈繳押荒、其
中情願請領者、祇王先揚格什達賴二家、曹富銀等、一十四家、當令投具甘結、自應另招新戶領墾、但僻處沙漠、人烟稀
少、地質又劣、招放實屬不易、除出示招戶領墾、一俟放竣、造具圖冊、另文詳送外、所有勘丈王愛召呈報地數、理合稟請
大人查核、再該召報地以道里計之、約有五百七八十頃、內除可放之地、一百五十餘頃外、尙有沙梁城灘、三百餘頃、業已
出示招領、如果將來無人過問、再行詳懇
憲恩、撥給該召、作爲牧廠、以示體恤、卑職偕同委員書手人等、即於十七日回包、合併聲明、除分稟西盟墾務總局外、肅
此具稟、恭請
勛安、伏乞
垂鑒、卑職樞謹稟
宣統元年十二月二十四日
該分局、此次所丈王愛召地、僅一百五十餘頃、是就民間已租種者而言、其未租種者、三百餘頃、似未加意丈放、究竟此
三百餘頃、能否招領、新任西盟局總辦、崇牧、辦事熱心、不圖苟簡、仰即察看情形、稟候核辦、其丈淸淨地、速令原種
之戶認領繳荒、其任意觀望者、另招新戶承領、可也、此繳、

王愛召資料整理番號　四九

戊字一六號　　五〇

辦理烏拉特墾務、兼放王愛召報地分局坐辦、山西試用府經歷、吳樞、謹

稟欽憲將軍大人閣下、敬稟者、竊王愛召所報該召西面地畝、前經卑職偕同王委員等、前往勘丈完竣、共三十二號、計淨地一百五十四頃六拾九畝二分、當因原戶曹富銀等、一十四家、逞刁觀望、推延不領、飭令投具甘結、出示另行招墾、並將辦理情形、稟報

憲鑒在案、無如該處人煙稀少、地質磽薄、而包頭花戶、又以僻處河西、耕作不便、不欲承領、是以數月之久、無人過問、再三招致、迄無應者、茲該召大喇嘛、土不當加勒生、來局面稱、該召養贍之地、本有一千餘頃、因兩次報墾、開放已盡、此後雖有歲租可領、而爲數無多、召用甚鉅、入不敷出、衆喇嘛無可分潤、自茲已往、生機毫無、不堪設想、擬將曹富銀等一十四家、未領之地、仍由該喇嘛、及大札薩等、自行分領、以作戶口之地、照章呈繳押荒、每年歲租、亦按年清繳不敢拖欠、懇請發給執照、等語、卑職查該地、遠在河西、地質又劣、至今無人認領、招放不易、現據該喇嘛等懇請分領前來、惟地本該召所報、應否准其自行分領之處、未敢擅便、理合開具王愛召地、頃畝銀號數目、及領戶姓名清摺、稟請

大人查核示遵、實爲公便、除分稟西盟墾務總局外、謹此具稟、恭請

勛安、伏乞

垂鑒、卑職樞謹稟

計稟送

清摺一扣

宣統二年三月十三日

烏拉特墾務分局、謹將上年勘丈王愛召地頃畝銀號數目及領戶姓名、開具清摺、呈請

查核、須至摺者

計　開

極樂堂即大喇嘛土不當加勒生認領第一號、淨中地、二頃三十五畝三分、每頃押荒銀、二十兩應交庫平銀、四十七兩六分

粲金堂即該召辦公所認領第二號淨下地、一十頃八十九畝二分、每頃押荒銀、一十兩應交庫平銀、一百八兩九錢二分

大札薩係該召公產認領第三號淨上地、一頃三十三畝一分、每頃押荒銀三十兩、應交庫平銀、三十九兩九錢三分

大札薩係該召公產認領第四號淨上地、三十三畝四分、每頃押荒銀、三十兩應交庫平銀一十兩二分

極樂堂即大喇嘛土不當加勒生認領第五號淨上地二頃八畝三分、每頃押荒銀三十兩、應交庫平銀、六十二兩四錢九分

極樂堂即大喇嘛土不當加勒生認領第六號淨下地、六頃一十六畝六分、每頃押荒銀一十兩、應交庫平銀六十一兩六錢六分

粲金堂即該召辦公所認領第七號淨下地九十七畝五分、每頃押荒銀一十兩、應交庫平銀、九兩七錢五分

粲金堂即該召辦公所認領第八號淨下地、一十四頃九十九畝一分、每頃押荒銀一十兩、應交庫平銀、一百四十九兩九錢一分

極樂堂即大喇嘛土不當加勒生認領第九號淨下地、七頃九十畝二分、每頃押荒銀一十兩、應交庫平銀、七十九兩二分

極樂堂即大喇嘛土不當加勒生認領第十號淨下地、六頃一十三畝三分、每頃押荒銀一十兩、應交庫平銀、六十一兩三錢三分

達拉馬係該召喇嘛認領第十一號淨下地、一十六頃六十二畝五分、每頃押荒銀一十兩、應交庫平銀、一百六十六兩二錢五分

極樂堂即大喇嘛土不當加勒生認領第十二號淨下地、四頃二十六畝三分、每頃押荒銀一十兩、應徵庫平銀、四十二兩六錢三分

格什達頓係原租戶認領第十三號淨下地五十畝二分、每頃押荒銀一十兩、應徵庫平銀五兩二分

格蘇貴係該召喇嘛認領第十四號淨下地九頃七十畝八分、每頃押荒銀一十兩、應交庫平銀、九十七兩八分

格蘇貴係該召喇嘛認領第十五號淨下地、一頃二十五畝、每頃押荒銀一十兩、應交庫平銀、一十二兩五錢

格蘇貴係該召喇嘛 認領第十六號淨下地、一十三頃四十一畝七分、每頃押荒銀一十兩、應交庫平銀一百三十四兩一錢七分

格蘇貴係該召喇嘛 認領第十七號淨中地、一頃八畝三分、每頃押荒銀二十兩、應交庫平銀二十一兩六錢六分

格蘇貴係該召喇嘛 認領第十八號淨下地、一十畝、每頃押荒銀一十兩、應交庫平銀一兩

格蘇貴係該召喇嘛 認領第十九號淨下地六十一畝三分、每頃押荒銀一十兩、應交庫平銀六兩一錢三分

格蘇貴係該召喇嘛 認領第二十號淨中地、四頃四十一畝七分、每頃押荒銀二十兩、應交庫平銀、八十八兩三錢四分

補音加爾格浪係該召當差蒙人 認領第二十一號淨下地、五十二畝一分、每頃押荒銀一十兩、應交庫平銀、五兩二錢一分

格蘇貴係該召喇嘛 認領第二十二號、淨下地五十四畝二分、每頃押荒銀、一十兩、應交庫平銀、五兩四錢二分

格蘇貴係該召喇嘛 認領第二十三號淨中地、七十五畝、每頃押荒銀二十兩、應交庫平銀一十五兩

王先揚係原租戶 認領第二十四號淨下地、一十四頃三畝四分、每頃押荒銀、一十兩、應交庫平銀一百四十兩三錢四分

丑格太係該召當差蒙人 認領第二十五號、淨下地、三十三畝四分、每頃押荒銀、一十兩、應交庫平銀、三兩三錢四分

大札薩係該召公產 認領第二十六號、淨下地七頃二十八畝四分、每頃押荒銀、一十兩、應交庫平銀、七十二兩八錢四分、

鐙頭板旦係該召當差蒙人 認領第二十七號淨下地、八畝三分、每頃押荒銀一十兩、應交庫平銀、八錢三分

浪片係該召當差蒙人 認領第二十八號、淨中地、八十六畝四分、每頃押荒銀、二十兩、應交庫平銀、一十七兩二錢八分

銀肯達賴係該召當差蒙人 認領第二十九號淨下地、四十七畝五分、每頃押荒銀一十兩、應交庫平銀、四兩七錢五分

補音吉爾格浪係該召當差蒙人 認領第三十號淨下地、一頃二十七畝五分、每頃押荒銀一十兩、應交庫平銀、一十二兩七錢五分

聚金堂即該召辦公所 認領第三十一號淨下地、一十六頃一畝七分、每頃押荒銀一十兩、應交庫平銀、一百六十兩一錢七分

土默係原租戶 認領第三十二號淨下地、七頃三十七畝五分、每頃押荒銀一十兩、應交庫平銀、七十三兩七錢五分

以上共上地、三頃七十四畝八分每頃三十兩、合銀一百一十二兩四錢四分、共中地九頃四十六畝七分、每頃二十兩、合

銀一百八十九兩三錢四分、共下地、一百四十一頃四十七畝七分、每頃一十兩、合銀、一千四百一十四兩七錢七分
統共三等地、一百五十四頃、六十九畝二分、共庫平銀、一千七百一十六兩五錢五分
宣統二年三月　日

王愛召資料整理番號　五〇　戊字一六號

總辦西盟墾務、花翎四品銜、浙江補用知州、崇禧、謹
禀
欽憲將軍閣下、敬禀者、竊查河西王愛召喇嘛、所報該召東面地畝、前於光緒二十九年冬間、經姚革守學鏡、派員丈放各花戶
領墾、詳報有案、嗣
前大臣貽、以該地押荒、雖已徵解清楚、而每年歲租銀兩、飭令卑局暫行代徵飭領、以致迄今、七八年之久、尚未移交地
方官經理、現在卑局將次移駐後套、自應將該地一切事宜、移交薩拉齊廳接辦、以便各花戶、就近前往完納歲租、卑局得
免往返催科之累、但移交墾地、必須造送圖冊、現在檢查舊日底冊、前任並未移交、不知何時遺失、無法造送、惟查該地
放竣之時、曾經姚革守繪具圖冊、呈送
貽前大臣查核、自必存儲
憲轅、應請
飭發下局、以便照造移交、所有查明王愛召、東面地畝、圖冊遺失、無法移交地方官經理緣由、理合禀請
大帥查核飭發、實爲公便、爲此具禀、恭請
勛安、伏乞

五三

五四

垂鑒卑職崇韜謹稟

宣統二年九月二十九日

據稟該局前放王愛召東面地畝圖冊、遺失無存、請將繪存行幮圖冊、飭發照造、移交等情、仰候飭檢隨批發交、一俟造妥、

仍即呈送備案、此繳

王愛召資料整理番號 五一

辛字八號

西盟墾務總局、爲詳請事、案據駐包辦理烏拉三公、兼王愛召地事、吳府經楓稟稱、敬稟者、竊查河西王愛召所報該召西面地畝、前經卑職督同員司勘丈明確、共計可種之地、壹百五十四頃、四十七畝二分、照章招令原戶一十六家先行認領、而原租之戶、或無力呈繳押荒、或逞刁推延觀望、其中情願認領者、惟王先楊格什達賴等兩家、下餘之地、該召喇嘛等、以地均已報墾、生機毫無、情願一併認領、照章完繳押荒歲租、當經卑職稟蒙

前欽憲信、批示照准、嗣憲台以地本該召所報、若仍由該召喇嘛具領、恐與政體未協、諭令再招原戶承領、卑職遵即招集原戶、一再開導除原戶認領外、尚有未放地四十九頃七十六畝二分、去年十二月間、奉

欽憲瑞札飭、令將該地及烏拉三公餘地、勒限兩月內、一律招放完竣等因、卑職查王愛召未放之地、尚有四十九頃、七十六畝二分、原戶既不願承領、新戶亦無人過問、再四籌思、除仍招王愛召喇嘛認領外、別無善策、玆該召大札薩土不嘗加勒生來包、卑職面爲商辦、該大札薩始尚不願認領、繼以地瘠價昂、懇請酌減頃畝、即經卑職督同原丈委員王府經林、酌量減去淨地三頃捌十七畝五分、又將第二十八號中地、捌十陸畝四分一號減作下地、始據該大札薩允爲認領、照舊完繳押荒歲租、惟經此次酌量核減、與原丈之數、稍有未符、卑職爲早日竣事起見、是否有當、理合稟請查核轉稟、實爲公便、再該召所報西面地畝、以道里計之、共地在四百七十八頃之多、內除可種地、一百五十餘頃外、其餘之地、非沙梁即鹼灘、至

今無人過問、可否歸還該召、以作牧廠之處、出自
憲恩、等情據此、卑職覆査無異、理合具文詳請
憲台査核示遵、爲此備由具申、伏乞
照詳施行、須至詳者、
宣統三年正月初十日
據詳王愛召未放地畝、因地質較次、現經酌量核減、擬仍歸該召喇嘛認領、請核示等情、應准如擬辦理、仰卽轉行遵照、
從速竣事、勿再遷延、一面將應征押荒銀兩、催收報解、毋違、此繳十二日

五五

成紀七三五年十二月

（非賣品）

蒙古聯合自治政府
地政總署

編輯兼發行人　張家口市長清路
地政總署土地制度調査室
古屋素五郎

印刷人　大連市東公園町三十一番地
中田義一

印刷所　大連市東公園町三十一番地
滿洲日日新聞印刷所